Donald Robertson

Stoizismus und die Kunst, glücklich zu sein

Alte Weisheiten für moderne Herausforderungen

DONALD ROBERTSON

STOIZISMUS UND DIE KUNST, GLÜCKLICH ZU SEIN

Alte Weisheiten für moderne Herausforderungen

Bibliografische Information der Deutschen Nationalbibliothek
Die Deutsche Nationalbibliothek verzeichnet diese Publikation in der Deutschen Nationalbibliografie. Detaillierte bibliografische Daten sind im Internet über http://dnb.d-nb.de abrufbar.

Für Fragen und Anregungen
info@finanzbuchverlag.de

1. Auflage 2022

Übersetzung: Kerstin Brömer
Redaktion: Bärbel Knill
Korrektorat: Silvia Kinkel
Umschlaggestaltung: Marc-Torben Fischer
Umschlagabbildung: Shutterstock.com/Johannes Kornelius
Satz: ZeroSoft, Timisoara
Druck: GGP Media GmbH, Pößneck
Printed in Germany

ISBN Print 978-3-95972-467-8
ISBN E-Book (PDF) 978-3-96092-892-8
ISBN E-Book (EPUB, Mobi) 978-3-96092-893-5

INHALTSVERZEICHNIS

Ich möchte dieses Buch meiner Frau Mandy und unserer wunderschönen Tochter Poppy Louise Robertson widmen. Ich liebe euch beide.

Ich möchte mich außerdem bei allen für ihren Rat, ihre Unterstützung und ihre Ideen bedanken, die an der Stoic Week und den von Professor Christopher Gill und Patrick Ussher an der Universität von Exeter initiierten Projekten beteiligt waren.

Hinweis zur vorliegenden deutschen Ausgabe

Dies ist eine Übersetzung von Donald Robertsons Werk *Stoicism and the Art of Happiness* und folgt damit seinem Umgang mit den antiken Quellen. Dabei wurde außerdem darauf geachtet, dass der deutsche Text für heutige Leser verständlich und gut lesbar ist. Zitate können somit von anderen deutschen Übersetzungen abweichen.

Hinweis des Autors zum Gendern

Die antiken Texte wurden allesamt von Männern geschrieben. Diese neigten dazu, die Stoiker im Allgemeinen mit der männlichen Form zu bezeichnen. Um die Einheitlichkeit mit diesen Quellentexten zu wahren, habe ich diesen Gebrauch des grammatischen Geschlechts beibehalten. Wenn ich über moderne (angehende) Stoiker spreche, beziehe ich mich auf hypothetische Schüler und Schülerinnen des Stoizismus. Mit der Verwendung der maskulinen Form sind also alle anderen Geschlechter ebenfalls gemeint und angesprochen. Zenon, der Begründer des Stoizismus, begann seine philosophische Ausbildung, indem er viele Jahre bei dem berühmten kynischen Philosophen Krates von Theben studierte, dessen Frau Hipparchia von Maroneia eine der bemerkenswertesten Philosophinnen des Altertums war. Zenon und seine Anhänger betrachteten Männer und Frauen offenbar als gleichberechtigt. Die stoischen Schulen waren dafür bekannt, Schülerinnen zu akzeptieren, was zu dieser Zeit noch ungewöhnlich war. Von dem großen römischen Stoiker Musonius Rufus sind zwei Vorlesungen erhalten geblieben, in denen er argumentiert, dass Mädchen das Recht auf die gleiche philosophische Ausbildung haben wie Jungen, weil sie zu den gleichen grundlegenden Charaktertugenden fähig seien. Diese Vorlesungen heißen: *Darüber, dass auch Frauen Philosophie studieren sollten* und *Sollten Töchter die gleiche Ausbildung erhalten wie Söhne?*

Die Metapher vom Baum

Weshalb also wunderst du dich, dass tugendhafte Menschen erschüttert werden, damit sie stark werden? Kein Baum wird kräftig und entwickelt tiefe Wurzeln, wenn er nicht häufig von starken Winden geschüttelt wird. Erst dieses Rütteln und Schütteln bringt den Baum dazu, seine Wurzeln zu festigen und sicherer zu verankern; in einem sonnigen Tal wachsen dagegen Bäume, die leicht brechen. Daher ist es auch für gute Menschen von Vorteil, in ständiger Unruhe zu leben, um sich gegen Schrecken zu wappnen und mit Geduld die Ereignisse ertragen zu können, die nur für denjenigen ein Übel sind, der sie schlecht ertragen kann.

Seneca, *Von der Vorsehung*

VORWORT ZUR DEUTSCHEN AUSGABE

Es ist mir eine große Freude, dieses Vorwort zur deutschen Ausgabe von *Stoicism and the Art of Happiness – Stoizismus und die Kunst, glücklich zu sein* – zu schreiben. Die englische Originalausgabe des Buches erschien erstmals 2013. Sie erwies sich als noch beliebter, als wir erwartet hatten, und liegt nun in ihrer zweiten (überarbeiteten) Auflage vor. Inzwischen sind Übersetzungen in mehreren Sprachen erschienen. Die Zugriffsdaten von Social-Media-Konten und Websites, die sich dem Stoizismus widmen, zeigen, dass von allen europäischen Ländern nach Großbritannien die meisten Besucher aus Deutschland kommen.

Das moderne Interesse am Stoizismus hat zum Teil durch die Rolle Auftrieb erfahren, die er in den 1950er-Jahren als philosophische Inspiration für das neu entstehende aufkommende Feld der kognitiven Verhaltenstherapie (KVT) spielte. Albert Ellis, einer der Pioniere der modernen KVT, zitierte den Stoiker Epiktet mit den Worten: »Nicht die Dinge selbst beunruhigen uns, sondern unsere Meinungen über diese Dinge.« Ellis benutzte dieses Zitat, um seinen Klienten und Studenten die kognitive Theorie der Emotionen zu erklären. Seitdem ist mehr als ein halbes Jahrhundert vergangen, und die KVT hat inzwischen den Mainstream erreicht. Sie ist die führende evidenzbasierte Form der modernen Psychotherapie. Die wissenschaftliche Validierung ihrer zentralen Konzepte und Techniken ist allmählich in die Diskussionen über psychische Gesundheit in den Medien und in der modernen Selbsthilfeliteratur eingeflossen. Die Öffentlichkeit ist sich des wissenschaftlichen Rückhalts für die KVT bewusster geworden, und das hat ihr Interesse an der *antiken Philosophie des Stoizismus*, von der sie sich ableitet, bestärkt.

Dieses Buch habe ich geschrieben, weil sich im Laufe der Jahre viele Menschen an mich gewandt haben, um eine einfache, praktische Einführung in den Stoizismus als Lebensweise zu erhalten. Das strenge Format, das die *Teach-Yourself*-Reihe vorschreibt, in der die englische Originalausgabe erschien, hat ihm eine Struktur gegeben, die es einfacher machen soll, Fähigkeiten zu erwerben und sich Schlüsselkonzepte und -techniken einzuprägen. Ich habe von unzähligen Menschen gehört, denen dieses Buch geholfen hat, mit schwierigen Lebenssituationen fertigzuwerden. Für viele wurde es zur Einführung in eine sehr alte Weltanschauung. Ich hoffe, dass Sie genauso viel Freude, Erkenntnis und Nutzen aus der Lektüre über die stoische Philosophie ziehen werden, wie es bei diesen Menschen der Fall war.

Donald Robertson

Dieses Buch soll Sie durch unterschiedlich gestaltete Textpassagen dabei unterstützen, möglichst viel aus der Lektüre dieses Buches herauszuholen. *Stoizismus und die Kunst, glücklich zu sein* bietet Ihnen in Informationskästen folgende besondere Funktionen:

»Schlüsselgedanken«: Hier werden die wichtigsten Ideen und Gedanken zusammengefasst.

»Merke«: Die hier aufgeführten Informationen sollen Ihnen dabei helfen, das wirklich Wichtige zu behalten.

»Jetzt sind Sie dran«: Hier finden Sie nützliche Übungen und Techniken.

»Selbsteinschätzung«: Hier können Sie die behandelten Themen auf sich selbst anwenden.

»Fallstudie«: Hier finden Sie erhellende Forschungsprojekte und Studien zum Thema.

»Fazit«: Dieser Punkt steht am Ende jedes Kapitels und soll Ihnen dabei helfen, sich auf die Kernaussage jedes Kapitels zu konzentrieren. Am Ende des Buches finden Sie außerdem eine Liste mit Vorschlägen zur weiteren Lektüre, die weiterführende Informationen und Hilfestellungen bieten.

EINLEITUNG: MODERNER STOIZISMUS

Oh ihr, die ihr die Lehren der Stoa gelernt habt und die ihr die erhabensten der menschlichen Lehren euren göttlichen Büchern anvertraut habt, welche die Menschen lehren, dass die geistige Tugend das einzige Gut ist! Nur sie allein macht das Leben der Menschen und die Städte sicherer als hohe Tore und Mauern. Doch die, die ihr Glück durch Vergnügungen erlangen wollen, folgen der unwürdigsten der Musen. (Athenaios der Epigrammatiker, zitiert in Diogenes Laertius, *Lives of Eminent Philosophers*, auf Deutsch unter anderem erschienen unter dem Titel *Leben und Meinungen berühmter Philosophen)*

Nun – ich habe in dieser Sache nicht das letzte Wort, Mr. Croker, aber was [der antike stoische Lehrer Epiktet] sagt, so scheint mir, ist, dass der einzige wirkliche Besitz, den Sie jemals haben werden, Ihr Charakter und Ihr »Lebensplan« ist, wie er es nennt. Zeus hat jedem Menschen einen Funken seiner eigenen Göttlichkeit mitgegeben, den einem niemand wegnehmen kann, nicht einmal Zeus, und aus diesem Funken entsteht der Charakter. Alles andere besteht nur vorübergehend und ist auf lange Sicht wertlos, auch Ihr Körper. Wissen Sie, wie er Ihre Besitztümer nennt? »Nebensächliches.« Wissen Sie, wie er den menschlichen Körper nennt? »Ein tönernes Gefäß, das ein Quart Blut enthält.« Wenn Sie das verstehen, werden Sie weder jammern noch stöhnen, Sie werden sich nicht beschweren, Sie werden nicht andere Leute für Ihre Probleme verantwortlich machen und Sie werden nicht umherlaufen und den Leuten schmeicheln. Ich glaube, das ist es, was er meint, Mr. Croker. (Wolfe, *A Man in Full*, auf Deutsch erschienen unter dem Titel *Ein ganzer Kerl)*

Worum geht es in diesem Buch?

Dieses Buch handelt vom Stoizismus, einer philosophischen Schule, die um 301 v. Chr. von Zenon von Kition in Athen gegründet wurde. Sie hatte als aktive philosophische Bewegung fast 500 Jahre lang Bestand und gewann im Laufe der letzten Jahrzehnte wieder an Popularität. Dieses Buch ist aber auch ein Leitfaden, der Ihnen hoffentlich Möglichkeiten aufzeigt, wie der Stoizismus eine Lebensphilosophie für die moderne Welt bieten oder zumindest zu einer solchen beitragen kann – eine Kunst, glücklich zu leben, die sowohl *Rationalität* als auch *Gesundheit* anstrebt.

Dieses Buch unterscheidet sich von anderen Büchern zu diesem Thema darin, dass seine Struktur das selbstständige Lernen unterstützt. Dazu ist der Inhalt in überschaubare Abschnitte unterteilt, und die wichtigsten Informationen werden wiederholt, damit man sie sich besser merken kann.

Wenn Sie moderne Philosophen fragen: »Worin besteht der Sinn des Lebens?«, so werden die meisten wahrscheinlich nur mit den Schultern zucken und erwidern, dass diese Frage sich nicht beantworten lasse. Die großen Schulen der antiken Philosophie haben dagegen jeweils ihre eigenen, miteinander konkurrierenden Antworten auf diese Frage in den Raum gestellt. Kurz gesagt, meinten die Stoiker, dass der Zweck (*telos*, »Ziel« oder »Zweck«) des Lebens darin bestehe, konsequent in Harmonie und im Einklang mit der Natur des Universums zu leben und uns im Hinblick auf unsere eigene wesentliche Natur als rationale und soziale Wesen auszuzeichnen. Dies wird auch als »an der Tugend ausgerichtetes Leben« oder *aretê* beschrieben, obwohl es, wie Sie noch sehen werden, am besten ist, diesem Wort die Bedeutung »Vortrefflichkeit« in einem weiteren Sinne zuzuschreiben, als das Wort »Tugend« normalerweise impliziert – das werde ich später noch genauer erklären. Es ist ein Synonym für *weise* leben.

Das Wort »stoisch« wird auch heute noch in der Bedeutung verwendet, dass jemand selbst im Angesicht von Schwierigkeiten ruhig beziehungsweise selbstbeherrscht ist. Für die meisten Nicht-Philosophen bedeutet das Wort »stoisch« aber auch »emotionslos« oder »gefühlskalt«. Das entspricht aber definitiv nicht der ursprünglichen Bedeutung von »Stoizismus«. Die Verwirrung resultiert daraus, dass manche »stoisch« als Persönlichkeitseigenschaft mit dem Stoizismus, der Schule der griechischen Philosophie, verwechseln.

Wie wir sehen werden, ging der Stoizismus – wie die meisten antiken westlichen Philosophien – davon aus, dass das Ziel des Lebens Glück (*eudaimonia*) sei. Die Stoiker glaubten, dass dies sowohl mit rationaler Selbstliebe als auch mit einer freundschaftlichen Haltung und Zuneigung gegenüber anderen einhergehe, die manchmal als stoische »Philanthropie« oder Menschenliebe beschrieben wird. Zum Beispiel rät der stoische Kaiser Mark Aurel sich selbst in seinem Tagebuch wiederholt, »die Menschheit von ganzem Herzen zu lieben«, während er sich daran erfreue, anderen um ihrer selbst willen Gutes zu tun, und die Tugend als etwas anzusehen, das selbst schon den Lohn in sich berge (*Selbstbetrachtungen*, 7.13).

Der ideale weise Mensch, der »Weise« (*sophos*) genannt, ist weit davon entfernt, herzlos zu sein. Man könnte aber sagen, dass ein wesentliches Paradoxon des Stoizismus in der Annahme besteht, dass dieser Weise andere Menschen liebt und sich gleichzeitig von den unvermeidlichen Verlusten und Unglücken, die ihm das Leben zufügt, nicht aus der Ruhe bringen lässt. Er verfügt über natürliche Emotionen und Begierden, wird aber nicht von ihnen überwältigt und bleibt von der Vernunft geleitet.

Tatsächlich bietet der Stoizismus ein reichhaltiges Arsenal an Strategien und Techniken, wie wir psychische Widerstandsfähigkeit entwickeln können, indem wir unsere Gefühle *rational* und *auf natürliche Weise* verändern, anstatt zu versuchen, sie gewaltsam zu blockieren. In gewissem Sinne war der antike Stoizismus der Großvater der »Selbsthilfe«. Seine Lehren und Praktiken haben viele moderne Ansätze zur persönlichen Entwicklung und zur Psychotherapie inspiriert. Darüber hinaus ist allgemein anerkannt, dass die kognitive Verhaltenstherapie (KVT) – und ihr Vorläufer, die rational-emotive Verhaltenstherapie (REVT) – diejenige moderne Psychotherapie ist, die den antiken stoischen »Heilmitteln« bei emotionalen Problemen am meisten ähnelt. So führen sowohl der Begründer der REVT, Albert Ellis, als auch der Begründer der kognitiven Therapie, Aaron T. Beck, den Stoizismus als wichtigste philosophische Inspiration für ihre jeweiligen Ansätze an. Im ersten großen Lehrbuch über die kognitive Therapie schrieben Beck und seine Kollegen zum Beispiel: »Die philosophischen Ursprünge der kognitiven Therapie können bis zu den stoischen Philosophen zurückverfolgt werden.« (Beck, Rush, Shaw & Emery, 1979, S. 8)

Obwohl die KVT hauptsächlich auf die *Behandlung* von klinischen Angststörungen und Depressionen ausgerichtet ist, wurde sie auch als *präventiver* Ansatz zur allgemeinen psychologischen »Resilienzbildung« eingesetzt. Die antike stoische »Therapie« bestand ebenfalls eher aus einem allgemeinen resilienzfördernden Ansatz, obwohl sie auch darauf abzielte, extremes Leid zu beheben, wo dies nötig war. Die KVT erfährt von allen modernen Formen der Psychotherapie die stärkste wissenschaftliche Unterstützung. Wir haben es also mit einem uralten philosophischen System zu tun, das zur Stärkung der psychischen Resilienz eingesetzt wurde und das eine äußerst erfolgreiche moderne Therapie mit einer wissenschaftlich nachgewiesenen Erfolgsbilanz inspiriert hat.

Der Stoizismus erlebt derzeit wieder eine breitere Popularität. Einige Leute fragen sich jedoch, wie wir ihn heute studieren können, wenn die ursprüngliche Tradition doch in der Spätantike nach dem Aufstieg des Christentums gemeinsam mit anderen »heidnischen« philosophischen Schulen untergegangen ist. Die Stoa, wie die stoische Philosophenschule auch genannt wird, war eine einflussreiche philosophische Bewegung, die sowohl in Griechenland als auch in Rom viele Jahrhunderte überdauerte, aber als lebendige Philosophie fand sie irgendwann ihr Ende. Tatsächlich ist der Kaiser Mark Aurel, der 180 n. Chr. starb, der letzte bedeutende Stoiker, der uns heutzutage bekannt ist. Vielleicht haben Sie den Hollywood-Film *Gladiator* gesehen, in dem Mark Aurel von dem Schauspieler Richard Harris dargestellt wird. In diesem Film gibt es übrigens nicht viele Hinweise auf den Stoizismus, doch die von Russell Crowe verkörperte Filmfigur sagt gegen Ende:

> »Ich kannte einmal einen Mann, der sagte: ›Der Tod lächelt uns alle an. Das Einzige, was man machen kann, ist, zurückzulächeln.‹«

Das ist kein echtes Zitat von Mark Aurel, aber es ist offensichtlich inspiriert von Passagen aus seinem persönlichen Tagebuch, den *Selbstbetrachtungen*, dem heute wohl bekanntesten erhaltenen stoischen Text. Viele Leser der heutigen Zeit stützen ihr Verständnis des Stoizismus allein auf dieses kurze Buch. Trotz seiner Popularität waren die *Selbstbetrachtungen* jedoch ein privates Tagebuch von Mark Aurel, in dem er von seinen stoischen Übungen berichtete, und sie waren nie als umfassende Einführung in den Stoizismus gedacht. Wir werden also etwas tiefer in das Thema einsteigen, indem wir uns eine breitere Palette antiker Quellen ansehen.

Tatsächlich basierte die ursprüngliche stoische Schule Zenons auf dem Studium detaillierter Erörterungen, die in ihren vielen Gründungstexten enthalten waren. Allein die frühen Stoiker sollen über tausend »Bücher« geschrieben haben (obwohl einige davon wahrscheinlich eher lange Essays waren). Die ursprüngliche stoische Schule verschwand zusammen mit den Zentren anderer großer philosophischer Schulen irgendwann nach der Plünderung Athens durch den römischen Diktator Sulla im Jahr 86 v. Chr. Nichtsdestotrotz blühte der Stoizismus während der römischen Kaiserzeit noch einige Jahrhunderte lang weiter, wenn auch in einer eher verstreuten und fragmentarischen Form.

Zur Zeit von Mark Aurel standen den Stoikern vermutlich deutlich weniger stoische Texte zur Verfügung, da viele frühe griechische Schriften in den dazwischen liegenden Jahrhunderten bereits verloren gegangen waren. Aurel scheint sich hauptsächlich auf die stoischen Lehren von Epiktet gestützt zu haben, wie sie in dessen *Unterredungen* aufgezeichnet sind, von denen heute noch etwa die Hälfte erhalten ist. Im Gegensatz dazu nimmt er keinen Bezug auf Seneca, den stoischen Autor, von dem uns heute der größte Umfang an überlieferten Schriften vorliegt. Aurels vermutlich stark eingeschränkter Zugang zu den ursprünglichen Lehren des Stoizismus könnte mit dem eines modernen Schülers dieses Fachgebiets verglichen werden, auch wenn er zudem von der persönlichen Bekanntschaft mit mehreren stoischen Tutoren und Dozenten profitierte.

Wir müssen uns ein Bild des Stoizismus aus den Fragmenten rekonstruieren, die über 2300 Jahre nach der Entstehung der Schule übrig geblieben sind. Allerdings genießen wir den Vorteil, dass uns fünf oder sechs Bände detaillierter moderner Kommentare und Analysen (Long, 2002; Hadot, 1998) vorliegen, und wir haben zahlreiche Beispiele für praktische Anleitungen von Menschen, die den Stoizismus im modernen Leben anwenden (Evans, 2012; Irvine, 2009). In mancher Hinsicht sind wir also nicht schlechter dran als die Schüler des Stoizismus in der Spätantike und haben vielleicht sogar Vorteile, die ihnen fehlten, einschließlich des Zugangs zu Texten, die sie vielleicht nicht gelesen haben.

Manche der antiken Stoiker waren produktive Schriftsteller und Dozenten, die ihr Leben der Bildung anderer widmeten. Die frühen Stoiker sollen gelehrt haben, dass alle weisen Menschen eine natürliche Vorliebe dafür haben, Bücher zu schreiben, die anderen Menschen helfen können. So kann man vielleicht von modernen Schülern des Stoizismus – obwohl sie weit vom erhabenen Ideal des Weisen entfernt sind – erwarten, dass sie Spaß daran haben, Selbsthilfebücher oder Blogartikel mit dem Ziel zu schreiben, anderen zu helfen und sich über die Relevanz des Stoizismus in heutiger Zeit auszutauschen. Niemand sollte von sich selbst *behaupten*, weise zu sein, aber jeder sollte *anstreben*, weise zu sein.

Die Rolle eines modernen Autors, der über Stoizismus schreibt, lässt sich vielleicht in etwa so veranschaulichen, wie Seneca sie beschrieb. Er sagte zu seinen Freunden, die sich im Stoizismus üben wollten, er sei wie ein kranker Mann im Bett, der mit dem Mann im Bett neben ihm darüber spricht, wie seine Therapie verläuft. Wie wir noch sehen werden, hatten die Stoiker keine Gurus, weil sie bestritten, dass irgendjemand vollkommen weise sei. Vielleicht nahm sogar Zenon, der Begründer der Philosophie, Senecas Haltung an und behandelte seine Schüler wie Ebenbürtige. Die Stoiker waren stark inspiriert von der ursprünglichen Philosophie des Sokrates. Für sie war er das, was einem idealen Vorbild am nächsten kommt. Aber natürlich betonte auch Sokrates, dass er lediglich ein *Liebhaber* der Weisheit (Philosoph) sei und keinesfalls von sich selbst behaupte, wahrhaft weise zu sein.

Weniger als ein Prozent der ursprünglichen stoischen Literatur ist erhalten geblieben, aber wenn man all das in einer Publikation zusammenfassen würde, wäre sie wahrscheinlich etwa sieben oder acht Bände lang – es handelt sich also um eine nicht unbedeutende Menge an Material. Leider sind wir oft auf die Kommentare heutiger Experten angewiesen, um die Bedeutung dieser frühen griechischen Fragmente rekonstruieren zu können. Sie stellen jedoch eine wichtige Hilfsquelle dar, um das zugrundeliegende philosophische System verstehen zu können, das von häufiger gelesenen stoischen Autoren wie Seneca und Mark Aurel als selbstverständlich angesehen wurde.

Dennoch sollten wir besonders darauf achten, dass der Stoizismus nicht zu einem lebensfernen Fachgebiet wird, das nur noch in Büchern stattfindet. Eine Lösung für dieses Problem bietet das erste Kapitel der *Selbstbetrachtungen* von Mark Aurel, in dem er zeigt, wie ein angehender Stoiker die Tugenden seiner Freunde, Familie, Kollegen und vielleicht sogar einiger seiner Feinde betrachten kann, um Spuren der Inspiration zu finden.

Im Laufe dieses Buches werde ich mich auf viele konkrete Beispiele von Menschen beziehen, sowohl aus der Antike als auch aus der heutigen Zeit, deren Leben sich durch den Stoizismus verändert hat. Mein eigenes Interesse an diesem Gebiet wurde geweckt, als ich etwa 17 Jahre alt war und ein College-Dozent mir vorschlug, ich solle Philosophie studieren. Ich begann, die Klassiker zu lesen, vor allem Platon, und machte schließlich meinen Abschluss in Philosophie an der Universität Aberdeen. Ich war außerdem Mitglied der buddhistischen Studentenvereinigung und meditierte regelmäßig. Ich nahm an verschiedenen buddhistischen Klausurtagungen teil, weil ich einen Lebensstil und eine tägliche Praxis finden wollte, die mein Philosophiestudium auf irgendeine Weise ergänzten.

Nach dem Studium ließ ich mich in psychosozialer Beratung und Psychotherapie ausbilden und begann zu praktizieren, weil ich darin eine praktische Berufung sah, die mein Interesse an der Philosophie ergänzte. Ich sehnte mich jedoch immer danach, diese drei Dinge – Therapie, Philosophie und Meditation – besser miteinander in Einklang zu bringen. Erst einige Jahre später wurden mir durch die Schriften des bedeutenden französischen Gelehrten Pierre Hadot, wie beispielsweise sein Werk *Philosophy as a Way of Life* (1995; im Original: *La philosophie comme manière de vivre*, auf Deutsch unter dem Titel *Philosophie als Lebensform* erschienen), die Augen für die reiche Tradition spiritueller Übungen in der alten philosophischen Literatur geöffnet.

Hadots wunderbare Bücher entfachten mein Interesse am Stoizismus und inspirierten mich dazu, kurze Artikel zu diesem Thema zu veröffentlichen. Dies führte zu einem längeren Artikel über Stoizismus für eine der wichtigsten Zeitschriften für psychosoziale Beratung und Psychotherapie (2005) und schließlich zu einem Buch über Stoizismus und moderne Psychotherapie mit dem Titel *The Philosophy of Cognitive-Behavioural Therapy: Stoic Philosophy as Rational and Cognitive Psychotherapy* (2010). Ich versuche nun seit fast 20 Jahren, den Stoizismus zu verinnerlichen, sowohl im Sinne von spezifischen praktischen Strategien als auch im Sinne der allgemeinen Art und Weise, wie ich mein Leben lebe. Ich verfüge darüber hinaus im Zusammenhang mit meiner Arbeit als kognitiver Verhaltenstherapeut über viel Erfahrung damit, angstgesteuerten oder depressiven Klienten bestimmte Aspekte des Stoizismus näherzubringen. (Mein vorheriges Buch in der Teach-Yourself-Reihe, *Build your Resilience* (2012), befasst sich mit der stoischen Philosophie in Verbindung mit moderner achtsamkeits- und akzeptanzbasierter KVT und dem Aufbau psychischer Resilienz.)

Ich interessiere mich also für den Stoizismus, weil ich mit dem übereinstimme, was ich als seine grundlegenden Lehren betrachte, und weil ich glaube, dass seine psychologischen Übungen von praktischem Wert für das moderne Leben sind. Ich finde aber auch, dass ein Großteil der erhaltenen stoischen Literatur sowohl schön als auch tiefgründig ist. Ein Teil ihrer anhaltenden Anziehungskraft ist zweifellos das literarische Verdienst der Briefe und Essays von Seneca und der Aphorismen von Mark Aurel.

Warum der Fokus auf stoische Ethik und Psychotherapie?

Dieses Buch wird die unterschiedlichen Aspekte des antiken Stoizismus nicht gleich stark gewichten. Die Stoiker teilten ihren philosophischen Lehrplan in drei Themen auf, die sie »Ethik«, »Physik« und »Logik« nannten. (Diese Begriffe sind keine besonders guten Übersetzungen, aber sie werden nun mal üblicherweise verwendet.) Wir werden uns hauptsächlich auf die stoische *Ethik* konzentrieren. Es gibt mehrere Gründe dafür:

- Wir wissen weit mehr über die stoische Ethik als über die stoische Physik oder Logik, denn die erhaltenen Schriften, insbesondere die der »großen drei« römischen Stoiker – Seneca, Epiktet und Mark Aurel – befassen sich hauptsächlich mit diesem Thema, das möglicherweise generell der Schwerpunkt des spätrömischen Stoizismus war.
- Moderne Leser sind vor allem an der stoischen Ethik interessiert. Der Grund dafür ist deren Nähe zu zeitgenössischen Selbsthilfethemen und psychologischen Therapien, wie beispielsweise die kognitive Verhaltenstherapie. Dagegen werden die Überreste ihrer (theologisch begründeten) Physik heute als weniger relevant wahrgenommen und die antike Logik ist für den durchschnittlichen Leser häufig wenig zugänglich.

- Einige wichtige, wenn auch unorthodoxe Stoiker konzentrierten sich *ausschließlich* auf die Ethik. Von einem Anhänger Zenons, Ariston von Chios, heißt es zum Beispiel, er »verwarf das Thema der Physik und der Logik ganz und gar und meinte, dass das eine über uns stehe und das andere nichts mit uns zu tun habe, und dass die Ethik der einzige Zweig der Philosophie sei, der für uns von wahrem Interesse sei« (*Leben und Meinungen berühmter Philosophen*, 7.160).
- Die Stoiker schätzten im Allgemeinen ihre Vorgänger, die Kyniker, besonders wert und einige sahen in deren enthaltsamer und herausfordernder Lebensweise eine »Abkürzung zur Tugend«, auch wenn sie sich bewusst von technischen philosophischen Debatten über Logik oder Physik fernhielten. Diese Bewunderung für die kynische Lebensweise wird in den *Unterredungen* von Epiktet besonders deutlich, dem einzigen erhaltenen Text in Buchlänge von einem tatsächlichen stoischen Lehrer.
- Wenn technische Kenntnisse der stoischen Physik und Logik für den Zweck des Lebens absolut notwendig wären, dann hätten die antiken Stoiker vermutlich nicht historische und mythologische Figuren wie Herkules, Sokrates und Diogenes den Kyniker als mustergültige Vorbilder verehrt. Mit anderen Worten: Die Personen, denen die antiken Stoiker in ihrem täglichen Leben typischerweise nachzueifern suchten, waren nicht in erster Linie Logiker oder von Haus aus Philosophen, sondern Männer von beispielhafter ethischer Tugend und *praktischer* Weisheit.
- Von Anfang an scheinen sich alle Stoiker einig gewesen zu sein, dass die Ethik letztlich der wichtigste Teil ihrer Philosophie sei. Beispielsweise soll Chrysipp, der das einflussreiche dritte Oberhaupt der stoischen Schule war, gesagt haben, dass der einzige Grund für das Studium der Physik die Ethik sei.

Cicero, einer der wichtigsten antiken Kommentatoren des Stoizismus, bezeichnete die Frage, was das höchste »Gut« im Leben sei – das zentrale Thema der stoischen Ethik –, als das Fundament dieser gesamten Philosophie. Er meinte, die wichtigste stoische Lehre sei, dass »das einzig Gute die Tugend« sei, und nannte sie »das wahre Oberhaupt des stoischen Haushalts« (*Vom höchsten Gut und vom größten Übel*, 4.14; 4.44). Epiktet warnte seine Schüler wiederholt, dass mit einer übermäßigen Beschäftigung mit anderen, eher akademischen Aspekten der Philosophie die Gefahr einhergehe, von der zentralen Aufgabe, tugendhaft zu leben, abgelenkt zu werden.

Es existieren jedoch auch Überschneidungen zwischen der stoischen Logik, Ethik und Physik, und so wird dieses Buch einige Elemente der anderen Themen aufgreifen, wo dies nötig oder hilfreich erscheint. Insbesondere werden wir die gelebte Praxis des Stoizismus im Hinblick auf drei praktische »Disziplinen« betrachten, die die Gelehrten mit den drei Themen des theoretischen Lehrplans in Verbindung gebracht haben: Urteilsbildung, Handeln und Begehren.

Manche Leute haben das Gefühl, dass der moderne Stoizismus der antiken Tradition nicht treu genug ist – hoffentlich helfen diese Bemerkungen, die Unterschiede zu begründen. Andere wiederum haben das Gefühl, dass *zu viel* Wert auf das gelegt wird, was die antiken Stoiker gesagt haben. Wie auch immer, der Stoizismus ist per Definition eine *aus dem Altertum stammende* Philosophie. Selbst diejenigen, die ihn für das moderne Leben adaptieren, fühlen sich im Allgemeinen durch ein gemeinsames Interesse an den ursprünglichen griechischen und römischen Lehren miteinander verbunden, von denen sie sich inspirieren lassen. Diese Texte sind immer noch immens wertvoll und hoch angesehen. In vielen Fällen sind sie sogar bemerkenswert schön. So sind Seneca (ein Stoiker) und Cicero (kein Stoiker, aber dennoch eine wichtige Quelle) als zwei der besten Schriftsteller der Antike bekannt.

Ich habe daher die antiken Stoiker häufig zitiert; zum Teil, um Belege zu liefern, wenn eine Interpretation fraglich erscheinen mag, aber auch, weil sie offen gesagt viel bessere Autoren sind, als ich es jemals sein könnte, und es verdienen, mehr gelesen zu werden. Immerhin gehören sie zu den größten philosophischen Köpfen und zu den fähigsten Schriftstellern aller Zeiten. Doch selbst die antiken

Stoiker waren sich bewusst, dass ein Gleichgewicht zwischen zu viel und zu wenig Vertrauen in die Originaltexte ihrer Bewegung gefunden werden muss. Über drei Jahrhunderte nach der Gründung der stoischen Schule schrieb Seneca:

> Folge ich also nicht unseren Vorgängern? Doch, das tue ich, aber ich erlaube mir, Neues zu erfinden und anderes anzupassen oder aufzugeben: Ich bin nicht ihr Sklave, aber ich stimme ihnen zu. (*Briefe an Lucilius*, 80)

Um ein berühmtes lateinisches Sprichwort zu paraphrasieren: »Zenon ist unser Freund, aber die Wahrheit ist ein noch größerer Freund.« Wir haben heute Zugang zu gigantischen Bänden voller psychologischer Forschung, die uns viel über die menschliche Natur verraten, Dinge, die die Stoiker nicht so einfach haben wissen können. Insbesondere gibt es einen großen Fundus an Forschungsergebnissen zur KVT, die uns viel über gesunde und ungesunde Arten der Reaktion auf seelische Belastungen aufzeigen. Dies war auch ein Hauptanliegen der Stoiker, deren philosophische Schule traditionell als diejenige mit dem explizitesten »therapeutischen« Fokus wahrgenommen wurde. Heutige Leser sind natürlich daran interessiert, was die Stoiker über Psychotherapie zu sagen hatten und inwiefern deren Ansichten mit der modernen Forschung zu diesem Thema übereinstimmen oder nicht.

Der Stoizismus wurde oft therapeutisch eingesetzt. Er diente zur Linderung von überwältigendem Leid, wie in den vielen Beispielen antiker »Trostbriefe«, die geschrieben wurden, um anderen zu helfen, mit traumatischen Trauerfällen und anderen Schicksalsschlägen im Leben emotional fertigzuwerden. Manchmal wird fälschlicherweise angenommen, dass erst moderne Forscher und Autoren, die sich mit dem Stoizismus befassen, diesen zu einer Psychotherapie uminterpretierten. Doch tatsächlich waren es die antiken Stoiker selbst, die die medizinischen Anwendungszwecke der Philosophie einführten und die von ihnen entwickelten Praktiken als eine moralische und psychologische »Therapie« (*therapeia*) beschrieben.

Wie bereits erwähnt, ist Vorbeugung jedoch besser als Heilung, und man könnte den Hauptfokus der stoischen psychologischen Übungen durchaus als das beschreiben, was wir heute als »Aufbau psychischer Resilienz« bezeichnen. So soll Musonius Rufus, einer der bedeutendsten stoischen Lehrer der römischen Kaiserzeit, gesagt haben: »Um uns zu schützen, müssen wir wie Ärzte leben und uns selbst stets vernünftig behandeln.« Er riet seinen Schülern, von denen der berühmteste Epiktet war, dass die Menschen die Philosophie nicht zu Heilzwecken wie ein verschriebenes Medikament verwenden sollten, das abgesetzt wird, sobald es ihnen besser geht. Vielmehr müssten sie der Philosophie erlauben, sie ständig zu begleiten. Sie sollte Grundlage ihrer Lebensanschauung und Teil ihres täglichen Programms sein, ganz so wie nahrhaftes Essen oder körperliche Bewegung.

Diese Vorstellung von angewandter Philosophie als Grundlage für den Aufbau allgemeiner psychischer Widerstandsfähigkeit scheint viele moderne Leser anzusprechen und ist ein Teil des Grundes, warum sich Menschen zu diesem Thema hingezogen fühlen. Genau wie in der Antike fühlen sich diejenigen, die mit dem Leben unzufrieden sind und sich in einer schwierigen psychischen Situation befinden, oft vom Stoizismus angezogen, da sie sowohl nach Seelenfrieden als auch nach einem Gefühl der Sinnhaftigkeit suchen. Wie wir noch sehen werden, zielt die stoische »Therapie der Leidenschaften« auf nichts Geringeres als die Transformation unseres Charakters ab. Stoische Ethik und Therapie gehen Hand in Hand. Sie stehen im Zentrum des Themas und sind die Aspekte, die Menschen heute am relevantesten und faszinierendsten finden.

Es gibt aber auch Seiten des Stoizismus, die Menschen als äußerst herausfordernd empfinden. Manche dürften von der grundlegend *kompromisslosen* Haltung in ethischen Belangen abgeschreckt sein. Andere werden genau das erfrischend und faszinierend finden, vielleicht sogar ziemlich radikal und aufregend. Die Stoiker galten in der Antike zweifellos als philosophische Macht, mit der man rechnen musste. Selbst diejenigen, die anderer Meinung waren als sie, waren vom Umfang und der logischen Konsistenz ihrer philosophischen Vision beeindruckt. Doch der Stoizismus wurde auch dafür kritisiert, zuweilen undurchsichtig zu sein. Cicero rang mit ihm und klagte:

> Der Stoizismus ist sowohl hinsichtlich seiner Fundamente als auch des Bauwerks selbst ein mit großer Sorgfalt konstruiertes System; falsch vielleicht, obwohl ich mich darüber noch nicht zu äußern wage, aber sicherlich kunstvoll. Es ist nicht leicht, ihn völlig zu erfassen. (*Vom höchsten Gut und vom größten Übel*, 4.1)

Der Zweck dieses Buches ist es, eine praktische Einführung in den Stoizismus zu geben, daher geht es nicht sonderlich detailliert auf die Kritik an dieser Philosophie ein. Allerdings bietet Ciceros *De Finibus* einige relativ unparteiische Argumente für wie auch gegen den Stoizismus. Plutarchs Essay »Über die Widersprüche der Stoiker« stellt ebenfalls eine klassische Quelle der Kritik dar. Eine moderne Einschätzung des Stoizismus, die versucht, eine detaillierte fachliche Verteidigung seiner Lehren in Bezug auf ethische Philosophie zu liefern, findet sich in Beckers *A New Stoicism* (1998).

Dennoch, auch wenn eine detaillierte Kritik der stoischen Philosophie den Rahmen dieses Buches sprengen würde, besteht nicht die Absicht, den Stoizismus so darzustellen, als würde er in irgendeiner Form über philosophische oder wissenschaftliche Kritik erhaben sein. Der Stoizismus ist eine Philosophie, *keine* Religion. Die Leser sollten sich also selbst gründlich Gedanken über diese Ideen machen und sie hinterfragen. Natürlich müssen Sie dazu zuerst wissen, was die Stoiker eigentlich glaubten. Also fangen wir doch gleich an …

Eine Kostprobe der stoischen Paradoxien

Obwohl der Stoizismus ein *philosophisches* System war, das rationales Verständnis schätzte, waren die ursprünglichen philosophischen Argumente von Zenon notorisch knapp gehalten und blieben für seine philosophischen Kritiker nicht überzeugend. Zenon verkündete viele berühmte »Paradoxien«, womit wörtlich Ideen gemeint sind, die der Meinung der Mehrheit zuwiderlaufen. Sie stellten eine radikale, aber beeindruckend kohärente Weltsicht dar. Das zog viele Menschen an, die sehen wollten, ob dies sich nicht vehementer verteidigen ließe.

Das dritte Oberhaupt der stoischen Schule, Chrysipp, einer der größten Intellektuellen der antiken Welt, versuchte dies zu erreichen, indem er Hunderte von Bänden mit detaillierten philosophischen Argumenten zur Verteidigung der stoischen Lehre schrieb und sich insbesondere mit der Kritik der antiken Skeptiker auseinandersetzte, die eine rivalisierende Schule, die Akademie von Platon, vertraten. Er verwandelte den Stoizismus von einer kleinen, von Zenon gegründeten Bewegung in eines der philosophischen Schwergewichte der antiken Welt.

> Hätte Chrysipp nicht gelebt und gelehrt,
> wäre die stoische Schule heute nichts wert.
> (*Leben und Meinungen berühmter Philosophen*, 7.183)

Von ihm ist überliefert, dass er seinem Lehrer Kleanthes gegenüber die erstaunliche Bemerkung machte, er wolle nur in den grundlegenden Lehren (*dogmata*) des Stoizismus unterrichtet werden und könne selbst bessere Argumente für und gegen sie finden. Auch viele moderne Leser werden sich zunächst von den aufsehenerregenden Ideen der Stoiker angezogen fühlen, die versprechen, unsere vorherrschende Lebensphilosophie auf den Kopf zu stellen, und dann versuchen, sie rational mit ihren eigenen Vorstellungen in Einklang zu bringen. Einige Stoiker bezeichneten diesen Umbruch in unserem Weltbild und Wertesystem, die Abkehr von der konventionellen Sichtweise der Mehrheit, sogar als philosophische »Konversion« (*epistrophê*), wörtlich eine »Umkehr« oder »Wende« im Leben. In dieser Hinsicht wurden die Stoiker von den Kynikern beeinflusst, von denen es heißt, dass sie beim Verlassen eines Theaters gegen den Strom der Menschenmenge liefen oder in der Öffentlichkeit rückwärtsgingen. Dies veranschaulichte ihren Wunsch, gegen den Strom des Lebens zu schwimmen und sich in die entgegengesetzte Richtung der Mehrheit der Menschen zu bewegen.

Den Stoikern war klar, dass sie Dinge sagten, die viele Menschen zunächst nur schwerlich würden akzeptieren können, obwohl sie auch glaubten, dass ihre Philosophie letztlich auf den Annahmen des gesunden Menschenverstandes basierte, die jedem zugänglich sind, der darüber reflektiert. Zum Beispiel verteidigt Cicero sechs notorisch kryptische »stoische Paradoxien« in seinem kurzen gleichnamigen Buch:

1. Tugend oder moralische Vortrefflichkeit ist das einzige Gut (übliche »Güter« wie Gesundheit, Reichtum und Ansehen zählen grundsätzlich *nichts*, wenn es darum geht, ein gutes Leben zu führen).
2. Tugend ist völlig ausreichend für Glück und Erfüllung. Einem Menschen, der tugendhaft ist, fehlt keine Voraussetzung für das gute Leben.
3. Alle Formen der Tugend sind gleichwertig, ebenso wie alle Formen des Lasters (in Bezug auf den Nutzen oder Schaden, den sie dem Einzelnen zufügen).
4. Jeder, dem es an vollkommener Weisheit mangelt, ist wahnsinnig (was im Grunde genommen auf jeden Lebenden zutrifft; wir sind im Wesentlichen also alle verrückt).
5. Nur der Weise ist wirklich frei, und alle anderen sind versklavt (selbst wenn der Weise von einem Tyrannen eingekerkert oder wie Sokrates zum Tode verurteilt wird, ist er immer noch freier als alle anderen, einschließlich seiner Unterdrücker).
6. Nur der Weise ist wirklich reich (auch wenn er, wie Diogenes der Kyniker, nichts besitzt, was er nicht in seinem Rucksack tragen kann).

Diese rätselhaften Aussagen sind erklärungsbedürftig, womit wir uns noch beschäftigen werden. Musonius Rufus pflegte wohl zu sagen, dass die Schüler normalerweise nach seinen Vorlesungen in verblüfftem Schweigen verharrten, statt ihm zu applaudieren. Sie hatten das Gefühl, etwas Radikales und Mächtiges gehört zu haben, aber sie waren sich oft zunächst nicht sicher, was sie daraus machen sollten. Ich würde sagen, dass dies auch auf Leser der heutigen Zeit zutrifft. Wenn wir uns von den Aussagen der Stoiker nicht zumindest leicht verunsichert fühlen, dann entgeht uns wahrscheinlich etwas Wichtiges von ihrer Philosophie.

Doch trotz der Paradoxien war die Stoa in vielerlei Hinsicht die bodenständigste der athenischen philosophischen Schulen, da sie im Alltag verankert war. Es heißt, dass Kleanthes, das zweite Oberhaupt der Stoa, zu sagen pflegte:

> »Möglicherweise sagen die Philosophen etwas, das der allgemeinen Meinung widerspricht [oder »paradox« ist], aber ganz sicher nichts, was der Vernunft widerspricht.« (Epiktet, *Unterredungen*, 4.1)

Fallstudie: Das Forschungsprojekt der University of Exeter zum modernen Stoizismus

Der Stoizismus war die ursprüngliche philosophische Inspiration für die kognitive Verhaltenstherapie (KVT). Beide Ansätze interpretieren Emotionen so, dass sie hauptsächlich auf unsere Überzeugungen und Denkmuster (»Kognitionen«) zurückzuführen sind. Beide nehmen an, dass wir seelischen Stress überwinden können, indem wir die entsprechenden Überzeugungen ändern. Eine beeindruckende Anzahl wissenschaftlicher Belege aus klinischen Studien und anderen Forschungsarbeiten hat die Wirksamkeit der KVT untermauert, insbesondere bei der Behandlung von Angststörungen und Depressionen.

Dies könnte man als indirekte Unterstützung für die »stoische Therapie« ansehen. Bis vor Kurzem gab es jedoch keinen Versuch, direkte Belege für den psychologischen Nutzen des Stoizismus zu erbringen.

Im November 2012 organisierte jedoch Patrick Ussher, Doktorand und Forscher zum Thema Stoizismus an der Universität von Exeter (Ussher, 2012), eine informelle Pilotstudie mit dem Namen »Stoic

Week«, die von Christopher Gill betreut wurde, einem Professor für antikes Denken, der Werke über Stoizismus geschrieben und zur akademischen Forschung beigetragen hat (Gill, 2006; 2010; 2011).

Ein multidisziplinäres Team aus Philosophen, Altertumswissenschaftlern, Psychologen und Psychotherapeuten war an dem Projekt beteiligt (mich selbst eingeschlossen). Die Teilnehmer erhielten online ein Handbuch, das grundlegende stoische Konzepte und Praktiken erklärt, damit sie es eine Woche lang in ihrem Alltag als ersten Machbarkeitstest verwenden konnten. (Ich habe einige Abschnitte des Handbuchs geschrieben, und das Buch, das Sie gerade lesen, wurde teilweise davon und von einigen unserer Erkenntnisse inspiriert). Es stieß auf großes Interesse, und mehrere Artikel in den Zeitungen *The Independent* und *Guardian* berichteten darüber.

Die Stoic Week findet seitdem jedes Jahr statt. Im Jahr 2018 haben 7000 Menschen online an dem Projekt teilgenommen, in dessen Zuge Daten von ihnen gesammelt wurden. Der Philosoph und Psychotherapeut Tim LeBon, Autor von *Wise Therapy* (LeBon, 2001), veröffentlichte mehrere statistische Auswertungen, die ebenfalls auf der Website verfügbar sind.

Welche Ergebnisse hat das Projekt also gebracht? Es muss betont werden, dass es sich hierbei nur um erste Pilotstudien handelt und weitere formale Forschung erforderlich ist. Die Daten haben jedoch jedes Jahr einen Anstieg von etwa 10 Prozent bei drei verschiedenen Selbsteinschätzungen des psychologischen Wohlbefindens gezeigt, und das bereits nach einer Woche, während der das Stoizismus-Handbuch des Projekts befolgt wurde. Das ist zwar eine sehr kurze Zeitspanne, bringt aber dennoch messbare Veränderungen hervor. Es gab zudem eine Abnahme von etwa 10 Prozent bei den negativen Emotionen, während die positiven Emotionen um etwa 5 Prozent zunahmen. Die Teilnehmer konnten aus einer Reihe von stoischen Strategien wählen und haben die folgenden drei für am nützlichsten befunden:

* Stoische Achtsamkeit (*prosochê*)
* Die retrospektive Abendmeditation
* Der Blick von oben

Wir werden daher diese drei klassischen stoischen Strategien in späteren Kapiteln genauer untersuchen. Das Hauptergebnis unserer Forschung ist jedoch, dass es machbar erscheint, ein Regelwerk mit stoischen Übungen aufzusetzen, das einfach genug ist, um es innerhalb weniger Tage erlernen und im modernen Leben anwenden zu können. Die Teilnehmer hatten Spaß an den Übungen, empfanden sie als hilfreich und wollten gern mehr davon machen. Bei diesen ersten Studien handelte es sich nicht um sorgfältig kontrollierte wissenschaftliche Experimente, sodass wir die Ergebnisse mit Vorsicht genießen müssen, aber die Daten deuten darauf hin, dass schon das einwöchige Praktizieren der stoischen Übungen einen positiven psychologischen Effekt haben kann, der mit wissenschaftlich validierten Skalen gemessen werden kann. Mehr Informationen dazu finden Sie unter: http://modernstoicism.com

Stoizismus in der modernen Welt

Wie sieht es heutzutage mit dem Stoizismus aus? Er erfreut sich einer wachsenden Community von Menschen auf der ganzen Welt, die sich ihm widmen, verbunden über das Internet. Wenn Sie »Stoizismus« in Google eingeben, werden Sie wahrscheinlich nicht lange brauchen, um praktizierende Stoiker zu finden, denn es gibt viele, die beispielsweise in Onlineforen aktiv sind. Wir haben kürzlich geschätzt, dass etwa 100.000 Menschen Mitglieder der verschiedenen Online-Communitys für Stoizismus sind.

Jules Evans hat ein Buch mit dem Titel *Philosophy for Life* veröffentlicht, in dem er viele konkrete Beispiele von Menschen anführt, die antike Philosophie auf das moderne Leben anwenden, insbesondere den Stoizismus und verwandte sokratische Denkschulen (Evans, 2012). Der Stoizismus ist besonders beim heutigen Militär beliebt. Zum Beispiel hat Lieutenant Colonel Thomas Jarrett, ein ehemaliger Green Beret, Tausende von Angehörigen der US-Armee in einem psychologischen Resilienzprogramm unterrichtet, das auf der stoischen Philosophie und

Elementen der KVT basiert. Daten aus Fragebögen, die von 900 Teilnehmern seines stoischen »Warrior Resilience Training«-Programms ausgefüllt wurden, deuteten auf positive Ergebnisse hin. Zum Beispiel zeigten die Statistiken, dass seine Teilnehmer das Gefühl hatten, das Training würde ihnen tatsächlich helfen, beim Einsatz und nach der Rückkehr nach Hause widerstandsfähiger zu sein (Jarrett, 2008). Ein kürzlich erschienenes Buch mit dem Titel *Stoic Warriors: The Ancient Philosophy behind the Military Mind* von Prof. Nancy Sherman, vormals Distinguished Chair in Ethics an der US Naval Academy, hat ebenfalls die Ähnlichkeit zwischen stoischer Philosophie und zeitgenössischen militärischen Werten untersucht (Sherman, 2005).

Viele Menschen werden hingegen durch Tom Wolfes gefeierten Roman *A Man in Full* (1998; auf Deutsch erschienen unter dem Titel *Ein ganzer Kerl*) vom Stoizismus erfahren haben. Zwei der Hauptfiguren »konvertieren« an entscheidenden Stellen zum Stoizismus, und ihre Anwendung des Stoizismus wird zu einem zentralen Element für den Höhepunkt der Geschichte. Die zweite Hälfte des Buches enthält daher viele Verweise auf die Aussagen von Epiktet. Eine der Figuren, Conrad, stößt während seiner Gefangenschaft zufällig auf die Schriften der Stoiker. Auf die Frage, ob er sich selbst als Stoiker betrachtet, antwortet er:

> »Ich lese nur darüber«, sagte Conrad, »aber ich wünschte, es gäbe heute jemanden, an den man sich wenden könnte, so wie Schüler sich damals an Epiktet wandten. Heute glauben die Leute von den Stoikern – nun ja, sie sehen sie als Menschen, die die Zähne zusammenbeißen und Schmerz und Leid hinnehmen. Aber darum geht es ganz und gar nicht. In Wahrheit bleiben sie gelassen und zuversichtlich, ganz egal, womit man sie konfrontiert. Wenn Sie zu einem Stoiker sagen: ›Hören Sie, tun Sie, was ich Ihnen sage, oder ich bringe Sie um‹, dann wird er Ihnen in die Augen sehen und erwidern: ›Sie tun, was Sie tun müssen, und ich tue, was ich tun muss – und übrigens, wann habe ich Ihnen eigentlich gesagt, ich sei unsterblich?‹« (Wolfe, 1998)

Ein guter Leitfaden für die Anwendung des Stoizismus in der modernen Welt ist Keith Seddons *Stoic Serenity* (zu Deutsch: Stoische Gelassenheit), das auf seinem Selbstlernkurs in der stoischen Lebenskunst basiert (Seddon, 2006). Seine leicht verständliche Erklärung des Stoizismus lautet wie folgt:

> Ein Stoiker kann vielleicht als jemand betrachtet werden, der sich ständig daran erinnert, dass seine missliche Lage nicht so schlimm ist, wie sie erscheinen mag, und dass unsere Fähigkeiten, sowohl mit den kleinen Frustrationen des täglichen Lebens als auch mit bedeutenden Schicksalsschlägen umzugehen, besser sind (mithilfe der Philosophie), als wir für gewöhnlich glauben. (Seddon, 2006)

Die meistverkaufte populäre Einführung in den Stoizismus ist wahrscheinlich William Irvines *A Guide to the Good Life: The Ancient Art of Stoic Joy* (Irvine, 2009; auf Deutsch erschienen unter dem Titel *Eine Anleitung zum guten Leben: Wie Sie die alte Kunst des Stoizismus für Ihr Leben nutzen*). Nichtsdestotrotz räumt Irvine ein, dass es eine Reihe von wesentlichen Aspekten gibt, in denen seine Darstellung von dem Stoizismus, wie er traditionell verstanden wird, abweicht. Er sagt zum Beispiel, dass der Schwerpunkt seines Buches darauf liegt, »innere Ruhe« zu erreichen und nicht »Tugend« (Irvine, 2009).

Die sich daraus ergebende Version des Stoizismus ist zwar von den antiken Stoikern abgeleitet, sie unterscheidet sich jedoch von dem Stoizismus, wie er von den Stoikern, egal welchem, vertreten wurde. Es ist auch wahrscheinlich, dass die von mir entwickelte Version des Stoizismus in mancher Hinsicht anders ist als der Stoizismus, wie man ihn in einer antiken stoischen Schule zu praktizieren gelernt hätte. (Irvine, 2009, S. 244)

Orthodoxere Stoiker könnten dagegen einwenden, dass Gelassenheit oder »Gemütsruhe« (*ataraxia*) traditionell als positiver Nebeneffekt der Tugend und nicht als das eigentliche Lebensziel angesehen wird. Grob gesagt: Wenn Ruhe wirklich das oberste Ziel im Leben wäre, könnte man auch einfach *Beruhigungsmittel* nehmen. Die

Stoiker argumentierten, dass das höchste Gut im Leben etwas sein müsse, das sowohl von sich aus gut sei als auch »instrumentell« gut, was bedeutet, dass es gute Konsequenzen nach sich zieht. Gemütsruhe wird normalerweise als etwas Gutes angesehen, aber sie führt nirgendwohin, sie erhält sich nicht zuverlässig selbst aufrecht oder erzeugt andere gute Konsequenzen – sie kann zweckentfremdet oder missbraucht werden. Ein Psychopath könnte sich innerlich ruhig fühlen, während er die Leichen seiner Opfer zerstückelt! Das Streben nach Weisheit und Tugend als Hauptziel im Leben führt jedoch zu etwas, das sowohl sich selbst aufrechterhält als auch andere vorteilhafte Dinge hervorbringt, *einschließlich* Gemütsruhe. Wie Therapeuten es gern ausdrücken, gibt es einen Unterschied zwischen dem bloßen Sich-besser-Fühlen und dem tatsächlichen Gesundwerden.

In diesem Buch werden wir uns daher mit einem modernen Ansatz des Stoizismus beschäftigen, der sich stärker an den charakteristischen Ansichten der antiken Stoiker orientiert. Wir werden den Stoizismus in seinen historischen Kontext stellen und die philosophischen Grundlagen der Schule untersuchen, insbesondere die ethischen grundlegenden Lehren, die in der Antike weithin als die Essenz des Stoizismus angesehen wurden. Mit anderen Worten, wir werden versuchen, die Frage »Was *macht* jemanden zu einem Stoiker?« zu beantworten, indem wir ausgiebig aus der historischen Tradition schöpfen.

Die stoische Hymne an Zeus

Führe mich, o Zeus, und du, o Schicksal,
den Weg, den Ihr mir zu gehen gebietet:
Ich bin bereit, zu folgen. Wenn ich es nicht tun sollte,
mich selbst ins Unglück stürzend, so muss ich dennoch folgen.
Das Schicksal führt denjenigen, der willens ist, den Unwilligen schleift es mit. (Kleanthes, Fragment einer Hymne an Zeus)

I

Stoiker sein: Leben im Einklang mit der Natur

In diesem Kapitel erfahren Sie:

- wer die Stoiker waren und die Essenz ihrer Philosophie: ein »Leben im Einklang mit der Natur« als Ziel
- die Gesamtstruktur des Stoizismus und die drei theoretischen »Themen« des philosophischen Lehrplans: »Physik«, »Ethik« und »Logik«
- wie diese Themen die drei Disziplinen der stoischen Praxis prägen: »Verlangen«, »Handeln« und »Urteilsvermögen«
- Anregungen zum Nachdenken über die Natur des »Guten« und wie Sie einschätzen können, über welche Lebensbereiche Sie die Kontrolle haben

Die Lebensdauer eines Menschen ist nur ein Augenblick im Laufe der Zeit; die Substanz fließt stetig davon, der Sinn ist vernebelt; und der Körper neigt zum Verfall. Die Seele ist ein unruhiger Strudel, das Glück ist ungewiss und auf den Ruf kein Verlass; kurz, was den Körper angeht, ist ein rauschender Fluss, was die Seele betrifft, Träume und Dunst. Das Leben ist Krieg, ein Aufenthalt in einem fremden Land. Der Nachruhm ist nicht mehr als Vergessenheit.

Was kann den Menschen da sicher leiten? Nur eines: die Philosophie, die Liebe zur Weisheit. Und die Philosophie besteht darin, dass der Mensch den inneren Genius oder den göttlichen Funken, der ihm innewohnt, vor Gewalt und Verletzungen bewahrt, vor allem vor schädlichen Qualen oder Vergnügungen; dass er niemals etwas ohne Absicht, falsch oder heuchlerisch tut, ungeachtet des Tuns oder Nichttuns anderer; dass er alles, was ihm widerfährt, zufrieden annimmt, als stamme es aus derselben Quelle, aus der auch er selbst gekommen ist, und dass er vor allem mit Demut und ruhiger Heiterkeit den Tod erwartet und darin nichts anderes sieht als die Auflösung in die Elemente, aus denen jedes Lebewesen besteht.

Und wenn die Elemente selbst ihre fortwährende Umwandlung des einen in ein anderes, diese Auflösung und Veränderung, die ihnen allen gemeinsam ist, nicht als Leid empfinden, warum sollte ein Mensch es dann fürchten? Ist es denn nicht der Natur gemäß? Aber nichts, was der Natur gemäß ist, kann schlecht sein. (Mark Aurel, *Selbstbetrachtungen*, 2.17)

Selbsteinschätzung: Stoische Einstellungen und Grundprinzipien
Überprüfen Sie vor der Lektüre dieses Kapitels, wie weit Sie den folgenden Aussagen zustimmen, indem Sie die unten angegebene Skala (1–5) verwenden, und prüfen Sie Ihre Einstellung erneut, nachdem Sie dieses Kapitel gelesen und verarbeitet haben.

1. Stimme überhaupt nicht zu, 2. Stimme nicht zu, 3. Stimme weder zu noch nicht zu, 4. Stimme zu, 5. Stimme voll und ganz zu

1. Das Ziel des Lebens besteht darin, »im Einklang mit der Natur zu leben«, indem wir Dinge, die außerhalb unserer Macht liegen, bereitwillig akzeptieren.
2. Wir sollten außerdem in Harmonie mit unserer eigenen menschlichen Natur leben, indem wir versuchen, die Vernunft zu fördern und Fortschritte in Richtung vollkommener Weisheit und Tugend zu machen.
3. Wir sollten in Harmonie mit dem Rest der Menschheit leben, indem wir uns alle als grundlegend verwandt miteinander ansehen, sofern wir Vernunft besitzen.

Was ist Stoizismus?

Was ist Stoizismus? Zur Erinnerung: Es handelt sich um eine bedeutende Schule der antiken Philosophie, die um 301 v. Chr. in Athen von einem phönizischen Kaufmann namens Zenon gegründet wurde, der aus der Stadt Kition auf Zypern stammte. Der Stoizismus wurde jedoch auch als eine von mehreren konkurrierenden Schulen angesehen, die vom Leben und Denken des Sokrates inspiriert waren, dem herausragenden Philosophen aus Athen, der ein Jahrhundert zuvor hingerichtet worden war.

Ursprünglich wurde sie »Zenonismus« genannt, aber dieser Name wurde fallen gelassen. Vermutlich war der Grund dafür, dass die Stoiker ihre Gründer nicht für vollkommen weise hielten und sie nicht wollten, dass ihre Philosophie zu einem Personenkult würde. Stattdessen wurde sie als »Stoizismus« bekannt, weil Zenon und seine Anhänger sich in der *Stoa Poikilê* (»bemalte Säulenhalle«) trafen, einer berühmten Kolonnade, die mit einer Mischung aus mythischen und historischen Kampfszenen geschmückt war und an der Nordseite der Agora, des antiken Athener Marktplatzes, lag. Manchmal wird der Stoizismus, oder die stoische Schule, daher einfach »die Stoa« genannt.

Wie ihr Held Sokrates, aber im Gegensatz zu den anderen formalen Philosophieschulen Athens, trafen sich die Stoiker auf dem öffentlichen Marktplatz, in dieser Säulenhalle, wo ihnen jeder bei ihren Debatten zuhören konnte. Hier schritt Zenon energisch auf und ab, während er dozierte, was angeblich dafür sorgte, dass die Säulenhalle frei von herumlungernden Menschen blieb. Der Ausdruck »stoische Philosophie« wurde daher so verstanden, dass es sich bei ihr um eine »Philosophie der Straße« handelt, eine Philosophie für gewöhnliche Menschen, die nicht in den sprichwörtlichen »Elfenbeintürmen« der akademischen Welt eingesperrt ist. Bis vor Kurzem wurden die Stoiker in den meisten Universitätsstudiengängen deshalb eher vernachlässigt.

> Vor dem zwanzigsten Jahrhundert haben diejenigen, die mit Philosophie in Berührung gekommen sind, wahrscheinlich die Stoiker gelesen. Im zwanzigsten Jahrhundert verloren die Philosophen jedoch nicht nur das Interesse am Stoizismus, sondern ganz allgemein an Lebensphilosophien. Es war möglich, wie meine eigene Erfahrung zeigt, ein Jahrzehnt lang Philosophiekurse zu besuchen, ohne die Stoiker gelesen zu haben und ohne Zeit damit verbracht zu haben, über Lebensphilosophien nachzudenken, geschweige denn, sich eine anzueignen. (Irvine, 2009)

Nichtsdestotrotz hat der Stoizismus seit den 1970er-Jahren an Popularität gewonnen, teilweise aufgrund des Erfolgs der kognitiven Verhaltenstherapie.

Wie wir gesehen haben, war der Stoizismus in der antiken Welt von Anfang an und für beinahe fünf darauffolgende Jahrhunderte eine der einflussreichsten und höchst angesehenen Schulen der Philosophie. Es heißt, dass die Athener Zenon sehr bewunderten, ihm die Schlüssel zu ihrer Stadt gaben und eine Bronzestatue von ihm errichteten – ein krasser Gegensatz zu dem Schicksal, das seinem Vorgänger Sokrates widerfuhr. Angeblich stimmten sie auch für ein offizielles Dekret, das seine vorbildliche »Tugend und Selbstdisziplin« mit einer goldenen Krone und einem auf öffentliche Kosten errichteten Grabmal ehrte. Mit dieser öffentlichen Erklärung wurden die vielen Jahre gerühmt, die er der Philosophie in Athen gewidmet hatte, und sie beschrieb ihn als einen in jeder Hinsicht guten Menschen, der »die Jugend, die zu ihm kommt, um unterrichtet zu werden, zu Tugend und Selbstdisziplin anhält, sie darin anleitet, was das Beste ist, und allen in seinem eigenen Verhalten ein Vorbild zur Nachahmung in vollkommener Übereinstimmung mit seiner Lehre bietet«. (*Leben und Meinungen berühmter Philosophen*, 7.10)

Das Beispiel, das Zenon mit seinem Verhalten vorgab, war für die Stoiker wichtig, weil sie die Nachahmung der Weisen und Guten als den besten Weg ansahen, Philosophie zu lernen. Er verfolgte zunächst die einfache und enthaltsame Lebensweise, welche die kynischen Philosophen eingeführt hatten, die somit einen wichtigen Einfluss auf den Stoizismus ausübte. Infolgedessen wurde sein Ruf in Bezug auf Selbstbeherrschung (*enkrateia*) anscheinend recht sprichwörtlich; manchmal wurden Menschen dafür gelobt, die Selbstdisziplin eines Zenon zu besitzen. Kyniker waren dafür bekannt, körperliche Härten zu ertragen, und Zenon selbst wurde durchgehend als ein von den Elementen abgehärteter Philosoph beschrieben. Zum Beispiel schrieb ein ungenannter antiker Dichter über ihn:

> Die winterliche Kälte und der unaufhörliche Regen
> Sind machtlos gegen ihn: zu schwach ist der Pfeil
> Der glühenden Sommersonne oder des quälenden Schmerzes
> Um den eisernen Körper zu verbiegen. Er steht abseits
> Unverdorben von allgemeinem Gelage und Ausgelassenheit:
> Geduldig widmet er sich unermüdlich Tag und Nacht
> Seinen Studien der Philosophie.
>
> (*Leben und Meinungen berühmter Philosophen*, 7.27)

Auch wenn Zenon in mancherlei Hinsicht anfänglich dem Kynismus anhing, so wich er in manchen Belangen doch von ihm ab. Beispielsweise sah er es als notwendig an, dessen harte philosophische Lebensweise, dessen »Ethik«, durch das Studium der »Physik« und der »Logik« zu ergänzen. Wie wir später sehen werden, betrachteten auch die Kyniker alle äußeren Dinge als letztlich gleichgültig, während die Stoiker eine differenziertere Position einnahmen und sich erlaubten, bestimmte konventionelle Dinge zwar zu schätzen, wahrten aber gleichzeitig eine gewisse Distanz zu ihnen. Aber vor allem beschäftigten sich die Stoiker mit der Anwendung der Philosophie auf alltägliche Herausforderungen und insbesondere mit der klassischen sokratischen Frage: *Wie lebt man ein gutes Leben?* Sie sahen sich als wahrhaftige Krieger des Geistes und würden die heutige akademische Philosophie vielleicht eher als bloße »Sophisterei« verurteilen, statt sie als wahre Lebenskunst anzusehen.

Schlüsselgedanke: Philosophie als Lebensart

Es mag überraschen, dass die antike Philosophie eine ziemlich praktische Angelegenheit war. Sie legte oft großen Wert auf Übungen des Geistes und eine anspruchsvolle Lebensführung und ist damit in gewisser Weise ein Vorläufer der christlichen monastischen Praktiken. Einige Philosophen, vor allem die Kyniker, rümpften sogar die Nase über theoretische Debatten oder abstrakte Spekulationen. Sie sahen sie als Ablenkung von der wahren Aufgabe, sich praktische Weisheit und Selbstbeherrschung anzueignen.

Die Kyniker verspotteten Platon und seine Anhänger für ihren »akademischen« Philosophiestil. Sie glaubten, dass freiwillige Armut und das Aushalten von Entbehrungen bessere philosophische Lehrer seien als Bücher und Vorlesungen. Zenon war ursprünglich ein Kyniker, obwohl er auch Logik und Physik studierte. In dieser Hinsicht kann man den Stoizismus also irgendwo zwischen den Akademikern und den Kynikern sehen. Das theoretische Studium, beispielsweise der Physik und der Logik, hat einen gewissen Wert, aber nur insofern, als es tatsächlich zu dem Ziel beiträgt, weise zu leben.

Äußerlich waren die antiken Philosophen, insbesondere die Kyniker, an ihrer Kleidung und ihrem Verhalten zu erkennen. Kyniker bettelten um Essen oder lebten von preiswerten und einfachen Mahlzeiten aus Lupinensamen oder Linsensuppe und tranken nur Wasser. Sie kleideten sich ausschließlich mit einem billigen Gewand aus grober, ungefärbter Wolle, das sie sich im Winter doppelt umschlangen, damit es besser wärmte. Zudem trugen sie alles, was sie besaßen, in einem kleinen Rucksack mit sich, dazu einen Eschenholzstab, und sie betteten sich auf einfache Strohmatten, wobei sie oft in öffentlichen Gebäuden schliefen. Einige von Zenons Anhängern betrachteten den kynischen Lebensstil als eine »Abkürzung zur Tugend«, doch die späteren Stoiker lebten normalerweise weniger asketisch. Musonius sagte seinen Schülern, solange sie die inneren Tugenden eines Philosophen hätten, »… müsst ihr kein altes Gewand anlegen, ohne Hemd herumlaufen, lange Haare tragen oder euch exzentrisch verhalten«, wie die Kyniker (*Lectures*, 16). An anderer Stelle jedoch rät er den Schülern wiederum, kein Hemd zu tragen und barfuß zu laufen, was darauf hindeutet, dass die Stoiker diese kynischen Merkmale als optional für die philosophische Lebensweise ansahen.

Von den anderen Philosophenschulen übernahmen die Stoiker eine breit gefächerte Sammlung an psychologischen Übungen, darunter auch kontemplative Meditationstechniken, die in mehreren Büchern des modernen Gelehrten Pierre Hadot, wie beispielsweise in seinem Werk *Philosophy as a Way of Life* (Hadot, 1995; auf Deutsch erschienen unter dem Titel *Philosophie als Lebensform*), eingehend untersucht wurden. Wir werden uns besonders auf diese *praktische* Dimension des Stoizismus als »Lebenskunst« konzentrieren, die traditionell das Versprechen enthielt, *eudaimonia*, also höchstes Glück und Erfüllung, zu erlangen.

Jetzt sind Sie dran: Rein ins kalte Wasser …

Beginnen wir gleich damit, die Natur des Guten zu betrachten. Denken Sie über die folgenden, miteinander in Zusammenhang stehenden Fragen nach, bis Ihnen der Kopf raucht:

1. Was bedeutet es grundsätzlich, dass etwas »gut« ist, soweit es den Menschen betrifft?
2. Welche Eigenschaften machen einen Menschen zu einem guten Menschen? (Vergleichen Sie: »Welche Eigenschaften machen ein Pferd zu einem guten Pferd?«)
3. Welche Eigenschaften machen das Leben eines Menschen zu einem guten Leben?
4. Kann ein guter Mensch zu sein zu einem guten Leben beitragen? (Die Stoiker und die meisten anderen griechisch-römischen Philosophen waren sich einig, dass dies der Fall ist).
5. Reicht es aus, ein guter Mensch zu sein, um ein gutes Leben zu haben, auch angesichts widriger äußerer Umstände, beispielsweise Verfolgung durch andere? (War das Leben von Sokrates schlechter, weil er arm war und verfolgt wurde; wäre es ein besseres Leben gewesen, wenn er in äußeren Belangen Glück gehabt hätte, wenn er ein leichteres und bequemeres Leben geführt hätte?)

Man könnte diesen letzten Punkt die »harte Linie« des Stoizismus nennen. Er unterscheidet sich von anderen philosophischen Schulen durch sein Beharren darauf, dass ein guter Mensch zu sein, der Tugend und Ehre hat, das einzig wahre Gut ist.

Auf jeden Fall sind dies einige der grundlegenden Fragen der stoischen Ethik. Es sind sogar einige der Kardinalfragen der antiken Philosophie im Allgemeinen. Machen Sie sich also keine Sorgen, wenn Sie noch keine endgültigen Antworten haben! Die Menschen streiten sich seit fast 2500 Jahren über diese Fragen. Für manche ist es die Hauptsache, dass man zumindest mit diesen Fragen ringt, auch wenn sich die Antworten uns manchmal entziehen. Die Stoiker glaubten, dass wir zu einer Art philosophischer Gewissheit in diesen Fragen gelangen können, wenn auch nur mit fleißigem Lernen und viel Übung.

Fallstudie: Die Selbstbeherrschung des Sokrates

Mit dem Namen Sokrates verbinden wir üblicherweise einen weisen Philosophen, aber wussten Sie, dass er außerdem ein dekorierter Kriegsheld war und in der Antike als Musterbeispiel für Mut und Selbstdisziplin galt? Zenon wurde offenbar zur Philosophie bekehrt, als er den Bericht des berühmten athenischen Generals Xenophon über seinen Freund Sokrates las. Xenophon zufolge verfügte Sokrates »von allen über die höchste Selbstbeherrschung«, was das körperliche Verlangen sowie das Erdulden von Widrigkeiten, einschließlich extremer Hitze und Kälte, anging. Er hatte sich selbst antrainiert, nur geringe Bedürfnisse zu haben und mit den grundlegendsten materiellen Besitztümern zufrieden zu sein. Obwohl er selbst ein ziemlich harter Kerl war, war Xenophon von Sokrates' Charakterstärke und Selbstbeherrschung beeindruckt, die den Tugenden und Praktiken, die später sowohl im Kynismus als auch im Stoizismus im Mittelpunkt standen, stark ähnelten.

Von Sokrates heißt es, dass er durch seinen philosophischen Lebensstil sowohl seinen Geist als auch seinen Körper rigoros trainierte. Er behauptete paradoxerweise: »Es ist vor allem die Selbstdisziplin, die Vergnügen bereitet.« Indem wir uns in Zurückhaltung üben, lernen wir, nur zu essen, wenn wir wirklich hungrig sind, zu trinken, wenn wir durstig sind, und so weiter. Appetit und Durst sind die geheimnisvollen Zutaten, die selbst gewöhnliches Brot und einfaches Wasser köstlich erscheinen lassen. Selbstbeherrschung ist gesünder und führt in Wahrheit zu mehr Genuss als Maßlosigkeit, insbesondere im Hinblick auf die häufigsten Genussquellen des täglichen Lebens. Zum gegenteiligen Fall sagte Sokrates, dass alles, was uns dazu treibt, zu essen, wenn wir *nicht* hungrig sind, oder zu trinken, wenn wir *nicht* durstig sind, »Magen und Kopf und Charakter ruiniert«. Hoffentlich wird dies eher als vernünftige Ansicht denn als Selbstkasteiung angesehen, auch wenn es der modernen Einstellung zu Essen und Trinken zuwiderläuft – wir werden ständig mit Werbung für bequemere und verlockendere, aber oft ungesunde Konsumgüter bombardiert.

Sokrates lehrte auch, dass wir den Körper durch geeignete körperliche Betätigung fit halten sollten. Unser Körper sei an all unseren Aktivitäten beteiligt, sagte er, sogar beim Denken, denn jeder wisse, dass Menschen bei bestimmten Krankheiten nicht klar denken können. Als eine Form der sportlichen Betätigung wählte er den Tanz, weil dieser den ganzen Körper beanspruchte und nicht nur einige Körperteile. Dass er bei Tagesanbruch allein tanzte, erschien seinen Freunden als ziemlich exzentrisch. Sokrates jedoch glaubte, so heißt es, dass jeder für seine eigene Gesundheit sorgen sollte, indem er alles, was man darüber wissen kann, von Experten lernt, aber auch indem er seine eigene Konstitution studiert, Tag für Tag, und beobachtet, welche Speisen, Getränke oder sportlichen Übungen ihm tatsächlich guttun. Weil jeder Mensch nun einmal anders ist, war er der Auffassung, dass wir idealerweise unsere eigenen Ärzte werden sollten, indem wir aus Erfahrung lernen, was in unserem speziellen Fall gesund ist. Xenophon glaubte darüber hinaus, dass Menschen, die ihren Charakter nicht durch Selbstdisziplin trainieren, moralisch schwach werden, ganz so wie Menschen, die ihren Körper nicht trainieren, körperlich schwach werden. Die Stoiker stimmten dem zu und legten in ihrer Philosophie großen Wert auf moralische und geistige Übungen.

Das Ziel des Lebens: »Leben im Einklang mit der Natur«

Was also haben die Stoiker eigentlich geglaubt? Genau darum geht es in diesem Buch. Die meisten Schulen der antiken Philosophie waren sich darin einig, dass das ultimative Lebensziel Glück beziehungsweise *eudaimonia* sei. Wir werden das stoische Konzept von Glück in den folgenden Kapiteln genauer untersuchen. Ursprünglich schrieb Zenon jedoch: »Glück ist ein reibungslos verlaufendes Leben« (*euroia biou;* Wohlfluss des Lebens), in dem sich der Geist an alle Umstände anpasst, die uns widerfahren. Doch wie sollen wir nach Ansicht der Stoiker diese ausgeglichene und glückliche Einstellung zum Leben *erreichen* können?

Zenon versuchte, seine Philosophie in notorisch lakonischen Aussagen und kurzen syllogistischen Argumenten auszudrücken, die von seinen Anhängern ausgearbeitet werden mussten. Die bekannteste Definition des stoischen Lebensziels, die mal Zenon, mal Chrysipp zugeschrieben wird, lautet »Leben im Einklang mit der Natur«. Davon sind mehrere Belege in der stoischen Literatur zu finden. »Unser Vorsatz lautet, wie jeder weiß«, schrieb Seneca, »im Einklang mit der Natur zu leben« (*Briefe an Lucilius*, 5). Und in der Tat soll Zenon ein Buch mit dem Titel »Über das Leben im Einklang mit der Natur« geschrieben haben. So wurde dies zum zentralen Lehrsatz des Stoizismus. Vier Jahrhunderte nach Zenon erklärte der berühmte stoische Lehrer Epiktet seinen Schülern, dass die wichtigsten stoischen Lehren zwar ursprünglich in kurzen Maximen zusammengefasst waren, dass aber der Versuch, ihre Bedeutung zu klären, unweigerlich Fragen aufwerfe, beispielsweise »Was ist die Natur des Einzelnen und die Natur des Universums?«, und somit werde die Erklärung länger und ausführlicher.

Was bedeutet es also, »im Einklang mit der Natur zu leben«? Im Laufe dieses Buches werden wir diesen kryptischen Spruch enträtseln. Zu Beginn sollte jedoch erklärt werden, dass die Stoiker angeblich *auch* sagten, das Lebensziel sei es, »in Übereinstimmung mit der Tugend zu leben«, anders ausgedrückt, dass menschliche Vortrefflichkeit das Ziel sei. Mit anderen Worten: Sie glaubten, dass wir alle mit der Verantwortung geboren werden, uns selbst zu übertreffen, indem wir unsere eigene Natur zur Vollkommenheit bringen. Das bedeutet, dass wir die Arbeit, die die Natur selbst unvollendet gelassen hat, vollenden, indem wir freiwillig den besten Gebrauch von unserer höchsten Fähigkeit machen: der *Vernunft*. Für die Stoiker ist entscheidend, dass erwachsene Menschen im Wesentlichen vernunftbegabte Wesen sind. Für sie gelte daher: »Bei einem vernünftigen Geschöpf ist eine naturgemäße Handlungsweise immer auch eine vernunftgemäße.« (*Selbstbetrachtungen*, 7.11) Der Natur zu folgen bedeutet also nicht, sich wie ein »dummes Tier« zu verhalten, sondern vielmehr unser natürliches Potenzial als *menschliche* Tiere zu erfüllen. So soll Chrysipp gesagt haben:

> Also, wo soll ich anfangen? Und was soll ich als Prinzip des angemessenen Handelns und als Rohmaterial für die Tugend nehmen, wenn ich die Natur und das, was der Natur gemäß ist, aufgebe? (Zitiert aus: Plutarch, *Über die gemeinen Begriffe*, 1069e)

Die Stoiker betonten daher die Notwendigkeit, darüber nachzudenken, wie ein perfekter Mensch aussehen würde, jemand, dessen Leben sowohl ehrenhaft ist als auch ihm selbst und anderen nützt. Sie stellten sich jemanden vor, der vollständige praktische Weisheit und »Tugend« erlangt hat. Mit »Tugend« meinten sie eigentlich das »Sich-Auszeichnen« oder Gedeihen in Bezug auf unsere rationale menschliche Natur, und nicht das, was wir uns vielleicht heutzutage als »tugendhaftes« Verhalten vorstellen. Die Stoiker führten an, dass die menschliche Natur im Wesentlichen rational und sozial ist, und dass daher Weisheit und Gerechtigkeit die Gipfel menschlicher Leistung sind.

Das Ziel eines jeden menschlichen Lebens besteht darin, freiwillig Fortschritte in diese Richtung zu machen. Der Stoizismus ist also eine Philosophie, die uns beibringen möchte, wie wir uns verbessern können, wie wir bessere Menschen werden und wie wir ein gutes Leben führen können. Er kann daher auch ein wenig wie eine Religion wirken, wenngleich er in erster Linie auf Rationalität und nicht auf Glauben oder Tradition basiert. Aus diesem Grund hat man ihn manchmal mit dem Buddhismus verglichen. Dass der Stoizismus ein westliches Äquivalent zu einer philosophischen Lebensweise bietet, wie sie in vielen östlichen Religionen zu finden ist, macht heute für viele seinen Reiz aus.

Aus der Prämisse, dass unsere wesentliche Natur rational ist, folgt, dass die größte Tugend Weisheit und das größte Laster Torheit oder Unwissenheit ist. Wir Menschen haben die Gabe, uns bewusst Wissen anzueignen, wir sind von der Natur eingeladen, Zuschauer und Interpreten des Universums zu sein, und die Stoiker glaubten, dass es unsere grundlegende Lebensaufgabe sein muss, uns durch Wissen und Verständnis über die wichtigsten Dinge im Leben auszuzeichnen. Dies könnte man als das Erreichen von Weisheit in der Kunst des Lebens zusammenfassen, oder »Klugheit« in Ermangelung eines besseren Wortes. Schließlich bedeutet »Philosophie« im Griechischen »Liebe zur Weisheit«.

Das Ziel des Lebens ist daher auch das Ziel der Philosophie: Die Weisheit zu lieben und zu erlangen, insbesondere im Hinblick auf die Art und Weise, wie wir tatsächlich leben, sodass wir es *moralische* oder *praktische* Weisheit nennen könnten. Die praktische Weisheit – das Wissen darum, was gut und schlecht ist – wurde von den Stoikern als Grundlage für alle anderen Formen menschlicher Vortrefflichkeit angesehen, die im Allgemeinen unter den vier Kardinaltugenden Weisheit, Gerechtigkeit, Tapferkeit und Mäßigung subsumiert wurden. Die Stoiker glaubten, dass die Tugenden sowohl praktische Fähigkeiten als auch Formen des Wissens sind, die ein festes Verständnis dafür beinhalten, was in verschiedenen Situationen gut und schlecht ist. In der Tat bestehen für die Stoiker die anderen Tugenden im Wesentlichen aus praktischer Weisheit, die auf verschiedene Aspekte des Lebens angewandt wird, wie beispielsweise unsere Handlungen, Gefühle und Begierden.

Für die Schule des Epiktet stand im Mittelpunkt ihrer gesamten Philosophie die Lehre, dass wir sehr sorgfältig unterscheiden müssen zwischen dem, was in unserer Macht liegt, und dem, was nicht in unserer Macht liegt. Denn das höchste Gut im Leben liegt innerhalb unseres Einflussbereichs, es zeigt sich in unseren Handlungen und Urteilen. Alles andere wird als grundsätzlich »gleichgültig« in Bezug auf ein gutes Leben eingestuft.

Die philosophische Schlussfolgerung, dass das höchste Gut, das Wichtigste im Leben, notwendigerweise in unserer Macht liegen muss, dass es unserer direkten Kontrolle unterliegen muss, ist zugleich der schwierigste und ansprechendste Aspekt des Stoizismus. Er besagt, dass wir selbst für das Wichtigste im Leben voll und ganz verantwortlich sind, und nimmt uns jede Ausrede für Misserfolg, dafür, nicht das bestmögliche Leben zu erreichen, denn zu gedeihen und Erfolg zu haben befindet sich jederzeit innerhalb unserer Reichweite. Das Erinnern an diese fundamentale *Dichotomie* zwischen dem, was in unserer Macht liegt, und dem, was nicht in unserer Macht liegt, wurde daher als der oberste Grundsatz der Stoiker beschrieben. Wir werden in den folgenden Kapiteln immer wieder darauf zurückkommen!

Schlüsselgedanke: »Leben im Einklang mit der Natur«

Der Stoizismus definiert das Hauptziel des Lebens als »Leben im Einklang mit der Natur« oder »gemäß der Natur leben« – das Wort für Ziel, *telos*, wird manchmal mit »Zweck« übersetzt und kommt wohl dem nahe, was wir den »Sinn des Lebens« nennen. Damit war allerdings nicht gemeint, aufs Land zu ziehen oder Bäume zu umarmen! In Anlehnung an Chrysipp wurde die stoische Lebensweise als auf zwei Ebenen im Einklang mit der Natur stehend interpretiert. Einerseits versuchten die Stoiker, ihrer eigenen *menschlichen* Natur entsprechend zu leben, als von Natur aus rationale und soziale Wesen, indem sie sich durch Weisheit, Gerechtigkeit und die Tugenden der Selbstbeherrschung auszeichneten. Die Stoiker gingen davon aus, dass die Natur zielgerichtet ist und dass unsere Fähigkeit zur Vernunft die Möglichkeit ihrer eigenen Vervollkommnung oder Perfektion nahelegt, das heißt, die Erlangung von Weisheit.

Andererseits bedeutet der Natur zu folgen auch, unseren Platz als Teil eines Ganzen, die Natur des *Universums*, zu akzeptieren und unser Schicksal anzunehmen, sofern es außerhalb unserer Kontrolle liegt, es zu ändern. Diese beiden Aufgaben ergänzen sich jedoch, denn wir benötigen Tugend, um uns über Widrigkeiten erheben zu können und alles willkommen zu heißen, was das Leben uns auferlegt. Das »Versprechen« der stoischen Philosophie ist, dass wir durch ein Leben im Einklang mit der Natur oder durch ein tugendhaftes Leben und das Annehmen unseres Schicksals *eudaimonia* erlangen werden, also absolute persönliche Erfüllung, Wohlbefinden und Glück. Wir werden später genauer darauf zurückkommen, was das bedeutet.

Jetzt sind Sie dran: Essen Sie wie ein Stoiker

Hier kommt eine ganz neue Idee … Versuchen Sie, sich eine Woche lang gesünder zu ernähren. Es gibt jedoch einen wichtigen »stoischen« Dreh an der Sache: Während Sie versuchen, sich an Ihren Plan zu halten, sollten Sie sich nicht motivieren, indem Sie an ein gewünschtes Ergebnis denken, wie zum Beispiel an eine Gewichtsabnahme oder die Verbesserung Ihrer Gesundheit, sondern Sie sollten sich stattdessen auf den *inhärenten* Wert der Entwicklung von Selbstdisziplin konzentrieren. Das Abnehmen oder die Verbesserung Ihrer Gesundheit ist bei keiner Diät garantiert; es liegt nicht direkt in Ihrer Macht, sondern teilweise in den Händen des Schicksals. Zudem liegt dieses Ergebnis in der Zukunft, es ist eine »Hoffnung«, eine Folge Ihrer Handlungen, und nicht etwas, das »hier und jetzt« geschieht. Im Gegensatz dazu ist umsichtige Selbstdisziplin an sich schon gut und lobenswert, unabhängig vom langfristigen Ergebnis.

Sie brauchen keiner antiken stoischen oder kynischen »Diät« nachzueifern, sondern sollen sich einfach nur die Aufgabe stellen, eine Woche lang gesünder zu essen und sich dabei von Ihrem eigenen gesunden Menschenverstand leiten zu lassen. Fürs Protokoll: Die Stoiker folgten dem Rat von Sokrates: »Wir leben nicht, um zu essen; wir essen, um zu leben.« In seiner Vorlesung über das Essen führte Musonius Rufus an, dass die Beherrschung des eigenen Appetits die Grundlage für das Üben der Selbstbeherrschung sei. Er sagte, Stoiker sollten nur Wasser trinken und Gourmetspeisen vermeiden. Sie sollten vegetarische Nahrung bevorzugen, die nahrhaft, aber billig, bequem zu beschaffen und einfach zuzubereiten sei, zum Beispiel Milch, Käse, Honig und bestimmte Früchte und Gemüse. Seiner Ansicht nach sollten Stoiker langsam und achtsam essen und dabei Mäßigung und Selbstbeherrschung anwenden. Für einige heutige Leser könnte eine gute erste Herausforderung darin bestehen, eine Woche lang nur stilles Wasser zu trinken und keine anderen Getränke zu sich zu nehmen. Manche könnten auch Intervallfasten ausprobieren.

Denken Sie daran, dass das Ziel darin besteht, Ihre Selbstdisziplin und die damit verbundenen Tugenden oder Charakterstärken zu verbessern, und nicht darin, Gewicht zu verlieren oder körperliche Gesundheit zu erlangen. Wenn Sie sich in Selbstdisziplin üben, ist es jedoch sinnvoll, dies auf gesunde Art und Weise zu tun. Stoiker bezeichnen körperliche Gesundheit und Fitness als etwas »Bevorzugtes«, aber letztlich Unwichtiges oder »Gleichgültiges« in Bezug auf das Ziel des Lebens. Für sie ist es unendlich viel wichtiger, einen gesunden *Charakter* zu entwickeln als einen gesunden *Körper*. Wir entwickeln Selbstdisziplin gerade dadurch, dass wir versuchen, auf gesunde und angemessene Weise zu handeln, unabhängig davon, ob das Ergebnis so ausfällt, wie wir es uns wünschen würden oder nicht.

Merke: Hat die menschliche Natur ein Ziel?

Einigen Lesern unserer Zeit mag es schwerfallen, die stoische Annahme zu akzeptieren, dass die Menschheit ein naturbedingtes Ziel hat. Welchen Sinn hat es jedoch, sich über Verletzungen zu beklagen, wenn man nicht davon ausgeht, dass es einen erstrebenswerteren Zustand gibt? Wie Seneca es ausdrückt: »Was der Natur entspricht, ist im Leben gesegnet, und was der Natur entspricht, ist für unsere Sinne ersichtlich, ebenso, ob etwas beschädigt ist oder nicht.« (*Briefe an Lucilius*, 124) Die meisten von uns denken jedoch bei dem Begriff »geschädigt«, es gehe um das Vergnügen, die Selbsterhaltung oder andere äußere Güter, die gefährdet seien. Für die Stoiker sind diese jedoch »gleichgültig«, und wahrer »Schaden« bezieht sich ausschließlich auf unsere dominante Fähigkeit, nämlich unseren Verstand, der nur verletzt werden kann, indem man dem Laster verfällt, und durch nichts anderes. Fragen Sie sich nun: Was bedeutet es wirklich, geschädigt zu werden?

Das zweifache Ziel des Lebens

Die stoische Weisheit besteht vor allem darin, das Gute vom Schlechten zu unterscheiden, und das bedeutet, zu wissen, was in unserer Macht liegt und was nicht. Die Inschrift »Erkenne dich selbst« über dem Eingang zum Apollontempel in Delphi, die Sokrates inspirierte, wurde daher von den Stoikern als Aufforderung interpretiert, die eigene Seele ständig zu überwachen und zu überprüfen. Wir kennen uns dann wirklich selbst, wenn wir das, was einzigartig menschlich ist, von dem trennen, was uns fremd ist oder was wir mit anderen Tieren gemein haben. Selbsterkenntnis bedeutet, zu unterscheiden, was in unserer Macht liegt und was nicht. Unsere eigene Existenz zu betrachten und zu verstehen, ist laut den Stoikern eine fortwährende Anstrengung, die eine Form von »Achtsamkeit« erfordert. Achtsamkeit ist ein Konzept, das oft mit buddhistischer Meditation in Verbindung gebracht wird, das aber klare Vorläufer in der antiken griechisch-römischen Philosophie hat. Abgesehen davon, dass es sich um eine philosophische Betrachtung über die Natur der menschlichen Existenz selbst handelt, ist die Achtsamkeit in Bezug auf diese Unterscheidung zwischen dem, was in unserer Macht liegt und was nicht, eines der wichtigsten Heilmittel bei psychischen Leiden. Es wird treffend im »Gelassenheitsgebet« ausgedrückt, einer bekannten Formel aus dem frühen 20. Jahrhundert, die von den Anonymen Alkoholikern und vielen modernen Therapeuten verwendet wird (Pietsch, 1990):

> Gott, gib mir die Gelassenheit, Dinge zu akzeptieren, die ich nicht ändern kann, den Mut, Dinge zu ändern, die ich ändern kann, und die Weisheit, das eine vom anderen zu unterscheiden.

Nach der gängigen Interpretation bedeutet das einfach, dass wir zwischen denjenigen Situationen oder Aspekten der äußeren Welt, die wir ändern können, und anderen, die wir nicht ändern können, unterscheiden sollten. Für die Stoiker besteht die Weisheit jedoch darin, zu erkennen, dass das Einzige, was wir per Definition vollständig kontrollieren können, unsere eigenen Willensäußerungen sind, also unsere *freiwilligen* Ansichten und Handlungen.

Chrysipp war anscheinend der erste Stoiker, der explizit sagte, dass das Ziel des Lebens als zweifache Aufgabe verstanden werden sollte: »als Leben in Einklang sowohl mit der eigenen Natur als auch mit der Natur des Ganzen« (*Leben und Meinungen berühmter Philosophen*, 7.88). Diese Unterteilung zieht sich durch den größten Teil der überlieferten stoischen Literatur, bis hin zu den *Selbstbetrachtungen* von Mark Aurel (6.58; 12.11):

1. Die eigene innere Natur: Niemand kann einen daran hindern, gemäß der eigenen inneren Natur, als vernünftiges Wesen, das heißt weise und tugendhaft, zu leben.
2. Die Natur der Welt: Es kann einem äußerlich nichts widerfahren, was den universellen Naturgesetzen widerspricht, die

der weise Mensch ergeben als schicksalsbestimmt oder, in theologischer Sprache, als Willen des Zeus annimmt.

Im spätrömischen Stoizismus des Epiktet scheint sich dies in die bereits erwähnte grundlegende Unterscheidung zwischen dem, was in unserer Macht liegt, und dem, was nicht in unserer Macht liegt, zu wandeln. Allerdings unterteilen die Stoiker manchmal auch dreifach, indem sie unter den äußeren Ereignissen wiederum zwischen den Naturgesetzen und den Handlungen anderer Menschen unterscheiden. So können wir uns das »Leben im Einklang mit der Natur« als ein harmonisches Leben in *drei wichtigen Dimensionen* des Lebens vorstellen:

1. Das Selbst: Harmonie mit unserer eigenen essentiellen Natur, mit uns selbst als rationale Wesen, was die Vervollkommnung von Vernunft und Tugend und die Erfüllung unserer Natur erfordert.
2. Die Welt: Harmonie mit der Natur als Ganzes, was bedeutet, dass wir unser Schicksal, sofern es sich unserer Kontrolle entzieht, so akzeptieren, als ob wir es gewollt hätten, anstatt uns zu beschweren und vergeblich gegen die Ereignisse oder Umstände anzukämpfen.
3. Die Menschheit: Soziale Harmonie oder »Eintracht« mit anderen Menschen, wobei wir alle vernünftigen Wesen als mit uns verwandt betrachten und unsere natürliche Zuneigung zu anderen in eine von Herzen kommende »philanthropische« Haltung gegenüber dem Rest der Menschheit ausweiten.

Es ist verlockend, diese Dreiteilung als verbunden mit anderen dreifachen Unterteilungen des Stoizismus, denen wir uns jetzt zuwenden, anzusehen, beispielsweise indem wir die Harmonie mit unserem inneren Selbst, mit der Welt und mit dem Rest der Menschheit mit der stoischen Logik, Physik beziehungsweise Ethik in Zusammenhang bringen.

Schlüsselgedanke: Der Stoizismus als universelle Philosophie

Der französische Gelehrte Pierre Hadot kam in seiner detaillierten wissenschaftlichen Analyse der *Selbstbetrachtungen* von Mark Aurel zu dem Schluss, dass der Stoizismus eine »universelle« und »immerwährende« philosophische Haltung zum Ausdruck bringt, die im Laufe der Geschichte und überall auf der Welt in verschiedenen Formen auftaucht (Hadot, 1998). Wie viele andere auch, stellt er Ähnlichkeiten zwischen dem Stoizismus und manchen orientalischen Philosophien fest. Aus dieser Sicht ist die stoische Tradition, die von Zenon begründet wurde und sich bis zu Mark Aurel fortsetzte, nur eine von mehreren archetypischen philosophischen Haltungen, die wir in der menschlichen Geschichte vorfinden. Hadot fasst vier grundlegende Einstellungen zusammen, die den Kern dieser stoizismusartigen »immerwährenden Philosophie« bilden, die er »ewigen Stoizismus« nennt:

1. Das spirituelle Bewusstsein, dass der Mensch kein fragmentarisches, isoliertes Wesen ist, sondern im Wesentlichen Teil eines größeren Ganzen, sowohl der Gesamtheit der Menschheit als auch des gesamten Kosmos.
2. Das grundlegende Gefühl von Gelassenheit, Freiheit und Unverwundbarkeit, das sich einstellt, wenn man akzeptiert, dass es außer dem moralisch Bösen kein Böses gibt und dass das Einzige, was im Leben zählt, moralische Integrität ist oder das, was die Stoiker »Ehre« und »Tugend« nennen.
3. Der Glaube an den absoluten Wert der menschlichen Person, den Hadot mit Senecas Ausspruch »Der Mensch ist dem Menschen heilig« illustriert – ein Gefühl der Verbundenheit mit der gesamten Menschheit, wodurch das Wohlergehen der Menschheit zum erstrebenswerten Ziel allen moralischen Handelns wird.
4. Die psychologische und philosophische Übung der »Konzentration auf den gegenwärtigen Augenblick«, die darin besteht, so zu leben, als sähen wir die Welt zum ersten und letzten Mal, während wir uns

bewusst sind, dass für den Weisen jeder Augenblick uns eng mit der Gesamtheit von Raum und Zeit verbindet.

Die meisten Menschen fühlen sich zur stoischen Philosophie hingezogen, ohne die Gelegenheit gehabt zu haben, sich mit der Komplexität des riesigen philosophischen Systems und der damit verbundenen Literatur auseinanderzusetzen. Vielmehr finden sie in ein paar fragmentarischen stoischen Zitaten etwas, das in ihnen eine Resonanz erzeugt, weil sie spüren, dass es eine grundlegendere philosophische Haltung ausdrückt, eine von mehreren *universellen und immerwährenden* menschlichen Philosophien.

Die drei theoretischen Themen des Stoizismus

Wie bereits erwähnt, wurde die gesamte stoische Philosophie in drei Themen (*topoi*) unterteilt, die als »Physik«, »Ethik« und »Logik« bezeichnet werden. Diese Unterteilung wurde angeblich von Zenon selbst in einem Buch mit dem Titel *Über den Inhalt der Lehre* eingeführt. Es muss jedoch gesagt werden, dass es sich um leicht irreführende Begriffe handelt.

1. Physik (*phusikê*) – auch »Naturphilosophie« genannt – befasst sich hauptsächlich mit dem, was wir Metaphysik oder Theologie nennen würden, sowie mit der antiken Naturwissenschaft. Die Stoiker waren Pantheisten und Deterministen, für die »Natur« als Ganzes, »Schicksal« und »Zeus« oder »Gott« synonym waren. Dieser Aspekt des Stoizismus war von Heraklit und vielleicht auch von anderen vorsokratischen Naturphilosophen in der ionischen Tradition beeinflusst.
2. Ethik (êthikê) ist das Studium von der Natur des Guten, der Tugend und vom Ziel des Lebens (und bis zu einem gewissen Grad der Politik), umfasst aber auch das Studium der

seelischen Störungen (irrationale »Leidenschaften«) und die Verbesserung des menschlichen Charakters *(êthos)* in einer Weise, die der modernen Selbsthilfe und Psychotherapie ähnelt. Dieser Teil der stoischen Philosophie ist wahrscheinlich am meisten durch die ethischen Ansichten von Sokrates und den Kynikern beeinflusst.

3. Logik (*logikê*) ist das Studium der Definitionen und Regeln, der Dialektik (philosophische Debatte) und der formalen syllogistischen Logik, ein Gebiet, auf dem sich die Stoiker, insbesondere Chrysipp, hervortaten. Sie umfasste auch die stoische Rhetorik, die den Gebrauch einer prägnanten und objektiven Sprache förderte; zudem umfasst sie in mancher Hinsicht Aspekte dessen, was wir heute Psychologie oder Erkenntnistheorie (»Epistemologie«) nennen würden. Die stoische Logik wurde wahrscheinlich von Zenons Studienzeit bei zwei antiken sokratischen Schulen beeinflusst, den Megarikern und Dialektikern, über die heute nur wenig bekannt ist.

Laut einer frühen stoischen Metapher ist die Philosophie wie eine Plantage oder ein Obstgarten. Die *Logik* ist die Gartenmauer, die alles, was darin wächst, schützt und ihm Sicherheit bietet. Die *Physik* entspricht dem fruchtbaren Boden und den Bäumen selbst, der natürlichen Quelle der Früchte, die im Obstgarten wachsen und reifen. Die Früchte wiederum entsprechen der *Ethik* und symbolisieren wahrscheinlich die menschliche Tugend. Diese drei Themen überschnitten sich jedoch zum Teil. Einzelne Stoiker hegten unterschiedliche Auffassungen über die richtige Reihenfolge, in der sie gelehrt werden sollten, und wahrscheinlich auch über ihre Bedeutung. Wie bereits erwähnt, scheinen sich die spätrömischen Stoiker, über die wir am meisten wissen, besonders mit der Ethik zu beschäftigen.

Merke: Stoizismus versus Eklektizismus

Viele Menschen, die sich heutzutage mit dem Stoizismus beschäftigen, fühlen sich vermutlich von einigen Aspekten stärker angezogen als von anderen, und sie lassen vielleicht sogar Lehren, die Zenon und seine Anhänger für wesentlich gehalten hätten, außer Acht. Allerdings verfolgten viele antike Philosophen, sowohl Stoiker als auch Nicht-Stoiker, ebenfalls einen ziemlich eklektischen Ansatz, das ist also nichts Neues. Cicero war nur ein Beispiel für einen antiken Philosophen, der den Stoizismus sehr ernst nahm, aber nicht mit allen Aspekten darin übereinstimmte, und es vorzog, sich an der platonischen Akademie zu orientieren.

In gleicher Weise kann man die heutigen Leser wahrscheinlich in zwei Gruppen einteilen: Die einen, die an die zentralen ethischen Prinzipien des Stoizismus glauben und ihm deutlich stärker als Ganzes verpflichtet sind als die anderen, und im Gegensatz dazu die anderen, die eher Platonikern, Aristotelikern oder sogar Epikureern ähneln und nur ein paar ausgewählte Aspekte der stoischen Theorie und Praxis übernehmen möchten. Es gibt jedoch zwangsläufig Elemente des Stoizismus, insbesondere Teile der stoischen Physik und Theologie (wie beispielsweise die Verehrung von Zeus!), die im Kontext der modernen Gesellschaft recht merkwürdig erscheinen und die nur wenige Menschen heute akzeptieren würden.

Jetzt sind Sie dran: Trainieren wie ein Stoiker

Einer der berühmten Slogans von Epiktet lautete: »Ertrage und entsage.« Weiter vorn war bereits die Rede davon, wie der Verzicht auf ungesunde oder unnötige Speisen und Getränke als Methode genutzt werden kann, die Tugend der Selbstdisziplin oder »Mäßigung« in unserer Ernährung zu entwickeln. Durchhaltevermögen ist mit der Tugend »Tapferkeit« verbunden und kann bis zu einem gewissen Grad einfach dadurch entwickelt werden, dass man lernt, gewöhnliche Unannehmlichkeiten oder Ermüdung, wie man sie bei körperlicher Betätigung erlebt, zu tolerieren und zu erdulden. Musonius Rufus sagte, dass wir, da wir einen Geist *und* einen Körper haben, beide trainieren sollten, wenngleich wir unserem Geist immer die meiste Aufmerksamkeit schenken sollten. »Wir trainieren sowohl den Geist als auch den Körper, wenn wir uns an Kälte, Hitze, Durst, Hunger, Nahrungsknappheit, ein hartes Bett, Verzicht auf Vergnügungen und das Ertragen von Schmerzen gewöhnen.« (*Lectures and Sayings*, 9)

Man muss sich nicht nackt ausziehen und im Winter eiskalte Statuen umarmen, wie es den Kynikern nachgesagt wird, um Durchhaltevermögen zu entwickeln. Laufen, schnelles Gehen oder Yoga-Übungen sind einfache Formen der sportlichen Betätigung, die uns dazu anstacheln können, unsere Toleranzschwelle für körperliche Anstrengung nach oben zu schrauben.

Wie wir gesehen haben, war Zenon, der Begründer des Stoizismus, für seine körperliche Ausdauer bekannt. Anstatt sich hinzusetzen, um eine Vorlesung zu halten, ging er in der Säulenhalle, wo sich seine Schule versammelte, während seiner Vorträge energisch auf und ab. Kleanthes, das zweite Oberhaupt der Stoa, war ursprünglich Boxer; Chrysipp, das dritte Oberhaupt, war Langstreckenläufer. Die Begründer der Stoa waren also durchaus an körperlicher Ertüchtigung interessiert. Allerdings gibt es, wie auch bei ihren Ansichten zur Ernährung, eine subtile »stoische« Eigenheit. Während Menschen heute oft auf bestimmte Nahrungsmittel verzichten, weil sie abnehmen wollen, oder sich bewegen, um ihre Gesundheit oder ihr Aussehen zu verbessern, sahen die Stoiker diese Ergebnisse als »bevorzugte«, aber letztlich »gleichgültige« Dinge an. Ihr eigentlicher Grund für den Verzicht auf bestimmte Nahrungsmittel oder das Aushalten großer körperlicher Anstrengungen lag in der Stärkung der Tugenden »Mäßigung« und »Tapferkeit« oder Durchhaltevermögen als Selbstzweck.

Die drei gelebten Disziplinen

Epiktet, der einflussreichste stoische Lehrer der römischen Kaiserzeit, beschrieb zudem eine dreifache Unterteilung der praktischen stoischen Übungen, die Mark Aurel in seinen *Selbstbetrachtungen* zitiert und systematisch anwendet. Pierre Hadot wies aufgrund sorgfältiger wissenschaftlicher Analyse der Texte darauf hin, dass diese Übungen als Teil der drei oben beschriebenen theoretischen Themen des Stoizismus gesehen werden sollten, wenn sie auf die Kunst des Lebens angewandt werden (Hadot, 1998). Die gelebten Disziplinen sind drei Maßnahmen, mit denen der Stoiker das Ziel verfolgt, ein vollkommen harmonisches Leben im Einklang mit sich selbst, der Menschheit und der Natur zu führen.

1. Die Disziplin des Verlangens (*orexis*) und der Abneigung (*ekklisis*), das heißt der »Leidenschaften«, verlangt von uns, das Gute zu begehren und zu erlangen, dem Übel gegenüber Abneigung zu empfinden und es zu meiden, und alles andere als gleichgültig anzusehen. Die Definition von »gut« wird ausschließlich auf das angewendet, was in der eigenen Macht liegt, also der eigene Wille beziehungsweise die eigenen Handlungen, weshalb Weisheit und Tugend das einzig wahre Gute sind. Hadot meint, dass dies die angewandte Form der stoischen Physik sei, ein Leben im Einklang mit der Natur des Universums und dem, was vom Schicksal bestimmt wird. Dies kann besonders mit den Tugenden *Tapferkeit* und *Mäßigung* in Verbindung gebracht werden, die sich in erster Linie auf die Selbstbeherrschung in Bezug auf irrationales oder ungesundes Verlangen (Begierde) und Abneigung (Furcht) beziehen, sowie auf die Linderung von emotionalem Leid durch die stoische Therapie der Leidenschaften. Epiktets berühmter Spruch »ertrage und entsage« dürfte vor allem mit dieser Disziplin in Zusammenhang stehen.
2. Die Disziplin des Handelns (*hormê*) verlangt von uns, entsprechend unserer Pflichten oder »angemessenen Handlungen«

(*kathêkonta*) zu agieren, das Richtige in Bezug auf unsere Beziehungen zu tun, im Dienste der Menschheit, mit dem Zusatz der stoischen »Vorbehaltsklausel«, die so etwas besagte wie »sofern das Schicksal es zulässt«. Hadot kommt zu dem Schluss, dass dies die angewandte Form der stoischen Ethik sei. Diese Disziplin bezieht sich auf ein philanthropisches Leben in Harmonie mit der gesamten Menschheit. Sie dürfte vor allem mit der Tugend der *Gerechtigkeit* verbunden sein, die Fairness und Wohlwollen gegenüber anderen beinhaltet.

3. Die Disziplin der Zustimmung (*sunkatathesis*) verlangt von uns, unsere anfänglichen Eindrücke zu erkennen und zu bewerten, ohne unsere vorgefassten Meinungen von »gut« und »schlecht« in diese Bewertung einfließen zu lassen, und nur objektive Darstellungen der Realität zuzulassen. Hadot kommt zu dem Schluss, dass dies die angewandte Form der stoischen Logik sei und bedeute, im Einklang mit unserer eigenen rationalen Natur zu leben. Sie kann mit der stoischen Tugend der *Weisheit* in Verbindung gebracht werden, die die Vollkommenheit des logischen Denkens ist. Diese Disziplin ist wichtig, weil sie hilft, die beiden anderen zu schützen.
4. Salopp gesagt, befassen sich diese drei Disziplinen mit unseren »Gefühlen«, »Handlungen« und »Gedanken« – den drei Hauptbereichen unserer bewussten Erfahrung, über die eine gewisse willentliche Kontrolle zu erlangen wir erlernen können. Epiktet sagte, dass von diesen drei Bereichen der erste, die Disziplin des Verlangens, derjenige ist, mit dem sich die Schüler am dringendsten befassen sollten, weil irrationale, übermäßige oder ungesunde »Leidenschaften« schlicht unvereinbar mit dem guten Leben seien und uns daran hindern könnten, vom Studium der Ethik oder Logik wahrhaftig zu profitieren.
5. Man könnte die erste Stufe der stoischen Ausbildung also auch als die Disziplinierung von Furcht und Begierden beziehungsweise Verlangen durch Übungen in Selbstbeherrschung

beschreiben. So soll Zenon seine eigene philosophische Laufbahn begonnen haben. Er war zunächst ein Anhänger von Krates, der ihn lehrte, Entbehrungen zu ertragen und dem Verlangen nach konventionellen Gütern zu entsagen, indem er die kynische Lebensweise annahm. Erst später besuchte er auch andere Schulen der athenischen Philosophie und beschäftigte sich ab diesem Zeitpunkt auch eingehend mit Physik und Logik.

Schlüsselgedanke: Die drei stoischen Disziplinen des Epiktet

Soweit wir wissen, war Epiktet der erste Stoiker, der zwischen den drei Disziplinen »Verlangen und Abneigung«, »Handlung« und »Zustimmung« unterschied. Mark Aurel und vermutlich auch andere Anhänger von Epiktets Schule übernahmen die gleiche dreiteilige Unterscheidung. Nach einer detaillierten textlichen und philosophischen Analyse kam der französische Gelehrte Pierre Hadot (1998) zu dem Schluss, dass es sich hier um Gruppen praktischer Übungen handele, die den stoischen theoretischen Themen der Physik, Ethik und Logik entsprechen sollten.

Andere Wissenschaftler, beispielsweise A. A. Long, ein führender Experte für Epiktet, stimmen dieser Interpretation weitgehend zu (Long, 2002). Hadot deutete zudem vorsichtig an, dass sie mit den Kardinaltugenden und dem »Leben im Einklang mit der Natur« auf drei verschiedenen Ebenen korrespondieren könnten. Die drei Themen des Stoizismus, und insbesondere diese drei Disziplinen, bilden die Struktur dieses Buches. Obwohl wir uns stärker auf die stoische Ethik als auf ihre Physik und Logik konzentrieren, werden wir bei der Erörterung der entsprechenden Disziplinen und psychologischen Übungen, die in der stoischen Literatur zu finden sind, einige Elemente dieser theoretischen Themen aufgreifen.

Merke: Der Stoizismus war nicht »gefühlskalt«

Es ist ein weit verbreitetes Missverständnis, dass die Stoiker Gefühle unterdrücken wollten. Das ist vermutlich auf Probleme bei der Übersetzung und Interpretation zurückzuführen. Die »Leidenschaften«, die es ihrer Ansicht nach zu überwinden gelte, wurden ausdrücklich als irrationale, exzessive und unnatürliche (oder ungesunde) Formen von Angst und Verlangen definiert sowie als die daraus resultierenden Gefühle von Schmerz (im Sinne von seelischem Leiden) und Vergnügen (im oberflächlichen, »hedonistischen« Sinne). Die Bemerkung von Mark Aurel, jemand sei »frei von Leidenschaften und doch voller Liebe« oder »voller natürlicher Zuneigung«, fasst das stoische Ideal sehr schön zusammen (*Selbstbetrachtungen*, 1.9). Die frühen Stoiker machten deutlich, dass es nicht ihr Ziel sei, kaltherzig wie ein Stein oder eine Statue zu sein. Stattdessen beruhte ihre ideale Gemeinschaft auf gegenseitiger Liebe und Freundschaft. »Liebe« und »natürliche Zuneigung« wurden, wie wir noch sehen werden, von den Stoikern sehr hoch geschätzt, ebenso wie eine Vielzahl von rationalen, gemäßigten, »gesunden Leidenschaften« (*eupatheiai*), die hauptsächlich aus rationaler Freude, Besonnenheit und Wohlwollen oder Zuneigung gegenüber anderen bestanden. Die Stoiker nutzten Vernunft und psychologische Übungen, um ungesunde Begierden und Emotionen zu überwinden und stattdessen Platz für gesunde zu machen.

Fazit

Die wichtigsten Punkte, die Sie sich aus diesem Kapitel merken sollten, sind:

* Der Stoizismus hat eine lange Geschichte, die sich über 500 Jahre erstreckte, aber seine zentrale Lehre ist konstant geblieben: »Leben im Einklang mit der Natur.«
* Im Einklang mit der Natur zu leben, bedeutet, überall dort, wo es in Ihrer Macht liegt, tugendhaft zu handeln, während Sie äußere Ereignisse, die außerhalb Ihrer Macht liegen, akzeptieren und sie als Teil des Ganzen betrachten.
* Die stoische Lehre war in drei theoretische Themen unterteilt, die mit drei praktischen Disziplinen korrespondieren, die wir im weiteren Verlauf dieses Buches erforschen werden.

Next Step

Traditionell lautet das Versprechen der Philosophie, zu größerer Erfüllung und tiefer empfundenem Glück zu verhelfen. Dies motivierte ihre Schüler dazu, sich ihren Studien und den für den Fortschritt zur Tugend erforderlichen Übungen zu widmen. Das nächste Kapitel wird das Versprechen der Philosophie vorstellen und das ultimative Ziel des Stoizismus erforschen, den erhabenen Zustand des erleuchteten Weisen, genannt *eudaimonia* oder wahres Glück und Wohlbefinden.

2

Stoische Ethik: Die Natur des Guten

In diesem Kapitel erfahren Sie:

- wie die Essenz der stoischen Ethik aussieht: Stoiker definieren das höchste Gut im Leben als »praktische Weisheit«, auch bekannt als »Tugend«
- dass die Stoiker Tugend nicht nur als notwendig und hinreichend verstanden, um ein »guter Mensch« zu sein, sondern auch, um ein »gutes Leben« zu führen und höchstes Glück und Erfüllung (*eudaimonia*) zu erlangen
- dass die Stoiker bestimmte Dinge als »gleichgültig« in Bezug auf Glück einstuften, ihnen aber dennoch einen gewissen praktischen Wert im Leben zugestanden
- wie man eine moderne Meditationstechnik praktiziert, angepasst an die stoische Kontemplation des höchsten Gutes

Die Hauptaufgabe im Leben ist folgende: Unterscheide die Dinge und teile sie ein und sprich: »Äußere Dinge liegen nicht in meiner Macht; der Wille liegt in meiner Macht. Wo soll ich das Gute und das Böse suchen? In mir selbst, in dem, was mein eigen ist.« Aber für das, was eines anderen ist, verwende niemals die Worte ›gut‹ oder ›böse‹ oder ›Nutzen‹ oder ›Schaden‹ oder irgendetwas in dieser Art.« (Epiktet, *Unterredungen*, 2.5)

Denn ich gehe umher und tue nichts anderes, als die Jungen und Alten unter euch zu überzeugen, sich nicht bevorzugt oder genauso sehr um euren Körper oder euren Reichtum zu kümmern wie um den bestmöglichen Zustand eurer Seele, indem ich euch sage: »Reichtum bringt keine Tugend hervor, sondern Tugend führt zu Reichtum und allem anderen, das gut für die Menschen ist, sowohl für den Einzelnen als auch die Gesellschaft.«
(Platon, *Apologie des Sokrates*, 30a-b)

Selbsteinschätzung: Stoische Einstellungen zur Ethik

Überprüfen Sie vor der Lektüre dieses Kapitels, wie weit Sie den folgenden Aussagen zustimmen, indem Sie die unten angegebene Skala (1–5) verwenden, und überprüfen Sie Ihre Einstellung erneut, nachdem Sie das Kapitel gelesen und verarbeitet haben.

1. stimme überhaupt nicht zu, 2. stimme nicht zu, 3. stimme weder zu noch stimme ich nicht zu, 4. stimme zu, 5. stimme voll und ganz zu

1. Praktische Weisheit besteht darin, zu wissen, was es bedeutet, dass etwas gut, schlecht oder gleichgültig ist, wenn es darum geht, Glück und Erfüllung zu erlangen.
2. Alles, was außerhalb meines Willens liegt, ist gleichgültig in Bezug auf mein ultimatives Glück.
3. Obwohl sie letztlich unwichtig sind, ist es dennoch natürlich und rational, einige äußere Dinge gegenüber anderen zu bevorzugen.

Was ist wichtig an der stoischen Ethik?

Was ist die ultimative Quelle des menschlichen Glücks und der Erfüllung? Was meinen die Stoiker, wenn sie sagen, dass jemand ein guter oder schlechter Mensch sei? Was meinen sie, wenn sie sagen, dass äußeres und körperlich »Gutes« für sie lediglich *gleichgültig* sei? Wie vereinbaren sie die Notwendigkeit, in der wahren Welt zu leben, mit Eigentum umzugehen und mit anderen Menschen zu interagieren, mit ihrer strikten Ansicht, dass Tugend das einzig wahre Gut sei? Mit diesen Fragen beschäftigt sich dieses Kapitel über die antike stoische Ethik, das den Weg für die weitere Erörterung der drei *praktischen* Disziplinen des Epiktet ebnen wird.

Was also meinten die Stoiker eigentlich mit »Ethik«? Um diese Frage zu beantworten, müssen wir die Bedeutung einiger griechischer

Wörter untersuchen. Zunächst einmal hatte das Wort »Ethik« (*êthikê*) für die antiken Philosophen sehr unterschiedliche Konnotationen. Es spielt auf die Entwicklung des Charakters (*êthos*) an und überschneidet sich daher mit modernen Ansätzen der Selbstoptimierung und Psychotherapie. Die Stoiker fanden, ihre Ethik sei vergleichbar mit sportlichem oder militärischem Training sowie mit einem Zweig der Heilkunde, der eher den Geist als den Körper behandelt und den sie tatsächlich psychologische »Therapie« (*therapeia*) nannten.

In diesem Kapitel werden wir uns auf die Frage konzentrieren, von der Epiktet seinen Schülern sagte, dass sie sich diese zuallererst stellen sollten: »Worin ist die Natur von Gut und Böse zu finden?« (*Unterredungen*, 2.2) Wenn antike Autoren den Stoizismus mit anderen philosophischen Schulen verglichen, konzentrierten sie sich in der Regel auf ihre einzigartig kompromisslosen ethischen Lehren und nicht auf ihre Physik oder Logik.

Cicero nennt dies die »Kernlehre« der stoischen Philosophie: *Tugend ist das einzig wahre Gut.* Das grundlegende Ziel des Menschen wurde daher von den Stoikern als »Leben gemäß der Tugend« definiert, gleichbedeutend mit einem Leben im Einklang mit der Natur oder einem Leben in Weisheit, als »Philosoph« oder *Liebhaber der Weisheit.*

Die Stoiker glaubten, dass Tugend sowohl notwendig als auch hinreichend ist, um ein gutes Leben zu führen und *eudaimonia* zu erlangen, unabhängig von äußerem Unglück oder körperlichen Einschränkungen. Wie Cicero schrieb:

> Die Meinung der Stoiker zu diesem Thema ist einfach. Das höchste Gut, so sagen sie, sei es, im Einklang mit der Natur und in Harmonie mit ihr zu leben. Das, so erklären sie, sei die Pflicht eines weisen Menschen; darüber hinaus liege es innerhalb seiner eigenen Fähigkeiten, dies zu erreichen. Daraus folgt die Schlussfolgerung, dass der Mensch, der das höchste Gut in seiner Macht hat, auch die Macht besitzt, glücklich zu leben. Folglich ist das Leben eines weisen Menschen glücklich.
> (Cicero, *Gespräche in Tusculum*, 5.28)

Die stoische Sichtweise lässt sich so ausdrücken, dass es genügt, ein guter *Mensch* zu sein, um ein gutes *Leben* zu führen und somit glücklich zu sein und sich erfüllt zu fühlen, unabhängig vom äußeren Glück. Dem Leben eines erleuchteten Weisen mangelt es an nichts, was von wesentlicher Bedeutung wäre, selbst wenn es ihm an Gesundheit, Reichtum und Ansehen mangelt. Das vermeintlich opulente und hedonistische Leben des Großkönigs von Persien ist nicht besser, sondern nach Ansicht der Stoiker viel schlimmer als das Leben in Armut, das ihr Held Diogenes der Kyniker wählte, der im Freien schlief und nichts besaß als ein billiges Gewand und das wenige Essen, das in seine Tasche passte. Außerdem wäre das Leben von Diogenes letztlich nicht »besser« geworden, wenn das Schicksal ihm größeren Reichtum und einen höheren Status beschert hätte. Gelehrte haben daher gesagt: »Die Bastion der stoischen Ethik ist die These, dass Tugend beziehungsweise Laster die einzigen Bestandteile von Glück und Unglück sind.« (Long & Sedley, 1987)

Diese radikalen Ansichten sind jedoch wertlos, solange sie nicht unser Leben verändern. Epiktet warnt seine Schüler in seinem typisch unverblümten Stil, sich nicht damit zufriedenzugeben, eine Reihe abstrakter Ideen über die Natur des Guten zu lernen, sondern dass wir sie energisch auf konkrete Situationen anwenden und dies systematisch trainieren müssen, weil wir alle es jahrelang gewohnt waren, das Gegenteil zu denken und zu tun. Wir müssen diese Ideen verarbeiten und ihnen erlauben, unser Leben zu durchdringen, was die Stoiker mit Schafen vergleichen, die Gras fressen und die darin enthaltenen Nährstoffe nutzen, um Wolle wachsen zu lassen. Andernfalls sind wir keine wahren Philosophen, sondern lediglich Kommentatoren der Meinungen anderer Leute. Jeder Idiot könne einen solchen Vortrag halten, sagt Epiktet und gibt uns eine praktische Zusammenfassung der stoischen Ethik:

> Von dem, was ist, ist manches gut, manch anderes böse und wiederum anderes gleichgültig: das Gute sind die Tugenden und was dazugehört; das

Böse ist das Gegenteil; und das Gleichgültige sind Reichtum, Gesundheit, Ruhm. (Epiktet, *Unterredungen*, 2.9)

»Nehmen wir jedoch einmal an«, fügt er sinngemäß hinzu, »dass mitten in diesem Vortrag – hier und jetzt – ein plötzlicher und erschreckender Lärm entsteht oder dass einige Zuhörer anfangen zu lachen und uns lächerlich zu machen. Dann würden wir uns darüber aufregen, weil unsere Philosophie nur von unseren Lippen kommt und nicht aus unserem Innersten.« Aus diesem Grund betonen die Stoiker die Notwendigkeit, die Philosophie als Lebensweise täglich zu trainieren, mithilfe von Übungen, wie sie in diesem Buch beschrieben werden.

Fallstudie: Jules Evans und der moderne Stoizismus

Jules ist Autor und Forscher und an dem Projekt »Stoic Week« beteiligt. In einem Artikel mit dem Titel »How Ancient Philosophy Saved My Life« (Wie die antike Philosophie mein Leben rettete), der auf seinem Blog und in der Zeitung *The Times* (8. Mai 2012) veröffentlicht wurde, beschreibt er den »Zusammenbruch«, der ihn dazu brachte, Hilfe bei der kognitiven Verhaltenstherapie (KVT) und der stoischen Philosophie zu suchen. Während seines Literaturstudiums an der Universität verschlimmerten sich bei Jules die Panikattacken, er bekam Depressionen und Angstzustände. Durch die Teilnahme an einer KVT-basierten Selbsthilfegruppe gelang es ihm, seine Panikattacken zu überwinden und seine psychischen Probleme besser zu bewältigen.

Inspiriert von seinem Erfolg reiste er als angehender Journalist nach New York, um Albert Ellis zu interviewen, den Begründer der rational-emotiven Verhaltenstherapie (REVT), dem wichtigsten Vorläufer der modernen KVT. Jules führte das letzte Interview mit Ellis, bevor dieser starb. Ellis erzählte ihm, dass er in seiner Pionierarbeit als Psychotherapeut in den 1950er-Jahren direkt von der antiken griechischen Philosophie beeinflusst worden sei. Besonders angetan war er von dem berühmten

Zitat aus Epiktets *Handbüchlein der Moral*: »Nicht die Dinge selbst beunruhigen die Menschen, sondern ihre Meinungen über die Dinge.« Dies wurde zur zentralen philosophischen Inspiration für die REVT und die meisten späteren Formen der KVT.

Wie Jules hervorhebt, teilten fast alle Schulen der antiken griechisch-römischen Philosophie einen »kognitiven« Ansatz in Bezug auf Emotionen. Dieser besagt, emotionales oder psychisches Leid sei weitgehend auf unsere individuellen Überzeugungen und Denkmuster zurückzuführen, die durch philosophische Reflexion und sorgfältiges Training durch entsprechende psychologische Übungen veränderbar sind. Mit anderen Worten: Die antike Philosophie war *von Natur aus* eine Form der Psychotherapie.

Jules kam zu dem Schluss, dass seine eigenen seelischen Probleme bis zu einem gewissen Grad von seinen persönlichen Werten herrührten – beispielsweise legte er zu viel Wert darauf, die Anerkennung anderer zu gewinnen. Eine der Lehren, die er aus der antiken sokratischen Philosophie zog, lautete: »Wir können wieder Herr unserer selbst werden, indem wir uns für intrinsische Werte wie Weisheit entscheiden und nicht für extrinsische wie Status oder Macht.« Für die Stoiker ist das *Einzige*, was im Leben von ultimativer Bedeutung ist, die Tugend, insbesondere die Weisheit, und »extrinsische« Dinge sind von absolut zweitrangigem Wert, weil sie grundsätzlich unwichtig sind, wenn es darum geht, Glück und Freiheit von seelischem Leid zu erlangen.

Als Blogger und in seinem Buch *Philosophy for Life and Other Dangerous Situations* (Evans, 2012; auf Deutsch erschienen unter dem Titel *Philosophie fürs Leben ... und für andere gefährliche Situationen*) hat Jules ausführlich über die Relevanz der antiken Philosophie für das moderne Leben geschrieben, insbesondere als Mittel zur Verbesserung der psychischen Widerstandsfähigkeit und des persönlichen Wohlbefindens. Er fasst drei der Lektionen, die er aus dem Stoizismus und anderen Zweigen der hellenistischen Philosophie ableitet, wie folgt zusammen:

1. Konzentrieren Sie sich auf das, worüber Sie die Kontrolle haben, und akzeptieren Sie, worüber Sie nicht die Kontrolle haben.

2. Wählen Sie Ihre Vorbilder mit Bedacht, eine Lektion, die er aus Plutarchs Parallelbiographien entnommen hat.
3. Behalten Sie Ihre Gedanken und Ihr Verhalten im Auge, indem Sie sie beispielsweise in einem persönlichen Therapietagebuch festhalten.

Er schreibt: »Sokrates hat uns gezeigt, dass wir alle über die Macht verfügen, uns selbst zu heilen und unseren Charakter zu verändern, in jeder Phase unseres Lebens; wir werden vielleicht keine perfekten Weisen wie er, aber ich glaube, wir können alle ein wenig weiser und glücklicher werden.«

Schlüsselgedanke: »Praktische Weisheit« und »Tugend«
Die Stoiker glaubten, dass der Mensch von Natur aus ein *vernunftbegabtes* Tier sei, vielleicht in diesem Punkt sogar einzigartig, abgesehen von Gott Zeus. Daher definierten sie das eigentliche Ziel der menschlichen Natur als die Vollkommenheit der Vernunft, die als »Weisheit« (*sophia*) bezeichnet wird, oder genauer gesagt als *phronêsis*, was »Klugheit«, »moralische Weisheit« oder »praktische Weisheit« bedeutet. Der ideale Mensch, jemand, der sowohl perfekt gut als auch perfekt rational ist, wird »Weiser« oder »weiser Mensch« (*sophos*) genannt. Diejenigen, die danach streben, Weise zu werden, werden daher »Philosophen« genannt, Liebhaber der Weisheit, wie wir bereits erfahren haben.

Praktische Weisheit ist nach den Stoikern die Essenz der Tugend. Sie besteht aus dem Wissen über die Natur des »Guten«, das auf verschiedene Aspekte des Lebens angewendet wird – alle Tugenden sind also im Wesentlichen eins. Wie bereits erwähnt, ist der griechische Begriff *aretê* bekanntermaßen schwierig zu übersetzen. Gewöhnlich wird er als »Tugend« wiedergegeben, aber in Wirklichkeit meint er das Hervorragen in Bezug auf die natürliche Funktion oder den wesentlichen Charakter eines Menschen, und zwar auf eine Weise, die sowohl gesund als auch lobenswert ist. Ein starkes und schnelles Pferd hat zum Beispiel *aretê*, obwohl wir es im heutigen Sprachgebrauch nicht als »tugendhaft« bezeichnen würden.

Ebenso bedeutet das griechische Wort *kakia*, übersetzt mit »Laster«, eher so etwas wie die »Schlechtigkeit« oder »Erbärmlichkeit« eines schwachen und kränklichen Pferdes. Da der Mensch von Natur aus ein rationales und soziales Wesen ist, sind unsere beiden wichtigsten Tugenden *Weisheit* und *Gerechtigkeit*, die Vollkommenheit der Vernunft und unserer Beziehung zu anderen. Die verbleibenden Kardinaltugenden »Tapferkeit« und »Mäßigung« (beziehungsweise »Selbstdisziplin«) sind notwendig, um die irrationalen Ängste und Begierden (»Leidenschaften«) zu überwinden, die sonst ein weises Leben behindern würden.

Praktische Weisheit oder Tugend besteht also weitgehend darin, korrekte Werturteile zu fällen. Das bedeutet vor allem, die Tugend selbst als »gut« zu beurteilen und körperliche sowie äußere Dinge als »gleichgültig«. Spätere Stoiker definierten Klugheit auch als »vernünftige Auslese und Ablehnung von Dingen in Übereinstimmung mit der Natur«. Dies spielt wahrscheinlich darauf an, *zwischen* »gleichgültigen« Dingen auf der Grundlage ihres natürlichen Wertes (*axia*) zu wählen und zu wissen, welche man anderen gegenüber »bevorzugt«, ein eher »weltlicher« Aspekt der Weisheit.

Im Gegensatz dazu waren Pyrrhon von Elis, dem Begründer des griechischen Skeptizismus, der Legende nach äußere Dinge dermaßen »gleichgültig«, dass er von seinen Anhängern davon abgehalten werden musste, über den Rand von Klippen zu treten oder in den Weg von Pferdewagen zu geraten. Vermutlich handelt es sich hierbei um eine verzerrte Anekdote voller Übertreibungen. Über die Stoiker wurden solche Scherze nicht gemacht, weil sie als pragmatischere Philosophen anerkannt waren, mit einem Interesse an der realen Welt und praktischen Angelegenheiten. Denn gerade die Distanziertheit des Stoikers gegenüber »gleichgültigen« Dingen erlaubt es ihm, diese klug zu nutzen. Laut Seneca witzelte Chrysipp, dass der Weise nichts braucht und doch alles gut gebrauchen kann, während der Narr unzählige Dinge »braucht«, aber nichts davon gut gebrauchen kann.

Merke: Äußere Dinge sind nicht ohne Wert

Während die Kyniker anscheinend glaubten, dass äußere Dinge völlig »gleichgültig« seien, nahmen die Stoiker eine Position ein, die jener der Mehrheit der Menschen *etwas* näherkommt, und schrieben den äußeren Dingen einen begrenzten »Wert« zu, um Handlungen planen zu können. Äußere Dinge sind völlig »gleichgültig« oder irrelevant im Hinblick auf ein gutes Leben – oder im Hinblick darauf, glücklich zu sein und ein erfülltes Leben zu führen. Dennoch ist es natürlich, dass wir einige den anderen vorziehen, solange wir dies weise und tugendhaft tun. Andere Menschen sind nicht Teil unseres Verstandes, sie sind also etwas Äußeres, einschließlich unserer wahren Freunde oder »weiser und guter« Menschen, aber der Wunsch, dass die Menschheit gedeiht und es ihr gut geht, ist die Essenz der stoischen Philanthropie. Tugendhaftigkeit besteht also darin, anderen Gutes zu wünschen, unter dem Vorbehalt, dass das Schicksal es zulassen möge, worauf wir in späteren Kapiteln zurückkommen werden.

Die Natur des Guten

Musonius Rufus meinte, dass die Natur uns das Ziel gesetzt habe, zu gedeihen, »gute« Männer und Frauen zu werden, und er fügte hinzu: »Gut sein und Philosoph sein ist dasselbe.« (*Lectures and Sayings*, 16) Wie bereits erwähnt, bedeutet der Begriff »Philosoph« Liebhaber der Weisheit. Für die Stoiker ist es also im Wesentlichen dasselbe, weise zu sein und gut zu sein. Was ist aber nun die wahre Natur des »Guten«, über das der Weise nachdenkt und das mit seinem eigenen

Geisteszustand übereinstimmt? Was meinen wir, wenn wir sagen, etwas sei »gut« oder »böse« oder »gleichgültig«? Es heißt, dass Zenon ursprünglich die folgenden Beispiele anführte, die einen Ausgangspunkt für die traditionellen Darstellungen der stoischen Ethik bieten:

- Zu den guten Dingen gehören »Weisheit, Mäßigung, Gerechtigkeit, Tapferkeit und alles, was tugendhaft ist oder zur Tugend gehört«.
- Zu den bösen Dingen gehören »Torheit, Zügellosigkeit, Ungerechtigkeit, Feigheit und alles, was ein Laster ist oder zum Laster gehört«.
- Zu den gleichgültigen Dingen gehört alles andere, vor allem aber: »Leben und Tod, Ruhm und schlechter Ruf, Vergnügen und Leid, Reichtum und Armut, Gesundheit und Krankheit«, und so weiter. (Stobaeus, 2.57–58)

Das »Gute« und das »Böse« sind die traditionellen Kardinaltugenden der sokratischen Philosophie und ihre Gegensätze, die vier Kardinallaster. Diese wurden allesamt als verschiedene Formen der praktischen Weisheit (*phronêsis*) betrachtet, das höchste Gut für den Menschen. Wie wir noch sehen werden, ist das Wort »gleichgültig« etwas irreführend, da die Stoiker, im Gegensatz zu den Kynikern, manchen dieser Dinge mehr »Wert« beimaßen als anderen und sie bei der Planung der Zukunft als »bevorzugt« ansahen.

Diese Art von Wert steht jedoch in keinem Verhältnis zu dem »Guten«. Weisheit und die anderen Tugenden sind deutlich wertvoller im Vergleich zum leiblichen und äußeren »Gut«, weil sie die menschliche Natur vervollkommnen und damit die Erfüllung des grundlegenden Lebensziels ermöglichen, während anderes sogenanntes »Gut« in dieser Hinsicht *nichts* zählt. Zu den »gleichgültigen Dingen« gehört also das, was die Mehrheit normalerweise als »gut« oder »schlecht« bewertet, oft zusammengefasst als *Gesundheit*, *Reichtum* und *Ansehen*. Die Kyniker und Stoiker waren sich einig, dass die

Menschheit an einer großen Illusion (*tuphos*, wörtlich »Nebel« oder »Rauch«) leidet, nämlich der Annahme, dass diese oberflächlichen Dinge an sich gut oder schlecht seien.

Diese Beispiele basieren auf mehreren verschiedenen stoischen Definitionen des »Guten« in Bezug auf seine wesentlichen Eigenschaften, die sich angeblich gegenseitig ergänzen und in die gleiche Richtung weisen. Vielleicht am grundlegendsten definieren die Stoiker das »Gute« für uns als die Erfüllung unseres Potenzials oder die Perfektion unserer Natur. Das Gute für alle Lebewesen, Pflanzen und Tiere gleichermaßen, ist die Perfektion ihrer eigenen Natur. Laut Cicero definierte der Stoiker Diogenes von Babylon das Gute als etwas, »das von Natur aus vollständig ist« und somit sein Potenzial erfüllt. Er lässt in einem seiner Werke Cato sagen: »Diejenigen, die weise sind, betrachten wir als vollständig und vollkommen.« (*Vom höchsten Gut und vom größten Übel*, 4.37) Die frühen Stoiker definierten das Gute ebenfalls als Weisheit oder als das, »was für ein vernunftbegabtes Wesen, qua Vernunft, vollkommen mit seiner Natur übereinstimmt« (*Leben und Meinungen berühmter Philosophen*, 7.94).

Wie wir gesehen haben, bedeutet das griechische Wort *aretê*, das üblicherweise mit »Tugend« übersetzt wird, eher so etwas wie »Hervorragen« oder »Hervorstechen« (im Sinne von »sich hervortun«, »etwas Besonderes leisten«) in Bezug auf die natürliche Funktion des Menschen. Der Mensch ist von Natur aus sowohl ein rationales als auch ein soziales Wesen, dessen natürliches Ziel daher darin besteht, seine Weisheit und Gerechtigkeit zu vervollkommnen. Für die Stoiker ist dies das Ziel des Lebens, das uns von der Natur selbst gegeben wurde, und das Gebot von Zeus, dem Vater der Menschheit: sein unvollendetes Werk zur Vollendung zu bringen.

Cato beschreibt das Gute für den Menschen daher auch als »Reife« oder »der richtige Zeitpunkt« (*eukairia*), ein überraschender, aber vielleicht aufschlussreicher stoischer Fachbegriff. Die Tugend nimmt, wie die Reife, im Laufe der Zeit nicht an Wert zu, weil sie dann erfüllt ist, wenn unsere Natur ihr Ziel erreicht hat und zur Vollkommenheit gelangt ist. »Deshalb ist für die Stoiker ein lang andauerndes glückliches Leben nicht wünschenswerter oder erstrebenswerter als ein kurzes glückliches Leben.« (*Vom höchsten Gut und vom größten Übel*, 3.46) *Eudaimonia* zu erreichen, indem wir uns auf besonders gute Weise in Übereinstimmung mit unserer essenziellen Natur bringen, die Vernunft vervollkommnen und Weisheit erlangen, bedeutet, auf natürliche Weise zu gedeihen und zu reifen wie eine Frucht.

Hierbei handelt es sich um eine wichtige stoische Lehre, denn sie bedeutet, dass mit einer Verlängerung des Lebens nicht notwendigerweise mehr Tugend einhergeht, und dass daher der Tod im Hinblick auf das höchste Gut gleichgültig ist. Als Antwort auf den Einwand, dass es gut sei, sein Leben zu erhalten, weil es erlaube, die Weisheit für einen längeren Zeitraum auszuüben, soll Cato recht unverblümt, aber etwas kryptisch erwidert haben: »Dieses Argument verkennt, dass der Wert der Gesundheit nach ihrer Dauer beurteilt wird, der Wert der Tugend jedoch nach ihrer Reife beurteilt wird.« Dies ist eine weitere stoische Aussage, die einschlägt wie eine Bombe. Wir werden im Kapitel über den Tod darauf zurückkommen.

Die frühen Stoiker verweisen auf *zahlreiche* zusätzliche Eigenschaften, die die Natur des »Guten« besitzen, und die Diogenes Laertius und Stobaeus auf ziemlich ähnliche Weise zusammenfassen. Zum Beispiel: »Alle guten Dinge sind nützlich und vorteilhaft und gewinnbringend und tugendhaft und angemessen und ehrenhaft; sie üben eine natürliche Anziehungskraft auf uns aus.« (*Stobaeus*, 2.5d) Die Stoiker waren demnach anscheinend der Ansicht, dass diese Eigenschaften des Guten Vorurteile sind, die die Natur uns eingepflanzt hat und die bei genauer Betrachtung allen Menschen gemeinsam sind, denen also niemand widersprechen würde.

> Denn wer von uns wäre nicht der Meinung, dass etwas Gutes etwas Vorteilhaftes und Würdiges ist und etwas, das wir unter allen Umständen anstreben und verfolgen sollten? Wer von uns wäre nicht der Meinung, dass die Gerechtigkeit etwas Ehrenhaftes und Gutes ist? (*Unterredungen*, 1.22)

Ebenso teilen wir das grundlegende Vorurteil über das »Böse«, dass es etwas »Schädliches, zu Vermeidendes, etwas, das man auf jede erdenkliche Weise loswerden muss« (*Unterredungen*, 4.1) ist. Laut Epiktet geraten wir dennoch in einen Konflikt, wenn wir versuchen, abstrakte vorgefasste Meinungen auf reale Situationen anzuwenden, beispielsweise wenn wir bewerten möchten, ob bestimmte Handlungen gut und gerecht sind oder nicht. Die beiden vielleicht wichtigsten Eigenschaften des Guten sind jedoch, dass es von Natur aus wie folgt ist:

- Nützlich oder hilfreich (*ôphelimos*, wovon sich der Name »Ophelia« bei Shakespeare ableitet), anstatt schädlich oder verletzend, »weil es [von sich aus] so beschaffen ist, dass es uns nützt« in Bezug auf das höchste Glück (*eudaimonia*), da es von Natur aus einen guten und gesunden Geisteszustand bedeutet – das »Gute« an sich ist das Ziel, es ist das einzig wirklich Nützliche für den Menschen und sein Fehlen, und sein Gegenteil ist der einzig wahre Schaden.
- Ehrenhaft und schön (*kalos*), weil es an sich lobenswert, vollkommen harmonisch und mit sich selbst übereinstimmend ist, »alle von der Natur angestrebten Eigenschaften besitzt« und für sich genommen ausreicht, um das Leben zu vervollkommnen und zur Vollendung zu bringen.

Wenn die Stoiker von der Tugend als »ehrenhaft« sprechen, meinen sie im Grunde, dass sie bewundernswert ist und es verdient, von *anderen* Menschen bedingungslos gelobt zu werden. Deshalb sind weise Menschen auch stolz darauf, sie zu besitzen. Wenn sie die Tugend als »nützlich« bezeichnen, meinen sie im Wesentlichen, dass die Tugend an sich das Ziel ist. Sie ist die wahre Vollkommenheit der menschlichen Natur und die höchste Form des Wohlbefindens, die wir anstreben können, obwohl sie auch dazu neigt, viele andere Vorteile im Leben zu bringen, wenn das Schicksal es zulässt.

»Ehrenhaft« und »nützlich« zu sein, sind nach Definition der Stoiker zweifellos zwei der wichtigsten Eigenschaften des Guten. Auf diese

Weise setzt die stoische Ethik den »moralischen« Wert mit dem »therapeutischen« Wert der praktischen Weisheit und anderer Tugenden gleich. Was »moralisch gut« oder ehrenwert ist, ist identisch mit dem, was »gut für uns« oder gesund ist. Zusätzlich zu diesen oben genannten Eigenschaften bezeichnet insbesondere Epiktet, der selbst ein ehemaliger Sklave war, Weisheit und Tugend als »Freiheit«, in dem Sinne, ein freier Mensch (und somit kein Sklave) zu sein, aber auch frei von irrationalen Ängsten und Begierden. Ebenso werden Verderbtheit oder Laster so beschrieben, dass sie den Menschen zu einem »Sklaven« machen, in dem Sinne, dass er von seinen Leidenschaften und durch übermäßige Bindung an äußere Dinge versklavt ist.

Schlüsselgedanke: Die stoische Definition des höchsten Gutes

Die meisten Schulen der antiken Philosophie waren sich einig, dass das höchste Gut im Leben *eudaimonia* ist, was ich mit »Glück« oder »Erfüllung« übersetzt habe. Es bedeutete, ein überaus gutes Leben zu führen, dass es einem an nichts fehlt und dass man frei von allem Schlechten ist. Sie waren sich jedoch uneinig über die genaue Definition von *eudaimonia* und den besten Weg, sie zu erreichen. Die Stoiker vertraten als Einzige die Ansicht, dass es völlig ausreicht, ein guter *Mensch* zu sein, um ein gutes *Leben* zu führen und *eudaimonia* zu erlangen.

Die Stoiker glauben, dass wir alle von Natur aus die vorgefasste Meinung hegen, dass das absolut »Gute« im menschlichen Leben sowohl »nützlich« oder gesund für uns als auch von Natur aus »ehrenhaft« oder lobenswert sein müsse. Die meisten antiken Philosophen waren sich einig, dass das, was »gut« ist, nützlich ist. Doch die Stoiker definierten das Gute auch als etwas Ehrenhaftes. Nur der gute und ehrenhafte Mensch ist wirklich schön, denn wahre Schönheit liegt in unserem Charakter.

Darüber hinaus argumentieren die Stoiker, dass wir alle von Natur aus davon ausgehen, dass unser höchstes Gut im Leben »erstrebenswert« ist und dass wir, wenn wir seine Natur wirklich begreifen, zwangsläufig danach trachten. Die meisten Menschen beurteilen jedoch fälschlicherweise äußere Dinge als »gut« und haben daher ein Verlangen nach Dingen, die nicht in ihrer Macht liegen, was zu Frustration und Leiden führt.

Praktische Weisheit oder Tugend, die Exzellenz im Bezug auf die Natur des Menschen, wird von den Stoikern als das einzige wirklich bedingungslose »Gute« und als der Schlüssel zu *eudaimonia* angesehen, weil sie die Kriterien des *intrinsisch* Nützlichen, Ehrenhaften, Schönen, Wünschenswerten, Lobenswerten und so weiter erfüllt. Tugend wird in diesem Sinne als praktische Fähigkeit und moralische Weisheit verstanden, als eine Eigenschaft unseres bewussten Geistes (*hêgemonikon*), genauer gesagt unserer willentlichen Gedanken und Entscheidungen (*prohairesis*).

Auch unsere äußeren Handlungen können insofern als »gut« bezeichnet werden, als sie Tugend verkörpern. Andere Menschen, wenn auch streng genommen nur Zeus und der ideale Weise, werden ebenfalls insofern als »gut« bezeichnet, als sie Tugend besitzen. Nur unsere eigene Tugend ist gut für uns, und die Tugenden oder Laster anderer Menschen sind streng genommen »gleichgültig«, was unser eigenes Wohl angeht – sie sind deren Sache, nicht unsere. Das Wohlergehen und die Tugend derer, die wir lieben, ist jedoch natürlich zu schätzen. Die Tugend der »Gerechtigkeit« besteht darin, dass wir wollen, dass auch andere gedeihen und ein gutes Leben führen, unter dem Vorbehalt, »wenn das Schicksal es zulässt«. Den Stoikern zufolge ist die »natürliche Zuneigung« zu anderen daher ein integraler Bestandteil unseres eigenen höchsten Glücks und unserer Erfüllung. Unser Eigeninteresse ist demnach gleichbedeutend mit Altruismus oder einem *berechtigten* Interesse am Wohlergehen anderer, wie wir noch sehen werden.

Merke: Das Gute ist gleichbedeutend mit Tugend

Cicero beschreibt einen gebräuchlichen stoischen Syllogismus – oder ein »Sorites«-Argument –, der von Zenon abgeleitet ist und eine Prämisse an die andere reihte, um schließlich zu der Schlussfolgerung zu gelangen, dass das Gute für den Menschen im Wesentlichen gleichbedeutend mit Tugend ist. Wahrscheinlich diente er als kurze Gedächtnisstütze, als Zusammenfassung komplexerer philosophischer Argumentationsketten, die man für schwierige Situationen griffbereit halten sollte:

1. Was gut ist, ist es wert, ausgewählt zu werden (um es zu besitzen).
2. Was es wert ist, ausgewählt zu werden, ist es auch wert, angestrebt zu werden (mit dem Ziel, es zu erwerben).
3. Was es wert ist, angestrebt zu werden, ist lobenswert.
4. Was lobenswert ist, ist ehrenhaft und tugendhaft.
5. Deshalb ist das Gute gleichbedeutend mit Ehre und Tugend.

Zenons Argument könnte den Keim dessen enthalten, was zum beherrschenden Thema im Stoizismus des Epiktet wird: dass nur das, was »in unserer Macht liegt«, im Hinblick auf unser Glück und unsere Erfüllung gut ist. Wenn das, was gut ist, per Definition das ist, was es wert ist, angestrebt zu werden, könnte das bedeuten, dass streng genommen nur das, worüber wir die Kontrolle haben, als unser »Gut« oder unsere Pflicht angesehen werden kann. Wie der Philosoph Kant es später ausdrücken sollte: »Sollen impliziert Können.« Dies ist sowohl aus philosophischer als auch aus psychologischer Sicht ein wichtiges Argument, da Menschen sehr oft Dingen, die *außerhalb* ihrer direkten Kontrolle liegen, einen intrinsischen Wert beimessen, und dies trägt zweifellos in vielerlei Hinsicht zum menschlichen Leiden bei.

Die Tugenden und Laster

Die Begriffe »Tugend« (*aretê*) und »Laster« (*kakia*) sind absolut zentral für das gesamte Konstrukt der stoischen Philosophie. Obwohl *aretê* für gewöhnlich mit »Tugend« übersetzt wird, wäre »Vortrefflichkeit« vielleicht die bessere Übersetzung. Dieser Begriff bezeichnet genauer, was wir mit den Stärken einer Person meinen, ihren positiven Eigenschaften, guten Qualitäten, dem, was sie auszeichnet und so weiter. Diese Begriffe implizieren also sowohl das, was ehrenhaft ist im Gegensatz zu beschämend, als auch das, was eine gesunde Charakterstärke zeigt im Gegensatz zu innerer Schwäche oder sogar Krankheit.

Die Stoiker glaubten, dass die Natur den Menschen mit einem vorgegebenen Ziel ausgestattet hat, nämlich dem guten Leben oder dem höchsten Glück, das wir erreichen, indem wir Fortschritte in Richtung Tugendhaftigkeit machen. Daher sagte Kleanthes, dass alle Menschen von Natur aus zur Tugend neigen und wie »halbe Zeilen eines jambischen Verses« sind, die ohne sie unvollständig bleiben (*Stobaeus*, 2.5b). Erst die Tugend »vervollständigt« also die menschliche Natur. Ohne sie fehlt uns in unserem Inneren etwas von intrinsischem Wert, sodass unser Leben leer und unerfüllt bleibt. Tugend kann, wie bereits erwähnt, auch als Harmonie oder Übereinstimmung auf drei Ebenen verstanden werden: mit sich selbst, mit der Vernunft, mit den Menschen sowie mit der Natur des Universums. Im Gegensatz dazu ist das Laster im Wesentlichen ein Zustand der Unstimmigkeit und Disharmonie, der grundlegenden *Entfremdung* vom eigenen wahren Selbst, vom Rest der Menschheit und vom Universum, in dem wir leben.

Daraus, dass die menschliche Natur im Wesentlichen rational ist, folgt, dass die höchste Form der Vortrefflichkeit und der Schlüssel zu einem harmonischen Leben die Vollkommenheit der Vernunft oder Weisheit ist – und Torheit oder Unwissenheit das größte Laster ist. Der Weise ist also im Wesentlichen dasselbe wie der gute Mensch, und alle schlechten Menschen sind Narren.

> Die Weisheit hat das Menschengeschlecht nicht selbst hervorgebracht, sie hat es unvollendet von der Natur übernommen. Also sollte es die Natur genau beobachten und ihr Werk vervollkommnen, als wäre es eine Statue. Was ist der Charakter des Menschen, den die Natur unvollendet gelassen hat? Und was ist die Aufgabe und Funktion der Weisheit? Was ist es, das poliert und vervollkommnet werden muss? Wenn es nichts zu vervollkommnen gibt außer einer bestimmten Tätigkeit des Geistes, nämlich der

> Vernunft, dann muss das höchste Gut darin bestehen, in Übereinstimmung mit der Tugend zu leben. Die Tugend ist nämlich die Vervollkommnung der Vernunft. (Cicero, *Vom höchsten Gut und vom größten Übel*, 4.34)

Die Stoiker akzeptierten im Allgemeinen, dass die verschiedenen Formen der Tugend, also die Arten und Weisen, in denen Menschen sich auszeichnen, unter vier großen Überschriften klassifiziert werden können. Dabei handelt es sich um die traditionellen »Kardinaltugenden« der sokratischen Philosophie, deren Gegenteile die Kardinallaster darstellen.

Sie beinhalten die von den frühen Stoikern identifizierten untergeordneten Tugenden. Diese helfen uns dabei, zu definieren, was genau sie jeweils meinten.

- Weisheit (*sophia*) oder Klugheit (*phronêsis*), deren Gegenteil das Laster der Torheit oder Gedankenlosigkeit (*aphrosunê*) ist,
  - beinhaltet hervorragendes Abwägen, gute Berechnung, schnelle Auffassungsgabe, gesunden Menschenverstand, eine gesunde Portion Zielstrebigkeit und Einfallsreichtum.
- Gerechtigkeit, Rechtmäßigkeit oder Integrität (*dikaiosunê*, manchmal auch »Rechtschaffenheit«), deren Gegenteil Unrecht oder Ungerechtigkeit (*adikia*) ist,
  - beinhaltet Gottesfrömmigkeit, Gutherzigkeit oder Nächstenliebe, Dienst zugunsten der Allgemeinheit und fairen Umgang mit anderen.
- Mut oder Tapferkeit (*andreia*, wörtlich »Männlichkeit«), dessen Gegenteil die Feigheit (*deilia*) ist,
  - beinhaltet Durchhaltevermögen, Zuversicht, Großherzigkeit, Unerschrockenheit und Liebe zur Arbeit.
- Mäßigung (*sôphrosunê*, manchmal auch »Umsicht«), deren Gegenteil die Zügellosigkeit, Ausschweifung beziehungsweise der Exzess (*akolasia*) ist,
  - beinhaltet Organisation, Ordentlichkeit, Bescheidenheit und Selbstbeherrschung.

Seneca zum Beispiel beschreibt diese als die jeweiligen Tugenden des »Voraussehens, was getan werden muss«, des »Zuteilens, was jemandem gebührt«, der »Beschwichtigung von Ängsten« und der »Zügelung von Begierden« (*Briefe an Lucilius*, 120). Auch Epiktet hatte einen berühmten Wahlspruch, »ertrage und entsage« (*anechou kai apechou*), der leicht den beiden eng verwandten Kardinaltugenden Tapferkeit und Mäßigung zugeordnet werden kann.

Es ist gut möglich, dass einige Stoiker glaubten, dabei handele es sich um zwei Aspekte der Tugend, die von Novizen während ihrer praktischen Ausbildung in Ethik als Erstes gemeistert werden müssten, dass sie Etappenziele auf dem Weg zur Erlangung der erhabeneren Tugenden Weisheit und Gerechtigkeit seien. Zenon akzeptierte jedoch die sokratische Vorstellung, dass alle Tugenden eins sind: »Sie sagen, dass die Tugenden aufeinander folgen und dass derjenige, der eine besitzt, sie alle besitzt.« (*Leben und Meinungen berühmter Philosophen*, 7.125-126) Wie Sokrates soll auch Zenon gesagt haben, dass alle Formen des Wissens hinsichtlich dessen, was gut und was böse ist, zu den Tugenden zählen, während alle Formen der moralischen Unwissenheit zu den Lastern gehören.

Jetzt sind Sie dran: Betrachtung der Tugenden

Im Grunde genommen glaubten die Stoiker, dass nur der vollkommene Weise wahre Tugend erlangt habe. Allerdings besitzen wir alle Vernunft und damit das *Potenzial* zur Weisheit, »der Keim der Tugend existiert in jedem von uns« (Musonius, *Lectures and Sayings*, 2). So finden wir bei den Stoikern, vor allem zu Zeiten des Römischen Reiches, Hinweise darauf, dass jene, die den Weg zur Vollkommenheit beschreiten, über die »Tugenden« im täglichen Leben nachdenken. Versuchen Sie also, zu überlegen, welche Ansätze von »Tugend« es in Ihrem eigenen Leben oder im Leben anderer geben könnte. Nehmen Sie sich ein paar Augenblicke Zeit, um über die folgenden Fragen nachzudenken:

1. Welche potenziellen Tugenden oder Stärken hat Ihnen die Natur mitgegeben, und wie wirken sich diese auf Situationen aus, mit denen Sie konfrontiert sind, insbesondere die Herausforderungen des Lebens?
2. Welche persönlichen Eigenschaften oder Charakterstärken finden Sie bei anderen Menschen am lobenswertesten oder bewundernswertesten?
3. Wie stehen die Tugenden im Vergleich zueinander? Sind einige wichtiger? Sind sie alle irgendwie miteinander verbunden oder nicht?
4. Was wäre Ihrer Meinung nach die wichtigste Tugend, die der ideale Weise besitzen müsste, um ein vollkommenes und erfülltes Leben zu führen?
5. Nehmen Sie sich einen Moment Zeit, um den vergangenen Tag Revue passieren zu lassen: Welche Stärken oder Anzeichen von »Tugend« haben Sie gezeigt? Welche Gelegenheiten gab es, andere zu zeigen? In welchen Aspekten der Tugend machen Sie demnach insgesamt gesehen die größten Fortschritte, und wo könnten Sie davon profitieren, Ihren Charakter weiterzuentwickeln?

Stoische Gleichgültigkeit gegenüber »gleichgültigen« Dingen

Wenn etwas weder gut noch schlecht ist, stufen die Stoiker es als »gleichgültig« ein. Damit meinen sie, dass es unserem Gedeihen als essenziell rationale Wesen grundsätzlich weder nützen noch schaden kann, es stellt keinen notwendigen Teil des guten Lebens dar. Die Stoiker meinten, dass etwas »Gleichgültiges« weder zum Glück (*eudaimonia*) noch zum Unglück beitrage und dass alles, was sowohl gut als auch schlecht genutzt werden kann, als »gleichgültig« gelte. Wir sollten daher lernen, »gleichgültig gegenüber gleichgültigen Dingen« zu sein (*Selbstbetrachtungen*, 11.16). Wie bereits erwähnt, waren klassische Beispiele für gleichgültige Dinge, die Zenon anführte, unter anderem:

- Leben und Tod
- Gutes und schlechtes Ansehen
- Vergnügen und Schmerz
- Reichtum und Armut
- Gesundheit und Krankheit

Gesundheit, Reichtum und Ansehen können von sich aus einem törichten und ungerechten Menschen nicht helfen, ein gutes Leben zu erlangen. Ebenso wenig können Krankheit, Armut oder Verfolgung das Wohlbefinden eines tugendhaften Menschen beeinträchtigen. Diese Liste umfasst Dinge, die nach der stoischen Entwicklungstheorie von Menschen von Geburt an geschätzt werden. Insbesondere die körperliche Gesundheit und das Überleben streben alle Tiere als Selbstzweck an, noch vor allem anderen. Doch wie Seneca schreibt, kommen die Stoiker zu der Einsicht, dass »das Leben weder gut noch übel ist; es ist Schauplatz für beides, das Gute und das Übel«, was bedeutet, dass das Leben weise oder töricht, tugendhaft oder lasterhaft genutzt werden kann (*Briefe an Lucilius*, 99).

Wie wir bereits gesehen haben, ist das, was für mich gut ist, auch das, was ich von Natur aus als lobenswert erachte. Doch egal, wie viele äußere Güter ein böser Mensch erwirbt, macht ihn das in unseren Augen nicht lobenswert. Beispielsweise kann ein berüchtigter Tyrann wie Kaiser Nero der reichste und mächtigste Mann der Welt sein, aber nichts davon verhilft ihm dazu, ein guter Mensch zu sein – sein Reichtum und seine Macht boten ihm einfach nur noch mehr Möglichkeiten, seine Laster auszuleben.

Ebenso kann ein weiser und guter Mensch wie Sokrates in Armut geraten, ins Gefängnis geworfen und verspottet werden, aber selbst wenn er alles verliert, was die Mehrheit als »gut« bezeichnet, einschließlich seines Lebens, und ihm jedes erdenkliche sogenannte »Unglück« widerfährt, macht ihn das nicht weniger lobenswert. Er wird er dadurch, dass er selbst in der Not seine Tugenden *beibehält*, sogar noch bewundernswerter und eine noch größere Seele. Wenn äußere Dinge dem Guten der Tugend oder dem Bösen des Lasters weder etwas hinzufügen noch etwas wegnehmen können, dann sind sie nicht von Natur aus gut oder böse, zumindest nicht in demselben Sinne, und sie zählen nichts im Hinblick auf das gute Leben und unser höchstes Wohlbefinden oder *eudaimonia*.

Um Senecas Analogie aufzugreifen: Wenn ein Pferd schwach und übellaunig ist, dann würden wir es auch dann nicht als gutes Pferd betrachten, wenn es mit dem teuersten Sattelzeug geschmückt wäre, das man sich vorstellen kann, weil solche Dinge seine wahre Natur nicht verändern würden. Den Stoikern zufolge haben also äußere Dinge keinen Bezug zu unserer wesentlichen Natur als rationale und soziale Wesen, auch nicht diejenigen, die als »gut« gelten. Sie verwirren lediglich törichte Menschen über den wahren Wert des Charakters eines Menschen.

> Die [Tugend] ist also das einzige Gut des Menschen, und wenn er sie besitzt, verdient er Lob, auch wenn er von allem anderen beraubt ist; wenn er sie aber nicht besitzt, wird er verurteilt und abgelehnt, trotz eines Überflusses an allem anderen. (*Briefe an Lucilius*, 76)

Äußere »Güter« sind nicht nur von geringerem Wert als die Tugend, sondern sie stehen in überhaupt keinem Verhältnis zu ihr: Sie zählen im Vergleich absolut *nichts*. Der vollkommen gute und weise Mensch wird sich daher bereitwillig Gefahren, Entbehrungen oder der Feindseligkeit anderer aussetzen, wenn es nötig ist, die Tugend wird immer über diesen Dingen stehen. Aus diesem Grund sagen die Stoiker, dass der gute Mensch »um jeden Preis« nach Tugend streben und das Laster vermeiden wird.

Cicero veranschaulicht diesen Punkt mit der Metapher einer *Waage mit verschiedenen Gewichten*, einer Art »moralisches Gleichgewicht«, die er dem peripatetischen Philosophen Critolaus von Phaselis zuschreibt. Wenn man die Tugend auf die eine Waagschale legt, so ist es völlig egal, wie viele äußere oder körperliche »Güter« auf der anderen Waagschale angehäuft werden, es wird niemals ausreichen, um das Gleichgewicht zu verschieben. Epiktet rät seinen Schülern daher, zu üben, auf körperliche und äußere Dinge mit dem Ausspruch zu reagieren: »Das bedeutet mir *nichts*!« Natürlich mag dieses Maß an Distanziertheit idealistisch klingen. Deshalb ist es für die Stoiker von großer Bedeutung, auf zahllose »vorbildliche« Personen verweisen zu können, die eine solche praktische Weisheit, Tugend und Distanziertheit gegenüber äußeren Dingen demonstriert haben. Insbesondere Diogenes der Kyniker war ein bekanntes Beispiel für einen Menschen, der die Tugend über jeden materiellen Besitz stellte. Jahrhunderte später verehrten die Römer Cato als ihr eigenes stoisches Vorbild:

> Was den Hunger besiegte, war in seinen Augen ein Festmahl, ein Dach, das den Winter abwehrte, war ein mächtiger Palast und die grobe Toga, die er nach Art der römischen Bürger von einst überstreifte, ein kostbares Gewand … (Lukan, *Der Bürgerkrieg*, 2)

Die Fähigkeit, gleichgültige Dinge tatsächlich als gleichgültig wahrzunehmen und sich mit dem Wenigen, das die Natur für notwendig hält, zufriedenzugeben, ist Teil der Weisheit, der höchsten Tugend. Daher sagte Chrysipp laut Plutarch, dass es für einen guten Menschen, der sein gesamtes Vermögen verliert, nicht anders sei, als habe er einen Cent verloren, und krank zu sein nicht schlimmer, als wenn er gestolpert sei.

Schlüsselgedanke: Das stoische Konzept der »gleichgültigen Dinge«

Die Aristoteliker führten eine hierarchische Unterscheidung zwischen drei Arten von Dingen ein, die im Leben als intrinsisch »gut« gelten:

1. Güter des Geistes, wie die Tugenden
2. Güter des Körpers, vor allem physische Gesundheit
3. Äußere oder »zufällige« Güter, wie Reichtum und hohes Ansehen

Glück und Erfüllung (*eudaimonia*) bestehen darin, ein vollkommen gutes Leben zu führen, das in sich vollständig ist und dem es an nichts fehlt. Die Aristoteliker waren, wie viele andere Menschen auch, der Ansicht, dass damit eine Kombination dieser »Güter« gemeint sei. Nach dieser Auffassung kann Tugend zwar wichtig oder sogar wesentlich sein, aber man würde nicht behaupten, dass jemand ein gutes Leben führe und glücklich sei, wenn er nicht auch einen gesunden Körper und äußere Güter wie ein ausreichendes Auskommen und einen guten Ruf hat.

Die antiken Philosophen sahen darin eine Haltung, die derjenigen der meisten normalen Menschen nahekommt, abgesehen von denen, die das Vergnügen als das Wichtigste im Leben ansehen und vor allem danach streben. Ob wir ein gutes und glückliches Leben haben oder nicht, liegt jedoch zum Teil in den Händen des Schicksals, denn von den drei Kategorien unterliegt nur die erste unserer direkten Kontrolle. Daher schrieb Aristoteles' einflussreichster Anhänger, Theophrast, angeblich: »Der Zufall und nicht die Weisheit regiert das Leben der Menschen«, was Cicero als »die demoralisierendste Äußerung, die je ein Philosoph getätigt hat« bezeichnete. Im Gegensatz dazu schrieb Epikur: »Über einen Menschen, der weise ist, hat der Zufall nur wenig Macht.«

Dagegen vertraten die Stoiker, angelehnt an die Kyniker, die radikale Position, dass es *außerhalb* von Tugend und Laster nur »gleichgültige Dinge« (*ta adiaphora*) gebe, die im Hinblick auf wahre Erfüllung oder *eudaimonia* irrelevant seien. Für den stoischen Weisen ist es ausreichend, ein vollkommen guter Mensch zu sein, um ein vollkommen gutes Leben zu führen. Gesundheit, Reichtum, Ansehen und so weiter zählen in dieser Hinsicht buchstäblich nichts. Dennoch haben diese Dinge für Stoiker eine andere Art von Wert. So sind einige davon anderen natürlicherweise »vorzuziehen« – man spricht auch von dem »bevorzugten Gleichgültigen« –, es handelt sich dabei lediglich um die falsche Art von Wert, nach dem man *eudaimonia* beurteilen sollte. Gesundheit ist im Allgemeinen der Krankheit vorzuziehen und Reichtum der Armut, je nachdem, wie man sie einsetzt, aber beides hat für die Stoiker keinerlei Wert, wenn es darum geht, zu beurteilen, ob jemand ein gutes Leben gelebt hat.

Jetzt sind Sie dran: Stoische Meditation über Tugend

In der überlieferten Literatur gibt es keinen ausdrücklichen Hinweis auf Meditationstechniken dieser Art. Sie können jedoch eine hilfreiche Ergänzung zu den traditionellen stoischen Praktiken sein. Herbert Benson, Medizinprofessor an der Harvard Medical School, entwickelte eine vereinfachte Meditationstechnik, die sich in einer Reihe von Forschungsstudien als wirksames Mittel zur physiologischen Entspannung erwiesen hat. Dabei geht es hauptsächlich darum, bei jedem Ausatmen gedanklich ein Wort zu wiederholen. Dabei ist es offenbar völlig egal, welches Wort das ist, Sie könnten einfach die Zahl »eins« wiederholen. Vielleicht möchten Sie aber auch ein Wort wiederholen, das mit Ihrer stoischen Praxis zu tun hat. Die Stoiker schätzten vor allem das Nachdenken über die Natur des Guten, sodass das deutsche Wort »gut« oder vielleicht ein griechisches Wort wie »*aretê*« (Tugend) Ihre »Zentrierungshilfe« werden könnte, das, worauf Sie während der Meditation Ihre Aufmerksamkeit richten.

1. Nehmen Sie eine bequeme Position ein, schließen Sie die Augen und nehmen Sie sich ein paar Minuten Zeit, um sich zu entspannen, beispielsweise auf einem Stuhl sitzend, mit beiden Füßen flach auf dem Boden, die Hände auf dem Schoß ruhend.

2. Wenn Sie bereit sind, richten Sie Ihre Aufmerksamkeit auf Ihre Atmung, atmen Sie natürlich und wiederholen Sie bei jedem Ausatmen innerlich das Wort »*gut*« oder ein anderes Wort Ihrer Wahl.
3. Wiederholen Sie dies etwa 10 bis 20 Minuten lang, oder länger, wenn Sie es wünschen.

Versuchen Sie nicht, Ablenkungen auszublenden. Nehmen Sie einfach nur wahr, wenn Gedanken und Gefühle aufkommen oder wenn Ihre Gedanken ganz natürlich abschweifen, und lenken Sie dann Ihre Aufmerksamkeit sanft auf die Übung zurück, als ob Sie sagen würden: »Na und?« Bensons Forschung legt nahe, dass diese Haltung der distanzierten Akzeptanz gegenüber Ablenkungen einer der wichtigsten Faktoren ist. Überlegen Sie während dieser Übung, welche Teile des bewussten Erlebens Ihrer direkten Kontrolle unterliegen und welche nicht. Üben Sie, aufdringliche Gedanken oder Gefühle (»Eindrücke«), die Ihnen automatisch in den Sinn kommen, mit stoischer »Gleichgültigkeit« zu akzeptieren, anstatt sich von ihnen mitreißen zu lassen.

Das bevorzugte Gleichgültige und der wichtigste Wert

Obwohl »gleichgültige« Dinge nicht an sich »gut« sind, meinte Zenon, dass einige dennoch »wertvoller« seien als andere und diesen daher »vorzuziehen« seien. Die Stoiker sollen gewitzelt haben, dass der Weise es sicherlich vorziehen würde, Hygieneartikel zur Hand zu haben, um sich zu reinigen, wenn die Situation es erfordert, als keine zu haben. Doch solche Dinge machen ein tugendhaftes Leben nicht ein *Jota* besser oder erfüllter. Der Jargon des Stoizismus wird hier besonders deutlich, da die gewöhnliche Sprache diese Unterscheidung zu verschleiern scheint. Die Stoiker meinen, dass »gleichgültige« Dinge einen »selektiven Wert« (*axia eklektikê*) haben, wenn sie im Einklang mit der Natur stehen, und einen »Unwert« (*apaxia*), wenn sie der Natur widersprechen, obwohl einige sogar in dieser Hinsicht neutral sind. Positiv bewertete Dinge werden als »bevorzugt« (*proêgmena*) bezeichnet, während gering geschätzte Dinge »nicht bevorzugt« (*apoproêgmena*) beziehungsweise abzulehnen sind. Die Stoiker treffen also eine subtile, aber äußerst wichtige Unterscheidung zwischen zwei verschiedenen *Arten* von Wert:

1. Eine Art ist der Wert des wirklich »Guten«, das unmittelbar zum guten Leben beiträgt: *Ausschließlich* die Tugenden haben diesen absoluten Wert.
2. Eine andere Art ist jedoch »ein gewisses mittelbares Potenzial oder Nützlichkeit«, der Wert, den Gesundheit, Reichtum und Ansehen als potenziell nützlich für den Weisen haben, wenn sie weise eingesetzt werden (*Leben und Meinungen berühmter Philosophen*, 7.105).

Zum Beispiel heißt es, dass Zenon das Leben und die Gesundheit als Beispiele für das »bevorzugte Gleichgültige« einstufte. Mit anderen Worten: Gesundheit ist besser als Krankheit, und es ist natürlich, sie im angemessenen Rahmen anzustreben, aber nicht auf Kosten von Weisheit und Tugend. Die Stoiker sollen gesagt haben, dass, obwohl die Dinge, die natürlicherweise von Geburt an geschätzt werden, »gleichgültig« sind, wenn es darum geht, Glück (*eudaimonia*) zu erlangen und konsequent in Übereinstimmung mit praktischer Weisheit zu leben, sie ausdrücklich nicht »gleichgültig« sind, wenn es um unsere »angemessenen Handlungen« in bestimmten Situationen und unser Überleben oder unser natürliches Wohlbefinden geht (*Stobaeus*, 2.7a).

Vergnügungen und Schmerz sind jedoch völlig »gleichgültig«, denn sie sind bloße Begleiterscheinungen und bringen weder Nutzen noch Schaden im Hinblick auf die Kunst, weise zu leben. Epiktet warnt seine Schüler davor, in Bezug auf »gleichgültige« Ereignisse jemals die Worte »gut« und »schlecht« oder gar »hilfreich« und »schädlich« zu verwenden. Chrysipp soll jedoch eingeräumt haben, dass es in einer lockeren Unterhaltung zulässig sein könnte, »bevorzugte und abzulehnende« Dinge als »gut und schlecht« zu bezeichnen. Dennoch müssen wir aufpassen, dass wir nicht verwirrt werden, was ihre wahre Natur anbelangt, wenn wir uns auf diese Weise an die übliche Sprache der Mehrheit anpassen. Die zugrundeliegende Einsicht, dass praktische Weisheit den äußeren Dingen an Wert unvergleichlich überlegen ist, ist wichtiger als die Worte, die wir benutzen, um uns auszudrücken.

Das Konzept des »bevorzugten Gleichgültigen« ist außerdem verbunden mit etwas, das Zenon *kathêkonta* nannte, die »angemessenen Handlungen« oder »Pflichten« eines Stoikers, oder mit dem, was zu tun in einer bestimmten Situation *vernünftig* wäre. Es reicht nicht aus, zu sagen, dass wir im Allgemeinen tugendhaft, mit Weisheit, Gerechtigkeit, Mut oder Selbstdisziplin handeln sollten. Wie können wir uns orientieren und genau wissen, was wir in einer praktischen Situation tun sollen? Beispielsweise zählt Epiktet einige der beliebtesten Bereiche des »angemessenen Handelns«, die von den Stoikern diskutiert werden, wie folgt auf (*Unterredungen*, 3.21):

1. Für einen Menschen angemessenes Essen und Trinken.
2. Sich für einen Menschen angemessen zu kleiden.
3. Zu heiraten und Kinder zu bekommen.
4. Das Leben eines Bürgers innerhalb einer Gesellschaft zu führen.
5. Beleidigungen und törichtes Verhalten von anderen Menschen weise und tugendhaft zu ertragen, auch wenn diese unklug und bösartig sind.

Die stoischen Lehrer sahen es als ihre Aufgabe an, Ratschläge für konkrete Fälle zu geben. In Epiktets *Unterredungen* können wir daher sehen, wie er den Menschen, die seine Vorlesungen besuchten, Ratschläge in Bezug auf konkrete Probleme gab, mit denen sie im täglichen Leben konfrontiert waren. Konkrete Ratschläge zu geben, erfordert jedoch komplexe Urteile über *Wahrscheinlichkeiten*, die Unsicherheiten mit sich bringen, während die ethische Kernlehre, dass die Tugend das einzig Gute ist, mit absoluter Gewissheit erfasst werden kann. Die Stoiker variierten daher erheblich in den Details ihrer praktischen ethischen Anleitung. Cicero schildert zum Beispiel, dass die stoischen Gelehrten Antipatros und Diogenes uneins darüber waren, ob es für einen Mann, der sein Haus verkaufen möchte, moralisch »angemessen« ist, jedem potenziellen Käufer freiwillig alle Mängel aufzuzählen.

Wie wir später noch sehen werden, wenn wir die stoische »Disziplin des Handelns« genauer besprechen, können die angemessenen Handlungen eines Stoikers als jene verstanden werden, die in Übereinstimmung mit dem natürlichen »Wert« unternommen werden, den etwas für mein eigenes Wohlergehen und das anderer, um die ich mich sorge, haben soll. Allerdings kann jeder Idiot das Richtige aus den falschen Gründen tun. Wir machen nur insofern Fortschritte in Richtung der »vollkommenen Handlungen« (*katorthômata*) des Weisen, als wir beginnen, unsere Auswahl konsequenter im Einklang mit praktischer Weisheit und Tugend zu treffen.

Nach Mark Aurel erfordert dies, dass wir uns darin üben, alle unsere Handlungen nicht nur in Übereinstimmung mit ihrem natürlichen Wert auszuführen, sondern auch das Ergebnis mit Gleichmut zu akzeptieren, unabhängig davon, ob die Dinge so laufen, wie wir es »bevorzugt« hätten oder nicht, da dies die Grundlage der Tugend ist. Der »selektive Wert« bezieht sich nur auf unsere *Zukunft*, in der noch die Möglichkeit besteht, etwas zu ändern. Sobald uns die Ereignisse bereits ereilt haben, gilt diese Unterscheidung nicht mehr. Wir haben keine andere Wahl, als zu akzeptieren, was sich sowieso nicht mehr ändern lässt; es ergibt keinen Sinn, als Kranker zu sagen, dass man es »bevorzugt« hätte, nicht krank zu werden, weil man die Vergangenheit nicht ändern kann. Die Stoiker versuchen, diese Art von sinnlosem Grübeln auszuschalten, weil sie unsere Vergangenheit als unveränderbar und daher als *völlig* »gleichgültig« einstufen. Daher zieht es der Weise im Allgemeinen zwar vor, gesund statt krank zu sein, aber sobald er krank geworden ist, akzeptiert er bereitwillig die

Tatsache, dass es geschehen ist. Die Kyniker sagten, dass das Ringen mit dem Schmerz so sei, als werde man von wilden Hunden gejagt. Wenn wir in Panik geraten und versuchen, zu fliehen, werden sie uns nur noch aggressiver verfolgen und nach unseren Fersen schnappen. Wenn wir uns jedoch umdrehen und ihnen ruhig gegenübertreten, werden sie oft zurückweichen. Ironischerweise vermindern wir unser Leiden häufig, indem wir es akzeptieren.

Jetzt sind Sie dran: Schreiben Sie einen philosophischen Trostbrief

Menschen trösten andere, die ein scheinbares Unglück erlitten haben, oft mit den Worten: »Es ist nicht das Ende der Welt.« Aber *warum* ist es das nicht? Welche philosophischen *Argumente* können aufgebracht werden, um unsere Freunde davon zu überzeugen? Lesen Sie einige der Trostbriefe, die Seneca an Polybius, Marcia, seine Mutter *Helvia* und *Lucilius* (*Briefe an Lucilius*, 63; 93; 99) schrieb. Versuchen Sie, einige der Hauptargumente zusammenzustellen, die er verwendete, um andere zu beruhigen, zu ermutigen und zu trösten. Was halten Sie von seiner Argumentation und der Überzeugungskraft seiner Äußerungen?

Epiktet erwähnt, dass der Stoiker Paconius Agrippinus ähnliche Briefe an *sich selbst* schrieb, in denen er Widrigkeiten, die ihm widerfahren waren, wie zum Beispiel Verbannung oder Krankheit, lobte und sie als Gelegenheit betrachtete, den eigenen Charakter zu stärken. Versuchen Sie, einen kurzen Trostbrief an *sich selbst* zu schreiben, der sich auf eine Herausforderung oder Schwierigkeit bezieht, der Sie gegenüberstehen. Gestalten Sie ihn ähnlich »philosophisch«, indem Sie auf das Material in diesem Kapitel und alles andere, was Sie über Stoizismus gelesen oder gelernt haben, zurückgreifen. Es könnte Ihnen nützen, wenn Sie sich diesen Brief noch einmal ansehen, wenn Sie das ganze Buch durchgearbeitet haben, um zu überprüfen, ob Sie etwas daran ändern würden. Doch zunächst konzentrieren Sie sich am besten einfach nur auf das stoische Argument, dass das gute Leben allein von der Tugend herrührt und dass das äußere Schicksal für ein vollkommenes und erfülltes Leben irrelevant (»gleichgültig«) ist. Wenn Sie das schwierig finden, versuchen Sie einfach, Teile der Trostbriefe von Seneca zu *paraphrasieren*, beispielsweise indem Sie sie an ähnliche Situationen im modernen Leben anpassen.

Merke: Die Stoiker waren sich in diesem Punkt uneinig …

Was die Lehre von den »bevorzugten gleichgültigen« Dingen angeht, waren sich die Stoiker untereinander uneins. Einige meinten, dass bestimmte Dinge von Natur aus bevorzugt seien, andere behaupteten, dass der Wert äußerer Dinge abhängig von den Umständen variiere. Einige Stoiker, beispielsweise Ariston von Chios, tendierten anscheinend eher in Richtung Kynismus, der alle Dinge als völlig »gleichgültig« ansah. Andere, wie Panaitios und Poseidonios, neigten eher zur aristotelischen Ansicht, dass einige körperliche oder äußere »Güter« für *eudaimonia* wichtig seien.

Alle Stoiker lehnten jedoch den Epikureismus entschieden ab und betrachteten körperliches Vergnügen und die Vermeidung von Schmerz als völlig »gleichgültig« im Hinblick auf das gute Leben. Die meisten traditionellen Stoiker stimmten darin überein, dass Tugend das einzig wahre Gut sei und allein für das gute Leben ausreiche, unabhängig von Gesundheit, Reichtum oder Ansehen. Sie würden normalerweise akzeptieren, dass es sowohl natürlich als auch rational ist, das zu »bevorzugen«, was unserem eigenen körperlichen Wohlergehen, dem unserer Freunde und der von uns geliebten Menschen dient, solange das Streben danach mit Weisheit und Tugend in Einklang steht. Philosophen, die zu sehr von der konventionellen stoischen Sichtweise abwichen, scheinen ihr gelegentlich den Rücken gekehrt zu haben, und manche wurden zu Anhängern einer anderen Schule.

Fazit

Die wichtigsten Punkte, die Sie sich aus diesem Kapitel merken sollten, sind:

* Das Ziel der Philosophie ist das vollendete Glück (*eudaimonia*). Dieses wird in erster Linie durch praktische Weisheit oder Tugend erreicht, die wiederum eine innere Harmonie im Menschen selbst sowie Harmonie mit anderen und mit der Natur als Ganzes herbeiführt.
* Philosophie ist im Wesentlichen die »Liebe zur Weisheit«, oder das Wissen darüber, was im Hinblick auf ein glückliches Leben gut, schlecht oder »gleichgültig« ist.
* Das wichtigste Gut für den Menschen ist diese praktische Weisheit oder Tugend. Sie ist gut in dem Sinne, dass sie sowohl »ehrenhaft« als auch »nützlich« ist.
* Einige gleichgültige Dinge sind anderen »vorzuziehen«, aber für die Stoiker bedeutet keines von ihnen etwas im Hinblick auf das Erreichen des Glücks oder des guten Lebens.

Next Step

Nachdem wir die Natur der »guten« und der »gleichgültigen« Dinge untersucht haben, sollten wir uns genauer ansehen, was die Stoiker mit *eudaimonia* oder »Glück« meinten, und dazu sieht der nächste Schritt traditionellerweise vor, die stoische Theorie der »Leidenschaften« zu erforschen, denn Glück wurde als unmöglich angesehen, wenn man seelischen Kummer erlitt. Dies führt uns in den Bereich der stoischen Psychotherapie, oder der »Therapie der Leidenschaften«, die ein integraler Bestandteil der antiken Ethik war, und des allgemeinen »Versprechens der Philosophie«, das die Motivation für die stoischen Schüler lieferte, in ihrem langen und herausfordernden Streben nach Weisheit durchzuhalten.

3

Das Versprechen der Philosophie (»Therapie der Leidenschaften«)

In diesem Kapitel erfahren Sie:

- mehr über das antike stoische Konzept des vollkommenen »Glücks« oder *eudaimonia*, das Versprechen der Philosophie
- dass die Stoiker versuchten, ungesunde »Leidenschaften« oder pathologische Ängste und Begierden durch entgegengesetzte »gesunde Leidenschaften« zu ersetzen, wie beispielsweise rationale Freude und Wohlwollen und Zuneigung gegenüber anderen
- wie ungesunde »Leidenschaften« letztlich auf willentlichen Urteilen und Handlungen beruhen, die auf die anfänglichen automatischen Reaktionen folgen, die die Stoiker »Proto-Leidenschaften« nennen

»Es sieht so aus, als ob das unzweifelhafteste Gut das Glück wäre, Sokrates.«
»Vorausgesetzt, es besteht nicht aus zweifelhaften Gütern, Euthydemus.«
»Welcher Bestandteil des Glücks könnte denn aber zweifelhaft sein?«
»Keiner; solange wir ihm nicht Schönheit oder Stärke oder Reichtum oder Ruhm oder etwas anderes dieser Art hinzufügen.«
(Xenophon, *Memorabilia*; auf Deutsch erschienen unter dem Titel *Erinnerungen an Sokrates*; 4.2)

»Was ist es, Leidenschaft, das du willst? Sag es mir.«
»Was ich will, Vernunft? All das zu tun, was ich will.«
»Ein königlicher Wunsch; aber sag ihn mir noch einmal.«
»Ich möchte, dass alles, was ich begehre, eintritt.«
(Kleanthes, zitiert in Galen, *On Hippocrates' and Plato's Doctrines*; auf Deutsch erschienen unter dem Titel Über die Lehrmeinungen des Hippokrates und des Platon, 5.6)

Selbsteinschätzung: Stoische Einstellungen zum Glück (*eudaimonia*)

Überprüfen Sie vor der Lektüre dieses Kapitels, wie weit Sie den folgenden Aussagen zustimmen, indem Sie die unten angegebene Skala (1–5) verwenden, und prüfen Sie Ihre Einstellung erneut, nachdem Sie dieses Kapitel gelesen und verarbeitet haben.

1. stimme überhaupt nicht zu, 2. stimme nicht zu, 3. stimme weder zu noch stimme ich nicht zu, 4. stimme zu, 5. stimme voll und ganz zu

1. Das Glück – oder das beste Leben – besteht darin, in Übereinstimmung mit der Tugend zu leben.
2. Psychische Störungen rühren daher, dass wir zu viel Wert auf Dinge legen, die außerhalb unserer direkten Kontrolle liegen.
3. Auch wenn unsere ersten emotionalen Reaktionen automatisch ablaufen, haben wir die Wahl, ob wir sie aufrechterhalten oder nicht.

Was besagt das antike »Versprechen der Philosophie«?

Was verlangt die stoische Philosophie von uns? Welches Versprechen gibt sie im Gegenzug? Was sind die Ursachen für die irrationalen Begierden und psychischen Störungen, für die die Menschen in der Philosophie ein Heilmittel suchen? Was ist mit positiven Gefühlen wie Freude, Gelassenheit und Liebe?

Bevor wir weiter in die Theorie und Praxis einsteigen, wollen wir uns – wie es üblich ist – erst einmal genauer ansehen, was die Menschen überhaupt dazu bringt, sich der stoischen Philosophie zuzuwenden. Dem Stoizismus zu folgen, ist nicht einfach, aber es heißt, dass seine Vorteile für jemanden mit gesundem Menschenverstand gewissermaßen auf der Hand liegen sollten – mit ein wenig Hilfe sollten wir in der Lage sein, uns schon zu Beginn zumindest eine *ungefähre Vorstellung* davon zu machen. Zwar genießt nur der vollkommene Weise *eudaimonia*, doch Seneca behauptet, dass das Leben nicht einmal erträglich sei, wenn wir uns nicht der Philosophie, der Liebe zur Weisheit, hingeben, weil dann den psychischen Störungen freier Lauf gelassen werde. In der Tat war für die meisten Menschen der ursprüngliche Grund, sich mit der stoischen Philosophie zu beschäftigen, das eigene Leiden zu lindern, obwohl das letztendliche Ziel darin bestand, ein besserer Mensch zu werden.

Das Versprechen der Philosophie besteht also sowohl aus dem höchsten Glück und der Erfüllung (*eudaimonia*) des Weisen als auch aus dem allmählichen Fortschritt des aufstrebenden Stoikers in der Überwindung störender Begierden und Emotionen (*apatheia*), auch die stoische »Therapie der Leidenschaften« genannt. Für die alten Stoiker galt: »Der Hörsaal eines Philosophen ist wie das Sprechzimmer eines Arztes« (*Unterredungen*, 3.23).

Kurioserweise scheinen die Stoiker den Aufruf zur Philosophie Zeus selbst zuzuschreiben, der uns Linderung von Leiden verspricht. Musonius Rufus lehrte, dass Zeus uns »befiehlt und ermutigt«, Philosophie zu studieren. Ihm zufolge befiehlt das Gesetz des Zeus den Menschen, gut zu sein, was bedeutet, Philosophen zu sein, Weisheit zu lieben, tugendhaft und großmütig zu sein, über Schmerz und Vergnügungen erhaben und frei von Feindseligkeit gegenüber anderen zu sein.

Epiktet folgt darin seinem Lehrer und legt Zeus häufig ähnliche Worte in den Mund, beginnend mit der ersten seiner *Unterredungen*. Er unterbricht sogar sein Gespräch mit den Schülern, um einen imaginären Dialog zwischen sich selbst und Zeus nachzuerzählen. Diesen lässt er sagen, er habe uns einen kleinen Teil von sich selbst gegeben, unsere »dominante Fähigkeit«, die uns die Macht verleiht, Entscheidungen zu treffen. Es ist unsere Pflicht, diese göttliche Fähigkeit vor allem anderen zu hüten, da sie unser einziger wahrer Besitz ist und uns völlige Freiheit bei ihrer Anwendung gewährt wird. Wenn wir lernen können, die Weisheit stärker wertzuschätzen als alles andere, so versichert uns »Zeus«, dass uns nichts behindern wird, dass wir uns niemals aufregen oder beschweren werden und dass wir niemals auf andere wütend oder einer anderen Person untertan werden.

Epiktet sagte damit, dass die Grundprinzipien des Stoizismus durch Reflexion über die menschliche Natur erlernbar sind. Sie sind im Grunde genommen gesunder Menschenverstand, da Zeus uns allen den Keim der Tugend eingepflanzt hat und somit das Ziel des Lebens in unserer eigenen Natur liegt. An anderer Stelle fragt er seine Schüler, ob Zeus oder die Natur ihnen denn nicht schon gesagt hätten, was sie tun sollen, deutlich genug, und zwar vom Tag ihrer Geburt an. Die Natur hat uns gegeben, was uns gehört, unser Urteilsvermögen und unseren Willen, um sie frei und in Übereinstimmung mit der Tugend zu nutzen. Alles andere hat sie außerhalb unserer direkten Kontrolle angesiedelt, es ist Hindernissen und Störungen ausgesetzt. »Behüte mit allen Mitteln das, was dir gehört, aber greife nicht nach dem, was einem anderen gehört.«

Auch wenn die Worte variieren, so stellt Epiktet Zeus meist so dar, dass er die immer gleiche grundlegende stoische Botschaft verkündet: »Wenn du dir etwas Gutes wünschst, so suche es in dir selbst.« (*Unterredungen*, 1.29) Die Natur selbst pflanzt uns den Wunsch nach wahrem Glück und dem guten Leben ein und flüstert uns zu, dass wir es in uns selbst suchen müssen und nicht in äußeren Dingen. Wenn wir dies nur konsequent tun könnten, sagt Epiktet, würden wir vollkommene Freiheit erreichen und uns von seelischem Leid befreien.

Glück oder Erfüllung, *eudaimonia*, war in der Antike als »das Versprechen der Philosophie« bekannt. Wie wir bereits gesehen haben, stimmten die meisten philosophischen Schulen in diesem Ziel überein, aber sie waren sich nicht einig darüber, was es genau bedeutete. Der Punkt, durch den sich die einzelnen Schulen voneinander unterschieden, war ihre jeweilige Definition von *eudaimonia*. Zenon beschrieb sie sehr prägnant als ein »reibungslos verlaufendes« oder heiteres Leben, ein Leben, in dem nichts, was wir zu erreichen versuchen, vereitelt oder behindert wird. Er machte deutlich, dass dies durch ein Leben in harmonischem Einklang mit der Natur und in Übereinstimmung mit der Tugend erreicht wird. Aber das Leben ist nicht nur Zuckerschlecken. Der Stoiker erlangt Gleichmut, indem er sich für alles wappnet, was ihm durch die Wechselfälle des Lebens, das sich drehende »Schicksalsrad«, zugefügt werden mag. Was die Philosophie versprach, war also einerseits das Glück, andererseits aber auch die psychische Widerstandsfähigkeit, sich dieses Glück im Falle von Rückschlägen zu bewahren.

> Denn worauf läuft das Versprechen hinaus? Hierauf: dass, so der Himmel will, die Philosophie dafür sorgen wird, dass der Mensch, der ihren Gesetzen gehorcht, immer gegen alle Gefahren des Schicksals gewappnet sein wird; dass er, in seinem eigenen Selbst, jede erdenkliche Garantie für ein zufriedenes und glückliches Leben besitzen und beherrschen wird. Mit anderen Worten, dass er immer ein glücklicher Mensch sein wird. (Cicero, *Gespräche in Tusculum*, 5.7)

An anderer Stelle geht Cicero auf das Glück ein, indem er sich der Metapher der »inneren Festung« des Stoizismus bedient: »Wir wollen, dass der glückliche Mensch sicher, uneinnehmbar, von Zäunen und Befestigungen geschützt ist, sodass er nicht nur weitgehend, sondern vollkommen furchtlos ist« (Gespräche in *Tusculum*, 5.41). Eines der wichtigsten philosophischen Argumente der Stoiker war, dass es unmöglich sei, sich jemanden vorzustellen, der ein weiser und guter Mensch sei und vollkommene *eudaimonia* erreicht habe, aber dennoch Sklave krankhafter Begierden und Emotionen sei. Die Stoiker bezeichnen diese bekanntlich als die »Leidenschaften« (*pathê*); sie hielten sie für die Grundursache allen menschlichen Leidens und für schädlich im Hinblick auf das Erreichen von *eudaimonia*.

Die Fähigkeit, ungesunde Ängste und Begierden zu überwinden, wird als *apatheia* bezeichnet, was so viel heißt wie »leidenschaftslos« oder besser gesagt ohne Leidenschaften der problematischen Art zu sein. Daher kommt unser Wort »Apathie«, aber die Bedeutung ist eine andere. Wie Keith Seddon, ein moderner stoischer Autor, es ausdrückt: »Der Stoiker ist *apathês*, ohne Leidenschaft (nicht apathisch, sondern leidenschaftslos), aber nicht gänzlich gefühllos« (Seddon, 2006, S. 140). Die Stoiker sprechen daher davon, dass der Weise »Gelassenheit« beziehungsweise »Unerschütterlichkeit« (*ataraxia*) und »Freiheit« (*eleutheria*) von der »Versklavung« durch seine Leidenschaften erlangt hat.

Diese Bemühungen, die »Leidenschaften« zu überwinden, haben jedoch viel Verwirrung gestiftet und zu dem weit verbreiteten Irrglauben geführt, dass die Stoiker irgendwie »unemotional« seien oder versuchten, ihre Gefühle zu unterdrücken. Dies basiert größtenteils auf einem *Missverständnis*, das durch Probleme mit der modernen Übersetzung und Interpretation verursacht wurde – denn die antiken Stoiker meinten etwas *anderes*. Diese Fehlinterpretation wurde jedoch schon von den antiken Stoikern selbst *wiederholt* angesprochen. Sehen wir uns also einmal in Ruhe an, was sie tatsächlich gesagt haben …

> Sie [die Begründer des Stoizismus] sagen, der weise Mensch sei auch leidenschaftslos [*apathê*], weil er für Leidenschaften nicht anfällig ist. Aber der üble Mensch wird in einem anderen Sinn »leidenschaftslos« genannt, was dasselbe bedeutet wie »hartherzig« und »gefühllos«.
> (*Leben und Meinungen berühmter Philosophen*, 7.117)

Zenon meinte, dass ein weiser Mensch nicht Sklave seiner Ängste oder Begierden sei, aber hier wird uns ausdrücklich erklärt, dass das nicht dasselbe ist wie »hartherzig« und »gefühllos« zu sein – was jedoch heutzutage von vielen fälschlicherweise angenommen wird. Der römische Stoiker Laelius wurde Jahrhunderte später in einem Dialog von Cicero mit den Worten porträtiert, dass es eigentlich der größtmögliche Fehler wäre, natürliche und gesunde Gefühle wie die der Freundschaft ausschalten zu wollen, denn selbst Tiere empfänden Zuneigung zu ihren Nachkommen, was die Stoiker als Grundlage der *menschlichen* Liebe und Freundschaft ansahen
(Cicero, *Laelius über die Freundschaft*, 13).

Wir würden uns nicht nur selbst *entmenschlichen*, indem wir solche natürlichen Gefühle ausschalten, sagt er, sondern uns selbst so weit reduzieren, dass wir uns auf einer Ebene unterhalb der tierischen Natur befänden, wie ein Baumstamm oder ein Stein. Wir sollten daher auf niemanden hören, der törichterweise behauptet, das gute Leben setze voraus, dass wir in Bezug auf unsere Emotionen »hart wie Stahl« seien. Epiktet lehrte seine Schüler auch, dass wir nicht frei von Leidenschaften (*apathê*) im Sinne von gefühllos »wie eine Statue« sein sollten, denn den Stoikern sind ihre Familien und Mitbürger wichtig, sie empfinden weiterhin »natürliche Zuneigung« oder »Affinität« für sie und fühlen sich ihnen nahe. Auch Seneca sieht das so:

> Den Weisen treffen Unglücksfälle – natürlich ohne ihn seiner Fähigkeiten zu berauben –, wie körperlicher Schmerz, Gebrechen, der Verlust von Freunden oder Kindern oder die Katastrophen in seinem Land, wenn es durch Krieg verwüstet wird. Ich sehe ein, dass er bei solchen Dingen empfindsam ist, denn wir unterstellen ihm nicht die Härte eines Felsens oder von Stahl. Es steckt keine Tugend darin, etwas zu ertragen, das man nicht fühlt. (*Die Unerschütterlichkeit des Weisen*, 10.4)

Es wäre falsch, wie Seneca hier aufzeigt, wenn wir *tatsächlich* annehmen würden, dass der stoische Weise völlig frei von Emotionen sei.

Es erinnert an eine Geschichte über Diogenes den Kyniker, der von einem Spartaner gefragt wurde, ob ihm kalt sei, als er sich abhärtete, indem er sich im Winter nackt auszog und eine Bronzestatue umarmte. Diogenes sagte, dass ihm nicht kalt sei, und der Spartaner antwortete: »Und was soll dann so *beeindruckend* sein an dem, was du tust?«

Wie Seneca andeutet, scheinen die stoischen Tugenden »Tapferkeit« und »Selbstdisziplin« vorauszusetzen, dass der Weise *durchaus* so etwas wie Angst und Verlangen *verspürt* – andernfalls hätte er keine Gefühle zu überwinden. Mutig ist nicht der, der keinerlei Angst kennt, sondern jemand, der mutig handelt, *obwohl* er Angst empfindet. Wenn ein Mensch über große Selbstdisziplin verfügt und sich gut im Griff hat, bedeutet das nicht, dass er keinen Hauch von Verlangen verspürt, sondern dass er seine Begierden überwindet, indem er sie nicht sein Handeln bestimmen lässt.

Der Weise besiegt seine Leidenschaften, indem er stärker wird als sie, nicht, indem er alle Spuren von Emotionen aus seinem Leben eliminiert. Das stoische Ideal besteht also nicht darin, »leidenschaftslos« im Sinne von »apathisch«, »hartherzig«, »gefühllos« oder »wie eine Statue« aus Stein oder Metall zu sein. Vielmehr geht es darum, eine natürliche Zuneigung zu uns selbst, zu unseren Lieben und zu anderen Menschen zu empfinden und unser Leben in Einklang mit der Natur zu bringen, was uns die Möglichkeit eröffnet, bestimmte natürliche Emotionen als Reaktion auf Verlust oder Enttäuschungen zu empfinden.

Die Stoiker nennen dies »Proto-Leidenschaften«. Gemeint ist ein erstes Aufwallen der Emotionen. Wie wir später noch sehen werden, fühlt der Weise diese aufkommenden Gefühle zwar, aber er lässt sich von ihnen nicht vereinnahmen, wie es die Menschen normalerweise tun. Daher erklärt Seneca an anderer Stelle, dass andere vielleicht »einen gegen Gefühle immunen Geist« meinen mögen, wenn sie von *apatheia* sprechen, dass die Stoiker aber eigentlich das genaue Gegenteil meinen. »Das ist der Unterschied zwischen uns Stoikern und den Epikureern; unser Weiser überwindet jedes Unbehagen, aber er fühlt es, der ihre fühlt es nicht einmal.« (*Briefe an Lucilius*, 9) Die Tugend des Weisen besteht in seiner Fähigkeit, schmerzhafte Gefühle zu ertragen und sich über sie zu erheben, während er weiterhin seine Beziehungen pflegt und mit der Welt interagiert; er nimmt sich selbst und andere wichtig genug, um schmerzhafte Gefühle zuzulassen, aber nicht so sehr, dass er sich *krankhaft sorgt*. Er sollte andere lieben, aber gelassen bleiben.

Die frühesten stoischen Schriften definierten die »Leidenschaften«, die die Stoiker zu überwinden suchten, als irrationale, exzessive und ungesunde Formen von Angst und Verlangen. Sie gelten als »unnatürlich« in dem Sinne, dass sie unserem Streben nach Erfüllung im Leben schaden. Etwas weniger bekannt ist, dass diesen Leidenschaften eine Reihe von »gesunden Leidenschaften« (*eupatheiai*) gegenübergestellt wurden. Diese wurden von den Stoikern nicht direkt angestrebt, sondern man nahm an, dass sie als eine Art zusätzliche Belohnung für ein tugendhaftes Leben einfach »auftauchen« würden.

Wie mehrere der führenden akademischen Forscher des Stoizismus betont haben: »Die Einbeziehung von ›guten Gefühlen‹ in das mentale Repertoire der Stoiker zeigt, dass ihre Philosophie nicht die Auslöschung aller Emotionen vorsah.« (Long, 2002, S. 245) Gesunde Gefühle wie Liebe und »natürliche Zuneigung« zu anderen spielen durchaus eine wichtige, aber oft übersehene Rolle im Stoizismus. Als Mark Aurel das stoische Ideal als »frei von Leidenschaften und doch voller Liebe« beschrieb, meinte er damit eindeutig, dass es sich bei den fraglichen »Leidenschaften« um schlechte oder ungesunde Gefühle handelt, die von dem zu unterscheiden seien, was die Stoiker »natürliche Zuneigung« oder rationale Liebe zu anderen nennen.

Das Problem der Leidenschaften bedeutete zwangsläufig, dass eine Art antike Psychotherapie integraler Bestandteil des Stoizismus war. So verbindet das Thema *eudaimonia* die stoische Ethik auf natürliche Weise mit der Psychotherapie. Die meisten antiken Philosophien setzten das »Gute« im Leben mit dem gleich, was »gut für uns«, »nützlich« oder »hilfreich« (*ôphelimos*) ist, in dem Sinne, dass es zu unserer grundlegenden Gesundheit und unserem Wohlbefinden beiträgt, nicht physisch, sondern geistig und moralisch, also auf unseren Charakter bezogen. Man könnte daher sagen, dass »Selbsthilfe« ein integraler Aspekt der stoischen Ethik war, und dies ähnelt nicht nur der *modernen* Therapie, sondern wurde von antiken Autoren ganz explizit als eine Form der Medizin oder Therapie für den Geist dargestellt.

Die Stoiker konzentrierten sich daher, mehr als jede andere Schule, auf die Philosophie als Lebensweise. Sie eigneten sich bestimmte Methoden an, sich selbst darin zu trainieren, ihre ungesunden Leidenschaften zu überwinden und sich dem erhabenen Ideal der Tugend anzunähern. Manchmal wird der Einwand erhoben, der Stoizismus sei eine reine Philosophie mit ethischem Schwerpunkt und solle nicht mit einer Psychotherapie verwechselt werden. Allerdings wurden diese beiden Dinge von Zenon und seinen Anhängern als gleichwertig angesehen. Der Stoizismus verbindet, wie wir gesehen haben, auf elegante Weise Ethik, Selbstverbesserung und *Psychotherapie*.

Fallstudie: »Die Wahl des Herakles«

Zenon, der Begründer des Stoizismus, wurde angeblich zum Studium der Philosophie inspiriert, nachdem er das zweite Buch von Xenophons *Memorabilia* (auf Deutsch erschienen unter dem Titel *Erinnerungen an Sokrates*) gelesen hatte. Dieses beginnt mit einem Kapitel, in dem Sokrates die berühmte Allegorie von Prodikos erzählt, die als »Die Wahl des Herakles« oder auch »Herakles am Scheideweg« bekannt ist. Die Stoiker, wie auch ihre Vorläufer, die Kyniker, sahen in Herakles, dem bedeutendsten Sohn des Zeus, ein Vorbild, das die Selbstdisziplin und das Durchhaltevermögen demonstrierte, die für einen wahren Philosophen erforderlich sind. Vielleicht wurde sogar Zenon mit Herakles verglichen, jedenfalls wissen wir mit Sicherheit, dass sein Nachfolger Kleanthes aufgrund seiner Selbstbeherrschung als »zweiter Herakles« bezeichnet wurde. Die Geschichte symbolisiert die große Herausforderung, zu entscheiden, wer wir wirklich sein wollen, welche Art von Leben wir führen wollen, das Versprechen der Philosophie und die Versuchung vonseiten des Lasters.

Es wird erzählt, dass Herakles als junger Mann an einer einsamen Weggabelung stand, wo er über seine Zukunft nachdachte. Unschlüssig, welchen Weg er im Leben einschlagen sollte, sah er sich zwei Göttinnen gegenüber. Die eine, eine sehr schöne und verführerische Frau, hieß *Kakia*, doch sie behauptete, dass ihre Freunde sie »Glück« (*Eudaimonia*) nennen würden. Sie stürmte vor, um sicherzustellen, dass sie als Erste sprechen würde, und versprach Herakles, dass ihr Weg der »bequemste und angenehmste« sei und dass er eine Abkürzung zum absoluten Glück biete. Sie behauptete, er werde keine Mühsal erleiden, sondern Luxus jenseits der kühnsten Träume der meisten Menschen genießen und wie ein König von der Arbeit anderer leben.

Anschließend sprach die zweite Göttin Herakles an. Sie hieß *Aretê*, eine schlicht gekleidete und bescheidene Frau von natürlicher Schönheit. Zu seiner Überraschung sagte sie ihm, dass ihr Weg harte Arbeit von ihm erfordern werde, und dass er »lang und schwierig« sein werde. Herakles werde Gefahren begegnen, er werde durch viele Strapazen geprüft werden, vielleicht mehr als jeder andere vor ihm, und er werde dabei große Verluste und großes Leid ertragen müssen. »Nichts, was wirklich gut und bewundernswert ist«, sagte *Aretê*, »wird den Menschen von den Göttern gewährt, ohne dass sie sich dafür anstrengen und sich bemühen.«

Herakles werde jedoch die Möglichkeit haben, jeder Widrigkeit mit Mut und Selbstdisziplin zu begegnen und selbst im Angesicht großer Gefahr Weisheit und Gerechtigkeit zu zeigen. Er werde sich wahres Glück verdienen, indem er sein natürliches Potenzial als Held ausschöpfe und über seine eigenen lobenswerten und ehrenhaften Taten reflektiere.

Herakles wählte natürlich den Weg der *Aretê* (»Tugend«) und ließ sich nicht von *Kakia* (»Laster«) verführen. Er sah sich ständiger Verfolgung durch die Göttin Hera ausgesetzt und war gezwungen, die legendären zwölf Aufgaben auf sich zu nehmen, darunter das Töten der Hydra und schließlich das Betreten des Hades, der Unterwelt selbst, um das Ungeheuer Kerberos mit bloßen Händen zu fangen. Er starb unter extremen Qualen, vergiftet durch Kleidung, die mit dem Blut der Hydra getränkt war. Zeus war jedoch so beeindruckt von ihm, dass er ihn in den Stand eines eigenständigen Gottes erhob.

Unabhängig davon, ob die Lektüre dieser Geschichte Zenon dazu brachte, das Leben eines Philosophen zu führen oder nicht, beeinflusste sie sicherlich spätere Generationen von Stoikern. Sie betrachteten sie als eine *Metapher* für das gute Leben: dass es besser ist, sich Schwierigkeiten zu stellen, über sie hinauszuwachsen und sich dadurch auszuzeichnen, als ein bequemes Leben im Müßiggang zu führen und zuzulassen, dass die Seele dadurch verkümmert und verdirbt.

Jetzt sind Sie dran: Wünsche versus Bewunderung

Dies ist eine einfache Übung, um sich über die eigenen Werte klar zu werden. Sie soll Ihnen Anregungen bieten, über Ihre eigene Lebensphilosophie nachzudenken. Dabei gibt es keine richtige oder falsche Antwort; diese Fragen sollen Ihnen nur dabei helfen, die Dinge aus einer anderen Perspektive zu betrachten.

1. Nehmen Sie ein Blatt Papier und zeichnen Sie darauf eine Tabelle mit zwei Spalten.
2. Schreiben Sie oben in die erste Spalte das Wort »Wünsche«. Darunter führen Sie alles auf, was Sie sich am meisten wünschen. Überlegen Sie, woran Sie am meisten Freude haben und was Sie am meisten zu verlieren fürchten, sowie all das, wofür Sie die meiste Zeit und Energie aufwenden.
3. Wenn Sie fertig sind, schreiben Sie das Wort »Bewunderung« oben in die zweite Spalte. Führen Sie darunter all das auf, was Sie an anderen Menschen am lobenswertesten oder bewundernswertesten finden. Denken Sie an Ihre Helden, reale oder fiktive, lebende oder verstorbene, an Ihre Familie, Freunde, Kollegen und so weiter.
4. Fragen Sie sich schließlich, inwieweit sich diese beiden Spalten voneinander unterscheiden. Stimmt das, was Sie sich im Leben am meisten wünschen und was Sie am meisten anstreben, mit dem überein, was Sie bei anderen am lobenswertesten finden? Warum weichen die einzelnen Punkte voneinander ab?

Wie könnte es sich auf Ihre Selbstwahrnehmung auswirken, wenn Sie sich Dinge wünschen – und erreichen –, die Sie eigentlich nicht lobenswert finden? Vielleicht möchten Sie darüber nachdenken, wie es wäre, wenn Sie sich für sich selbst mehr von den Dingen wünschen würden, die Sie bei anderen wirklich lobenswert finden.

Das stoische Konzept des Glücks (*eudaimonia*)

Eudaimonia ist das antike Versprechen der Philosophie. Das Wort *eudaimonia* wird für gewöhnlich mit »Glück« übersetzt, obwohl das die philosophische Bedeutung nicht sonderlich gut wiedergibt. *Eudaimonia* bezieht sich eher auf die Gesamtqualität des Lebens eines Menschen als auf seine Stimmung. Alternative moderne Übersetzungen sind daher »Erfüllung«, »Glückseligkeit«, »Wohlergehen« oder »Entfaltung« und so weiter. Ein antikes Wörterbuch der philosophischen Begriffe, das Platon zugeschrieben wird, aber wahrscheinlich von seinen unmittelbaren Nachfolgern geschrieben wurde, definiert das Wort wie folgt:

- Das Gut, das sich aus allem Guten zusammensetzt
- Eine Fähigkeit, die für ein gutes Leben ausreicht
- Vollkommenheit in Bezug auf die Tugend
- Genügend Nützliches für ein Lebewesen
  (*Definitions*, *Eudaimonia*)

Es bezieht sich auf den wunderbaren oder erhabenen Zustand von jemandem, der ein gutes Leben führt. Während andere philosophische Schulen damit jemanden meinen, der äußeres Glück (im Sinne von einem ihm freundlich gesonnenen Schicksal) genießt, ist für die Stoiker ein guter Mensch zu sein und ein gutes Leben zu haben synonym. Körperliche und äußere Dinge sind daher im Hinblick auf *eudaimonia* völlig irrelevant (»gleichgültig«). Glück und Unglück bestehen darin, wie wir auf Ereignisse reagieren und welchen Nutzen wir aus ihnen ziehen.

Wörtlich genommen bedeutet das Wort *eudaimonia* (auf Deutsch auch als »Eudämonie« im Gebrauch) eigentlich »einen guten Dämon haben«, wobei mit Dämon der göttliche Funke im Inneren eines Menschen gemeint ist. In theologischer Hinsicht interpretierte Chrysipp *eudaimonia* daher als das reibungslos verlaufende Leben, das man dadurch erreicht, den eigenen Dämon, den innersten Geist, in völlige

Harmonie mit dem Willen des Zeus zu bringen, indem man die eigenen Urteile vollständig in Einklang mit dem eigenen Schicksal bringt. Jahrhunderte später interpretierte Mark Aurel das Wort in ähnlicher Weise, als er sich auf die Vollkommenheit des göttlichen Funkens im Inneren oder die dominante Fähigkeit im Einklang mit der Natur bezog.

> Philosophische *eudaimonia* ist ein Zustand, in dem eine Person mit ausgezeichnetem Charakter optimal gut lebt, gedeiht, bewundernswerte Leistungen erbringt und sich beständig an der besten Geisteshaltung erfreut, die dem Menschen beschieden ist. Insbesondere die Stoiker hielten das vollständige Erreichen eines solchen Zustands für nahezu unmöglich, aber für so erstrebenswert, dass kein Mensch, der seine Vorzüge erkannt hat, sich mehr mit weniger zufriedengeben wollen würde. (Long, 2002, S. 193)

Sie sagten, dass der perfekte Weise, der *eudaimonia* erreicht habe, so selten sein müsse wie der äthiopische Phönix, der der Legende nach alle 500 Jahre geboren werde. Auf der anderen Seite glaubten die Stoiker, die Natur *wolle*, dass wir gedeihen und uns vervollkommnen; uns wurde das Leben gegeben, um uns zu einem Zustand der Vollendung zu bringen, indem wir uns in Übereinstimmung mit der Tugend auszeichnen. Die Natur hat jeden von uns mit der Fähigkeit versehen, zu träumen und sich ein ideales menschliches Wesen vorzustellen, das von den Stoikern als »Weiser« bezeichnet wird, und daher auch mit der Fähigkeit, sich auf dieses ferne Ziel zuzubewegen.

Welchen Unterschied gibt es also, wenn überhaupt, zwischen *eudaimonia* und Tugend in der stoischen Philosophie? Für die Stoiker ist Tugend sicherlich sowohl notwendig als auch hinreichend für *eudaimonia*. Chrysipp soll jedoch gesagt haben, dass selbst wenn jemand weise und tugendhaft handele, sein Leben noch nicht glücklich sei, sondern dass das Glück über ihn »superveniere« (*in etwa: über ihn kommen, von Lateinisch super – über und venire – kommen, Anm. d. Red.*), wenn diese Handlungen durch fest verinnerlichtes Wissen gefestigt und zur Routine werden (*Stobaeus*, 5.907).

Wie wir noch sehen werden, beziehen sich die Stoiker auch auf bestimmte »gesunde Leidenschaften«, die automatisch über die Tugend »supervenieren«. Zenon soll gesagt haben, dass zum Guten die verschiedenen Tugenden gehören, aber auch »gesunde Leidenschaften« (*eupatheiai*) wie »Freude und gute Laune, Zuversicht und Wohlwollen«. Jahrhunderte später lehrte Musonius Rufus, dass, wenn wir tugendhaft und in Übereinstimmung mit unserer eigenen Natur handeln, »ein heiteres Gemüt und verlässliche Freude« diese Eigenschaften automatisch begleiten würden (*Lectures and Sayings*, 17). Für manche Menschen ist es hier vielleicht eine Überraschung, zu erfahren, dass der Stoizismus als eine grundsätzlich fröhliche und heitere Lebensphilosophie gedacht war!

Schlüsselgedanke: Stoizismus als die Kunst, glücklich zu leben oder *eudaimonia* zu erreichen

In diesem Buch geht es um den Stoizismus als philosophische »Lebenskunst«, oder Kunst, Glück zu erlangen. Die meisten Menschen würden den Begriff »Glück« eher nicht mit dem Stoizismus in Verbindung bringen, daher mag es überraschen, dass genau dieses Glück das Versprechen dieser Philosophie war, das übergreifende Ziel ihres gesamten philosophischen Systems. Wie bereits erwähnt, ist *eudaimonia* besonders schwer zu übersetzen, obwohl sich die meisten antiken Philosophen darüber einig waren, dass es das Ziel des Lebens sei. *Eudaimonia* ist das höchste Glück oder die höchste Erfüllung, die ein Mensch erreichen kann, ein erhabener oder sogar gottähnlicher Zustand. »Glück« ist somit kein genaues Synonym. Wir lassen den Begriff daher manchmal unübersetzt, ähnlich wie das Sanskrit-Wort *Nirvana* in Büchern über Buddhismus. »*Nirvana*« ist sogar eine gute Analogie, weil »*eudaimonia*« genau wie »*Nirvana*« einen einzigartig erhabenen menschlichen Zustand bezeichnet; es ist die höchste Errungenschaft im Leben und das Ziel jeder Philosophie.

Es geht jedoch um mehr als nur um ein Gefühl, und der Stoizismus kann wohl kaum als eine »Wohlfühl«-Philosophie bezeichnet werden. Sein traditionelles Ziel bestand im Streben nach der Summe aller guten Dinge, die für das »gute Leben« erforderlich sind. Die Stoiker bestanden jedoch darauf, dass wir, sobald wir eine Art philosophische »Bekehrung« (*epistrophê*) durchlaufen haben, durch den Nebel (*tuphos*) der konventionellen Werte hindurchsehen und lernen werden, *eudaimonia* vollständig mit dem Leben gemäß der Tugend gleichzusetzen, bei dem man sich über äußeres Glück und Unglück gleichermaßen erhebt. Zenon bezeichnete dies bekanntlich auch als das »reibungslos verlaufende Leben«, als ein Leben in vollkommener Gelassenheit und Freiheit, das der ideale Weise erreicht. Für die Stoiker ist es sowohl notwendig als auch hinreichend, ein weiser und guter Mensch zu sein, um ein höchst gutes Leben, oder *eudaimonia*, zu erreichen, unabhängig davon, was das Schicksal für uns bereithält. Man könnte sagen: »Wahres Glück kommt von innen.« Oder wie Epiktet es ausdrückte: »Wenn du dir etwas Gutes wünschst, so suche es in dir selbst.«

Jetzt sind Sie dran: Zweispaltige Beurteilung des Kontrollbereiches

Versuchen wir einmal ein einfaches Experiment, das wir »Beurteilung des Kontrollbereiches« nennen könnten. Wie Sie sich sicherlich erinnern werden, beschäftigten die Stoiker sich speziell mit den Aspekten des Lebens, die unter unserer *direkten* Kontrolle stehen, die *immer* unter unserer Kontrolle sind, wo unsere Entscheidungen niemals vereitelt werden können.

1. Wählen Sie eine bestimmte Situation oder ein Problem, das Sie belastet.
2. Zeichnen Sie zwei Spalten mit den Überschriften »Kontrolle« und »keine Kontrolle«.

3. Versuchen Sie nun, alle Aspekte der Situation, die unter Ihrer direkten Kontrolle stehen, in der Spalte mit der Überschrift »Kontrolle« aufzuführen.
4. Führen Sie alle Aspekte, die außerhalb Ihrer direkten Kontrolle liegen, in der anderen Spalte auf (»keine Kontrolle«).
5. Denken Sie eingehend darüber nach. Nehmen Sie sich Ihre Tabelle nochmals vor und passen Sie sie an, wenn nötig. Die Stoiker würden sagen, dass die einzigen Dinge, die wirklich unserer direkten Kontrolle unterliegen (»in unserer Macht liegen«), unsere willentlichen Gedanken und Handlungsabsichten sind. Alles andere kann sich potenziell entgegen unseren Wünschen entwickeln.

Stellen Sie sich vor, dass Sie metaphorisch einen Kreis um Ihren Kontrollbereich ziehen, der die Grenzen Ihres Willens definiert – bei allem innerhalb dieses Kreises haben Sie in jeder Situation Freiheiten und Macht. Wie viel Zeit verbringen Sie damit, sich Sorgen über die Aspekte zu machen, die nicht in Ihrer Macht liegen? Wie wäre es, wenn Sie sich mehr auf die Aspekte konzentrieren würden, die Ihrer direkten Kontrolle unterliegen, und dahingehend nach besten Kräften agieren würden? Was wäre, wenn Sie akzeptieren würden, dass das, was außerhalb Ihrer direkten Kontrolle liegt, sich vielleicht so entwickeln könnte, wie Sie es sich erhoffen, aber vielleicht auch nicht? Versuchen Sie, diese Übung auf verschiedene Situationen anzuwenden. Welche allgemeinen Lehren können Sie daraus ziehen?

Die stoische Theorie der »Leidenschaften«

Die Stoiker hatten eine recht spezielle Theorie zur Psyche, sodass in diesem Bereich der griechische Jargon unvermeidlich ist. Insbesondere das Wort »Leidenschaft« wird in einer sehr speziellen Bedeutung verwendet. Ciceros »Cato«, der damit ringt, den griechischen Stoizismus ins Lateinische zu übersetzen, sagt, dass die »Leidenschaften« das Leben der meisten Menschen in ein Elend verwandeln, und dass er versucht gewesen sei, diesen Begriff einfach mit »Krankheit« zu übersetzen, aber er glaube, dass »emotionale Störung« oder »Perturbation« als allgemeiner Begriff mehr Sinn ergebe (*Vom höchsten Gut und vom größten Übel*, 3.35). Unser modernes Wort »Pathologie«, die Lehre von den Leiden, stammt von der gleichen griechischen Wurzel wie »Leidenschaft« beziehungsweise »Passion«, ein Wort, das immer noch in Begriffen wie »Die Passion Christi« das Leiden bezeichnet.

Wenn die Stoiker von den gewöhnlichen »Leidenschaften« sprechen, denen die Mehrheit der Menschen unterliege, meinen sie, dass es sich dabei im Allgemeinen um gestörte Wünsche und Emotionen von irrationaler, ungesunder und übermäßiger Art handelt. Sie stehen im Gegensatz zu den »gesunden Leidenschaften«, wie sie der Weise hat. Besonders unter den römischen Stoikern scheint es jedoch akzeptiert gewesen zu sein, dass die erst noch lernenden, angehenden Stoiker diese gesunden Begierden und Emotionen in kleinen Häppchen erfahren können, auch wenn ihnen die vollkommene Weisheit fehlt.

Nichtsdestotrotz wird die große Mehrheit der normalen Menschen von den Stoikern als »krank« oder »verrückt« bezeichnet, weil deren Leben von toxischen Ängsten und Wünschen verdorben ist. So, wie es körperliche Erkrankungen gibt, so gibt es auch geistige Leiden oder moralische Unzulänglichkeiten, von denen die Stoiker behaupten, dass sie auf fehlerhaften Werturteilen beruhen. Die Stoiker sind zum Beispiel der Meinung, dass die irrtümliche Bewertung von oberflächlichen Dingen als intrinsisch »gut«, »nützlich« oder wünschenswert die Grundlage für übermäßiges Verlangen nach Vergnügen, Reichtum, Ruhm und so weiter ist.

Wir können auch unter irrationalen Urteilen darüber leiden, was »schlecht«, »schädlich« oder aversiv ist, wie beispielsweise Angst oder Hass auf etwas, das in Bezug auf unser ultimatives Wohlbefinden eigentlich »gleichgültig« ist, darunter Schmerz, Elend, Armut, Spott und so weiter. Mit anderen Worten: Der Mehrheit der normalen Menschen fehlt es an Erfüllung und Seelenfrieden, weil ihre Werte falsch und in sich widersprüchlich sind. Wir verschwenden unser Leben damit, einer Illusion vom Glück hinterherzujagen, die auf einer Mischung aus Vergnügungssucht, Materialismus und Egoismus basiert – verrückte, selbstzerstörerische Werte, die wir von der einfältigen Welt um uns herum aufgesogen haben.

Diese »Leidenschaften« sind also eng mit unseren Urteilen und Verhaltensneigungen verbunden, möglicherweise sogar identisch. Zum Beispiel wird uns gesagt, dass die Leidenschaft des Geizes, ein übermäßiges Verlangen nach Reichtum, auf dem Urteil beruht, dass Geld an sich »gut« sei, kombiniert mit der Absicht, es zu erhalten. Die frühen Stoiker beschrieben drei eng miteinander verbundene Aspekte dieser störenden »Leidenschaften«:

1. Irrationale Urteile darüber, was gut oder schlecht ist.
2. Unnatürliche (oder ungesunde) geistige Aktivität.
3. Übermäßige Handlungsimpulse oder Absichten, das »Gute« zu erlangen und das »Schlechte« zu vermeiden.

Menschen versuchen, alle Arten von krankhaftem oder tadelnswertem Verhalten zu entschuldigen, indem sie sagen, dass es »natürlich« sei, so zu fühlen und zu handeln. Im Gegensatz dazu beschreiben die Stoiker die »Leidenschaften« als grundsätzlich *gegen* unsere wahre Natur als vernünftige Wesen gerichtet und daher im Konflikt mit dem obersten stoischen Ziel, im Einklang mit der Natur zu leben.

In seinem Buch *Über die Leidenschaften* (es ist nur in Überlieferungen erhalten) soll Zenon sie in vier Kategorien eingeteilt haben: *Schmerz*, *Furcht*, *Begierde* und *Vergnügen*. Stoische Passagen, die von den antiken Publizisten Diogenes Laertius und Stobaeus zusammengestellt wurden, weisen weitere Unterteilungen auf, die im Folgenden zur Verdeutlichung aufgeführt werden, was damit gemeint ist.

1. Schmerz (*lupê*), manchmal übersetzt als »Leid« oder »Kummer«: Eine »irrationale Kontraktion« der Seele, weil man es nicht

schafft, etwas als »schlecht« Beurteiltes zu vermeiden oder etwas als »gut« Beurteiltes zu erlangen. Irrationaler Schmerz nimmt die Form von ungesunden Gefühlen wie Mitleid, Neid, Groll, Trauer, Angst und so weiter an.

2. Furcht (*phobos*): Die (irrationale) »Erwartung von etwas Schlechtem« oder Schädlichem. Irrationale Furcht äußert sich in Form von Angstgefühlen, Nervosität, Sorge, Scham, Schock, Panik und so weiter.
3. Begierde (*epithumia*), was »Hunger« oder »Lust« impliziert: Ein »irrationales Streben« nach etwas, das fälschlicherweise für gut oder nützlich gehalten wird. Irrationale Begierde oder irrationales Verlangen nimmt die Form von vergeblicher Sehnsucht, Hass, Zorn oder sexueller Begierde an, ebenso wie eine Vorliebe fürs Vergnügen, für Reichtum, für Ruhm und so weiter.
4. Vergnügen (*hêdonê*), wie in »Hedonismus«: Ein »irrationales Hochgefühl das betreffend, was erstrebenswert erscheint«, das heißt, was fälschlicherweise als gut oder nützlich beurteilt wird. Irrationales (ungesundes) Vergnügen zeigt sich in Form von Selbstverliebtheit, Dekadenz, sich von Worten verzaubern zu lassen (oder sich durch Schmeichelei verführen zu lassen), sadistischer Freude am Unglück anderer und so weiter.

»Furcht« und »Verlangen« sind offenbar *grundlegender*, weil »Schmerz« dann entsteht, wenn wir das, wonach wir uns sehnen, nicht erhalten (oder verlieren) und wenn wir das, was wir fürchten, nicht vermeiden; wohingegen »Vergnügen« dann entsteht, wenn wir das, wonach wir uns sehnen, erhalten oder das, was wir fürchten, vermeiden (das Vergnügen der »Erleichterung«). Die Stoiker glauben, dass unser Leben reibungsloser verläuft, wenn wir mehr Dankbarkeit für das empfinden, was wir bereits haben, anstatt uns zu stark nach etwas zu sehnen, das wir nicht haben.

Wenn die Stoiker von der Leidenschaft namens »Schmerz« sprechen, haben sie eindeutig eher den emotionalen Schmerz, das Leid oder die Trauer, im Sinn als die körperliche Empfindung von Schmerz. Cicero erklärt, dass sich der griechische Begriff *hêdonê* (»Vergnügen«) für die Stoiker entweder auf angenehme Gefühle im Geiste oder auf angenehme Empfindungen im Körper beziehen kann. Die irrationale Leidenschaft des »Vergnügens« ist in Wirklichkeit die »sinnliche Freude des frohlockenden Geistes«, wie er es ausdrückt, die »schlecht« oder »schädlich« ist, weil sie auf einer Überbewertung von körperlichen oder äußeren Dingen beruht.

Im Gegensatz dazu werden die bloßen körperlichen Empfindungen von Lust und Schmerz von den Stoikern als letztlich harmlos und »gleichgültig« eingestuft. Beachten Sie auch, dass die Beispiele für »Vergnügen«, die die Stoiker anführen, offensichtlich eher *ungesunde* Gefühle sind im Vergleich zu dem, was wir als gesundes »Vergnügen« bezeichnen würden. Dazu gehören das egoistische Vergnügen, das entsteht, wenn man von Schmeichlern verführt wird, sadistisches oder bösartiges Vergnügen am Unglück anderer oder auch die selbstverliebten Vergnügungen, die unseren Geist korrumpieren und schwächen. Seneca bezeichnet diese als »leere« Vergnügungen und man könnte sie sogar als »toxisch« oder »pathologisch« bezeichnen.

Schließlich ist zu beachten, dass zu den irrationalen Wünschen oder Begierden Gefühle der sexuellen Lust gehören, aber auch *Zorn* und *Hass*, die die Stoiker als Wunsch interpretieren, dass ein anderer Schaden erleiden möge. Am häufigsten scheinen sich die Stoiker mit dem Zorn beschäftigt zu haben. Es gibt sogar ein ganzes Buch von Seneca mit dem Titel *Über die Wut*, das sich mit dem stoischen Ansatz zur Prävention und Therapie dieser spezifischen Leidenschaft beschäftigt.

Schlüsselgedanke: »Gute« und »schlechte« Leidenschaften

Die Stoiker versuchten, »Leidenschaften« (*patheiai*), Wünsche und Emotionen, die sie als irrational, exzessiv und »unnatürlich« (oder ungesund) betrachteten, zu überwinden. Diese gehen grundsätzlich gegen unsere Natur als rationale, sprich vernunftbegabte, Wesen, weil sie auf Unwissenheit über die wahre Natur des Guten beruhen. Zenon ordnete sie in vier Kategorien ein, die oft mit »Furcht«, »Begierde«, »Schmerz« und »Vergnügen« übersetzt werden. Die meisten Menschen sind von diesen »Leidenschaften« insofern versklavt, als sie äußere Dinge fürchten oder begehren, die nicht ihrer direkten Kontrolle unterliegen.

Die Stoiker versuchen jedoch, sie durch »gute« oder »gesunde« Leidenschaften (*eupatheiai*) zu ersetzen. Diese sind achtsame »Vorsicht« statt irrationaler Angst, vorurteilsfreie »Freude« statt ungesunder und schwelgerischer Vergnügungen und das »Wollen« dessen, was wirklich gut ist, statt das Verlangen nach Dingen, die letztlich »gleichgültig« sind. Den Stoikern zufolge gibt es keine rationale Alternative zur vierten »Leidenschaft«, dem freiwilligen emotionalen oder psychischen Leiden. Während die meisten Menschen unzählige Dinge im Leben entweder begehren oder fürchten, wünscht sich der Weise nur *eines*. Er empfindet rationales Verlangen in Form eines »Wunsches« nach Tugend, wobei alle Tugenden im Wesentlichen Formen praktischer Weisheit sind. Ebenso empfindet er rationale Abneigung in Form von »Vorsicht« oder Achtsamkeit, nicht in Torheit und Laster abzugleiten.

Jetzt sind Sie dran: Prozentuale Beurteilung des Kontrollbereiches

Dies ist eine schnellere Version der obigen Übung zur »Beurteilung des Kontrollbereiches«, weshalb es Ihnen vielleicht leichter fällt, sie als Reaktion auf Situationen in Ihrem täglichen Leben durchzuführen.

1. Wählen Sie wieder eine bestimmte Situation oder ein Problem, das Sie umtreibt.
2. Bewerten Sie, wie viel Kontrolle Sie über die gesamte Situation haben, von 0 bis 100 Prozent.
3. Wenn Sie es nicht mit 100 Prozent bewertet haben, warum nicht? Welche Aspekte liegen nicht in Ihrem Kontrollbereich?

4. Wenn Sie es nicht mit 0 Prozent bewertet haben, warum nicht? Welche Aspekte unterliegen Ihrer Kontrolle?
5. Was wäre, wenn Sie sich mehr darauf konzentrieren würden, in den Bereichen, die Ihrer Kontrolle unterliegen, Ihr Bestes zu geben, und gleichzeitig zu akzeptieren, dass die anderen Aspekte vielleicht nicht so laufen, wie Sie es sich wünschen?

Was können Sie aus dieser Übung noch lernen? Versuchen Sie, sie auf eine Vielzahl von Situationen im Alltag anzuwenden, und üben Sie so, sich der Grenzen Ihrer Freiheit und Ihres Willens bewusster zu werden. Die Antworten mögen bei jeder Situation recht ähnlich ausfallen, weil Sie unter Umständen nur Ihre eigenen willentlichen Gedanken und Handlungen ungehindert kontrollieren können.

Automatische emotionale Reaktionen

Die Stoiker erkannten an, dass die Leidenschaften mit einer anfänglichen »unwillkürlichen Regung« der Seele beginnen, einer emotionalen »reflexhaften« Reaktion, die wir nicht richtig kontrollieren können. Seneca erklärt sogar, dass nichts, was den Geist spontan erregt, ohne seine willentliche Zustimmung, eine »Leidenschaft« im stoischen Sinne genannt werden kann. Erröten, Tränen, Veränderungen in der Atmung und so weiter sind lediglich reflexartige emotionale Reaktionen auf irgendeinen Eindruck und keine ausgewachsenen Leidenschaften, weshalb die Stoiker sie »Proto-Leidenschaften« (*propatheiai*) nannten. Wenn sie einmal aufgetreten sind, hat ein Stoiker keine andere Wahl, als sie zu akzeptieren, da sie außerhalb seiner direkten Kontrolle liegen, aber er kann sich dafür entscheiden, sie nicht weiter aufrechtzuerhalten. In seiner *Trostschrift an Polybius*, der den Verlust seines Bruders betrauerte, schrieb Seneca zum Beispiel:

> Die Natur fordert von uns manchen Kummer; doch mehr bürden wir uns grundlos selbst auf. Niemals aber werde ich von dir verlangen, dass du überhaupt nicht trauern sollst. (*Trostschrift an Polybius*, 18.3–4)

Die Vernunft führt uns zu einer ausgewogenen Reaktion, die eher das Zeichen natürlicher Zuneigung als das eines aus dem Gleichgewicht geratenen Geistes ist, indem sie unseren *automatischen* emotionalen Reaktionen ihren Lauf lässt, ohne sich dazu zu entscheiden, krankhaft über Ereignisse zu grübeln. Er fügt hinzu: »Lass deine Tränen fließen, aber lass sie auch versiegen, lass tiefste Seufzer aus deiner Brust aufsteigen, aber lass sie auch ein Ende finden.« (*Trostschrift an Polybius*, 18.6)

Ein weiteres gutes Beispiel für eine automatische emotionale Reaktion ist das Erröten. Seneca sagt, dass ein junger Philosoph, der dazu neigt, wahrscheinlich weiterhin erröten wird, selbst wenn er vollkommene Weisheit erlangt und ein erleuchteter Weiser wird. »Denn keine noch so große Weisheit ermöglicht es, körperliche oder geistige Schwächen zu beseitigen, die aus natürlichen Ursachen entstehen; alles, was einem angeboren oder eingeimpft ist, kann durch Übung gemildert, aber nicht überwunden werden.« (*Briefe an Lucilius*, 11) Die Philosophie hat keine absolute Herrschaft über unsere physische Natur, und selbst ein Weiser kann unter bestimmten Umständen anfangs erröten oder stottern, obwohl er später seine Gelassenheit wiedererlangen wird. Die Weisheit bietet dafür keine Abhilfe, weil es sich nicht um eine willentlich ausgeführte Handlung handelt.

Eine der klarsten Erörterungen über die Rolle der Proto-Leidenschaften findet sich in Senecas *Über die Wut*, wo er die Phasen der Leidenschaft wie folgt beschreibt:

1. Die Proto-Leidenschaft – oder »erste Regung« des Geistes – entsteht unwillkürlich als »Vorbereitung auf die Emotion«, eine automatische Reaktion, die durch äußere Eindrücke oder Körperempfindungen ausgelöst wird, beispielsweise das Erschrecken als Reaktion auf ein plötzliches, alarmierendes Ge-

räusch; wir können dies ebenso wenig vermeiden, wie wir Reflexe wie das Blinzeln vermeiden können, wenn jemand plötzlich einen Finger in Richtung unseres Auges stößt. Seneca meinte jedoch, dass stete Übung manche dieser Reaktionen vielleicht irgendwann abschwächen könnte.

2. In der »zweiten Regung« erkennen wir den ersten Eindruck an (verleihen ihm »Zustimmung«), indem wir ihm ein Werturteil beimessen, beispielsweise dass es sich um etwas absolut »Gutes« oder »Schlechtes«, »Hilfreiches« oder »Schädliches« handelt. Daraus ergeben sich weitere Urteile darüber, welche Handlung nun angemessen wäre (»es ist angemessen, mich zu rächen, da ich verletzt wurde«). Normalerweise geschieht diese willentliche »Zustimmung« so gewohnheitsmäßig, dass wir sie kaum bemerken, aber man kann ihr entgegenwirken, indem man das Urteil aussetzt oder sich auf ein entgegengesetztes Urteil konzentriert, beispielsweise indem man darüber nachdenkt, was ein Weiser in derselben Situation tun würde.
3. In der »dritten Regung« verlieren wir die Kontrolle. Es entsteht die »Leidenschaft«, die die Vernunft übermannt, indem sie uns in exzessive, irrationale und ungesunde Wünsche und Emotionen »hineinzieht«, die um jeden Preis ihren Willen durchsetzen wollen, sogar auf Kosten von Weisheit und Tugend.

Ein antiker Schriftsteller namens Aulus Gellius erzählt eine ähnliche Geschichte in seinem Werk *Noctes Atticae* (zu Deutsch: *Attische Nächte*), geschrieben im zweiten Jahrhundert nach Christus. Während einer stürmischen Fahrt auf See wurde ein stoischer Philosoph, dessen Name nicht genannt wird, blass und nervös. An Land angekommen, fragte Gellius, wie ein Stoiker, der »keine Emotionen haben sollte«, im Sturm so blass werden konnte. Der Stoiker erklärte sich, indem er ein Exemplar von Epiktets *Unterredungen* hervorholte und eine Passage aus dem verlorenen fünften Buch vorlas. Laut Gellius sagt Epiktet, dass, wenn uns ein furchterregendes Geräusch überrascht, wie zum Beispiel ein Donner oder ein einstürzendes Gebäude, oder wenn wir plötzlich mit der Nachricht von einer drohenden Gefahr konfrontiert werden, sogar der Weise notwendigerweise beunruhigt ist, weil der erste Eindruck sich ihm aufdrängt. In einem solchen Fall kann es vorkommen, dass er erblasst und automatisch für einen Moment zurückschreckt. Das liegt nicht an der Einschätzung, dass etwas an sich »Schlimmes« passieren wird, sondern an sehr schnellen, unwillkürlichen körperlichen Reaktionen.

Der Weise wird solchen furchterregenden Eindrücken jedoch nicht durch entsprechende Werturteile »zustimmen«. Er lehnt sie vollständig ab und sieht keinen Grund, sich weiter zu fürchten. Wir könnten es uns so vorstellen, dass er zu sich selbst sagt: »Auch wenn ich spüre, dass ich blass werde, weiß ich, dass das nur die Reaktion meines Körpers auf die kabbeligen Wellen ist und es keine wirkliche Gefahr gibt, die ich fürchten müsste.« Das ist der Hauptunterschied zwischen dem Weisen und den gewöhnlichen Menschen. Der törichte Mensch stimmt seinen anfänglichen Eindrücken von Gefahr oder drohendem Schaden zu, er »bestätigt sie mit seinem Urteilsvermögen«, und kommt zu dem Schluss, dass es richtig ist, sich vor Angst zusammenzukauern. Der Weise hingegen ist nur oberflächlich und kurzzeitig betroffen, aber er bleibt konsequent in seinem philosophischen Urteil, dass Dinge, die furchterregend erscheinen, in Wirklichkeit »gleichgültig« sind und es nicht verdienen, gefürchtet zu werden. Sie sind »leere Schrecken«, wie jemand, der eine furchterregende Maske trägt, die uns zunächst erschrecken mag, bis wir erkennen, dass es sich nur um eine Maske handelt und um nichts, wovor wir uns fürchten müssten.

Schlüsselgedanke: Die stoische »Therapie der Leidenschaften«

Die Stoiker meinten, es sei unmöglich, sich den idealen Weisen so vorzustellen, dass er an einer emotionalen Störung leide, die auf irrationalen Ängsten oder ungesunden Begierden beruhe. Er muss daher *apatheia* oder Freiheit von irrationalen »Leidenschaften« erlangt haben, auch wenn er immer noch kurzzeitige *automatische* emotionale Reaktionen erleben kann, ohne sie dann jedoch lange aufrechtzuerhalten. Aus diesem Grund ist eine Art psychologische »Therapie der Leidenschaften«, die Epiktet die »Disziplin des Verlangens und der Abneigung« nennt, wesentlich für die Praxis des Stoizismus. Dies hat manche Leute verwirrt, die fälschlicherweise annehmen, Psychotherapie sei ein völlig modernes Konzept. Doch die Praxis der Philosophie als »Medizin« oder Therapie für den Geist war bei den meisten antiken Philosophenschulen vollkommen üblich, besonders bei den Stoikern.

Ein gutes Beispiel dafür ist die antike Schriftgattung des »Trostbriefs«. Dabei handelte es sich um sorgfältig strukturierte rhetorische und philosophische Abhandlungen, die dem Empfänger helfen sollten, ein schweres Unglück, meist einen Trauerfall, emotional zu bewältigen. Trostbriefe bieten Beruhigung und Ermutigung, aber auch philosophisch-therapeutische Strategien, kontemplative Übungen und überzeugende Argumente, um den emotionalen Schmerz zu lindern. Obwohl Philosophen verschiedener Schulen solche Briefe verfassten, werden sie besonders mit dem Stoizismus in Verbindung gebracht. Von Seneca sind einige Exemplare bis heute erhalten geblieben. Die stoische Psychotherapie wurde aber auch in anderen Kontexten angewandt:

Seneca schrieb viele *Briefe* an einen (möglicherweise fiktiven) Schüler des Stoizismus namens Lucilius, für den er als eine Art persönlicher philosophischer Mentor fungiert. Die Beziehung ähnelt der zwischen einem modernen Coach oder Therapeuten und seinem Klienten.

Epiktet praktizierte *Unterredungen* mit Gruppen von Studenten, die transkribiert wurden und zeigen, dass er ihnen praktische Ratschläge zu spezifischen Lebensproblemen gab. Die Art und Weise, wie er das tat, könnte (grob) mit einer modernen Selbsthilfegruppe oder einem Therapieworkshop verglichen werden.

Mark Aurel schrieb ein persönliches Tagebuch, die *Selbstbetrachtungen*, in dem er seine Anwendung stoischer psychologischer Übungen festhielt, wie beispielsweise das systematische Betrachten der Tugenden anderer oder seiner eigenen Sterblichkeit.

Es handelt sich dabei um die drei wichtigsten erhaltenen stoischen Schriften, die alle aus der späten Periode der stoischen Schule, der römischen Kaiserzeit, stammen und verschiedene Formen der stoischen Therapie aufzeigen.

Merke: Unsere anfänglichen emotionalen Reaktionen können automatisch sein (»Proto-Leidenschaften«)

Obwohl der ideale stoische Weise frei von ungesunden »Leidenschaften« sein muss, kann er gelegentlich *automatisch* verstörende Gefühle empfinden, wie beispielsweise durch ein plötzliches lautes Geräusch erschreckt zu werden. Die ungesunden »Leidenschaften« beruhen auf Werturteilen, die der willentlichen Kontrolle unterliegen, es sind Gefühle, die wir uns erlaubt haben, indem wir unseren ersten Eindrücken »zugestimmt« haben.

Im Gegensatz dazu bezeichnen die Stoiker bestimmte anfängliche automatische Gefühle als »Proto-Leidenschaften« (*propatheiai*). Dabei handelt es sich um die unwillkürlichen emotionalen Reaktionen, die den voll ausgeprägten pathologischen Ängsten und Begierden vorausgehen. Die Stoiker akzeptieren diese Gefühle als reflexartige Reaktionen, die sich ihrer direkten Kontrolle entziehen und an sich weder moralisch »gut« noch »schlecht« sind. Beispiele sind unwillkürliches Weinen, Zittern, Stottern, Blinzeln, Schwitzen, Erröten, Gähnen oder plötzliches Erschrecken. Diese sind eher auf äußere Reize oder körperliche Prozesse zurückzuführen als auf unsere willentliche Zustimmung zu Werturteilen.

Allerdings besitzen wir potenziell die Kontrolle darüber, was als Nächstes passiert. Wir können unsere *willentliche* Antwort auf diese ersten *automatischen* Reaktionen bestimmen. Wir können den Eindrücken unsere »Zustimmung« geben und die damit verbundene automatische Reaktion aufrechterhalten oder sogar erweitern, oder wir können uns stattdessen von ihr lösen. Der Weise mag einen plötzlichen Schock empfinden, aber er löst sich davon und macht sich keine weiteren Gedanken darüber, während die Mehrheit der Menschen sich von den ängstlichen Eindrücken »hinwegtragen« lässt.

Die Stoiker beobachteten, dass die Bedrängnis oder der Kummer anderer Tiere auf natürliche Weise seinen Lauf nimmt. Tiere entspannen sich nach einem Schreck allmählich; nach einem Verlust verblasst ihr Kummer schließlich. Auch unsere automatischen Reaktionen werden oft mit der Zeit von selbst nachlassen, wenn die ersten Eindrücke nicht mehr »frisch« in unserem Gedächtnis sind, solange wir unsere Gefühle nicht aufrechterhalten, indem wir sie zulassen und falschen Werturteilen zustimmen.

Merke: Torheit benötigt unzählige Dinge

Die Mehrheit der Menschen begehrt und fürchtet unzählige äußere Dinge. Der Weise dagegen wünscht sich nur eine Sache, die Tugend, und er verhält sich nur einer Sache gegenüber zurückhaltend, nämlich dem Laster. Er bleibt unter allen Umständen derselbe, denn das Wichtigste liegt in seinem Inneren und nicht bei äußeren Ereignissen, die sich ständig ändern. So beschreibt der Earl of Shaftesbury, ein Anhänger des Stoizismus in der frühen Neuzeit, ungesunde Gefühle des »Vergnügens« oder des »Hochgefühls«, die impulsiv, aufwühlend und unersättlich sind, die später zu Gewissensbissen und sogar Ekel führen und zu denen »tausend Dinge notwendig« sind, weil sie von unzähligen äußeren Ursachen abhängen. Dem stellt er die rationale Freude des Weisen gegenüber, die heiter und sanft, rein und einfach ist, unfähig zum Exzess, die zu Zufriedenheit und

Selbstgenügsamkeit führt und zu der »nichts notwendig ist, außer dem, was von uns selbst abhängt«, weil sie aus dem Vertrauen in die Tatsache kommt, dass man ein guter Mensch ist, der tugendhaft handelt (Shaftesbury, 2005, S. 151).

Was ist mit den »guten« oder »gesunden« Leidenschaften?

Es ist wichtig, die Rolle von freudigen und liebevollen Gefühlen im Stoizismus herauszustellen, denn es hilft, das Missverständnis zu korrigieren, dass es im Stoizismus darum gehe, *emotionslos* oder *gefühlskalt* zu sein. Stattdessen strebten die antiken Stoiker danach, die schlechten oder ungesunden Leidenschaften, wie oben definiert, durch »gute« oder »gesunde« zu ersetzen, die natürlich mit Weisheit und Tugend verbunden sind. Diogenes Laertius sagt, dass gute Leidenschaften wie »Freude« und »Fröhlichkeit« selbst keine Tugenden sind, sondern vorübergehend als Folgen von ihnen »supervenieren«. Obwohl streng genommen nur der vollkommene Weise diese »guten Leidenschaften« besitzt, sagen die Stoiker gern, dass diejenigen, die Fortschritte im Stoizismus machen, einen flüchtigen Eindruck von ihnen gewinnen. Diese »guten Leidenschaften« fallen unter nur drei Kategorien, denn es gibt keine willentliche, rationale und gesunde Form von emotionalem Schmerz oder Trauer:

1. Freude oder Entzücken (*chara*) ist ein rationales »Hochgefühl« (positive Emotion), das der Tugend, als das wahrhaft Gute, entspringt und das die Alternative zum irrationalen Vergnügen ist; gesunde »Freude« kann die Form von Entzücken, guter Laune oder Seelenfrieden (Gelassenheit) annehmen.
2. Vorsicht oder Besonnenheit (*eulabeia*) ist ein Gefühl der rationalen Abneigung gegenüber dem Laster als wirklich schlecht und schädlich und die gesunde Alternative zur irrationalen

Angst; es kann die Form eines Gefühls der Würde und Selbstachtung oder eines Gefühls der Reinheit und Unantastbarkeit annehmen – man könnte es sogar als eine Form der »Achtsamkeit« betrachten.

3. Wünschen oder Wollen (*boulêsis*) ist ein rationales Verlangen nach Tugend als wirklich gut und nützlich und die Alternative zur irrationalen Begierde; gesundes »Wünschen« kann die Form von Zuneigung, Herzensgüte und Wohlwollen annehmen, wahrscheinlich als Wunsch, dass es einem selbst und anderen in Übereinstimmung mit der Tugend gut geht, und steht vermutlich in Zusammenhang mit den stoischen Vorstellungen von Liebe oder natürlicher Zuneigung (*philostorgia*).

Seneca erklärt, dass die stoische Freude von der Reflexion über unser eigenes tugendhaftes Handeln herrührt, wozu wir alle fähig sind, wenn auch nur flüchtig im Vergleich zu der sicheren Freude, die im vollkommenen Weisen wurzelt (*Briefe an Lucilius*, 76). Er betont jedoch, dass im Gegensatz zu den Epikureern, die Gefühle des Vergnügens (und die Abwesenheit von Schmerz) zum höchsten Gut im Leben ausgerufen haben, Gefühle der »Freude« *nicht* das Motiv des Stoikers für tugendhaftes Handeln sind. Es ist nicht *garantiert*, dass er diese unter allen Umständen erfährt, vor allem dann nicht, wenn er hastig und ohne Gelegenheit zum Nachdenken handelt, und ähnliche Gefühle können auch aus anderen (nicht tugendhaften) Gründen entstehen. Ein Stoiker wird, selbst wenn er dieses Gefühls beraubt ist, nicht zögern, Widrigkeiten ehrenhaft zu begegnen, weil er diese angemessenen Handlungen als seine Pflicht ansieht und der Auffassung ist, dass sie Lohn genug sind.

Die Stoiker waren sich darüber im Klaren, dass die Tugend selbst das Ziel und Lohn genug sein muss, da sonst Risse im Gebäude der Moral entstünden, die es anfällig dafür machen würden, unter Druck zusammenzubrechen. Die guten Gefühle oder »gesunden Leidenschaften« sind eine Art »zusätzlicher Bonus«, aber sie können nicht das primäre Motiv für das Handeln sein, weil sie nicht vollständig in unserer Macht liegen. Stoiker müssen bereit sein, *trotz* ihrer Gefühle und nicht *wegen* ihnen mutig und mit Integrität zu handeln, und zwar auch dann, wenn Ängste und Begierden das Gegenteil von ihnen fordern.

Mit anderen Worten: Wenn der Ruf zu den Waffen ertönt, kann der stoische Held nicht darauf warten, dass ihn eine »wohlige Wärme« positiver Emotionen erfasst, bevor er sich in die Schlacht stürzt. Obwohl ihr oft ein besonderes Gefühl der Freude folgt, ist die Tugend an sich Lohn genug und das Einzige, was es wert ist, um seiner selbst willen begehrt zu werden.

Merke: Stoische Freude und Gelassenheit

Die Stoiker gehen daher davon aus, dass die Gelassenheit normalerweise ein Teil der *eudaimonia* ist, aber in Wirklichkeit ist sie eine Folge des Erreichens der Weisheit und der anderen Tugenden, und nicht das primäre Ziel selbst. Philosophie bedeutet schließlich »Liebe zur Weisheit« und nicht »Liebe zu Freude und Gelassenheit«. Freude und Gelassenheit »begleiten automatisch« die Weisheit und Tugend des Weisen, wie Musonius Rufus es ausdrückte.

Das Risiko besteht zum Teil darin, dass Menschen, die angenehme Gefühle über die Tugend stellen, versuchen, sie durch bequeme Abkürzungen wie Vermeidung oder Drogenmissbrauch zu erreichen, und dadurch ins Laster zurückfallen. Was wäre, wenn Sie irgendwie perfekte, lebenslange Gelassenheit erlangen könnten, zum Beispiel, indem Sie sich jeden Tag mit Beruhigungsmitteln vollstopfen oder sich einer Lobotomie unterziehen? Wahrscheinlich würden Sie das nicht als das »gute« Leben bezeichnen, wenn jemand anderes genau das tun würde.

Grob gesagt sind Gefühle wie Freude und Gelassenheit *nur* dann wirklich gut und gesund, wenn sie die Folgen von praktischer Weisheit und Tugend sind, und nicht, wenn sie aus anderen Ursachen resultieren. Es ist nicht mit dem Stoizismus vereinbar, sie um ihrer selbst willen zu verfolgen, um jeden Preis oder auf Kosten von Weisheit und Tugend.

Gelassenheit wäre als Ziel zudem so etwas wie eine »Sackgasse«, weil sie nicht unbedingt zu weiteren guten Dingen führt oder sich selbst aufrechterhält, wie es bei praktischer Weisheit der Fall ist. Weisheit ist die Fähigkeit, zu wissen, wie man alles nutzbringend einsetzen kann, und sie ist sogar in der Lage, über sich selbst zu reflektieren und sich selbst zu bewerten. Dennoch, wenn ein Leben im Einklang mit der Natur und in Übereinstimmung mit der Tugend das Ziel des Lebens ist, muss es eine Form der Vorbeugung oder Therapie für pathologische Ängste und Begierden beinhalten. Der Stoizismus enthält also eine Psychotherapie, einen Vorläufer der modernen kognitiven Verhaltenstherapie, obwohl das eigentliche Ziel die Tugend ist, und Freude und Gelassenheit sind eine Art zusätzlicher Bonus.

Fazit

Die wichtigsten Punkte, die Sie sich aus diesem Kapitel merken sollten, sind:

* Das Versprechen der Philosophie besteht nach den Stoikern darin, dass wir durch ein Leben in Übereinstimmung mit Weisheit und Tugend, das im Einklang mit der Natur steht, vollkommenes Glück und Erfüllung (*eudaimonia*) erlangen können.
* Obwohl *eudaimonia* bestimmte Gefühle wie Freude und Gelassenheit beinhaltet, sind diese nicht das zentrale Ziel der stoischen Praxis, sondern lediglich positive *Nebeneffekte* der Tugend.
* Der stoische Weise hat »gesunde Leidenschaften«, die in seiner praktischen Weisheit verwurzelt sind, wie Freude, Vorsicht, Wohlwollen und Zuneigung.
* Die antiken Stoiker räumten ein, dass automatische emotionale Reaktionen (»Proto-Leidenschaften«), wie beispielsweise Stottern oder

Erröten, akzeptiert werden müssen, da sie außerhalb unserer Kontrolle liegen, aber sie glaubten, dass wir entscheiden können, was als Nächstes passiert, indem wir den anfänglichen Eindrücken, die uns aufregen, unsere »Zustimmung« vorenthalten.

Next Step

Nachdem wir die stoische Ethik und die Theorie der Leidenschaften kennengelernt haben, ist es an der Zeit, uns eingehender mit dem Arsenal der stoischen psychologischen Übungen zu beschäftigen, beginnend mit der »Disziplin des Verlangens und der Abneigung«, dem Aspekt der stoischen Praxis, der am engsten mit der Physik verbunden ist und der für die Therapie der Leidenschaften von zentraler Bedeutung ist.

4

Die Disziplin des Verlangens (stoische Akzeptanz)

In diesem Kapitel erfahren Sie:

- dass die »Disziplin des Verlangens« eine Form der Therapie der Leidenschaften war, basierend auf psychologischen Übungen aus der stoischen Physik
- wie man den gegenwärtigen Moment ins Auge fasst und dass der Stoizismus im Wesentlichen eine Philosophie des »Hier und Jetzt« ist
- wie man sich eine Haltung der Akzeptanz aneignet, die *amor fati* oder »Liebe zum eigenen Schicksal« genannt wird, in Übereinstimmung mit der stoischen Theorie des kausalen Determinismus

Ich kümmere mich nur um das, was mein ist, was nicht verhindert werden kann, was von Natur aus frei ist. Dies, die wahre Natur des Guten, besitze ich; aber alles andere sei, wie Gott es bestimmt hat, es macht keinen Unterschied für mich. (Epiktet, *Unterredungen*, 4.13)

Alles, was dir ziemt, o Welt, ziemt auch mir. Nichts, was für dich zur rechten Zeit kommt, kommt für mich zu früh oder zu spät. Alles, was deine Jahreszeiten hervorbringen, o Natur, ist mir eine willkommene Frucht. Von dir kommt alles; in dir ist alles, zu dir kommt alles. (Mark Aurel, *Selbstbetrachtungen*, 4.23)

Selbsteinschätzung: Stoische Haltungen und die Disziplin des Verlangens

Überprüfen Sie vor der Lektüre dieses Kapitels, wie weit Sie den folgenden Aussagen zustimmen, indem Sie die unten angegebene Skala (1–5) verwenden, und überprüfen Sie Ihre Einstellung erneut, nachdem Sie das Kapitel gelesen und verarbeitet haben.

1. stimme überhaupt nicht zu, 2. stimme nicht zu, 3. stimme weder zu noch stimme ich nicht zu, 4. stimme zu, 5. stimme voll und ganz zu

1. Alles ist durch eine streng kausale Notwendigkeit festgelegt, auch meine eigenen Handlungen.
2. Wenn wir unsere Aufmerksamkeit auf das ›Hier und Jetzt‹ richten und die Dinge Schritt für Schritt angehen, werden Schwierigkeiten oftmals leichter zu ertragen sein.
3. Anstatt zu verlangen, dass etwas, das außerhalb unserer Kontrolle liegt, so geschieht, wie wir es uns wünschen, sollten wir uns wünschen, dass es so geschieht, wie es geschieht.

Was ist die Disziplin des Verlangens?

Warum sollten wir »akzeptieren«, was uns im Leben widerfährt, und was meinten die Stoiker damit? Worin besteht der Unterschied zum einfachen »Aufgeben« oder dazu, sich passiv mit schlechten Dingen abzufinden? Diese Fragen werden von der ersten der drei stoischen Disziplinen des Epiktet angesprochen, der Disziplin des Verlangens (*orexis*) und der Abneigung (*ekklisis*). Man könnte sie auch als Disziplin oder Therapie der »Leidenschaften« bezeichnen, weil sie die Verhinderung oder Beseitigung von ungesunden Begierden und irrationalen Ängsten beinhaltet. Wir werden sie daher oft als »Disziplin des Verlangens« oder »Therapie der Leidenschaften« bezeichnen.

Laut Epiktet besteht das Ziel dieser Disziplin darin, in Bezug auf unsere Wünsche nicht enttäuscht zu werden und nicht zum Opfer dessen zu werden, dem wir Abneigung entgegenbringen und das wir normalerweise vermeiden würden. Dies wird erreicht, indem wir lernen, unser Schicksal mit Gleichmut willkommen zu heißen. Diese philosophische Haltung gegenüber Ereignissen ist in einer der eindrucksvollsten und wichtigsten Maximen des stoischen *Handbuchs* zusammengefasst:

> Verlange nicht, dass die Ereignisse so geschehen, wie du es dir wünschst, sondern wünsche dir, dass die Ereignisse so geschehen, wie sie geschehen, und dein Leben wird reibungslos verlaufen. (*Handbüchlein der Moral*, 8)

Diese Passage scheint auf das heitere, »ruhig verlaufende« Leben anzuspielen, das Zenon ursprünglich als Ziel des Stoizismus definierte und das im Grunde dem »Leben im Einklang mit der Natur« entspricht. Die Disziplin des Verlangens wird daher besonders mit dem Erreichen von Gleichmut in Verbindung gebracht, was die Überwindung von emotionalem Leid (*apatheia*) bedeutet. Insbesondere diese stoische Disziplin scheint eng mit dem Kynismus verwandt zu sein, der die *Selbstbeherrschung* stark betont.

Hadot interpretiert diese Disziplin als die Tugend, durch stoische Akzeptanz in Harmonie mit der gesamten Natur zu leben. Laut Mark Aurel hat diese Disziplin mit Epiktets Ratschlag zu tun, allen Begierden zu entsagen und nichts zu fürchten, das nicht von uns selbst abhängt beziehungsweise worüber wir nicht die Kontrolle haben. Sie scheint also sicher mit Epiktets berühmtem Spruch »ertrage und entsage« zusammenzuhängen. Er meinte damit, dass angehende Stoiker sich zu Beginn täglich folgenden Übungen widmen sollten:

1. Das, was sie irrational fürchten oder dem sie abneigend gegenüberstehen, mit Tapferkeit und Durchhaltevermögen zu *ertragen*.
2. Durch Besonnenheit und Selbstdisziplin dem, was sie irrational begehren, zu *entsagen* beziehungsweise darauf zu verzichten.

Die Mehrheit sehnt sich nach Sinnesfreuden, Gesundheit, Reichtum, Ruhm und anderen »gleichgültigen« Dingen, die sie naiv als intrinsisch »gut« und notwendig für das Glücklichsein erachten. Sie fürchten und meiden deren Gegensätze: körperliche Schmerzen und Unbehagen, Krankheit, Armut und Spott. Der Wunsch nach *Reichtum* und die Angst vor dem *Tod* werden manchmal als die wichtigsten Leidenschaften dargestellt, die es zu überwinden gelte. Seneca drückt dies treffend aus, indem er sagt, dass das Versprechen der Philosophie darin bestehe, dass der Glanz des Goldes unsere Augen ebenso wenig blenden solle wie der Blitz eines Schwertes, und dass wir dadurch »mit großer Charakterstärke das mit Füßen treten, was alle Menschen begehren und fürchten« (*Briefe an Lucilius*, 48).

Wie wir gesehen haben, eigneten sich die Kyniker einen sehr strengen Lebensstil an, indem sie freiwillig völlige Armut und extreme körperliche Entbehrungen auf sich nahmen. Obwohl die Stoiker dies für bewundernswert hielten, vielleicht sogar für eine »Abkürzung zur Tugend«, waren sie der Meinung, dass dies für die meisten Menschen nicht notwendig oder angemessen sei. Sie befürchteten auch, dass manche kynische Praktiken problematisch werden könnten, weil sie nur zur Selbstdarstellung praktiziert werden, und so rät Epiktet seinen Schülern, bestimmte Aspekte ihrer praktischen Übungen, wenn möglich, vor anderen zu verbergen. Aus stoischer Sicht müssen wir außerdem nicht auf alle »gleichgültigen« Dinge vollständig verzichten, solange wir eine emotionale Distanz zu ihnen wahren.

Epiktet meint also nicht, dass wir uns quälen sollen. Es geht vielmehr darum, dass wir, wenn wir weise leben wollen, unsere Selbstbeherrschung stärken müssen, indem wir uns in vernünftiger Weise darin üben, Entbehrungen zu ertragen und auf Vergnügungen zu verzichten, die ungesund sind oder an denen wir übermäßig hängen. Einige Stoiker, wie zum Beispiel Seneca, empfehlen jedoch, dass wir uns regelmäßig darin üben, so einfach wie möglich zu leben und einen härteren Lebensstil zu ertragen, aus heutiger Sicht beispielsweise auf einer Isomatte zu schlafen, nur Wasser zu trinken und nur die einfachsten Lebensmittel zu essen, um unser Durchhaltevermögen und unsere Selbstbeherrschung zu stärken. Er rät seinem stoischen Schüler, drei bis vier Tage oder mehr pro Monat so zu leben, als ob er verarmt wäre und nur das Nötigste habe: »Ein echtes Notbett soll es sein und eine Soldatendecke und ein hartes Stück Brot« (*Briefe an Lucilius*, 18). In der Antike lebten natürlich viele Menschen so, und Soldaten auf Feldzügen mussten vermutlich solche Bedingungen ertragen. Wenn sich das immer noch nach Selbstbestrafung anhört, bedenken Sie, dass für moderne Stoiker schon körperliche Bewegung, gesunde Ernährung oder eine Woche Zelten eine ziemlich »normale« und »gesunde« Art und Weise sein kann, Durchhaltevermögen und Enthaltsamkeit zu entwickeln.

Epiktet weist auch darauf hin, dass diese erste Disziplin die wichtigste für neue Schüler des Stoizismus ist, weil sie sich mit den Leidenschaften befasst, die uns in Aufruhr versetzen können, wenn uns klar wird, dass wir ein Unglück erlitten haben, weil unsere Wünsche oder Abneigungen mit unserem Schicksal in Konflikt stehen. Wir können nicht klar denken, wenn wir von heftigem Verlangen oder starken

Emotionen beherrscht werden, daher ist es selbstverständlich, dass die praktische Philosophie mit einer Art Therapie der Leidenschaften beginnen muss, um den Boden für die Ausbildung in Ethik und später dann in Logik zu bereiten.

Den Schülern in Epiktets Schule wurde daher geraten, die beiden anderen Disziplinen beiseitezuschieben, bis sie in der Disziplin des Verlangens Fortschritte gemacht hätten. Wie bereits erwähnt, erinnert dies an die philosophische Karriere von Zenon, der als Kyniker begann und sich fast ausschließlich darauf konzentrierte, Selbstbeherrschung zu erlangen. Die Tatsache, dass wir beunruhigt sind und das Leben nicht reibungslos verläuft, weil wir von unserem Verlangen und unseren Gefühlen aufgewühlt sind, ist ein Warnzeichen dafür, dass wir die grundlegende Lehre der stoischen Ethik nicht vollständig verinnerlicht haben: dass Tugend das einzig wahre Gut ist und dass alles, was nicht »in unserer Macht liegt«, letztlich gleichgültig ist. Solange ich das Gefühl habe, dass sich alles gegen mich wendet, dass ich nicht bekomme, was ich mir wünsche, oder dass ich mich mit etwas herumplagen muss, das mir zuwider ist, tritt klar zutage, dass ich von meinen Leidenschaften versklavt und ein absoluter Anfänger bin. Der Weise dagegen besitzt die vollkommene Freiheit, weil er nur das begehrt, worüber er die Kontrolle hat, und so wird er nie ausgebremst und sein Leben verläuft reibungslos.

Hadot nannte das Ziel dieser vorbereitenden Disziplin »*amor fati*«, was so viel heißt wie »liebevolle Annahme des Schicksals« – eine Formulierung, die er dem deutschen Philosophen Friedrich Nietzsche aus dem 19. Jahrhundert entlehnt. Von Nietzsche stammt die berühmte Maxime: »Was mich nicht umbringt, macht mich stärker.« Sie passt auch prima auf die stoische Disziplin des Verlangens. Auf diese Weise im Einklang mit seinem Schicksal zu leben, bedeutet, sich nicht mehr von der Natur als Ganzes zu entfremden und ein wahrer »Bürger des Kosmos« zu werden.

Jemand, der der Disziplin des Verlangens folgt und die Rolle annimmt, die das Leben ihm zugewiesen hat, ist also »nicht länger ein Fremder in seiner Heimat«, sondern »ein Mensch, der der Welt, die ihn geschaffen hat, würdig ist« (*Selbstbetrachtungen*, 12.1). Ob wir uns dessen bewusst sind oder nicht, wir alle leben das Leben, das uns zugedacht ist, entweder freiwillig oder unfreiwillig. Zenon veranschaulichte dies mit einer treffenden Metapher: Der weise Mensch ist wie ein Hund, der an einen Wagen angebunden ist, neben diesem herläuft und problemlos mit ihm Schritt hält, während ein törichter Mensch wie ein Hund ist, der sich gegen die Leine wehrt und dennoch vom Wagen mitgeschleift wird. Seneca sagte ebenfalls, dass Zeus wie ein General und die Menschheit wie seine Armee sei; wir müssten seiner Führung folgen, ob wir wollen oder nicht, aber »der ist ein schlechter Soldat, der seinem Kommandanten murrend und stöhnend folgt« (*Briefe an Lucilius*, 108).

Eine andere Metapher, die Chrysipp zugeschrieben wird, besagt, dass das menschliche Leben wie der Fuß von jemandem ist, der durch Schlamm läuft, wahrscheinlich barfuß oder in offenen Sandalen. Wenn der Fuß einen eigenen Verstand hätte und seine Funktion im Leben verstehen würde, dann würde er sein Schicksal bereitwillig annehmen und sich freiwillig immer wieder auf den schlammigen Boden begeben, ruhig und ohne zu zögern. Schließlich heißt es in der berühmten *Hymne an Zeus* von Kleanthes: »Das Schicksal leitet denjenigen, der willens ist, und schleift den Unwilligen hinter sich her.« Epiktet ermunterte seine Schüler dazu, sich die Worte dieses Gebets regelmäßig ins Gedächtnis zu rufen. Diese philosophische Akzeptanz ist jedoch nicht gleichbedeutend mit passiver Resignation. Von einem Stoiker, der sich in einer missbräuchlichen Beziehung befindet, würde man nicht erwarten, dass er sich damit abfindet. Wir werden später mehr über die stoische Disziplin des *Handelns* erfahren, aber kurz gesagt würden Stoiker es natürlich »bevorzugen«, missbräuchliche oder ungesunde Situationen zu verlassen und geeignete Maßnahmen zu ergreifen, sich zu schützen, da ihre Zukunft ungewiss ist. Wenn jedoch tatsächlich etwas Unangenehmes passiert ist, besteht die Weisheit darin, die Realität der Ereignisse zu akzeptieren, ohne uns selbst damit zu frustrieren, dass wir uns wünschen, die Vergangenheit wäre anders verlaufen.

Wie wir noch sehen werden, ist die »Disziplin des Verlangens« oder die »Therapie der Leidenschaften« eng mit der stoischen Physik verbunden. Auf den ersten Blick mag dies seltsam erscheinen, aber es gibt viele Beispiele für kontemplative Übungen in der stoischen Literatur, die offensichtlich auf Naturphilosophie und Theologie beruhen und dennoch eine wichtige Rolle bei der Gestaltung unserer Wünsche und Abneigungen spielen. So könnte die Disziplin des Verlangens mehrere wichtige psychologische Übungen umfasst haben, die mit der stoischen Physik in Verbindung stehen:

1. Fokussierung der Aufmerksamkeit auf das »Hier und Jetzt« als den Ort, an dem wir die Kontrolle haben, und damit auf das höchste Gut.
2. »Physische Beschreibung« von äußeren Ereignissen und die »Methode der Einteilung« in Elemente oder Analyse der Bestandteile.
3. Die Akzeptanz, dass Ereignisse durch kausale Notwendigkeit oder vom Schicksal bestimmt sind, oder sie alternativ mit rationaler Freude als den Willen Gottes willkommen zu heißen.
4. »Der Blick von oben« und ähnliche kosmologische Meditationen.
5. Kontemplation der Homogenität (»Gleichartigkeit«) und Vergänglichkeit aller äußeren Dinge.
6. Vielleicht auch die Betrachtung der »ewigen Wiederkehr« aller Dinge, wie sie bei Nietzsche zu finden ist.

Wir werden später auf einige dieser Übungen zurückkommen, weil sie mit komplexeren kosmologischen Übungen verbunden sind. In diesem Kapitel werden wir uns jedoch auf die wichtigsten stoischen Praktiken konzentrieren, nämlich die Kontemplation des »Hier und Jetzt« und das Üben von *amor fati*, indem man sein Schicksal bereitwillig als durch kausale Notwendigkeit bestimmt annimmt.

Fallstudie: Zenons Schiffbruch

Zenon, der Begründer des Stoizismus, war ein phönizischer Kaufmann aus dem Hafen von Kition auf Zypern. Als er 30 Jahre alt war, so heißt es, reiste er mit einer Ladung des sehr wertvollen Purpurfarbstoffs (*porphura*), der aus einer Meeresschnecke gewonnen wird, von Phönizien zum griechischen Hafen Piräus, als er Schiffbruch erlitt und sein gesamtes Vermögen verlor. Er landete in Athen, wo er ein Anhänger des berühmten Kynikers Krates wurde und die nächsten 20 Jahre damit verbrachte, bei einigen der führenden Philosophen der Zeit zu studieren. Anstatt seinen Verlust als Katastrophe zu betrachten, soll er gesagt haben: »Gut gemacht, Schicksal, mich so zur Philosophie zu treiben!« Und er soll sogar gescherzt haben: »Die Reise, bei der ich Schiffbruch erlitt, war eine gewinnbringende Reise.« (*Leben und Meinungen berühmter Philosophen*, 7.4–5) Für die Stoiker ist moralische Weisheit, wie Sokrates und Zenon sie anstrebten, unbezahlbar und unvergleichlich wertvoller als selbst das größte Vermögen.

Einige antike Autoren bestritten diese Geschichte, aber ob sie nun historisch korrekt ist oder nicht, was zählt, ist das Vorbild, das sie für eine absolute »Liebe zur Weisheit« und die entsprechende Haltung philosophischer Gleichgültigkeit gegenüber Verlust oder äußerem »Unglück« liefert. Die Kyniker lebten ähnlich wie Bettler, sodass Zenon, nachdem er ein Vermögen auf See verloren hatte, es vielleicht als natürlich empfand, ihren einfachen Lebensstil zu übernehmen, ohne jeglichen Besitz außer einem Stab, einem Mantel und einer Tasche für Lebensmittel. Wie die Kyniker zu sagen pflegten, kann Armut ein besserer Lehrmeister in Philosophie sein als Bücher oder Vorlesungen.

Von nun an wurde die Metapher eines Schiffes auf unruhiger See in der stoischen Literatur häufig verwendet, um die Herausforderung zu symbolisieren, sich den Widrigkeiten des Lebens zu stellen. In Anspielung auf einen scheinbar ruinösen Schiffbruch, wie Zenon ihn erlitten hat, sagt Epiktet seinen Schülern zum Beispiel, dass sie sich darin üben sollten, auf Eindrücke wie »Dein Schiff ist verloren« zu reagieren, indem sie einfach sachlich »Dein Schiff ist verloren« sagen, ohne dem ein Werturteil beizumessen oder sich zu beklagen, wie unfair das Leben doch sei. Selbst wenn die metaphorischen »Wellen« des Schicksals unseren Körper und all unsere Besitztümer hinwegspülen können, so können sie doch niemals die dominante Fähigkeit unseres Geistes, den Sitz von Weisheit und Tugend, überwinden und zum Schiffbruch bringen, es sei denn, wir erlauben es ihnen.

Schlüsselgedanke: Freier Wille und Determinismus (Kompatibilität)

Laut Cicero meinten die Stoiker mit dem Begriff »Schicksal« nichts annähernd Abergläubisches, sondern vielmehr ein Konzept im Bereich der Naturphilosophie oder »Physik«. Das stoische »Schicksal« ist im Grunde die Kausalitätskette, die alles im Universum hervorbringt: »Nichts ist geschehen, was nicht sein sollte, und ebenso wird nichts sein, wofür es in der Natur keine Ursachen gibt, die darauf hinwirken, dass es entsteht.« (*De Divinatione*, 1.125–6) Tatsächlich waren die Stoiker, wie die meisten modernen Philosophen, technisch gesehen philosophische »Kompatibilisten«. Sie glaubten, dass alle Ereignisse im Leben starr durch eine »Kette von Ursachen« bestimmt seien, die bis zum Beginn des Universums zurückreiche, aber dass dies mit den Tatsachen der menschlichen Freiheit vollkommen kompatibel, sprich vereinbar, sei.

Das mag vielen Menschen rätselhaft erscheinen, da die gängige Annahme lautet, dass freier Wille und Determinismus unvereinbar sind, aber die Stoiker sind der Ansicht, dass dies auf einem Missverständnis beruht. Wenn wir davon sprechen, dass jemand im täglichen Leben »frei« ist, meinen wir normalerweise nur, dass ihn nichts daran hindert, seinen eigenen Wünschen gemäß zu handeln. Es gibt wohl keinen logischen Widerspruch zwischen dieser alltäglichen Vorstellung von »Freiheit« und dem Glauben, dass unser Charakter und unsere Wünsche selbst durch vorherige Ursachen bestimmt werden.

Erst wenn wir darüber hinausgehen und behaupten, dass wir nicht nur »frei *zu*« handeln, sondern auch »frei *von*« vorherigen Ursachen sein sollten, führen wir den problematischen und wohl inkohärenten Begriff des *metaphysischen* freien Willens ein, den die Stoiker ablehnen würden. Die Art von »Freiheit«, um die es den Stoikern ging, ergibt sich aus praktischer Disziplin oder daraus, ausreichendes Durchhaltevermögen und Zurückhaltung zu entwickeln, um die Beherrschung durch unsere irrationalen Leidenschaften zu überwinden.

Jetzt sind Sie dran: Verweilen im »Hier und Jetzt«

Wir werden uns später weitere Übungen ansehen, die sich noch eingehender mit »Achtsamkeit« und Aufmerksamkeit für das »Hier und Jetzt« befassen. Beginnen Sie jedoch erst einmal damit, auf folgende Weise mit einer größeren Aufmerksamkeit für den gegenwärtigen Moment zu experimentieren:

- Üben Sie den Tag über, Ihre Gedanken zum gegenwärtigen Moment zurückzubringen, anstatt sie in Tagträume, Grübeln über die Vergangenheit oder Sorgen wegen der Zukunft abschweifen zu lassen.
- Wenn Sie an etwas anderes denken müssen, ist das in Ordnung, aber versuchen Sie, ein Auge auf den gegenwärtigen Moment zu richten, indem Sie sich bewusst machen, wie Sie Ihren Körper und Ihren Geist nutzen – versuchen Sie, sich jeder Sekunde bewusst zu sein, die vergeht.
- Wenn es hilft, stellen Sie sich vor, Sie würden die Welt zum ersten Mal erblicken oder dies wäre Ihr letzter Tag auf Erden, und konzentrieren Sie Ihre Aufmerksamkeit darauf, wie Sie tatsächlich denken und handeln, von Moment zu Moment.
- Erinnern Sie sich daran, dass die Vergangenheit und die Zukunft für Sie »gleichgültig« sind und dass das höchste Gut sowie *eudaimonia* nur in Ihnen selbst existieren kann, genau jetzt, im gegenwärtigen Moment.

Beginnen Sie damit, dass Sie sich bemühen, mehr Zeit damit zu verbringen, sich des »Hier und Jetzt« bewusst zu sein, insbesondere Ihrer eigenen Gedanken und Handlungen. Bewerten Sie diesen Prozess jedoch. Was sind die »Vor- und Nachteile« dieses Prozesses? Wie könnten Sie mehr aus den Vorteilen machen und mit wahrgenommenen Nachteilen umgehen oder diese verhindern?

Merke: Die »faule Vernunft«

Die meisten Menschen reagieren auf die stoische Theorie des Determinismus – den Gedanken, dass absolut alles im Leben *notwendigerweise* so geschieht, wie es geschieht – mit der Aussage: »Wozu dann überhaupt etwas tun, wenn alles vorherbestimmt ist?« Chrysipp hat dies als einen groben logischen Fehlschluss abgetan, den er die »faule Vernunft« (*argos logos*) nennt. Er rechtfertigt die Faulheit und beinhaltet darüber hinaus faules Denken. Ereignisse sind nicht dazu bestimmt, auf eine bestimmte Art und Weise zu geschehen, *unabhängig* davon, was Sie tun, sondern vielmehr *einhergehend* mit dem, was Sie tun. Ihre Gedanken und Handlungen sind als Teil der gesamten »Ursachenkette« notwendig. Der Ausgang von Ereignissen hängt oft von Ihren Handlungen ab.

Die Dinge sind nur »schicksalhaft« als Folge der ihnen vorausgehenden Ursachen, so wie ein Streichholz sich zwangsläufig entzündet, wenn man es anreißt, solange nichts den Effekt verhindert. Die Stoiker meinen, dass das Schicksal »durch« uns wirkt. Das heißt, wenn etwas große Anstrengungen unsererseits zu erfordern scheint, um einzutreten, ist, ob wir die Anstrengung unternehmen oder nicht, schicksalhaft mit dem Ergebnis verknüpft. Sie lesen diese Worte, so die Stoiker, weil die kausale Notwendigkeit Sie an diesen speziellen Punkt gebracht hat.

Was als Nächstes passiert, hängt zum Teil davon ab, was Sie als Nächstes tun, denn Sie sind ein winziges, aber wichtiges Rädchen in der gewaltigen Maschinerie des Universums. Allerdings sind Ihre Entscheidungen selbst die Folgen einer massiven Kette von Ursachen, die unzählige Milliarden Jahre vor Ihrer Geburt, am Anfang des Universums, in Bewegung gesetzt wurde.

Kontemplation des »Hier und Jetzt«

In seiner wissenschaftlichen Analyse der *Selbstbetrachtungen* bezieht sich Hadot auf eine Szene in dem Film *Der Club der toten Dichter* (1989), in der Robin Williams' Figur, ein Lehrer für englische Literatur, seine Schüler ein altes Foto betrachten lässt, das eine Gruppe ehemaliger Schüler der Schule zeigt, die längst verstorben sind (Hadot, 1998, S. 171). Er bittet einen von ihnen, das Gedicht *Rat an eine Jungfrau, etwas aus ihrem Leben zu machen* (1648) von Robert Herrick vorzulesen, das von den philosophischen Themen Vergänglichkeit und Sterblichkeit in der antiken römischen Poesie inspiriert wurde:

> Pflücke die Knospe, solange es geht,
> Und die Blüten, wenn sie noch prangen.
> Denn bald sind die Rosenblätter verweht.
> Wie schnell kommt der Tod gegangen.

Er vergleicht dies mit dem Spruch *Carpe diem* (»Nutze den Tag!«), ein Zitat von Horaz, einem römischen Dichter, der sich sowohl auf den Stoizismus als auch auf den Epikureismus berief. Das Nachdenken über verstorbene Generationen und die Vergänglichkeit des eigenen Lebens war eine psychologische Strategie, die von hellenistischen Philosophen und Dichtern häufig eingesetzt wurde, um die Menschen zu ermutigen, den gegenwärtigen Moment oder das »Hier und Jetzt« wertzuschätzen. Mark Aurel zum Beispiel wies sich selbst an, sich den Hof von Augustus, dem ersten römischen Kaiser, mit all seinen Generälen und Beratern vorzustellen und darüber nachzudenken, wie lange sie alle gleichermaßen bereits tot sind.

Diese Betonung des »Hier und Jetzt« war eine wichtige psychologische Übung im Stoizismus und wird häufig in den *Selbstbetrachtungen* von Mark Aurel aufgegriffen. Sie bezieht sich auf alle drei stoischen Disziplinen, da jederzeit nur unsere *aktuellen* Urteile, Wünsche und Handlungen wirklich »von uns abhängen« beziehungsweise »in unserer Macht liegen«.

> Alles, was nicht seine eigene Aktivität ist, ist dem Denkvermögen gleichgültig. Aber alles, was seine eigene Aktivität ist, liegt auch in seiner Macht. Und selbst unter diesen letzteren Aktivitäten kümmert sich das Denkvermögen nur um die gegenwärtige; denn selbst seine vergangenen oder zukünftigen Aktivitäten sind ihm jetzt gleichgültig. (*Selbstbetrachtungen*, 6.32)

Das Konzept des »Hier und Jetzt« scheint jedoch besonders mit der stoischen Physik und unserer Beziehung zur Natur verbunden zu sein. Zwei offensichtliche Vorteile ergeben sich aus dem stoischen Fokus auf den gegenwärtigen Moment:

1. Nöte werden erträglicher, da sie auf eine Abfolge von flüchtigen Momenten reduziert sind. Dadurch wird es leichter, unser Schicksal zu akzeptieren.
2. Der (tugendhaften oder lasterhaften) Qualität unserer eigenen aktuellen Handlungen wird größere Achtsamkeit entgegengebracht.

Mark Aurel beschreibt ausdrücklich diese *erste* Methode: »Denke daran, dass weder das Zukünftige noch das Vergangene, sondern immer nur das Gegenwärtige auf dir lasten kann. Die Last dieses Gegenwärtigen wird dir jedoch geringer erscheinen, wenn du dir in Erinnerung rufst, wie kurz es andauert.« (*Selbstbetrachtungen*, 8.36) Das ist ein bisschen so, als würde man sagen: »Ich muss nur einen Augenblick nach dem anderen durchstehen.« Indem wir uns auf die Gegenwart konzentrieren, statt uns um die Zukunft zu sorgen, können wir die Dinge Schritt für Schritt angehen und Hindernisse überwinden, die andernfalls überwältigend erscheinen würden.

Die stoische Strategie, den gegenwärtigen Moment so isoliert zu sehen, scheint eng mit einer anderen Technik verwandt zu sein, die Hadot »Physische Beschreibung« nannte. Dabei geht es darum, die ruhige Abgeklärtheit eines Philosophen oder Wissenschaftlers zu kultivieren. Wir sollen uns darin üben, einen Gegenstand oder ein Ereignis rein im Hinblick auf seine objektiven Qualitäten zu beschreiben, ohne jegliche emotionale Rhetorik oder Werturteile, um zu einer »objektiven Darstellung« (*phantasia katalêptikê*) zu gelangen. (Wir besprechen dies an anderer Stelle in Bezug auf die »Disziplin des Urteils«.) Allerdings kann dies, besonders in den Schriften des Mark Aurel, auch eine Methode der Unterteilung beinhalten, die ich »Neutralisierung durch Analyse« nenne. Das Ereignis wird aufgeschlüsselt und in aller Ruhe in seine einzelnen Bestandteile oder Aspekte seziert.

Dies ist ein weiterer wichtiger Aspekt, in dem sich die stoische Physik zu einer Art Psychotherapie entwickelte. Mark Aurel merkt zum Beispiel an, dass ein verführerischer Tanz oder ein Musikstück seine Macht verliert, unseren Geist zu bezaubern, wenn wir es in diesem Sinne der objektiven Analyse in die einzelnen Bestandteile zerlegen. Wenn wir uns von Sorgen überwältigt fühlen oder zu viel grübeln, sollten wir uns ebenfalls einzelne Aspekte von Ereignissen vornehmen und sie objektiver betrachten. Dies ähnelt der Haltung eines antiken Naturphilosophen oder der rationalen Distanz und Objektivität, die von modernen Wissenschaftlern geschätzt wird. Wir sollten uns also sofort auf die Einzelteile eines jeden Vorgangs stürzen, mit Ausnahme von Tugend und anderen Gütern, und sie zerlegen, bis wir an den Punkt kommen, an dem wir die Dinge distanziert betrachten können.

Der *zweite* Vorteil davon, die Aufmerksamkeit im gegenwärtigen Moment zu verankern, ist, dass sie die Selbstwahrnehmung intensiviert. Andernfalls neigen wir dazu, uns von unseren Gedanken über die Vergangenheit oder Zukunft davontragen zu lassen und den Kontakt zum gegenwärtigen Moment zu verlieren. Seneca beschreibt dies in einer außergewöhnlichen Passage, in der er scharfsinnig beobachtet, dass das meiste menschliche Leiden mit dem Grübeln über die Vergangenheit oder der Sorge um die Zukunft zusammenhängt, und dass niemand seine Sorge auf den gegenwärtigen Moment beschränkt.

Wilde Tiere laufen vor Gefahren weg, wenn sie diese wahrnehmen. Sobald sie ihr entkommen sind, sind sie frei von Angst. Aber wir werden sowohl von der Zukunft als auch von der Vergangenheit gequält.
(*Briefe an Lucilius*, 5)

Für Stoiker kann das Gute nur im »Hier und Jetzt« existieren, denn hier haben unsere selbstgewählten Handlungen ihren Ursprung. Doch alles im Leben verschwört sich, um unsere Gedanken von ihrer eigenen Quelle abschweifen zu lassen. Je mehr dies geschieht, desto weniger achtsam und desto geistloser werden wir. Die meisten Menschen versuchen, das Glück auf einem Umweg zu finden, durch äußere Dinge, die sie in der Zukunft zu erlangen hoffen. Im Gegensatz dazu versuchen die Stoiker, ihre Aufmerksamkeit darauf zu richten, genau jetzt, im gegenwärtigen Moment, gut zu werden, denn das ist der direkte und einzige Weg zu *eudaimonia*. Indem wir unsere Aufmerksamkeit im Hier und Jetzt verankern, ohne von der Vergangenheit oder Zukunft abgelenkt zu werden, können wir uns der Herausforderung stellen, »gleichgültige« Dinge mit Gleichmut zu akzeptieren und gleichzeitig Weisheit und Gerechtigkeit in unserem Handeln zu kultivieren. Die stoische Therapie der Leidenschaften erfordert daher, uns stets und intensiv auf das zu konzentrieren, was wir im jeweiligen Augenblick erleben.

Schlüsselgedanke: Das »Hier und Jetzt«

Der antike Stoizismus war ganz explizit eine *Hier-und-Jetzt*-Philosophie, obwohl viele Menschen diesen Begriff heutzutage eher mit orientalischen Philosophien, insbesondere dem Buddhismus, assoziieren. (Der Ausdruck »hier und jetzt« stammt jedoch von einer lateinischen Redewendung: *hic et nunc*.) Bewusst im gegenwärtigen Moment zu leben, ist eine Praxis, die in den *Selbstbetrachtungen* von Mark Aurel immer wieder betont wird. Für die Stoiker sind die Vergangenheit und die Zukunft »gleichgültig«, weil sie nicht unserer Kontrolle unterliegen; »Gut« und »Böse« können nur im gegenwärtigen Moment wirklich existieren. Wir Menschen übertreffen andere Tiere in unserer Fähigkeit, uns durch Sprache und Vernunft an die Vergangenheit zu erinnern oder für die Zukunft zu planen. Dies führt jedoch dazu, dass wir den Sitz unseres Willens, wo die Tugend potenziell ihren Ursprung hat, im gegenwärtigen Moment vernachlässigen.

Stoiker üben sich daher darin, die Aufmerksamkeit auf den gegenwärtigen Moment zu richten, oftmals indem sie sich daran erinnern, dass sie möglicherweise am nächsten Tag sterben könnten und daher »den Tag nutzen« und versuchen sollten, im »Hier und Jetzt« zu gedeihen und Glück zu erlangen. Mit anderen Worten: Das Wichtigste im Universum befindet sich in Ihnen, genau hier im gegenwärtigen Augenblick.

Jetzt sind Sie dran: Teile und herrsche

Versuchen Sie, diese Übung auf verschiedene Situationen anzuwenden, um zu sehen, ob Sie Ihre emotionale Reaktion verändern können, indem Sie das, worum es geht, in seine Bestandteile zerlegen, somit auch Ihre damit verbundene Erfahrung aufspalten und das Ganze auf eine distanziertere Weise betrachten.

1. Schließen Sie die Augen und stellen Sie sich einige Minuten lang eine Situation aus der letzten Zeit vor, in der Sie ein starkes Verlangen oder andere starke Emotionen empfunden haben, von denen Sie glauben, dass es vernünftig und gesund wäre, sie zu ändern.
2. Nehmen Sie sich Zeit, um sich Ereignisse selbst verbal zu beschreiben, ohne Werturteile, Schlussfolgerungen oder gefühlsbetonte Sprache; stellen Sie sich stattdessen vor, dass Sie wie ein Wissenschaftler sind, der sich Notizen darüber macht, welche Beobachtungen man aus dieser Situation ziehen kann, und zwar aus einer distanzierten und unparteiischen Perspektive.
3. Zerlegen Sie die Situation in ihre Bestandteile und versuchen Sie, diese einzeln und getrennt voneinander zu betrachten; zum Beispiel

den Geruch einer Speise, die verschiedenen Zutaten auf dem Teller, die Farben und so weiter.

4. Betrachten Sie jedes dieser Elemente der Reihe nach, unabhängig von den anderen, und fragen Sie sich bei jedem einzelnen: »Rechtfertigt *das* wirklich *diese* Gefühle?«
5. Konzentrieren Sie sich darauf, jedes Element als »gleichgültig« zu akzeptieren, völlig irrelevant in Bezug auf *eudaimonia*.

Wenn die einzelnen Komponenten einer Situation für sich genommen, unabhängig voneinander, erträglich sind, warum sollten sie Sie dann zusammengenommen überwältigen oder aus der Bahn werfen können? Üben Sie die Neutralisierung durch Analyse weiter, indem Sie diese Methoden anwenden und die Dinge, wenn nötig, noch weiter aufschlüsseln, bis es Ihnen vertrauter und zur Gewohnheit wird.

Merke: Der stoische Begriff der Freiheit

Es war ein berühmtes stoisches »Paradoxon«, dass der Weise als absolut frei gilt, selbst wenn er von einem mächtigen Tyrannen eingekerkert oder verbannt wird. Dies wurde oft auf die Probe gestellt, denn antike Philosophen wurden recht häufig eingesperrt, verbannt oder sogar hingerichtet! Die Freiheit des wahrhaft weisen Menschen besteht darin, seiner eigenen rationalen Natur zu folgen, indem er – stets im Einklang mit Weisheit und Tugend – das tut, was in seiner Macht liegt. Sein Verstand ist wie ein loderndes Feuer, das alles verzehrt, was hineingeworfen wird. Jedes Hindernis, das sich seinen Handlungen in den Weg stellt, wird für ihn nur zu einer Gelegenheit, Großmut und die anderen Tugenden zu zeigen. Sein einziges Ziel besteht darin, weise zu leben. Dazu passt er sich Ereignissen in einer Weise an, die mit der Vernunft harmoniert, und nichts kann ihn daran hindern. Was im Weg steht, *wird* zum Weg. Es ist nur eine weitere Gelegenheit, Tugend anzuwenden, und das ist alles, was er im Leben wirklich tun will.

Den Stoikern zufolge ist ein Mensch also frei, wenn seine Wünsche nicht vereitelt werden. Wenn wir aber nur das begehren, was in unserer Kontrolle liegt, dann können wir niemals enttäuscht werden, und unsere Freiheit ist unabhängig von den Umständen garantiert. Wenn wir dagegen Dinge begehren, die möglicherweise außerhalb unserer Kontrolle liegen, dann werden wir zu Sklaven des Glücks und unserer Leidenschaften. Oder noch schlimmer: Wenn jemand anderes die Kontrolle über etwas hat, das wir begehren, dann werden wir zum Sklaven dieser Person. Die Stoiker führten gern Beispiele von weisen Männern an, die sich Tyrannen widersetzten. Die Mehrheit der Menschen kann von Tyrannen kontrolliert werden, wenn diese in der Lage sind, ihr Leben zu bedrohen oder ihr Eigentum zu beschlagnahmen, also die Dinge, die sie zu behalten wünschen. Der vollkommene Weise betrachtet diese jedoch als »gleichgültig«, und so kann der Tyrann weder Hand an etwas legen, das der Weise begehrt, noch ihn etwas aussetzen, das er fürchtet.

Das eigene Schicksal lieben und freudig akzeptieren

Epiktet beschreibt seinen Schülern einen dreistufigen Prozess, der sich auf die Disziplin des Verlangens bezieht. Er beginnt damit, die Notwendigkeit hervorzuheben, dass Stoiker sich rigoros darin üben müssen, an ihren Prinzipien festzuhalten, indem sie bestimmte Lehrsätze Tag und Nacht griffbereit haben. Diese sollten aufgeschrieben, durchgelesen, analysiert und durchgegangen werden, bis man sie auswendig gelernt und verstanden hat. Wir sollten dann alle möglichen Katastrophen, die uns im Leben widerfahren könnten und die von den meisten Menschen gefürchtet werden, einüben und uns auf sie vorbereiten.

Wenn dann eines jener Dinge geschieht, die man »unerwünscht« nennt, wird sofort der Gedanke, dass es nicht unerwartet eintraf, die Last erleichtern. Denn in jedem Fall ist es eine große Hilfe, sagen zu können: »Ich

> wusste, dass ich einen Sterblichen gezeugt hatte.« (Ein berühmter Ausspruch, der Xenophon zugeschrieben wird.) Denn das ist es, was du sagen wirst, und ebenso: »Ich wusste, dass ich sterblich bin, ich wusste, dass ich von Verbannung bedroht war, ich wusste, dass ich ins Gefängnis geschickt werden könnte.« (*Unterredungen*, 3.24)

Die Bedeutung, die die Stoiker der Antizipation solcher Ereignisse beimessen, wird im Kapitel über die »Vorwegnahme von Unglück« ausführlich behandelt, aber nun wenden wir uns erst einmal dem zu, was Epiktet seinen Schülern zu tun rät, wenn das erwartete Ereignis tatsächlich eintritt. Er empfiehlt drei Schritte:

1. Sagen Sie sich, dass Sie bereits vorausgesehen haben, dass Ihnen dieses bestimmte Unglück widerfahren könnte, zum Beispiel: »Ich wusste, dass mein Sohn sterblich ist.«
2. Erinnern Sie sich daran, dass alles, was nicht in Ihrer Macht liegt, in Bezug auf *eudaimonia* »gleichgültig« ist, zum Beispiel so: »Es handelt sich um eine äußere Sache, daher schadet es mir in Wirklichkeit nicht.«
3. Epiktet sagt, der dritte Schritt sei der »entscheidendste«: Sagen Sie sich, dass es Ihnen deshalb von der Natur oder vom Willen Gottes sowie durch eine Kette von Ursachen, die das Ganze ausmachen, vorherbestimmt wurde, zum Beispiel mit diesen Worten: »Wenn dies der Wille der Natur ist, dann soll es eben so sein.«

Die Stoiker betonen zweifellos das Ziel der »Gleichgültigkeit gegenüber gleichgültigen Dingen«, und doch sprechen sie auch davon, alle äußeren Ereignisse mit Gottesfurcht oder sogar Freude willkommen zu heißen – was wie ein rätselhafter Widerspruch erscheinen mag. Hadot erklärt dies wie folgt:

> Da ein solches [äußeres] Ereignis nicht von mir abhängt, ist es an sich gleichgültig, und wir könnten daher erwarten, dass der Stoiker es mit Gleichgültigkeit empfängt. Gleichgültigkeit bedeutet aber nicht Kälte. Im

> Gegenteil: Da ein solches Ereignis der Ausdruck der Liebe ist, die das Ganze zu sich selbst hat, und da es für das Ganze nützlich und von ihm gewollt ist, müssen auch wir es wollen und lieben. Auf diese Weise soll sich mein Wille mit dem göttlichen Willen, der dieses Ereignis gewollt hat, gleichsetzen. Den gleichgültigen Dingen gegenüber gleichgültig zu sein – das heißt, den Dingen gegenüber, die nicht von mir abhängen –, bedeutet, keinen Unterschied zwischen ihnen zu machen: Es bedeutet, sie gleichermaßen zu lieben, so wie die Natur oder das Ganze sie mit gleicher Liebe hervorbringt. (Hadot, 1998, S. 142)

Mark Aurel spricht von der Notwendigkeit, in den äußeren Ereignissen, die uns widerfahren, »Erfüllung zu finden«, dass wir es »freudig willkommen heißen«, »mit Vergnügen annehmen«, es »lieben« und »wollen« sollen, dass sie so geschehen, wie es unser Schicksal bestimmt. Wir können dies mit Nietzsches Konzept von *amor fati* vergleichen, was »Liebe zum Schicksal« bedeutet.

> Meine Formel für die Größe am Menschen ist *amor fati:* dass man nichts anders haben will, vorwärts nicht, rückwärts nicht, in alle Ewigkeit nicht. Das Notwendige nicht bloß ertragen, noch weniger verhehlen – aller Idealismus ist Verlogenheit vor dem Notwendigen –, sondern es *lieben.* (Nietzsche, *Ecce Homo*, 10)

Nietzsche sagte, diese Haltung des *amor fati* sei eng verwandt mit einer anderen Praxis, die der stoischen Physik ähnelt, der Kontemplation des Ganzen oder dem »Blick von oben«:

> Alles Notwendige ist, aus der Höhe gesehen und im Sinne einer großen Ökonomie, auch das Nützliche an sich – man soll es nicht nur ertragen, sondern *lieben* [...] *Amor fati:* das ist meine innerste Natur. (Nietzsche, *Nietzsche contra Wagner*, Epilog)

An anderer Stelle sagte er, dass wir, wenn wir uns mit irgendetwas vollkommen zufriedengeben, und sei es auch nur für einen Augenblick, damit »Ja« zur gesamten Existenz und zu uns selbst sagen, wir akzeptieren und bejahen die gesamte Ewigkeit in einer einzigen zeitlosen Handlung. Dies ähnelt vielleicht einer kryptischen Bemerkung, die Chrysipp zugeschrieben wird: »Wenn jemand einen Augenblick lang Weisheit besitzt, wird er nicht weniger glücklich sein als derjenige, der sie für alle Ewigkeit besitzt.« (in Plutarch, *Über die gemeinen Begriffe*, 8.1062a)

Schlüsselgedanke: Nietzsches *amor fati*

Pierre Hadot entlehnt den lateinischen Begriff *amor fati*, was so viel wie Liebe zum eigenen Schicksal bedeutet, von dem im 19. Jahrhundert lebenden deutschen Philosophen Friedrich Nietzsche. Nietzsche war Professor für klassische Philologie, die Lehre von der Sprache, und hat diesen Ausdruck wahrscheinlich selbst geprägt. Obwohl die Stoiker den Ausdruck nicht verwendet zu haben scheinen, war Hadot der Meinung, dass er ihre philosophische Einstellung zum Leben sehr gut wiedergibt.

Natürlich ist Nietzsches Philosophie nicht dasselbe wie der Stoizismus, obwohl wir zu gegebener Zeit noch ein paar andere Gemeinsamkeiten erwähnen werden. Das Konzept des *amor fati* fasst die stoische Haltung der Akzeptanz zusammen, die für die Disziplin des Verlangens grundlegend ist. Der Weise besitzt eine natürliche »Gottesfurcht« oder Ehrfurcht gegenüber dem Universum als Ganzes, und obwohl er stets das tut, was er in der gegebenen Situation für angemessen hält, was manchmal großen Mut oder Selbstdisziplin erfordert, akzeptiert er dennoch das Ergebnis mit völligem Gleichmut. Es scheint absurd, zu sagen, dass der Weise sogar den Tod seines eigenen Kindes freudig akzeptieren würde. Jedoch könnte man wahrscheinlich sagen, dass er quasi das Leben als Ganzes freudig akzeptiert, auch wenn es einzelne Ereignisse einschließt, die die Mehrheit der Menschen als »schlecht« oder sogar »katastrophal« bewerten würde.

Jetzt sind Sie dran: Stoische Akzeptanzübungen

Nehmen Sie sich ein paar Minuten Zeit, um sich in radikaler Akzeptanz zu üben, indem Sie sich wünschen, dass die Umstände so sein mögen, wie sie es tatsächlich sind, und nicht so, wie Sie sie vielleicht gern hätten. Es mag durchaus vernünftig sein, sich zu wünschen, dass die Dinge in der *Zukunft* auf eine bestimmte Art und Weise laufen, wenn das Schicksal es zulässt. Allerdings können Sie die ferne Vergangenheit nicht ändern, nicht einmal das, was gerade erst passiert ist. Sie können nur versuchen, die Zukunft in einem ungewissen Maße zu beeinflussen, indem Sie Ihre *gegenwärtigen* Gedanken und Handlungen ändern. Konzentrieren Sie sich also darauf, zu akzeptieren, dass die Vergangenheit nicht mehr geändert werden kann und dass die Zukunft vielleicht nicht so sein wird, wie Sie es sich wünschen würden. Probieren Sie die folgenden Gedankenexperimente aus:

1. Stellen Sie sich vor, dass das Universum so angelegt ist, dass es Sie von Zeit zu Zeit vor Herausforderungen stellt, vielleicht so, als wären sie eine von Zeus verordnete Form der Therapie, damit Sie auf dem Weg zum höchsten Glück vorankommen, indem Sie diese Herausforderungen annehmen und – im Einklang mit der Tugend – angemessen auf sie reagieren.
2. Stellen Sie sich in ähnlicher Weise vor, dass Sie unbewusst Ihr eigenes Schicksal in seiner Gesamtheit gewählt und erschaffen haben, um sich selbst in die Lage zu versetzen, zu lernen und als Individuum zu wachsen.
3. Stellen Sie sich vor, dass die Ereignisse und Ihre Reaktion darauf nicht anders hätten sein können, sondern dass sie von den Naturgesetzen genau so *vorherbestimmt* wurden, wie sie eintraten. Die Stoiker drückten es so aus: Wir bemitleiden Säuglinge nicht für ihre Unfähigkeit, zu sprechen, weil wir es als natürlich ansehen, und so ergibt es ebenso wenig Sinn, sich über ein schicksalhaft bedingtes Unglück aufzuregen, wie deprimiert zu sein, weil man keine Flügel hat wie ein Vogel.

4. Sagen Sie sich, dass nichts im Leben letztlich von Bedeutung ist, außer Ihrer aktuellen willentlichen Reaktion auf Ereignisse, die Sie per Definition jederzeit selbst wählen können. Akzeptieren Sie alles andere, alles Körperliche oder Äußere, als »gleichgültig«, absolut trivial, verglichen mit Ihrer Fähigkeit, sich »großmütig« darüber zu erheben, was mit eben dieser Haltung der Akzeptanz beginnt.

Versuchen Sie, andere Möglichkeiten zu finden, wie Sie sich eine Haltung der philosophischen Akzeptanz aneignen können, und üben Sie dies den ganzen Tag über.

Merke: Akzeptanz ist nicht gleich Resignation

Die meisten Menschen verwechseln Akzeptanz mit Resignation. Dabei waren die antiken Stoiker keineswegs »Fußabtreter«. Ihr mythisches Vorbild war Herakles, der die »zwölf Aufgaben« mit legendärem Mut und Durchhaltevermögen bewältigte. Zenons Anhänger König Antigonos von Makedonien war einer der mächtigsten militärischen Befehlshaber jener Zeit, und Zenons Lieblingsschüler Persaios gab sein Leben bei dem Versuch, eine Festung zu verteidigen. Cato wurde zu einem römischen Helden, besonders für die späten Stoiker, nachdem er die zerschlagenen Reste der republikanischen Armee durch die Wüsten Afrikas marschieren ließ, um sich bei Utica ein letztes Mal den vorrückenden Legionen des Tyrannen Julius Cäsar entgegenzustellen. Der Kaiser Mark Aurel war wohl der mächtigste militärische und politische Anführer seiner Zeit und führte seine Armeen wiederholt in die Schlacht, um Rom gegen barbarische Einfälle zu schützen. Die stoische Literatur ist voll von Verweisen auf andere heldenhafte Männer der Tat. Die Stoiker sind dem »angemessenen Handeln« zum Wohle der Allgemeinheit verpflichtet, wie wir noch sehen werden, wenn wir die »Disziplin des Handelns« besprechen.

Fazit

Die wichtigsten Punkte, die Sie sich aus diesem Kapitel merken sollten, sind:

* Die Disziplin des Verlangens und der Abneigung ist eng verwandt mit der stoischen Therapie der Leidenschaften und der Akzeptanz von Ereignissen und Umständen, die außerhalb unserer Kontrolle liegen, als unser Schicksal und als Teil der Natur als Ganzes.
* Die Kontemplation des »Hier und Jetzt« ist ein integraler Bestandteil der stoischen Praxis, insbesondere in Bezug auf die Disziplin des Verlangens.
* *Amor fati*, das willige und sogar freudige Annehmen des eigenen Schicksals, ist ebenfalls ein grundlegendes Element der stoischen Praxis.

Next Step

Nachdem wir die irrationalen »Leidenschaften« besprochen haben, werden wir im nächsten Kapitel die stoische Einstellung zu den gesunden Gefühlen der Liebe und Freundschaft genauer betrachten. Die soziale Komponente des Stoizismus wurde von Epiktet als Erklärung dafür angeführt, warum Stoiker nicht hartherzig oder gefühllos wie Stein oder Stahl sind, vermutlich weil sie auf dem grundlegenden Konzept der »natürlichen Zuneigung« basiert, der Basis der stoischen Philanthropie.

5

Liebe, Freundschaft und der ideale Weise

In diesem Kapitel erfahren Sie:

- dass Stoiker nicht emotionslos sind und wie sie versuchten, »natürliche Zuneigung« und Freundschaft zum Rest der Menschheit zu kultivieren
- dass wahre Schönheit laut den Stoikern in unserem Charakter und nicht in unserer äußeren Erscheinung liegt
- wie Stoiker über den hypothetischen idealen Weisen und die Tugenden vorbildlicher Figuren nachsinnen, um deren Einstellungen und Verhalten nachzuahmen

Keine Schule besitzt mehr Güte und Freundlichkeit, keine besitzt mehr Liebe zu den Menschen, keine mehr Augenmerk für das Gemeinwohl. Das Ziel, das sie uns zuweist, ist, nützlich zu sein, anderen zu helfen und uns zu kümmern, nicht nur um uns selbst, sondern um jeden im Allgemeinen und um jeden im Besonderen. (Seneca, *Über die Güte,* 3.3)

Und wenn du einem Mann begegnest, der niemals durch Gefahren beunruhigt wird, niemals von Begierden betroffen ist, glücklich in der Not, ruhig inmitten des Sturms, der die Menschheit von einer höheren Warte aus betrachtet und die Götter von ihrer eigenen, ist es dann nicht wahrscheinlich, dass ein Gefühl der Verehrung für ihn in dir aufsteigt? (Seneca, *Briefe an Lucilius*, 41)

Selbsteinschätzung: Stoische Haltung gegenüber anderen

Überprüfen Sie vor der Lektüre dieses Kapitels, wie weit Sie den folgenden Aussagen zustimmen, indem Sie die unten angegebene Skala (1–5) verwenden, und überprüfen Sie Ihre Einstellung erneut, nachdem Sie das Kapitel gelesen und verarbeitet haben.

1. stimme überhaupt nicht zu, 2. stimme nicht zu, 3. stimme weder zu noch stimme ich nicht zu, 4. stimme zu, 5. stimme voll und ganz zu

1. Der Charakter verleiht einem Menschen wahre Schönheit, nicht seine körperliche Erscheinung.
2. Um jemanden wirklich zu lieben, muss man voll und ganz akzeptieren, dass man ihn eines Tages verlieren könnte.
3. Es ist wichtig, darüber nachzudenken, was eine vollkommen weise Person tun und sagen würde, wenn sie mit verschiedenen Problemen im Leben konfrontiert wäre.

Stoizismus und die Philosophie der Liebe

Die populäre Vorstellung von den antiken Stoikern ist, dass sie danach strebten, auf kühle Art rational zu sein, wie ein Roboter oder Mr. Spock in *Raumschiff Enterprise*. Was aber, wenn sich dies als ein Missverständnis herausstellte? Was wäre, wenn die Überwindung unserer irrationalen und ungesunden »Leidenschaften« mit der Kultivierung rationaler und gesunder Emotionen an ihrer Stelle einherginge? Die stoische Ethik basierte auf der natürlichen Erfahrung der »familiären Zuneigung«, die Menschen und Tiere für ihre eigenen Nachkommen empfinden. Wir können uns ihr sogar von dort her nähern, da sie in gewisser Hinsicht eine *Philosophie der Liebe, der natürlichen Zuneigung und Freundschaft* darstellt.

Wie bereits erwähnt, bedeutet das Wort »Philosophie« (*philosophia*) »Liebe zur Weisheit«, und die Stoiker haben diesen Ausdruck wörtlich genommen. *Philia* kann mit »Liebe«, »Zuneigung« oder »Freundschaft« übersetzt werden – darum geht es in diesem Kapitel. Während wir Menschen heranreifen, entwickeln wir natürlicherweise eine größere Verbundenheit mit unserer eigenen *rationalen* Natur. Wir streben danach, unseren Charakter zu erhalten, nicht nur unser Leben, und ebenso geistig wie auch körperlich zu gedeihen. Diesen Prozess hat die Natur nicht abgeschlossen, er bleibt *unvollständig*, daher besteht das Ziel des Lebens darin, diese Aufgabe freiwillig zu vollenden, indem wir uns der vollkommenen Weisheit und Tugend des idealen stoischen Weisen nähern.

Für die Stoiker sind diese Vortrefflichkeit und dieses Gedeihen das, was an einem Menschen wirklich schön und *liebenswert* ist. Zenon soll gesagt haben, dass nur diejenigen, die Weisheit und die anderen Tugenden besitzen, als wahre Bürger, Freunde, Verwandte und freie Menschen angesehen werden könnten und dass diejenigen, denen es an Weisheit mangele, dazu verdammt seien, »Feinde und Sklaven und einander fremd, Eltern den Kindern und Brüder den Brüdern und Verwandte den Verwandten« zu sein (Laertius, *Leben und Meinungen berühmter Philosophen*, 7.32–33). Allerdings streben die aufstrebenden Stoiker, auch wenn sie noch töricht und unvollkommen sind, doch schon eindeutig nach der Liebe zur Tugend, als dem höchsten Gut im Leben. Darüber hinaus wird, wenn wir *anderen Menschen* begegnen, die Tugend besitzen, wie Cicero es ausdrückt, unsere »natürliche Zuneigung« durch das »strahlende Licht der Güte und Vortrefflichkeit« in deren Charakter geweckt. Selbst wenn wir ihnen nie persönlich begegnet sind, sondern nur in Geschichten von ihnen gehört haben, fühlen wir uns zu den Weisen und Guten hingezogen und entwickeln uns moralisch weiter, indem wir ihrem Beispiel nacheifern.

Für die Stoiker sind die einzigen vollkommen tugendhaften Wesen Zeus und der ideale Weise. Doch auch wenn die Mehrheit der Menschen streng genommen nicht den anspruchsvollen stoischen Kriterien für Tugend entspricht, können sie einen *Anflug* davon aufweisen. Die Stoiker, insbesondere die der römischen Kaiserzeit, glaubten ganz klar, dass wir auch aus der Betrachtung unvollkommener Beispiele von Tugend bei gewöhnlichen Menschen lernen können, sogar von unseren Feinden oder den Philosophen anderer Schulen. Die natürliche Zuneigung erstreckt sich daher auf alle Menschen, sogar auf die törichten und lasterhaften, weil wir alle die Vernunft und den »Keim der Tugend« besitzen. Stoiker wünschen sich daher, dass alle Menschen gedeihen, erleuchtet werden und harmonisch leben, wenn das Schicksal es zulässt.

Wie wir bereits gesehen haben, sagt sich Mark Aurel in seinen *Selbstbetrachtungen* zum Beispiel wiederholt, dass er »die Menschheit lieben« solle, und er lobt seinen stoischen Lehrer Sextus von Chaeronea dafür, dass er »frei von Leidenschaften und doch voller Liebe« oder »voller natürlicher Zuneigung« für andere sei (*Selbstbetrachtungen*, 1.9).

Epiktet erklärte seinen Schülern, dass das weit verbreitete *Missverständnis*, Stoiker würden danach streben, emotionslos zu sein beziehungsweise ein Herz aus Stahl oder Stein zu haben, durch die »Disziplin des Handelns« widerlegt werde, insbesondere durch die Art und Weise, wie Stoiker mit ihren familiären und anderen sozialen Beziehungen umgingen. Die rivalisierende Schule von Epikur, der jede wahre Gemeinschaft unter den Menschen leugnete, strebte dagegen traditionell nach Ruhe und Freiheit von emotionalem Leid (*ataraxia*), indem sie soziale Verantwortung vermied und sich stattdessen auf einen engen Freundeskreis beschränkte.

Die Stoiker hingegen glaubten, dass wir im Wesentlichen soziale Wesen sind, mit einer »natürlichen Zuneigung« und »Verbundenheit« zu allen Menschen. Dies bildet die Grundlage der stoischen »Philanthropie«, der rationalen Liebe zu unseren Mitmenschen und Mitbürgern im Universum beziehungsweise der kosmischen Stadt – was die wahre Bedeutung von »Kosmopolitismus« ist. Ein guter Mensch »zeigt Liebe zu seinen Mitmenschen, wie auch Güte, Gerechtigkeit, Freundlichkeit und Sorge für seinen Nächsten« sowie für das Wohlergehen seiner Heimatstadt (Musonius, *Lectures and Sayings*, 14).

Natürlich sind andere Menschen für mich etwas »Äußeres« und daher ist *ihre* Tugend nicht *mein* Gut, sie liegt nicht »in meiner Macht« und kann nicht direkt zu meinem Glück oder meiner *eudaimonia* beitragen – sie ist letztlich deren Sache, nicht meine. Unter den äußeren Dingen, die als »gleichgültig« eingestuft werden, stellt die Tugendhaftigkeit anderer jedoch offenbar einen *Sonderfall* dar. Die Stoiker waren üblicherweise bereit, andere Menschen als »gut« zu bezeichnen, wenn auch in einem anderen Sinne als dem, in dem etwas für mich »gut« oder »nützlich« ist, und sie werden nicht müde, Beispiele für »gute« Menschen anzuführen.

Das Gute in anderen Menschen erweckt ganz natürlich unsere Zuneigung und Freundschaft, nicht weil es uns einen materiellen Vorteil bringt, sondern weil es das Spiegelbild unseres eigenen Potenzials für Tugend ist und daher um seiner selbst willen geliebt wird. Der römische Staatsmann Laelius der Weise zum Beispiel, der für seine mustergültige Freundschaft mit Scipio Africanus dem Jüngeren bekannt ist, hatte die stoische Philosophie unter den Gelehrten Diogenes von Babylon und Panaitios studiert. In einem Dialog mit dem Titel *Laelius über die Freundschaft* lässt Cicero ihn sagen, dass »nichts anderes auf der ganzen Welt so vollkommen *im Einklang mit der Natur* steht« wie wahre Freundschaft, eine umfassende Übereinstimmung in den Gefühlen und Werten zweier Menschen, getragen von gegenseitigem Wohlwollen und Zuneigung.

Neben der Erlangung von Weisheit und Güte, sagt »Laelius«, seien weise und gute Freunde das Kostbarste überhaupt, das Wertvollste von allen »äußeren« Dingen. Auch Seneca schreibt, dass selbst der stoische Weise »einen Freund und einen Nachbarn und einen Mitbewohner haben will«, obwohl er doch auch ohne sie zufrieden ist und sich selbst genügt (*Briefe an Lucilius*, 9). Das heißt, der ideale Weise ist zwar in der Lage, ohne einen Freund auszukommen, aber er zieht es vor, einen zu haben. Er zieht es wegen seiner natürlichen Zuneigung zu den Menschen sogar vor, so viele Freunde wie möglich zu haben, obwohl er sie für sein eigenes Glück nicht *braucht*.

Als soziale Wesen haben wir in unseren Beziehungen die größte Chance, uns zu entfalten. Die Stoiker waren der Auffassung, dass unser Eigeninteresse als rationale Wesen zufällig mit dem Wohlergehen anderer übereinstimme. Wir gedeihen als Individuum, wenn wir die Tugenden der Weisheit und Gerechtigkeit erlangen, aber diese bringen auch eine größere Harmonie zwischen uns und dem Rest der Menschheit mit sich. Tiere kämpfen um äußere Dinge wie Nahrung, wenn diese knapp sind. Im Gegensatz dazu kann uns niemand Weisheit und Tugend wegnehmen, und sie werden auch nicht verbraucht, wenn wir sie mit anderen teilen. Stoiker betrachten die Dinge, um die die meisten Menschen kämpfen, mit Distanz und Gleichgültigkeit, sodass sie es sich leisten können, auch diejenigen zu lieben, die töricht und bösartig sind.

Stoische Philanthropie ist also nicht nur oberflächlich. Wir sollten die Menschheit aus tiefstem Herzen lieben und Freude daran haben, anderen um der Sache selbst willen Gutes zu tun, wir sollten also die Tugend so betrachten, dass sie für sich genommen bereits Lohn genug ist. Wir nützen anderen Menschen am meisten, wenn wir ihnen helfen, in Harmonie und ohne Konflikte zu leben, und wenn wir unsere Gesellschaft einen winzigen Schritt näher an Zenons Traum von einem idealen stoischen Staat, einer perfekten Gemeinschaft erleuchteter Freunde, heranbringen. Die Einstufung der Tugend als höchstes Gut im Leben erlaubt es dem Stoiker, sogar seinen Feinden alles Gute zu wünschen, denn wenn sie weise und gerecht wären, wären sie keine Feinde mehr. Obwohl unsere Zuneigung natürlich für die Schönheit der Tugend reserviert sein sollte, dehnen die Stoiker sie dennoch auf Menschen aus, denen es an Weisheit mangelt und die sich vielleicht sogar wie Feinde verhalten, da wir alle die Fähigkeit der Vernunft und damit den *Keim* der Tugend besitzen.

> Es ist ein Vorzug des Menschen, auch diejenigen zu lieben, die straucheln. Und diese Liebe folgt, sobald du bedenkst, dass sie dir ähnlich sind und dass sie unwillkürlich und aus Unwissenheit Unrecht tun, dass ihr beide nach kurzer Zeit tot sein werdet und vor allem, dass der Mann dir keinen Schaden zugefügt hat; denn er hat die in dir herrschende Vernunft doch nicht schlechter gemacht, als sie zuvor war. (*Selbstbetrachtungen*, 7.22)

In gewissem Sinne sehen Stoiker törichte und bösartige Menschen so, als wären sie kleine Kinder, die einen Wutanfall haben. Diese verstehen nicht so recht, was sie da tun, und für uns ergibt es keinen Sinn, wütend auf sie zu sein.

> Was heißt es, natürliche Zuneigung zu empfinden? Nicht nur zu Verwandten, sondern zur gesamten Menschheit; wahrhaft *philanthrôpos* [philanthropisch, ein Menschenfreund] zu sein, weder zu spotten noch zu hassen, noch ungeduldig mit anderen zu sein, noch sie zu verabscheuen, noch sie zu übergehen; und auf eine Art und Weise Mitleid zu haben und die zu lieben, die die größten Missetäter sind, besonders auch diejenigen, die am heftigsten gegen dich wüten, auch und gerade dann, wenn sie am wütendsten sind? (Shaftesbury, 2005, S. 1)

Shaftesbury verglich die stoische Philanthropie mit der liebevollen Haltung einer Mutter oder Krankenschwester gegenüber kranken Kindern in ihrer Obhut. In der Tat ist für die antiken Stoiker die »natürliche Zuneigung« (*philostorgia*) der Eltern für ihre Nachkommen von großer Bedeutung. Musonius Rufus sagte zum Beispiel, dass Mütter durch das Studium des Stoizismus nicht etwa gefühllos würden, sondern eine tiefere und philosophischere Liebe zu ihren eigenen Kindern erlangen könnten: »Wer, wenn nicht sie, würde ihre Kinder mehr lieben als das eigene Leben?« (*Lectures and Sayings*, 3)

In gewissem Sinne bedeutet, ein Stoiker zu werden, zu lernen, was es heißt, natürliche Zuneigung zu unseren Freunden und unserer Familie zu empfinden, immer im Einklang mit Weisheit und Tugend. Wie wir jedoch gesehen haben, weiten die Stoiker dies zu einer umfassenderen Haltung aus, die »Philanthropie« oder Liebe zur gesamten Menschheit genannt wird. Dieser Gedanke, dass der Stoizismus einen tieferen, umfassenderen Sinn für elterliche Liebe und Zuneigung lehrt, widerspricht definitiv dem populären Missverständnis, nach dem Stoiker gefühlskalte Roboter sein sollen, oder nicht?

Schlüsselgedanke: »Natürliche Zuneigung« und »Verbundenheit« oder »Aneignung«

Im Stoizismus sind Liebe und Freundschaft wichtige Begriffe, insbesondere die sogenannte *philostorgia*, die zwischen engen Familienmitgliedern besteht und manchmal als »natürliche Zuneigung« oder »familiäre Zuneigung« übersetzt wird. Die Stoiker versuchten, Zeus, dem Vater der Menschheit, nachzueifern, der vollkommene Weisheit, Gerechtigkeit und natürliche Zuneigung zu uns, seinen Kindern, besitzt und für sie ein »Gott der Freundschaft« und »Beschützer der Familien« war. Je näher sie der vollkommenen Vernunft kommen, desto mehr dehnt sich daher die natürliche Zuneigung der Philosophen zur »Philanthropie« oder Liebe zur Menschheit aus. *Oikeiôsis* ist ein verwandter stoischer Fachbegriff, für den es keine einfache Übersetzung gibt. Es bedeutet wörtlich, etwas oder jemanden in den eigenen Haushalt zu bringen. Es kann also mit »Aneignung« übersetzt werden, was bedeutet, etwas in Besitz zu nehmen. Man kann es aber auch mit »Verbundenheit« übersetzen und meint damit die liebevolle Bindung, die wir zu unseren eigenen Nachkommen und anderen Blutsverwandten haben. Wir können es wohl als einen natürlichen Prozess der psychologischen *Identifikation* mit denen betrachten, für die wir Zuneigung empfinden.

Wir werden mit einer instinktiven Verbundenheit zu unserem eigenen Körper und, wenn wir uns fortpflanzen, zu unseren eigenen Nachkommen geboren. Wenn wir jedoch Vernunft erlangen, wächst auch unsere Fähigkeit zur Verbundenheit oder Identifikation sowohl mit unserer eigenen Vernunftfähigkeit als auch mit der Menschheit als Ganzes. Den meisten Menschen bleibt ihre eigene wahre Natur jedoch fremd oder sie befinden sich mit ihr im Konflikt – Gleiches gilt für ihr Verhältnis zum Rest der Menschheit. Die Stoiker streben danach, ein verwandtschaftliches Gefühl zum Rest der Menschheit zu entwickeln, immerhin besitzen wir alle Vernunft und den Keim der Tugend. Chrysipp schrieb daher, dass der weise und gute Mensch, der in vollkommener Harmonie mit der Vernunft und der Natur lebt, *von nichts entfremdet* ist, während der törichte und moralisch schlechte Mensch mit nichts verwandt oder verbunden ist.

Je mehr sich dieses Gefühl der Verbundenheit und der natürlichen Zuneigung auf die gesamte Menschheit und letztlich auf die Natur als Ganzes erstreckt, desto vernünftiger und gesünder wird es. Der ideale stoische Weise lebt daher in Harmonie und Verbundenheit mit seiner eigenen wahren Natur, mit dem Rest der Menschheit und mit der Natur als Ganzes. So sagt Mark Aurel wiederholt, dass der Zweck des menschlichen Lebens die Gemeinschaft ist und dass wir anderen, denen wir im Leben begegnen, echte natürliche Zuneigung entgegenbringen sollten, selbst denen, die uns bekämpfen.

Fallstudie: Die letzten Tage des Sokrates

Das wichtigste stoische Beispiel für einen Beinahe-Weisen ist zweifelsohne Sokrates. Xenophon, dessen Bericht Zenon zum Studium der Philosophie inspirierte, bezeichnete Sokrates als »das Musterbild des besten und glücklichsten Mannes« (*Erinnerungen an Sokrates*, 4.8). Seine Hinrichtung wird im Kapitel über das Nachsinnen über den Tod behandelt, aber es lohnt sich auch, sich sein Verhalten vor Gericht anzusehen. Im Jahr 399 v. Chr., im Alter von etwa siebzig Jahren, wurde Sokrates in Athen wegen zweier Anklagen vor Gericht gestellt: Er verderbe die Moral der Jugend und er lehre Gottlosigkeit, vielleicht Atheismus – was er beides bestritt.

Die Vorwürfe, die Sokrates' Freunden völlig absurd erschienen, waren womöglich nur vorgeschoben. Um es ganz offen zu sagen, hat er vielleicht einfach zu viele Fragen gestellt und Unruhe gestiftet und wurde damit zu einem Ärgernis für die Reichen und Mächtigen seiner Zeit. Die Geschworenen verurteilten Sokrates, offenbar nur mit knapper Mehrheit. Das athenische Gesetz erlaubte dem Angeklagten und seinem Ankläger, jeweils Strafen vorzuschlagen, zwischen denen die Geschworenen dann wählen konnten. Nachdem Sokrates gescherzt hatte, dass er zu kostenlosem Essen »verurteilt« werden sollte, bot er schließlich an, 30 Silberstücke zu zahlen, eine beträchtliche Summe. Der größte Teil des Betrags wurde von seinen Freunden und Anhängern aufgebracht, da er selbst nicht vermögend war und kein Honorar für das Lehren der Philosophie verlangte.

Die Stoiker waren von dem Vorbild beeindruckt, das Sokrates abgab, als jemand, der seinem Schicksal mit vollkommenem Gleichmut und unerschütterlicher Prinzipientreue begegnete. Seine Verteidigung vor Gericht, über die in Platons *Apologie des Sokrates* berichtet wird, war bemerkenswert *unapologetisch*. Anstatt sein *Leben* zu verteidigen, nutzte er die Gelegenheit, um die philosophische *Lebensweise* zu verteidigen. Er sprach frei und belehrte die Geschworenen über Weisheit und Tugend, anstatt, wie es die Männer normalerweise taten, seine in Tränen aufgelöste Frau und seine Kinder vorzuführen und um Gnade zu betteln. Vielleicht irritierte das die Geschworenen und führte dazu, dass sie für die von seinen Anklägern vorgeschlagene Todesstrafe stimmten. Sie verurteilten ihn zum erzwungenen Selbstmord durch das Trinken eines aus dem Schierling gewonnenen Giftes. Man nahm wohl an, er würde stattdessen ins Exil fliehen, aber er blieb und trank das Gift, trotz der Proteste seiner Anhänger. Er wurde sofort zu einer Art philosophischem Märtyrer, dessen Tod Schockwellen durch die antike Welt sandte. Sokrates lieferte ein zeitloses Musterbeispiel für jemanden, der die Weisheit mehr liebte als Reichtum, Ruhm und sogar sein eigenes Leben, und sicherte damit für die kommenden Jahrtausende die Zukunft der rationalen Philosophie in der westlichen Gesellschaft.

Merke: Der Stoizismus als Philosophie der »Liebe« und des Altruismus

Wenn der antike Stoizismus streng oder kaltherzig erscheint, kann es helfen, sich an die zentrale Rolle zu erinnern, die die Liebe in diesem philosophischen System spielt. Insbesondere die Liebe und Zuneigung zu den eigenen Kindern und zu nahen Familienangehörigen (*philostorgia*), zu der Menschen von Natur aus neigen, dient als Grundlage für die philanthropische Haltung, die die Stoiker gegenüber der gesamten Menschheit einzunehmen trachten.

Wir könnten uns dem Stoizismus sogar aus dieser Richtung nähern und ihn grundsätzlich als *Philosophie der Liebe* betrachten, ein Versuch, zu verstehen, wie unsere natürliche Selbstliebe und familiäre Zuneigung durch die Vernunft in die stoische Liebe zur Weisheit und zur Menschheit verwandelt wird: *Philosophie* und *Philanthropie*. Die Stoiker gehen davon aus, dass meine Absicht, anderen zu helfen – sei es in Bezug auf äußere Dinge oder in Bezug auf Tugend –, mir von Natur aus nützt, weil sie selbst eine Form der Tugend und des Gedeihens *darstellt*. In diesem Sinne gibt es keinen Unterschied zwischen Eigeninteresse und Altruismus.

Was für mich gut und vorteilhaft ist, ist gleichbedeutend mit dem, was ehrenhaft und lobenswert ist, einschließlich Gerechtigkeit, Wohlwollen und natürlicher Zuneigung zu anderen.

Stoische Philanthropie und »Verbundenheit« mit anderen

Epiktet sagte: »Sobald ein Kind geboren ist, liegt es nicht mehr in unserer Macht, es *nicht* zu lieben oder *nicht* für es zu sorgen«; es sei natürlich, dass Eltern sich zum Beispiel kümmern, wenn ihr Kind verletzt ist (*Unterredungen*, 1.11; 1.23). Unsere natürliche Zuneigung zu den Menschen, die uns nahestehen, wird durch den Stoizismus nicht *beseitigt*, sondern eher ausgedehnt und im Einklang mit Weisheit und Tugend umgestaltet. Nach den Worten von Seneca betrachten die Stoiker alle Menschen als Teil der gesamten Natur, als untereinander und mit Gott verwandt, wie Glieder eines einzigen Körpers, und sie glauben, dass allen Menschen ein Gefühl der Verbundenheit gemein ist, das die Grundlage für gegenseitige Liebe und Freundschaft bildet.

Mark Aurel ist ebenfalls der Meinung, dass wir, wenn wir uns als separate Teile der Menschheit und nicht als Glieder eines einzigen Organismus betrachten, andere noch nicht von ganzem Herzen lieben und uns nicht am Wohlergehen der Menschheit als etwas an sich Gutes erfreuen können. Diese natürliche Zuneigung zum Rest der Menschheit, eben weil wir die Vernunft und das Potenzial zur Tugendhaftigkeit teilen, wird als »brüderliche Liebe« (*philadelphia*, wie die Stadt) oder »Menschenliebe« (*philanthrôpia* = Philanthropie) bezeichnet. Laut Hadot gipfelt die stoische Disziplin des Handelns, besonders in den Schriften von Mark Aurel, in der Liebe zur gesamten Menschheit und in einem fast mystischen Gefühl der Einheit mit den anderen.

> Es kann also nicht gesagt werden, dass »den Nächsten lieben wie sich selbst« eine ausdrücklich christliche Erfindung ist. Vielmehr könnte man behaupten, dass der Beweggrund zur stoischen Liebe derselbe ist wie der zur christlichen Liebe. [...] Selbst die Feindesliebe fehlt im Stoizismus nicht. (Hadot, 1998, S. 231)

Das stoische Ideal der Liebe könnte auch mit dem Konzept von *karunā* oder Mitgefühl für alle anderen »fühlenden« Wesen im Buddhismus verglichen werden, obwohl sich der Stoizismus, wie das Christentum, hauptsächlich mit anderen *rationalen* Wesen befasst und die Liebe zur gesamten Menschheit anstrebt.

Dennoch wird unsere urtümliche Zuneigung zu anderen nur dann *gut*, wenn sie mit Weisheit und Tugend verbunden ist. Wenn die Liebe Teil eines Lasters und des falschen Eindrucks ist, dass körperliches Vergnügen oder äußerer Gewinn an sich »gut« seien, dann wird sie offensichtlich zu animalischer »Lust« oder »Begierde« (*epithumia*) degradiert, eine der irrationalen Leidenschaften, die mit unserem ultimativen Glück und Wohlbefinden unvereinbar sind.

> In Wahrheit sagen die Stoiker, dass der weise Mensch Liebe empfinden wird, und sie definieren die Liebe selbst als das Bemühen, aus einem Eindruck von Schönheit Freundschaft zu entwickeln. Welche Liebe? Wenn es auf der Welt eine gibt, die ohne Unruhe, ohne Sehnsucht, ohne Angst, ohne Seufzen ist, so soll sie es sein! Denn sie ist frei von aller Lust. (*Gespräche in Tusculum*, 4.72)

Liebe beinhaltet, anderen wohlwollend zu wünschen, sie mögen auf natürliche Weise gedeihen, wie eine reifende Frucht, und im Einklang mit der Tugend Glück erlangen. Vielleicht lag darin die Motivation von Zenon und seinen Nachfolgern, die zum Wohle anderer viele Vorträge hielten und Bücher über Philosophie schrieben. Der Fortschritt anderer auf dem Weg zur Tugend ist jedoch ein äußeres Ereignis, das sich der eigenen direkten Kontrolle entzieht und das die Stoiker mit einer »Vorbehaltsklausel« einschränken. Zum Beispiel: »Ich wünsche dir, dass du gedeihst und das höchste Glück erlangst, *wenn das Schicksal es zulässt.*«

Wie können wir anderen helfen? Zenon lehrte Tugend, die als der größte Nutzen angesehen wird, allerdings mussten auch die Stoiker zugeben, dass nicht jeder für die Lehren empfänglich ist. Zum Beispiel erklärt Ciceros »Cato«, dass wir, sobald wir unsere grundlegende Verwandtschaft mit dem Rest der Menschheit begreifen, von dem rationalen Wunsch getrieben werden, so vielen Menschen wie möglich zu nützen, vor allem, indem wir sie über praktische Weisheit aufklären, darüber, was gut und was schlecht ist.

Für die Stoiker ist es jedoch wichtiger, wie Zenon mit gutem Beispiel voranzugehen, als andere zu belehren. Indem man sich selbst verbessert, hilft man anderen, weil man ihnen ein Vorbild ist. Allerdings meinten die Stoiker auch, dass wir den meisten Menschen gegenüber manchmal so handeln oder reden müssten, *als ob* wir mit den konventionellen Werten übereinstimmen würden, dass wir also in manchen Situationen »gleichgültige« Dinge als an sich gut oder schlecht behandeln sollten. Wenn wir jemanden vor Kummer weinen sehen, sollten wir laut Epiktet äußerlich Mitgefühl zeigen, uns aber davor hüten, innerlich dem fehlerhaften Werturteil beizustimmen (*Handbüchlein der Moral*, 16). Ein Weiser könnte die gleiche »Katastrophe« mit höchster Gleichgültigkeit betrachten. Es ist dennoch vernünftig, bestimmte körperliche und äußere »Güter« für uns und andere Menschen zu »bevorzugen«, solange wir sie nicht mit Glück verwechseln.

Die Kardinaltugend, die sich am offensichtlichsten mit dem sozialen Bereich, mit unseren Beziehungen, beschäftigt, ist »Gerechtigkeit« (*dikaiosunê*). Für die Stoiker umfasst dieser Begriff, sowohl fair mit anderen umzugehen als auch sich ihnen gegenüber wohlwollend zu verhalten und ihnen zu wünschen, dass sie im Einklang mit der Tugend gedeihen, wenn es das Schicksal zulässt. Seneca sagt daher, sich der Gerechtigkeit zu verschreiben, erfordere von einem Stoiker, »den Freund so lieb zu haben wie sich selbst, zu glauben, dass ein Feind sich in einen Freund wandeln kann, die Liebe im Ersten zu wecken und den Hass im anderen zu mäßigen« (*Briefe an Lucilius*, 95). Wenn wir mit Weisheit und Gerechtigkeit gegenüber anderen handeln und wirklich an das glauben, was wir tun, dann bringt das ganz natürlich mit sich, dass wir ihnen gegenüber Wohlwollen empfinden.

Die »gesunden Emotionen« erfordern jedoch Beständigkeit, und das ist nur möglich, wenn unsere zugrundeliegende Haltung des Wohlwollens in gewissem Sinne bedingungslos ist und nicht wankt, nur weil andere ihr Verhalten ändern, selbst wenn sie sich schlecht oder wie Feinde verhalten. Entscheidend ist, dass es zwar in unserer Macht liegt, andere zu lieben, aber nicht, im Gegenzug geliebt zu werden, was bedeutet, dass der Stoiker andere immer lieben sollte, unabhängig davon, ob auch er von ihnen geliebt wird oder nicht.

> Komm, lass uns jetzt sehen, ob du selbstlos lieben kannst. »Danke, mein guter Verwandter (Bruder, Schwester, Freund), dass du mir eine so großzügige Rolle gegeben hast, *dass ich lieben kann, obwohl ich nicht geliebt werde.*« (Shaftesbury, 2005, S. 108)

Epiktet sagt also, dass Menschen nur dann wirklich Freunde sein und einander lieben können, wenn sie ihr Eigeninteresse durch die Kultivierung von Weisheit, Gerechtigkeit und den anderen Tugenden in erster Linie darauf richten, dass es ihrem eigenen Charakter und ihrem Willen gut geht. Wenn wir jedoch zuallererst wünschen, selbst gerecht, fair und wohlwollend zu werden, und zwar in all unseren Beziehungen, dann wünschen wir implizit auch, dass es anderen gut geht.

Schlüsselgedanke: Freundschaft und Schönheit im Stoizismus

Zenons idealer stoischer Staat bestand aus Weisen, die in Freundschaft und Harmonie miteinander lebten. Die Worte, die für »Freundschaft« verwendet werden, bedeuten auch »Liebe« oder »Zuneigung« zwischen Freunden, und intime Freundschaft scheint im Stoizismus sogar der Zweck der sexuellen Liebe gewesen zu sein. Zenon sagte auch, dass nur vollkommene Weise zu wahrer Freundschaft fähig seien und Nicht-Weise zwangsläufig Feinde sein müssten. Es ist jedoch nicht klar, ob er dies wörtlich meinte, da die Stoiker typischerweise Freundschaft, wenn auch von unvollkommener Art, als innerhalb unserer Reichweite ansahen und sie als würdig empfanden, gepflegt zu werden. Weder Zenon noch seine Nachfolger beanspruchten für sich, Weise zu sein, aber sie sahen sich eindeutig nicht als Feinde ihrer Schüler! Auf jeden Fall glaubten die Stoiker, dass es wichtig sei, dem idealen Weisen nachzueifern, der Liebe und Freundschaft gegenüber anderen an den Tag legt.

Die meisten Menschen streben nach Freundschaft, weil sie sich davon einen gegenseitigen Vorteil bei »gleichgültigen« Dingen wie Reichtum oder Ansehen erhoffen, aber das ist *nicht* die wahre Freundschaft der Weisen. Freunde um sich zu haben, ist ein »bevorzugtes Gleichgültiges«, das um seiner selbst willen geschätzt wird, aber außerhalb unserer direkten Kontrolle liegt. Freundschaft im wahrsten Sinne des Wortes bedeutet jedoch, selbst ein Freund *gegenüber anderen Menschen* zu sein, weil sie Ihre Freundschaft *verdienen*, und nicht wegen irgendeines »äußeren« Vorteils. Seneca sagt sogar, dass der Weise hauptsächlich deshalb Freunde haben will – obwohl er auch ohne sie zufrieden wäre und allein zurechtkäme –, damit er selbst die Tugenden der Freundschaft in der Beziehung ausüben kann. Freunde zu gewinnen, die die eigene Zuneigung erwidern, wird von Ciceros »Laelius« jedoch als zweitwichtig beschrieben, nur davon übertrumpft, weise und gut zu *sein*, was darauf hindeutet, dass er sie als die wertvollste aller »bevorzugten Gleichgültigen« ansieht. Stoiker versuchen daher, weise und gute Freunde (und Mentoren) für sich zu gewinnen, vermutlich unter dem Vorbehalt, »wenn das Schicksal es zulässt«.

Laut den frühen Stoikern ist »das Gute« (*agathos*) auch (*kalos*), was im Griechischen entweder »schön« oder »ehrenhaft« bedeuten kann. Für die Stoiker sind diese Begriffe ohnehin nahezu synonym, da sie menschliche Schönheit in der Tugend und nicht in der äußeren Erscheinung sehen. So sagte auch Xenophon, dass Sokrates häufig über die gegenseitige Liebe zwischen ihm und seinem engen Freundeskreis scherzte, »aber ganz offensichtlich wurde er dabei nicht von körperlicher Schönheit angezogen, sondern von einer Vortrefflichkeit in Geist und Charakter« (*Erinnerungen an Sokrates*, 4.1).

Schönheit ist für uns, wenn etwas seiner Natur entspricht: Was ein Pferd schön macht, ist etwas anderes als das, was eine Halskette schön erscheinen lässt. Wenn sich der Mensch in Bezug auf seine wesentliche Natur als vernunftbegabtes Tier auszeichnet, macht er sich im *wahren* Sinne schön, während Torheit und Laster ihm einen »hässlichen« Charakter verleihen. Epiktet sagt daher, wir sollten danach streben, »das zu verschönern, was unsere wahre Natur ist – die Vernunft, ihre Urteile, ihr Wirken« (*Unterredungen*, 4.11).

Jetzt sind Sie dran: Die »Kreise« des Hierokles

Der stoische Philosoph Hierokles, ein Zeitgenosse von Mark Aurel, beschrieb psychologische Übungen zur Erweiterung von *oikeiôsis*, unseres Gefühls der »Verbundenheit« mit anderen. Er meint, dass unsere Beziehungen als eine Reihe von konzentrischen Kreisen dargestellt werden können, die von uns selbst und unseren engsten Verwandten ausgehen (siehe Abbildung 5.1). Stoiker sollten versuchen, »die Kreise irgendwie um die Mitte herum zu zeichnen« und bewusst die psychologische Distanz in ihren Beziehungen zu verringern. Er schlägt sogar verbale Techniken vor, etwa Bekannte »Freund« zu nennen oder enge Freunde »Bruder«. Hierokles empfiehlt an anderer Stelle, unsere Brüder so zu behandeln, als wären sie Teile unseres eigenen Körpers, wie unsere Hände und Füße. Zenons Ausspruch, dass ein Freund »ein anderes Ich« ist, regt uns vielleicht ebenfalls dazu an, andere weiter in den Kreis unserer Verbundenheit und natürlichen Zuneigung aufzunehmen. Hierokles' Bemerkungen über *oikeiôsis* könnten daher in eine kontemplative Übung übertragen werden:

1. Schließen Sie die Augen und nehmen Sie sich ein paar Augenblicke Zeit, um sich zu entspannen und Ihre Aufmerksamkeit auf Ihre Vorstellungskraft zu lenken.
2. Stellen Sie sich einen Lichtkreis vor, der Ihren Körper umgibt, und nehmen Sie sich ein paar Augenblicke Zeit, um sich vorzustellen, dass er ein wachsendes Gefühl der Zuneigung zu Ihnen selbst als rationales Wesen symbolisiert, das zu Weisheit und Tugend fähig ist, dem höchsten Gut im Leben.
3. Stellen Sie sich nun vor, dass sich dieser Kreis auf Mitglieder Ihrer Familie oder andere Ihnen sehr nahestehende Personen ausdehnt, denen Sie nun eine natürliche Zuneigung entgegenbringen, als ob sie Teile Ihres eigenen Körpers wären.
4. Als Nächstes stellen Sie sich vor, dass sich dieser Kreis auf Menschen ausweitet, denen Sie im täglichen Leben begegnen, vielleicht Kollegen, mit denen Sie zusammenarbeiten. Projizieren Sie auf sie nun Gefühle natürlicher Zuneigung, als wären sie Mitglieder Ihrer eigenen Familie.
5. Dehnen Sie den Kreis nun weiter aus und schließen Sie jeden in dem Land ein, in dem Sie leben. Stellen Sie sich vor, dass Ihre Gefühle der Zuneigung sich auch auf diese Menschen ausbreiten, die ähnlich wie Sie selbst vernünftige Wesen und zur Tugend fähig.
6. Stellen Sie sich vor, dass der Kreis sich nun weiter ausdehnt und schließlich die ganze Welt und die gesamte Menschheit umfasst, sodass sich Ihre Gefühle der rationalen Zuneigung auf jedes Mitglied der menschlichen Gattung ausbreiten und Sie ein Gefühl der Verwandtschaft mit ihnen entwickeln, sofern sie Vernunft und damit die Fähigkeit besitzen, zur Weisheit voranzuschreiten.

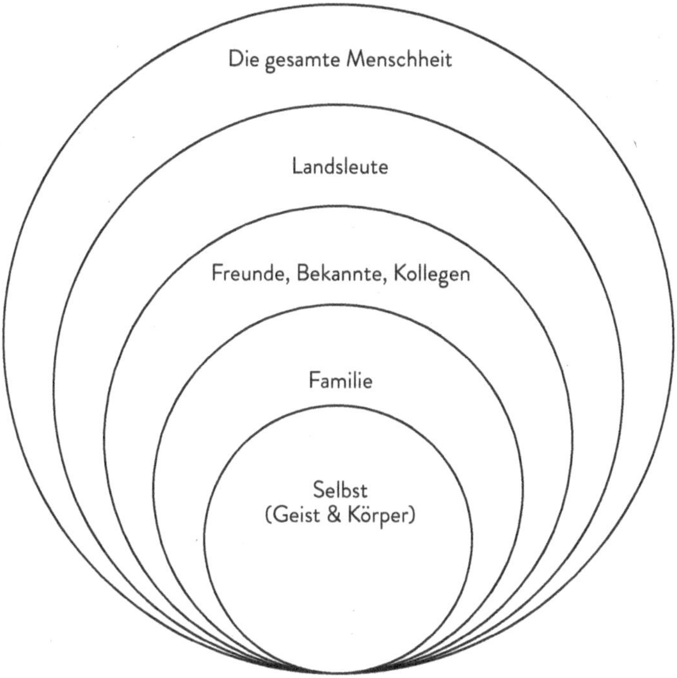

Abbildung 5.1 Vereinfachte Kreise des Hierokles

Versuchen Sie, diese Haltung im Alltag beizubehalten. Seneca meinte, dass die Ausweitung der natürlichen Zuneigung hin zu einer philanthropischen Haltung, die den Rest der Menschheit umfasst, uns lehrt, auf philosophischere Art zu lieben, ohne übermäßige Bindung an ein bestimmtes Individuum. Er geht sogar so weit, zu sagen: »Wer nicht in der Lage ist, mehr als einen Menschen zu lieben, hat nicht einmal diesen einen wirklich geliebt.« (*Briefe an Lucilius*, 63) Der Weise ist nicht auf einen bestimmten Menschen fixiert. Er liebt alle so sehr, wie es ihm möglich ist, und akzeptiert gleichzeitig, dass sie sich ändern können und eines Tages sterben werden.

Wie liebt ein Stoiker?

Epiktet fragte seine stoischen Schüler geradeheraus: »Wie werde ich also liebevoll und warmherzig?« (*Unterredungen*, 3.24) Seine Antwort lautete, dass wir auf eine Weise liebevoll werden sollten, die mit den grundlegenden Regeln und Lehren der stoischen Philosophie übereinstimmt.

> Der Stoiker liebt andere Menschen auf eine sehr freie, großzügige Weise. Seine Liebe ist in keiner Weise davon abhängig, dass sie von der geliebten Person erwidert wird. Der Stoiker kompromittiert weder seine eigene moralische Integrität oder geistige Gelassenheit in seiner Liebe zu anderen, noch wird seine Liebe durch das Wissen um die Sterblichkeit der geliebten Menschen beeinträchtigt. Vielmehr werden die Liebe und die natürliche Zuneigung des Stoikers durch die Vernunft gemäßigt. Seine Liebe und Zuneigung dienen nur dazu, seine Menschlichkeit zu bereichern, niemals dazu, ihn psychischen Qualen auszusetzen. (Stephens, 1996)

Zuallererst sollten wir uns daran erinnern, dass einige Dinge unserer Kontrolle unterliegen, andere hingegen nicht, und dass nur das, was »in unserer Macht« liegt, wirklich gut oder Teil unserer *eudaimonia* sein kann. Einer der Schlüssel, dies zu begreifen, ist, jemanden »wie einen Sterblichen« zu lieben, der uns jederzeit verlassen kann. Wir sollten uns auch ein Beispiel an weisen und guten Menschen nehmen, beispielsweise Sokrates, der seine notorisch anstrengende Frau und seine Kinder liebte.

Laut Epiktet sind sich weise Männer bewusst, dass ihre Familien nur Teile des Ganzen der Natur (alias Zeus) sind, die sie über alles lieben. Der stoische Weise liebt daher andere in Übereinstimmung mit der »Disziplin des Verlangens«, indem er akzeptiert, dass die Beziehung letztlich außerhalb seiner direkten Kontrolle liegt und dass sie Veränderung oder Verlust unterworfen sein kann. Die Liebe wird dadurch von einer irrationalen »Leidenschaft«, einer Art »Lust« oder »Begierde«, die durch übermäßige Bindung oder Abhängigkeit gekennzeichnet ist, in eine eher »philosophische« oder distanzierte Form der Zuneigung verwandelt. Dies bringt uns in Harmonie mit der Natur, indem wir unsere Beziehungen zu anderen in den breiteren Kontext unserer Beziehung zur gesamten Existenz stellen.

Wenn wir dagegen ohne Weisheit lieben, hängen wir übermäßig an einzelnen Dingen oder Menschen und vergessen, dass äußere Ereignisse außerhalb unserer Kontrolle liegen. Dies führt dazu, dass wir in irrationale »Begierde« zurückfallen und je nach den äußeren Umständen zwischen Liebe und Hass schwanken: »Kurzum, du trauerst, fürchtest, neidest, bist beunruhigt, du bist verändert« (*Unterredungen*, 2.22). Epiktet sagt sogar, dass alle Feindschaft zwischen den Menschen auf ein einziges Urteil dieser Art zurückzuführen sei, sie »sehen sich selbst und das, was zu ihnen gehört, in der Kategorie dessen, was außerhalb des Bereiches des Willens liegt« (*Unterredungen*, 2.22). Wir sehen Hunde, die miteinander spielen und mit dem Schwanz wedeln, und könnten meinen, dass sie sich so gernhätten, als wären sie Freunde. Wenn man jedoch ein Stück Fleisch zwischen sie wirft, kann schnell ein Kampf ausbrechen, da sie gegeneinander ausgespielt werden. Wirf ein Stück Land oder Geld zwischen Vater und Sohn, sagt Epiktet, und wir werden sehen, wie zerbrechlich das Band zwischen ihnen ist, solange äußere Dinge mit unserem höchsten Gut verwechselt werden (*Unterredungen*, 3.24).

Er fügt hinzu, wenn das, was wir »Liebe« oder »Zuneigung« nennen, uns versklave und unglücklich mache, dann sei es nicht »gut« für uns, und das sei ein Zeichen dafür, dass etwas falsch laufe. Der Weise dagegen, der die wahre Natur des Guten fest im Griff hat, wird unbeirrt bleiben, geradlinig im Umgang mit anderen Weisen und geduldig und tolerant gegenüber den Nicht-Weisen, wie gegenüber jemandem, der sich in Bezug auf Dinge von großer Bedeutung einfach nur irrt.

Jetzt sind Sie dran: Sokrates' Liebeszauber (mitfühlen wie ein Stoiker)

Die Stoiker glaubten, es sei wichtiger, zu lieben als geliebt zu *werden*. Wir sind von Natur aus *soziale* Wesen, und so beinhaltet das Ziel, »im Einklang mit der Natur zu leben«, ein harmonisches Zusammenleben mit dem Rest der Menschheit, selbst mit bösartigen Menschen, die uns als Feinde behandeln. Von Freunden und der Familie geliebt zu werden, ist jedoch dem Umgeben-Sein von Feinden in hohem Maße vorzuziehen, sofern das Schicksal es zulässt. Ironischerweise behaupten Philosophen, sich selbst wirklich liebenswert zu machen, sei der beste Weg, echte Freunde zu gewinnen – indem man einen schönen (sprich: guten) Charakter hat und rationale Freundschaft zu anderen pflegt.

Seneca scherzte, dass der stoische Philosoph Hekaton von Rhodos einen mächtigen Liebestrank entdeckt habe: »Wenn du geliebt werden willst, liebe« (*Briefe an Lucilius*, 9). Diese Vorstellung, dass Tugend ein mächtiger »Liebeszauber« oder »Zauberspruch« ist, um Freunde zu gewinnen und geliebt zu werden, wird Sokrates in Xenophons viel älteren Werken *Erinnerungen an Sokrates* und *Symposion* zugeschrieben. Nichtsdestotrotz ist es, auch wenn wir es vorziehen, dass andere unsere Zuneigung erwidern, im Grunde »gleichgültig«, ob sie dies tatsächlich tun oder nicht.

Wie aber lieben wir Menschen, die Freundschaft und Zuneigung nicht erwidern? Die Stoiker haben sich sorgfältig darin geübt, mit schwierigen Menschen umzugehen und vor allem zu vermeiden, wütend zu reagieren. In Anlehnung an Sokrates raten sie uns, uns in andere Menschen hineinzuversetzen und zu verstehen, dass sie einen Grund für ihr Tun haben, wobei sie auf einer gewissen Ebene (fälschlicherweise) annehmen, dass ihre Handlungen angemessen und in ihrem eigenen Interesse seien. Probieren Sie zum Beispiel den folgenden Ratschlag aus:

> Wann immer dir jemand begegnet, frage dich von vornherein: »Welche Annahmen darüber hegt er, was grundsätzlich gut und was grundsätzlich schlecht ist?« Wenn sich jemand wie dein Feind verhält, dich beleidigt oder sich dir

widersetzt, denke daran, dass er nur das getan hat, was ihm richtig erschien, er wusste es nicht besser. Also sage dir: »Es schien ihm eben richtig so.« (*Handbüchlein der Moral,* 42)

Seien Sie nicht überrascht über manche Handlungsweisen von Menschen. Wenn diese davon ausgehen, dass Vergnügen das Wichtigste im Leben ist, oder dass Reichtum oder Status an sich gut sind, werden sie zwangsläufig entsprechend handeln. Versuchen Sie, sie als töricht oder fehlgeleitet zu betrachten, wie Kinder, und nicht als bösartig. Denken Sie daran, dass sie sich wie Feinde verhalten, weil sie nicht erkennen, dass es in ihrem eigenen Interesse liegen würde, weise und gerecht zu sein, und dass sie sich durch ihr Festhalten an der Illusion von äußeren »Gütern« von diesen versklaven lassen.

Merke: Stoiker haben kein Herz aus Stein oder Stahl

Die frühen Stoiker, vermutlich Zenon und Chrysipp, und später Epiktet, Seneca und Mark Aurel, sind alle gegen das Missverständnis vorgegangen, Stoizismus bedeute, hartherzig oder gefühlskalt zu sein. Wie bereits erwähnt, betonten sie, dass »frei von Leidenschaften« zu sein nicht bedeute, wie eine Statue oder ein Mensch aus Stein oder Stahl zu sein. Obwohl körperliche und äußere Dinge außerhalb ihrer direkten Kontrolle liegen, versuchen Stoiker, »angemessene Maßnahmen« zu ergreifen, um sich selbst und andere zu schützen, sofern das Schicksal es zulässt. Stoiker kultivieren gesunde Emotionen und Wohlwollen gegenüber anderen, während sie automatische emotionale Reaktionen, die »Proto-Leidenschaften«, als natürlich und unvermeidlich im Leben akzeptieren. Der Weise lässt sich jedoch nicht von seinen Gefühlen »mitreißen« und erlaubt ihnen nicht, sich zu ausgewachsenen irrationalen »Leidenschaften« zu entwickeln. Er ist also nicht *gefühllos*, sondern erhebt sich über seine anfänglichen emotionalen Reaktionen, während er sowohl Vernunft als auch natürliche Zuneigung in seinem Leben an den Tag legt.

Warum ist der Weise so wichtig für den Stoizismus?

Stoiker lieben die Tugend und diejenigen, die die Tugend verkörpern, womit letztlich der ideale Weise gemeint ist, dessen Charakter in stoischer Hinsicht überaus »schön« ist. Diese Vorstellung von jemandem, der vollkommen weise und gut ist, gibt dem angehenden Stoiker Richtung, Struktur und Beständigkeit, während er sich im Stoizismus übt.

> Seit den Anfängen der griechischen Denkwiese fungiert der Weise als lebendiges, konkretes Vorbild. Aristoteles bezeugt dies in einer Passage aus seinem Protreptikos: »Welchen zutreffenderen Standard oder Maßstab für das Gute haben wir denn als den Weisen?« (Hadot, 1995, S. 147)

Die Praxis, dem idealen stoischen Weisen nachzueifern, ist in mancher Hinsicht vergleichbar mit der Nachahmung von Christus, Mohammed, Buddha und anderen Religionsgründern. Allerdings war der Weise ausdrücklich eine Fiktion. Die Stoiker bezweifelten, dass es ihn jemals leibhaftig gegeben habe, und falls doch, dann müsse er so selten vorkommen wie der äthiopische Phönix. Sie benutzten das Konzept als ein *hypothetisches* Ideal, über das sie nachdachten und mit dem sie sich verglichen. Sie studierten aber auch zahlreiche Beispiele von *relativ* »weisen und guten« Menschen. Dies spielte eine sehr wichtige Rolle in ihrer Ausbildung. Zum Beispiel rief sich Mark Aurel ins Gedächtnis, »stets einen der Alten als Musterbeispiel im Sinn zu haben, der vollkommen tugendhaft lebte« (*Selbstbetrachtungen*, 11.26).

Zu Beginn seiner philosophischen Karriere konsultierte Zenon das Orakel von Delphi und erhielt den Rat, »die Farbe der Toten« anzunehmen, was er so verstand, dass er sich in das Studium der Weisen früherer Generationen vertiefen sollte. Es wird erzählt, dass er, nachdem er Xenophons *Erinnerungen an Sokrates* gelesen hatte, sofort einen Buchhändler in der Nähe fragte: »Wo kann ich Männer wie diesen Sokrates finden?« Es scheint, dass in erster Linie Sokrates, der fast hundert Jahre zuvor von den Athenern hingerichtet worden war, der »tote Mann« war, dem Zenon nacheifern wollte.

In Ermangelung eines lebenden Sokrates übten sich die Stoiker in der Betrachtung seines Lebens, um auch lange nach seinem Tod noch von seinem Vorbild profitieren zu können. Obwohl Zenon seinen Schülern ein lebendes Vorbild war, waren die Stoiker nicht auf die Anwesenheit ihres geliebten Lehrers *angewiesen*, da sie gelernt hatten, sich ihren eigenen inneren Lehrmeister zu erschaffen. Epiktets Schüler fragten ihn, vielleicht auch etwas provozierend, ob er selbst ein Weiser sei. Er antwortete: »Bei den Göttern, ich wünsche und bete, einer zu sein, aber ich bin es noch nicht!« Er fährt fort: »Aber ich kann euch einen zeigen, damit ihr nicht mehr nach einem Beispiel suchen müsst.« Er verweist sie zuerst auf Diogenes und dann auf Sokrates (*Unterredungen*, 4.1). Epiktet erwähnt Diogenes den Kyniker mehr als doppelt so oft wie Zenon, und Sokrates *viermal* so oft. Dies waren sicherlich die beiden Hauptvorbilder, die in seiner Schule gelehrt und studiert wurden, und dies gilt möglicherweise auch für den Stoizismus des Zenon.

Epiktet erinnert seine Schüler daher häufig daran, dass ihnen das Leben des Sokrates jederzeit als Vorbild für Vortrefflichkeit in verschiedenen Bereichen des Lebens zur Verfügung stehe und dass wir über sein Beispiel reflektieren sollten, wenn wir nach Freiheit und *eudaimonia* streben. Er geht sogar so weit, zu behaupten, dass jetzt, wo Sokrates tot ist, die Erinnerung an ihn für die Menschheit von nicht weniger Nutzen ist, vielleicht sogar von größerem Nutzen als zu seinen Lebzeiten. Er nennt angehende Stoiker sogar »Nachahmer von Sokrates«.

> Sokrates fand Erfüllung, indem er bei allem, was ihm begegnete, auf nichts anderes achtete als auf die Vernunft. Und du, auch wenn du noch kein Sokrates bist, solltest leben wie jemand, der zumindest ein Sokrates sein will. (*Handbüchlein der Moral*, 51)

Allerdings sinnierten und diskutierten die antiken Stoiker über zahlreiche verschiedene Personen, deren Verhalten als nachahmenswert angesehen wurde. So nahmen sie sich Spuren von Tugend bei den eigenen Freunden und Familienangehörigen vor, aber auch die eigenen Gegner oder Philosophen rivalisierender Schulen, wie Epikur oder Platon.

Auch wenn es vielleicht nie einen *perfekten* sterblichen Weisen gegeben hat, glaubten die Stoiker, dass es mindestens *ein* perfektes *unsterbliches* Wesen gebe: den Gott Zeus. Der stoische Zeus besitzt vollkommene Vernunft und Tugend, wie der Weise, und so beziehen sich die Stoiker oft darauf, seine Perspektive bei menschlichen Angelegenheiten einzubeziehen, denn »in allem, was man sagt und tut, muss man als Nachahmer Gottes handeln« (*Unterredungen*, 2.14). Unabhängig davon, ob wir an Gott glauben oder nicht, können wir diese Aussagen als Grundlage für eine psychologische Übung betrachten. Herakles, der bevorzugte Sohn des Zeus, wurde auch von den Kynikern und Stoikern als mythischer Held und Vorbild verehrt. Der ideale Weise ist also gottgleich, ein Sterblicher, der eine so große Entwicklung durchgemacht hat, dass seine Weisheit und *eudaimonia* der des Zeus gleichkommt. Der aufstrebende Stoiker versucht, auf dem Weg zur vollkommenen Weisheit Fortschritte zu machen, indem er regelmäßig über den Weisen nachdenkt und seine Gedanken und Handlungen nachahmt.

Schlüsselgedanke: Die Natur des Weisen

Der stoische Weise ist das hypothetische Ideal eines perfekten »weisen Menschen« (*sophos* oder *phronimos* auf Griechisch; *homo sapiens* auf Latein!). Gemeint ist eher etwas Abstraktes als eine reale Person. Der Weise ist höchst tugendhaft, ein vollkommenes menschliches Wesen und Zeus so ähnlich, wie es ein Sterblicher nur sein kann. Er ist ein vollkommen guter Mensch, der ein vollkommen gutes und »reibungslos verlaufendes« Leben in totaler Gelassenheit lebt, er hat vollkommenes Glück und vollkommene

Erfüllung (*eudaimonia*) erreicht. Er lebt in völliger Harmonie mit sich selbst, der übrigen Menschheit und der Natur als Ganzes, weil er der Vernunft folgt und sein Schicksal, sofern es nicht seiner Kontrolle unterliegt, mit Anstand annimmt. Er hat sich über irrationale Begierden und Emotionen erhoben, um Seelenfrieden zu erlangen. Zwar zieht er es vor, so lange wie möglich zu leben, wie es noch angemessen ist, und er genießt das »Fest« des Lebens, aber er hat keine Angst vor seinem Tod.

Er verfügt über höchste praktische Weisheit, Gerechtigkeit und Wohlwollen, Tapferkeit und Selbstdisziplin. Sein Charakter ist absolut lobenswert, ehrenhaft und schön. Stoiker sehen sich daher das hypothetische Ideal des Weisen genau an, um die Vollkommenheit der menschlichen Natur im Allgemeinen zu erfassen. Philosophen, »Liebhaber der Weisheit«, lieben und bewundern ihn als die ideale Verkörperung der Weisheit. Dieses Konzept der Vollkommenheit ist etwas, an dem sich die Stoiker orientieren können, wenn sie selbst Fortschritte in Richtung Tugend machen möchten. Allerdings ist der stoische Weise offenkundig paradox. Er ist die Sorte Mensch, die wir als wahrhaft reich bezeichnen können, selbst wenn er nichts besitzt, er ist der einzige wahrhaft freie Mensch, selbst wenn er von einem Tyrannen gefangen gehalten wird, er ist der einzige wahre Freund, selbst wenn er als Feind verfolgt wird, er bleibt glücklich und führt ein gesegnetes Leben, selbst wenn er jedem erdenklichen Unglück auf einmal ausgesetzt ist.

Wie man am besten über den Weisen nachsinnt

Die Übung des Nachsinnens über den idealen Weisen dient in der stoischen Praxis einer Reihe von eng miteinander verbundenen Funktionen:

- Eine Art und Weise, sich das Ziel des Lebens, die Vervollkommnung der menschlichen Natur, in konkreter Form vorzustellen

- Ein Leitfaden für die richtige (tugendhafte) Einstellung und angemessene Vorgehensweise
- Ein imaginärer Beobachter und Kommentator unseres eigenen Handelns, auch ohne einen lebenden stoischen Lehrer
- Eine Möglichkeit, »kognitive Distanz« zu gewinnen und zu verhindern, dass wir uns von irrationalen oder ungesunden Eindrücken »mitreißen« lassen

Nachdem sie über seine Qualitäten nachgedacht hatten, fragten sich die Stoiker einfach: »Was würde der Weise tun?«, wenn sie mit schwierigen Situationen konfrontiert wurden. Mark Aurel gab sich selbst ebenfalls den Rat: »Sieh in ihren Geist, prüfe, was die Weisen tun und was sie vermeiden.« (*Selbstbetrachtungen*, 4.38) Auf die gleiche Weise also, wie ein Christ fragen könnte: »Was würde Jesus tun?«, fragten sich die Stoiker, was die Weisen oder vorbildliche Personen wie Sokrates, Diogenes, Zenon oder Cato tun würden.

Epiktet sagt außerdem, dass wir uns davor bewahren können, von beunruhigenden Eindrücken »mitgerissen« zu werden, wenn wir das Bild des Weisen griffbereit haben und dieses als Kontrast und Vergleich nutzen. Auf eine der meistzitierten Passagen aus Epiktets *Handbüchlein der Moral*, die uns daran erinnert, dass wir nicht durch die Dinge selbst, sondern durch unsere Urteile über sie beunruhigt werden, folgt unmittelbar das Beispiel von Sokrates, der den Tod selbst weder als gut noch als schlecht ansah.

> Der Tod zum Beispiel ist nichts Furchtbares, sonst wäre er auch Sokrates so erschienen. Das Furchtbare liegt in unseren eigenen Urteilen über den Tod, dass der Tod furchtbar sei. (*Handbüchlein der Moral*, 5)

Sich jemanden vorzustellen, der die Situation plausibel als »gleichgültig« beurteilt, verleiht uns eine größere psychologische Flexibilität und »kognitive Distanz« zu unserem automatischen Eindruck, die Situation sei schrecklich. Es verschafft uns den nötigen Abstand, darüber nachdenken zu können, ob unser erster Eindruck falsch sein könnte.

Auch wenn der Weise die Handlungen seiner Schüler nicht kontrolliert – und sogar Sokrates hatte eigensinnige Schüler –, so hilft er doch anderen durch seine Anwesenheit und das Vorbild, das er abgibt und dem sie nacheifern können. Deshalb sagt Musonius: »Von einem guten Mann beobachtet zu werden, während man isst, trinkt und schläft, ist sehr hilfreich.« (*Lectures and Sayings*, 11) Die Anhänger von Epikur legten daher Wert darauf, Porträts oder Ringe mit seinem Abbild zu besitzen, was ihnen vielleicht dabei half, sich auch im Alltag seine vorteilhafte Gegenwart vorzustellen. Im Britischen Museum gibt es ein verziertes Kleinod aus der römischen Kaiserzeit, das Zenon, den Begründer des Stoizismus, darstellt und möglicherweise einem ähnlichen Zweck diente. Auch Seneca sagt, dass Stoiker Bildnisse großer Männer besitzen und sogar deren Geburtstage feiern sollten. Er nennt als seine liebsten philosophischen Vorbilder:

- Sokrates
- Platon – vielleicht überraschend für einen Stoiker!
- Zenon, der Begründer des Stoizismus
- Kleanthes, das zweite Oberhaupt der Stoa
- Laelius der Weise, einer der ersten berühmten römischen Stoiker
- Cato der Jüngere, der große römische Stoiker und politische Held

An anderer Stelle liefert er eine schöne Beschreibung dieser Praxis, die sich auf epikureische Lehren stützt:

> Einen guten Menschen müssen wir verehren und ihn ständig vor Augen haben, damit wir so leben, als würde er uns beobachten und alles sehen, was wir tun. Dies, mein lieber Lucilius, ist Epikurs Rat, und indem er ihn gab, hat er uns einen Beschützer und einen moralischen Lehrer gegeben – und das auch nicht ohne Grund: Die Zahl der Untaten wird stark abnehmen, wenn jene, die sie begehen möchten, stets einen Zeugen neben sich wissen. Jedem Menschen sollte jemand zur Seite gestellt werden,

den er verehren kann, durch dessen Vorbild er auch sein privates, inneres Leben reiner gestalten kann. Glücklich ist der Mensch, der andere nicht nur durch seine Gegenwart besser macht, sondern sogar, wenn er nur in ihren Gedanken ist! Und glücklich ist auch der Mensch, der einen anderen so verehren kann, dass er seine eigene Persönlichkeit sogar im Lichte der Erinnerungen an diesen anderen ausrichtet und formt.
(*Briefe an Lucilius*, 11)

Das Bild dieser mustergültigen Person sollte daher immer wieder ins Gedächtnis gerufen werden, »entweder als dein Beschützer oder als dein Vorbild«, als jemand, der uns beobachtet und uns vielleicht Orientierung bietet, oder als ein Ideal, dem wir nacheifern sollten. Seneca drückt es sehr schön aus, wenn er sagt, dass wir das Konzept einer wirklich »weisen und guten« Person als Maßstab brauchen, an dem wir uns messen können, denn: »Krummes wirst du nur mithilfe einer Richtschnur begradigen können.«

Jetzt sind Sie dran: Was würde der Weise tun?

Nehmen Sie sich zu Anfang gut Zeit, um darüber nachzudenken, welchen Charakter der ideale stoische Weise, jemand mit höchster Weisheit und Tugend, haben würde, bis Sie sich über dieses Konzept einigermaßen klar sind.

1. Fragen Sie sich vor, während und nach bestimmten Situationen oder Aufgaben: »Was würde der ideale stoische Weise in dieser Situation tun?«
2. Vielleicht hilft es Ihnen, zunächst über historische Persönlichkeiten oder mythologische Figuren nachzudenken, wie zum Beispiel Herakles, Sokrates oder Cato, oder über stoische Autoren, die Sie vielleicht ganz gut kennen, wie Seneca, Epiktet oder Mark Aurel. Wie würde eine dieser Personen mit den Ereignissen umgehen, denen Sie sich ausgesetzt sehen?

3. Alternativ können Sie auch an Vorbilder denken, die Ihnen näherstehen, wie Freunde, Kollegen oder Familienmitglieder, die Sie bewundern. Was würden diese tun, das nachahmenswert ist?
4. Am wichtigsten ist, dass Sie sich fragen, was ein wahrer Weiser, mit *vollkommener* praktischer Weisheit, tun würde. Gehen Sie die anderen Tugenden durch, insbesondere Gerechtigkeit, Tapferkeit und Selbstdisziplin.
5. Das sollte dazu führen, dass Sie darüber nachdenken, was Sie selbst tun würden, wenn Sie mehr Weisheit und Tugend besäßen.

Versuchen Sie, sich auf Ereignisse vorzubereiten, indem Sie sich am Beispiel einer weisen und guten Person orientieren, oder indem Sie im Nachhinein daran zurückdenken und aus der Erfahrung lernen, indem Sie überlegen, wie Sie die Dinge in Zukunft anders handhaben könnten, wenn Sie deren Beispiel folgen würden. Oder stellen Sie sich vor, Sie würden von einem vollkommenen und guten Weisen *beobachtet*, der Sie unsichtbar begleitet und Ihre Gedanken, Handlungen und Gefühle überwacht. Inwiefern würden Sie beispielsweise anders reagieren, wenn Sokrates oder Cato Sie beobachten würden? Welche Ratschläge könnten sie Ihnen geben? Fragen Sie sich sowohl »Was würde der *Weise* tun?« als auch »Was würde der Weise *mir* raten?«

Jeder trägt den Keim der Weisheit in sich

Für Stoiker sind streng genommen alle Menschen außer dem Weisen gleichermaßen töricht und ohne Tugend. Allerdings sind manche Menschen auf dem Weg zu wahrer Weisheit und Tugend schon weiter als andere. Vor allem die späteren Stoiker sprechen häufig in lockerer Form von den »Tugenden« gewöhnlicher Menschen. Sie waren offensichtlich der Meinung, dass wir durch die Betrachtung dieser Spuren oder Anflüge von »Tugenden« anderer Menschen lernen können, auch wenn diese keine vollkommenen Weisen sind. Und die

Betrachtung der Tugenden der Menschen um uns herum, unserer Freunde, Familienangehörigen und Kollegen – vielleicht sogar unserer »Feinde« oder derer, die uns Schwierigkeiten bereiten –, kann den zusätzlichen Vorteil mit sich bringen, unsere Beziehungen zu ihnen zu verbessern. Daher sagt Seneca, »wir sollten unser Leben mit hervorragenden Vorbildern ausstatten und nicht immer auf die alten zurückgreifen«, wie vermutlich Sokrates (*Briefe an Lucilius*, 83).

> Denn das sind ja die Menschen, an denen wir uns ein Beispiel nehmen müssen; die vollkommene Weisheit haben sie freilich nicht erreicht, aber wir haben das Recht, diejenigen auszuwählen, die diesem Ideal am nächsten kommen. (Cicero, *Laelius über die Freundschaft*, 11)

Mark Aurel erinnert sich daran, immer wieder die Tugenden seiner Freunde und Bekannten vor dem geistigen Auge zu haben, beispielsweise ihre Bescheidenheit und Großzügigkeit, denn nichts bringt ein so gesundes Gefühl der rationalen Freude wie diese einfache Betrachtung. Diese psychologische Übung führt er im gesamten ersten Kapitel der *Selbstbetrachtungen* durch, indem er die Tugenden der wichtigsten Personen in seinem Leben Revue passieren lässt, oft in wenigen Worten zusammengefasst. Der längste und vorletzte Abschnitt betrifft seinen Adoptivvater, den Kaiser Antoninus Pius.

> [Lernen könnte ich] von meinem Vater Sanftmut und ein unerschütterliches Festhalten an Entscheidungen, die mit Bedacht getroffen wurden; und Gleichgültigkeit gegenüber sogenannten Ehren; und eine Liebe zur Arbeit und Gründlichkeit; und die Bereitschaft, Vorschläge für das Gemeinwohl zu hören; und eine verbissene Entschlossenheit, jedem Menschen das Seine zu geben. (*Selbstbetrachtungen*, 1.16)

Er fährt mehrere Seiten lang fort und endet schließlich mit den Worten:

> Man könnte von ihm sagen, was uns [von Xenophon] über Sokrates berichtet wird, nämlich dass er solche Dinge entbehren konnte, zu deren Entbehrung viele Menschen nicht stark genug sind, und das genießen konnte, wo andere Menschen im Genuss übermäßig sein würden. Aber die Kraft zu haben, in dem einen Fall beharrlich zu bleiben und in dem anderen zu verzichten, ist typisch für einen Mann mit einem vollkommenen und unbezwingbaren Geist.

Von seinem stoischen Lehrer Sextus von Chaeronea, so sagt Mark Aurel, habe er »die Vorstellung von einem Leben im Einklang mit der Natur« gelernt, aber auch »Würde ohne Heuchelei, intuitive Rücksichtnahme auf Freunde und Toleranz gegenüber den Ungebildeten und Unvernünftigen«. Selbst wenn einige unter seinen Freunden, seinen Familienangehörigen und seinen Lehrern nicht besonders weise waren, konnte er dennoch ihre Stärken erkennen und lernen, diese nachzuahmen. Der erste Schritt dazu ist jedoch, sie in Worte zu fassen. Indem er die »Tugenden« anderer benennt und beschreibt, hilft Mark Aurel sich selbst, sie sich einzuprägen und während der restlichen Übungen in den *Selbstbetrachtungen* zu proben.

Merke: Gab es jemals einen wirklich Weisen?

Obwohl die Stoiker viele Beispiele »weiser und guter« Männer aus der Menschheitsgeschichte anführten, betrachteten sie perfekte Weisheit üblicherweise als unerreichbar für echte Menschen, selbst für Zenon und die anderen Begründer des Stoizismus. Der Weise wird daher gewöhnlich als ein abstraktes, *hypothetisches* Ideal bezeichnet. Einzelne, besonders herausragende Personen waren dem Ideal jedoch nähergekommen. Sokrates war das Lieblingsbeispiel der Stoiker für einen *Beinahe-Weisen*, und an zweiter Stelle kam Diogenes der Kyniker. Manchmal werden Zenon, Pythagoras, Heraklit und andere als nachahmenswerte Weise herausgestellt. Letztlich ist der Weise aber nur ein Leitbild, das uns allen von der Natur eingepflanzt wurde – ein *Bild* für das Ziel des Lebens. Indem sie sich weigerten, den Weisen eindeutig mit einer historischen Person gleichzusetzen, vermieden die Stoiker wohl, Männer wie Zenon und Sokrates auf ein Podest zu stellen, als ob sie Gurus wären, und ihre Philosophie in eine Religion oder einen Personenkult zu verwandeln.

Fazit

Die wichtigsten Punkte, die Sie sich aus diesem Kapitel merken sollten, sind:

* »Natürliche Zuneigung« und Philanthropie sind grundlegend für den Stoizismus: Der Weise ist frei von irrationalen Leidenschaften, aber voller rationaler Liebe, und andere zu lieben ist wertvoller, als von ihnen im Gegenzug geliebt zu werden.
* Der Stoiker liebt andere in dem Wissen, dass sie sterbliche und eigenständige Wesen sind, und akzeptiert die Unvermeidlichkeit von Veränderung und Verlust, wie sie von der Natur als Ganzes bestimmt wird.
* Die Stoiker sannen über das hypothetische Ideal eines perfekten philosophischen Weisen nach und hielten sich zahllose Vorbilder relativer »Weisheit« und »Tugend« aus der Geschichte vor Augen.

Next Step

Das Konzept des idealen Weisen hilft dem Stoiker, im Leben die richtige Richtung einzuschlagen, und der Wunsch, dieses Ziel zu erreichen, bestimmt all seine Handlungen. Liebe und Freundschaft sind natürliche und gesunde Emotionen, die die Kluft zwischen der stoischen Theorie der irrationalen »Leidenschaften« und dem angemessenen Handeln, oder zwischen Psychotherapie und ethischem Verhalten, überbrücken. Wir sind nun also bereit, uns der stoischen Disziplin des Handelns genauer zu widmen.

6

Die Disziplin des Handelns (stoische Philanthropie)

In diesem Kapitel erfahren Sie:

- wie Mark Aurel die stoische »Disziplin des Handelns« mithilfe von drei spezifischen Klauseln definierte, die an jede Absicht gebunden sind
- wie man jeder Aktion eine »Vorbehaltsklausel« beifügt und das Ergebnis gelassen hinnimmt
- dass Handlungen »zum Wohle der Allgemeinheit«, im Dienste der Menschheit und mit einem einheitlichen Sinn für das Ziel unternommen werden sollten
- was die Stoiker mit »wertkonformem« Handeln meinten und die Rolle von Klugheit und Gerechtigkeit bei der Auswahl »bevorzugter« Ergebnisse

Sie [die Stoiker] sagen, dass der gute Mensch nichts erfährt, was seinem Wunsch oder seinem Trieb oder seiner Absicht zuwiderläuft, weil er in all diesen Fällen mit einer »Vorbehaltsklausel« handelt und auf keine Hindernisse stößt, die er nicht vorhergesehen hat. (*Stobaeus*, 2.115)

Das kannst du bei geschickten Ballspielern sehen. Keiner von ihnen wetteifert um den Ball als etwas Gutes oder Schlechtes, sondern nur um das Werfen und Fangen des Balls. […] Aber wenn wir den Ball mit Angst und Furcht werfen oder fangen, wo bleibt da der Spaß, wie soll ein Spieler in guter Form sein und wie soll er den Spielverlauf im Auge behalten? Einer wird sagen: »Wirf!«, ein anderer wird sagen: »Wirf nicht!«, und ein dritter: »Du warst schon dran!« Das wäre kein Spiel, sondern eine Schlägerei. (Epiktet, *Unterredungen*, 2.5)

Selbsteinschätzung: Stoische Einstellungen und die Disziplin des Handelns

Überprüfen Sie vor der Lektüre dieses Kapitels, wie weit Sie den folgenden Aussagen zustimmen, indem Sie die unten angegebene Skala (1–5) verwenden, und überprüfen Sie Ihre Einstellung erneut, nachdem Sie das Kapitel gelesen und verarbeitet haben.

1. stimme überhaupt nicht zu, 2. stimme nicht zu, 3. stimme weder zu noch stimme ich nicht zu, 4. stimme zu, 5. stimme voll und ganz zu

1. Die beste Art zu handeln ist, von Anfang an vollständig zu akzeptieren, dass die Dinge vielleicht nicht so laufen wie geplant.
2. Erfüllung kommt durch konsequentes Handeln im Dienste des Gemeinwohls, zum Wohle der Menschheit.
3. Handlungen sollten sich an dem natürlichen Wert orientieren, den wir äußeren Dingen beimessen, auch wenn dies nicht das Wichtigste im Leben ist.

Was ist die »Disziplin des Handelns«?

Wie können die Stoiker die Betonung der Disziplin des Verlangens auf Akzeptanz mit der Notwendigkeit des Handelns in Einklang bringen? Macht uns das Akzeptieren von Dingen nicht einfach zu passiven »Fußabtretern«? Wie kann man in der realen Welt handeln, besonders in komplexen menschlichen Angelegenheiten, ohne die eigene Gelassenheit zu gefährden? Dies sind einige der Fragen, denen sich die stoische »Disziplin des Handelns« widmet.

Hadot nennt Epiktets *zweite* Disziplin »Handeln im Dienste der Menschheit«. Er interpretiert sie als die Tugend, in Harmonie mit anderen Menschen zu leben, es handelt sich also um die Essenz der stoischen »Philanthropie« oder »Liebe zur Menschheit«. Technisch betrachtet sagt Epiktet, dass die »Disziplin des Handelns« sich mit konkreten Fällen unserer Handlungsimpulse (*hormê)* beschäftigt, das heißt mit unserer Absicht, bestimmte Dinge anzustreben oder zu vermeiden. Er fügt hinzu, dass es sich um die stoischen Pflichten oder »angemessene Handlungen« (*kathêkonta*) handelt, also darum, »in geordneter Weise, aus guten Gründen und nicht leichtfertig« zu handeln (*Unterredungen*, 3.2).

Wie bereits erwähnt, fügt er hinzu, dies bedeute, »dass ich nicht gefühllos [*apathê*] sein soll wie eine Statue, sondern meine Beziehungen, sowohl die natürlichen als auch die erworbenen, als religiöser Mensch, als Sohn, als Bruder, als Vater, als Bürger, pflegen soll«. Mit anderen Worten, es beinhaltet psychologische Übungen und Strategien, die dem stoischen Schüler helfen sollen, in den konkreten Situationen, die sich in den verschiedenen Lebensbereichen und in seinen Beziehungen zu anderen Menschen ergeben, konsequent »das Richtige zu tun«, ohne sein Engagement für die Tugend oder seine Gelassenheit zu gefährden. Mark Aurel scheint die Disziplin des Handelns oft mit der Tugend der »Gerechtigkeit« gleichzusetzen (Hadot, 1998, S. 219). Sie muss auch mit dem Prozess der »Aneignung« (*oikeiôsis*) in Verbindung gebracht werden, der es uns ermöglicht, in größerer Übereinstimmung mit dem Rest der Menschheit zu leben.

Mark Aurel scheint größeren Wert als Epiktet auf das gerechte und wohlwollende Handeln gegenüber dem Rest der Menschheit zu legen. Bei der Erörterung der drei Disziplinen fügt Markus jedoch eine sehr spezifische Formel bezüglich der Disziplin des Handelns hinzu, die er Epiktet zuzuschreiben scheint, obwohl sie nicht in dessen überlieferten *Unterredungen* steht. Wir sollten unsere »Impulse« zum Handeln aufmerksam schützen und darauf achten, dass all unsere Vorhaben wie folgt unternommen werden:

1. »mit einer Vorbehaltsklausel« (*hupexairesis*), das heißt, ich füge den Vorbehalt »solange mich nichts daran hindert« oder »sofern das Schicksal es zulässt« hinzu, agiere mit einer »philosophischen

Einstellung« zum Ergebnis und nehme von vornherein gelassen hin, dass die Dinge vielleicht nicht wie geplant verlaufen.

2. »zum Gemeinwohl« der Menschheit (*koinônikai*), was bedeutet, dass alle meine Handlungen im Laufe meines Lebens einem einzigen äußeren Ziel gewidmet sind, das einem gemeinsamen Zweck dient oder zumindest nicht im Widerspruch dazu steht, nämlich letztlich Harmonie und Freundschaft innerhalb der Gemeinschaft der Menschheit und ihr kollektives Gedeihen und Glück.
3. »in Übereinstimmung mit dem Wert« (*kat' axian*), das heißt, mit praktischer Weisheit und Gerechtigkeit, indem man fair mit anderen umgeht und indem man jene »bevorzugten« äußeren Dinge auswählt, die unter diesen spezifischen Umständen vernünftigerweise als am angemessensten erachtet werden.

Hadot fasst die Regeln für »angemessene Handlungen« oder stoische Pflichten und die Disziplin des Handelns ebenfalls wie folgt zusammen (Hadot, 1998, S. 183):

1. Wir müssen im Dienste der gesamten Natur oder, theologisch gesprochen, im Dienste Gottes handeln, indem wir unser Schicksal als vom Universum bestimmt akzeptieren – dies ist die wahre Essenz der stoischen »Vorbehaltsklausel«.
2. Wir sollten danach streben, die gesamte Menschheit zu lieben, und uns alle nur als verschiedene Glieder eines einzigen Organismus zu sehen.
3. In unseren Handlungen müssen wir die rationale Wertehierarchie respektieren, die das angemessene Handeln bestimmt.

Diese Begriffe finden sich allesamt bei Epiktet, aber nur Mark Aurel führt sie zu einer so klar definierten *Formel* für das Handeln zusammen. Wir haben das Konzept des Handelns »in Übereinstimmung mit dem Wert« in früheren Kapiteln angesprochen. Es bedeutet, den natürlichen Wert (*axia*) verschiedener äußerer Dinge zu verstehen, während man diesen vom höchsten »Gut« unterscheidet, das in der Tugend zu finden ist. Wir werden uns also im Folgenden auf die beiden verbleibenden Klauseln konzentrieren. Von diesen ist die erste vielleicht die wichtigste, denn *ohne* die »Vorbehaltsklausel« kann kein Vorhaben sicher durchgeführt werden.

Philanthropische Handlungen müssen großmütig erfolgen, mit anderen Worten, mit genügend Abstand zum Ergebnis, damit wir unsere Vernunft und unseren Seelenfrieden bewahren, anstatt enttäuscht zu werden, wenn unsere Wünsche unweigerlich durch äußere Umstände vereitelt werden. »In der Welt, aber nicht von der Welt sein«, wie die Christen es ausdrücken. Stoiker würden es von Natur aus *»vorziehen«*, in Zenons idealem Staat zu leben, inmitten einer Gemeinschaft von erleuchteten Freunden, und doch *akzeptieren* sie, dass die reale Welt eher wie ein metaphorisches »Volksfest« oder ein »öffentliches Badehaus« ist, voller Tumult und Unruhe, widerwärtigen Charakteren, Lärm und Ablenkung.

Fallstudie: James Stockdale in Vietnam

»Am 9. September 1965 flog ich mit 500 Knoten direkt in eine Flakfalle, auf Baumwipfelhöhe, in einem kleinen A-4-Flugzeug – die Cockpitwände waren nicht einmal einen Meter voneinander entfernt –, das ich nicht mehr steuern konnte, da es in Flammen stand und sein Steuerungssystem zerschossen war«, schrieb James Stockdale. Nachdem er gezwungen gewesen war, über Nordvietnam den Schleudersitz zu betätigen, und während er auf das Dorf unter sich und die sichere Inhaftierung als Kriegsgefangener zusteuerte, schoss ihm sein letzter Gedanke als freier Mensch durch den Kopf: »Fünf Jahre da unten, mindestens. Ich verlasse die Welt der Technik und betrete die Welt des Epiktet!« (Stockdale, 1995, S. 189).

Zu Beginn des US-Engagements im Vietnamkrieg wurde Stockdale von einem Mob von 15 wütenden Dorfbewohnern gefangen genommen, die ihn fast zu Tode prügelten. Sie brachen ihm das Bein, das anschließend dauerhaft lahm blieb, genau wie beim verkrüppelten Sklaven Epiktet, dessen antikes *Handbüchlein der Moral* über den Stoizismus Stockdale verschlungen hatte, nachdem er im Masterstudiengang Philosophie an der Stanford University studiert hatte. Dann wurde er von der nordvietnamesischen Armee gefangen genommen und nach Hanoi transportiert, wo er als ranghöchster US-Marineoffizier zum Anführer einer Gemeinschaft gefangener Soldaten wurde, die zwischenzeitlich über 400 Mann zählte. Stockdale wurde in einem alten »Verlies« aus der französischen Kolonialzeit inhaftiert, das Teil eines großen kommunistischen Gefängnisses namens Hao Lo war, das den Spitznamen »Hanoi Hilton« trug. Die amerikanischen Kriegsgefangenen waren dort ständigen Versuchen der psychologischen Umprogrammierung durch Gefängnisbeamte und professionelle Folterer ausgesetzt.

Stockdale verbrachte dort siebeneinhalb Jahre, vier davon in Isolation, zwei in Fußfesseln. Er wurde 15 Mal mit einer brutalen Methode gefoltert. Während seiner gesamten Zeit in Gefangenschaft halfen ihm jedoch die vielen Passagen aus Epiktets Werk, die er auswendig gelernt hatte. Er nannte sie seinen »Trost« und seine »Geheimwaffe« während der Gefangenschaft. Nach seiner Freilassung wurde er ein militärischer Held, einer der höchstdekorierten Offiziere in der Geschichte der US-Marine, und erreichte den Rang eines Vizeadmirals. Er begann, Vorträge über die Relevanz der stoischen Philosophie für das moderne Militärleben zu halten. Eine Sammlung seiner Vorträge und Essays wurde in dem Buch *Thoughts of a Philosophical Fighter Pilot* (Stockdale, 1995; zu Deutsch: *Gedanken eines philosophischen Kampfpiloten*) veröffentlicht.

Seine bemerkenswerte Geschichte zeigt, wie der antike Stoizismus erfolgreich angewandt werden kann, um sich die psychologische Widerstandsfähigkeit angesichts der zermürbendsten Widrigkeiten, die man sich in der modernen Welt nur vorstellen kann, zu erhalten. In Situationen wie dieser müssen Stoiker ihre natürlichen Wünsche oder empfundenen Pflichten mit der Tatsache in Einklang bringen, dass nur wenig von den äußeren Umständen ihrer direkten Kontrolle unterliegt. Dennoch verfügen sie jederzeit über ausreichend Freiheit, um ihre Integrität, oder Tugend, zu bewahren, die ihr oberstes Ziel bleibt.

Merke: Handeln »in Übereinstimmung mit den Werten«

Wir haben bereits die stoische Theorie der »gleichgültigen« Dinge besprochen und das stoische Konzept, dass es eine Hierarchie von Werten gibt, die sich aus unserer tierischen Natur ableitet. Diese beginnt mit dem Selbsterhaltungstrieb und erstreckt sich über die natürliche »Verbundenheit«, die wir empfinden, zunächst gegenüber unseren Nachkommen und unserer Familie, dann gegenüber Freunden und schließlich dem Rest der Menschheit. Auch wenn äußere Dinge im Hinblick auf *eudaimonia* keinen Wert haben, erfordert ein weises Leben einen »angemessenen« Umgang mit unserem Körper, mit Eigentum, Geld und anderen Menschen.

Mit einer »Vorbehaltsklausel« handeln

Ein Kapitel in Epiktets *Unterredungen* trägt den Titel »Wie hoher Sinn und sorgsamer Fleiß miteinander bestehen« (in der Übersetzung von K. Enk, erschienen 1866 im Verlag von Carl Gerold's Sohn, *Anm. d. Übers.*). Darin geht es darum, wie wir unseren Wunsch, im Leben angemessen zu handeln und das Richtige zu tun, mit der Losgelöstheit vereinbaren können, die erforderlich ist, um die stoische Gelassenheit zu bewahren. Die Disziplin des Handelns, die oft das Bemühen erfordert, die Welt im Namen der Gerechtigkeit zu *verändern*, stellt eine Herausforderung für die Disziplin des Verlangens mit ihrem Fokus auf *Akzeptanz* und emotionale »Gleichgültigkeit« dar. Epiktets Antwort lautet, dass wir das Leben ein wenig wie ein Spiel angehen sollten. Wir sind wie Menschen, die zum Vergnügen würfeln und deren Ziel es ist, gut, fair und guter Dinge sowie regelkonform zu spielen. Es macht letztlich keinen Unterschied, ob wir gewinnen oder verlieren. Wir müssen akzeptieren, wie der Zufall die Würfel fallen lässt, und das Beste daraus machen. Wir versuchen, das Spiel zu gewinnen, um gute

Spieler zu sein, aber das Gewinnen ist letztlich nicht wichtig und, um das Klischee zu verwenden, es ist das »Dabeisein«, das zählt. Ebenso ist es im wahren Leben: Die innere Haltung, mit der wir am Leben teilnehmen und unsere Rolle erfüllen, ist wichtiger als das Schicksal, das uns in Form von äußerem Erfolg oder Misserfolg begegnet. Wenn sich etwas nicht so entwickelt, wie der Stoiker es sich wünscht, könnte er daher zu sich selbst sagen: »Meine Absichten waren korrekt, und das ist alles, was man verlangen kann; wenn das Schicksal anders entschieden hat, werde ich das so akzeptieren, als ob es von Anfang an mein Wille gewesen wäre.« Die geforderte Tugend ist dann eher Gleichmut als Gerechtigkeit und die Disziplin eher die des Verlangens als die des Handelns.

Die Stoiker wendeten eine clevere psychologische Strategie an, die es ihnen ermöglichte, mit äußeren Ereignissen, einschließlich anderen Menschen, zu interagieren, ohne ihr Prinzip zu kompromittieren, nur das anzustreben, was innerhalb ihrer Kontrolle liegt. Sie beziehen sich auf Handlungen, die »mit einer Vorbehaltsklausel« unternommen werden, beispielsweise »sofern das Schicksal es zulässt«, »so Gott will« oder »sofern mich nichts daran hindert«. Es ähnelt der Redewendung: »Tu, was du tun musst; lass zu, was kommen mag.« Ich kann nicht rational *verlangen*, dass meine Handlungen in Bezug auf das beabsichtigte Ergebnis erfolgreich sein müssen, also gehe ich alles unvoreingenommen an, bereit, sowohl Sieg als auch Niederlage mit völligem Gleichmut zu akzeptieren.

Jedes Handeln ist daher mit Achtsamkeit und völliger Akzeptanz der Tatsache zu vollziehen, dass das Ergebnis vielleicht nicht wie geplant ausfällt. Diese Idee findet sich aber nicht nur im Stoizismus. Christen schrieben früher »D. V.« oder *»Deo Volente«* (*lat. »So Gott will.«*) an das Ende von Briefen, um denselben Vorbehalt anzubringen. *»Insha'Allah«* (*arabisch für »So Gott will«, auch inschallah geschrieben*) bedeutet im Islam etwas Ähnliches. *Das Neue Testament* enthält tatsächlich eine ziemlich klare Beschreibung dieses Konzepts in einer Passage, die so klingt, als hätten die Stoiker sie geschrieben:

Hört zu, ihr, die ihr sagt: »Heute oder morgen werden wir in diese oder jene Stadt gehen, ein Jahr dort verbringen, Geschäfte machen und Geld verdienen. Ihr wisst doch gar nicht, was morgen passiert. Denn was ist euer Leben? Ihr seid ein Nebel, der für eine kurze Zeit erscheint und dann wieder verschwindet. Stattdessen solltet ihr sagen: »So der Herr will, werden wir leben und dies oder jenes tun.« (*Jakobus*, 4.13–15)

In ähnlicher Weise wird Jesus dargestellt, wie er ausruft: »Mein Vater, wenn es möglich ist, gehe dieser Kelch an mir vorüber. Aber nicht, wie ich will, sondern wie du willst.« (*Matthäus*, 26.39) Die stoische Version kann verschiedene Formen annehmen, aber das zugrundeliegende Konzept und die Haltung bleiben die gleichen. Zum Beispiel erörtert Seneca die stoische »Vorbehaltsklausel« sehr deutlich in mehreren Schriften und formuliert sie als die Formel:

»Ich möchte dies und jenes tun, solange nichts geschieht, was meiner Entscheidung im Wege stehen könnte.« (*Von der Gemütsruhe*, 13)

An anderer Stelle gibt er das Beispiel: »Ich werde über den Ozean segeln, wenn mich nichts daran hindert.« Der Weise rechnet also damit, dass sich jederzeit etwas seinen Plänen entgegenstellen kann. Er entscheidet sich bewusst für diese Denkweise, so Seneca, weil die seelische Qual, die ein Misserfolg verursacht, für jemanden, der sich den Erfolg nicht im Vorhinein versprochen hat, zwangsläufig leichter ist.

Deshalb sagen wir, dass bei ihm alles gut läuft und dass nichts entgegen seiner Erwartung geschieht, weil er die Möglichkeit in Betracht zieht, dass etwas passieren könnte, was die Verwirklichung seiner Projekte verhindert. Es wäre unkluge Zuversicht, darauf zu vertrauen, dass das Glück auf unserer Seite sein wird. Der weise Mensch bedenkt beide Seiten: Er weiß, wie groß die Macht der Irrtümer ist, wie unsicher die menschlichen Angelegenheiten sind, wie viele Hindernisse dem Erfolg von Plänen entgegenstehen. Ohne sich festzulegen, wartet er den zweifelhaften und launischen Ausgang der Ereignisse ab und wägt die Gewissheit des Zwecks gegen die

> Ungewissheit des Ergebnisses ab. Aber auch hier ist er durch jene »Vorbehaltsklausel« geschützt, ohne die er nichts beschließt und nichts beginnt. (*Über die Wohltaten*, 4.34)

Der stoische Schüler wendet daher zeitlebens eine psychologische Strategie an, die darin besteht, jedes Vorhaben zu bewerten, indem er zwischen seinem Willen und äußeren Faktoren, die außerhalb seiner Kontrolle liegen, unterscheidet. Er versucht, tugendhaft zu leben und dennoch seine Wünsche mit den äußeren Ereignissen in Einklang zu bringen. Dies ähnelt Chrysipps Dichotomie, im Einklang mit der inneren und äußeren *Natur* zu leben.

Im *Handbüchlein der Moral* von Epiktet steht, dass stoische Schüler äußeren Ereignissen weder Verlangen noch Abneigung entgegenbringen sollten. Sie sollten aufhören, diese entweder als »gut« oder »schlecht« zu beurteilen und sie in Übereinstimmung mit der Disziplin des Verlangens akzeptieren. Uns wird jedoch auch gesagt, dass die Disziplin des Handelns von uns verlangt, dass wir weiterhin äußere Ziele und angemessene Handlungen »auswählen«, wenn auch »leichthin und ohne Anstrengung« und mit dem Zusatz der »Vorbehaltsklausel«. (*Handbüchlein der Moral*, 2)

Wir sollten alle potenziellen Herausforderungen des bevorstehenden Tages und die entsprechenden Maßnahmen, die erforderlich sind, um sie weise zu bewältigen, mental einstudieren. Wenn Sie irgendeine Aktivität planen, selbst so etwas Triviales wie den Besuch eines öffentlichen Bades (vielleicht allgemein als Metapher für den Tumult und die Unruhe des Lebens gedacht), stellen Sie sich im Vorhinein vor, was auf welche Art schiefgehen oder Ihre Pläne behindern könnte. Dann sagen Sie sich: »Ich möchte dies und jenes tun und gleichzeitig wahren, dass mein Wille in Harmonie mit der Natur ist«, indem Sie bereitwillig akzeptieren, was auch immer geschieht (*Handbüchlein der Moral*, 4). Auf diese Weise können Sie, wenn Ihr Vorhaben später behindert werden sollte, sagen: »Ach, das war schließlich nicht alles, was ich gewollt habe, sondern ich wollte ja auch, dass mein Wille in Harmonie mit der Natur steht, und das wäre unmöglich, wenn ich mich über das, was geschieht, aufrege.« Mit anderen Worten: »Leben im Einklang mit der Natur« bedeutet, sich den äußeren Ereignissen zu fügen, wenn unser Schicksal es verlangt.

Mark Aurel erwähnt etwa fünfmal ausdrücklich das Handeln »mit einer Vorbehaltsklausel« (*hupexhairesis*), wobei er Epiktet als eine seiner Quellen zitiert, aber eine andere Perspektive hinzufügt. Das menschliche Bewusstsein besitzt eine Art unbegrenzter Flexibilität; er sagt, es könne sich immer an alles anpassen, was im Leben geschieht, und das ist eine der kostbarsten Gaben der Vernunft. Es braucht nichts Äußeres, um zu gedeihen, denn bei der Verfolgung all seiner »bevorzugten« Dinge im Leben kann es die »Vorbehaltsklausel« nutzen und sich darauf vorbereiten, jedes äußere Schicksal, das uns widerfährt, in eine Gelegenheit zur Tugendhaftigkeit umzuwandeln und damit unseren Fortschritt in Richtung *eudaimonia* zu beflügeln. Die alten Stoiker glaubten, der Geist bestehe aus einer feinen materiellen Substanz, die dem Feuer ähnelt. Also sagt Mark Aurel, dass das Handeln mit einer Vorbehaltsklausel dem Geist erlaubt, alles, was ihm begegnet, gut zu nutzen, »so wie das Feuer, wenn es sich dessen, was hineingeworfen wird, bemächtigt« (*Selbstbetrachtungen*, 4.1).

Im folgenden Dialog scheint er sich eine hypothetische Debatte mit einem stoischen Weisen vorzustellen, der als sein Mentor fungiert, oder sich möglicherweise an ein reales Gespräch mit einem seiner eigenen stoischen Lehrer zu erinnern:

> [Der Weise:] Handlung für Handlung musst du dein Leben aufbauen, und wenn du bei allen Handlungen dein Bestes gibst, so kannst du zufrieden sein, und dass du das tust, daran kann dich niemand hindern.
>
> [Mark Aurel:] Aber irgendetwas Äußeres wird das doch erschweren!
>
> [Der Weise:] Doch nichts kann dich davon abhalten, mit Gerechtigkeit, Selbstdisziplin und praktischer Weisheit zu handeln.

[Mark Aurel:] Aber was ist, wenn ein anderer Aspekt des Vorhabens verhindert wird?

[Der Weise:] Nun, ja, aber wenn du eine Haltung der gelassenen Akzeptanz in Bezug auf ein solches Hindernis einnimmst und wenn du weißt, wie du umsichtig zu dem zurückkehren kannst, was zu tun du in der Lage bist, dann wird eine andere Handlung die vorige ersetzen und sie wird zu dem harmonischen Leben passen, von dem wir sprechen.
(*Selbstbetrachtungen*, 8.32)

Mit anderen Worten: Stoiker sollten niemals übermäßig an einem bestimmten Ergebnis oder Handlungsverlauf hängen. Wenn jemand unsere Versuche behindert, anderen gegenüber gerecht und wohlwollend zu handeln, in Übereinstimmung mit der Disziplin des Handelns, dann bietet er uns nur eine Gelegenheit, stattdessen die Tugenden der Selbstdisziplin und der Tapferkeit zu üben, in Übereinstimmung mit der Disziplin des Verlangens.

Schlüsselgedanke: »mit einer Vorbehaltsklausel«
In den stoischen Texten, insbesondere bei Epiktet und Mark Aurel, finden wir den griechischen Fachbegriff *hupexhairesis*, der bedeutet, »mit einer Vorbehaltsklausel«, »unter Vorbehalt« oder »mit einer Ausnahme« im Sinn zu handeln. Bei Seneca wird der gleiche Begriff im Lateinischen als *exceptio* bezeichnet. Es bedeutet, mit einer Art *distanzierter* Haltung gegenüber dem Ergebnis zu handeln, das als *Ausnahme* (veraltet auch: Exzeption) von dem Gewünschten behandelt wird. Der Weise handelt immer mit diesem Vorbehalt im Hinterkopf, er denkt: »Ich werde dies und jenes tun, sofern das Schicksal es zulässt« oder »so Gott will« und so weiter.

Die Pläne des Weisen werden daher niemals vereitelt, weil er nur das tun möchte, bei dem es nichts gibt, das ihn am Erreichen hindert. Im Gegensatz dazu können irrationale Leidenschaften, beispielsweise das

»Begehren«, nicht mit einer Vorbehaltsklausel versehen werden, weil sie danach streben, etwas außerhalb unserer direkten Kontrolle zu erreichen. Handlungen werden jedoch im Stoizismus als »gut« oder »böse«, lasterhaft oder tugendhaft beurteilt, und zwar allein aufgrund der ihnen zugrunde liegenden Absicht, unabhängig von ihren Folgen (Cicero, *Vom höchsten Gut und vom größten Übel*, 3.32).

Jetzt sind Sie dran: Handeln mit der »Vorbehaltsklausel«

Wählen Sie eine Aufgabe aus, die Sie mit der »Vorbehaltsklausel« angehen. Konzentrieren Sie sich darauf, mit Integrität zu handeln, und darauf, das Ergebnis mit Gleichmut zu akzeptieren. Folgen Sie diesen Schritten:

1. Planen Sie etwas, das Sie nachher tun werden und das mit äußeren Ereignissen zu tun hat.
2. Versuchen Sie, sich die verschiedenen Hindernisse vorzustellen, die sich Ihnen in den Weg stellen könnten, und nehmen Sie bereitwillig in Kauf, dass die Dinge Ihren Wünschen zuwiderlaufen könnten.
3. Sagen Sie sich immer wieder selbst vor: »Ich werde dies und jenes tun«, und fügen Sie den Vorbehalt hinzu: »… sofern mich nichts daran hindert« oder »sofern das Schicksal es zulässt«.
4. Wenn sich die Dinge nicht so entwickeln, wie Sie es sich gewünscht haben, richten Sie Ihre Aufmerksamkeit darauf, das Ergebnis trotzdem zu akzeptieren, wie es die Disziplin des Verlangens lehrt.

Wenden Sie diese Übung so lange an, bis Sie in der Lage sind, an die meisten Situationen mit der Einstellung der »Vorbehaltsklausel« heranzugehen, und darauf zu achten, dass Ihr Wille in Harmonie mit den Ereignissen steht.

Der stoische Bogenschütze

Ciceros »Cato« erklärt die stoische Theorie des Handelns anhand der Metapher eines Bogenschützens. Er kann seinen Pfeil kerben und seinen Bogen so gut es ihm nur möglich ist spannen, aber sobald der Pfeil losgeflogen ist, kann er nur noch abwarten, ob er das Ziel trifft. Ein unerwarteter Windstoß könnte ihn aus der Bahn bringen oder das Ziel (beispielsweise ein wildes Tier) könnte sich bewegen. Die Absicht unterliegt seiner Kontrolle, ebenso wie der anfängliche »Impuls« oder der Akt, den Pfeil in Bewegung zu setzen, aber das Ergebnis hängt letztendlich vom Schicksal ab – oder von äußeren Variablen, die außerhalb seiner Kontrolle liegen.

Die Stoiker unterscheiden manchmal zwischen dem »Ziel« (*skopos*), das mit einer Handlung verfolgt wird – gemeint ist etwas wie die Zielscheibe, wörtlich die Markierung, auf die wir unseren Blick richten –, und dem Ausklang oder dem Zweck (*telos*) der Handlung – wörtlich ihre »Vollendung« oder »Erfüllung«. »Cato« nutzt dies als Metapher für die Unterscheidung zwischen »bevorzugten« äußeren Dingen und dem Ziel des Lebens. Obwohl die Stoiker viele Dinge im Leben anstreben, die auch die meisten anderen Menschen wollen, beispielsweise körperliche Gesundheit und Freundschaft, tun sie dies auf eine subtil *distanzierte* Weise. Das wahre »Ziel« des Lebens ist praktische Weisheit oder Tugend, und diese besteht in der »Lebenskunst«, der Art und Weise, wie wir die Dinge angehen, unabhängig vom Ergebnis.

Das äußere »Ziel« (*skopos*) einer Handlung kann zum Beispiel sein, Freunden zu nützen, indem man ihnen etwas beibringt und sie zur Tugendhaftigkeit ermuntert, wie Sokrates es tat. Ob das gelingt oder nicht, liegt jedoch teilweise in den Händen des Schicksals, wie Sokrates' weniger angesehene Schüler zeigen. Das Ziel eines Weisen wäre nicht, anderen zu nützen, was außerhalb seiner Kontrolle liegt, sondern einfach sein Bestes zu tun, um ihnen zu nützen. Wie der Bogenschütze, der seinen Pfeil abschießt, ist sein Werk vollendet, wenn er sein Bestes getan hat, indem er mit den

Tugenden der Gerechtigkeit und des Wohlwollens handelte, unabhängig davon, ob es ihm tatsächlich gelingt, die Zielmarkierung zu treffen oder nicht.

Das Ziel, auf das wir unseren Blick richten (*skopos*), das Ergebnis einer Handlung, liegt im Wesentlichen immer in der Zukunft. Unsere Absicht, es zu erreichen, existiert dagegen im gegenwärtigen Moment. Wenn wir es sozusagen mit der richtigen Einstellung angehen, haben wir den Zweck (*telos*) der Tugend schon zu Beginn unserer Bemühungen erreicht. Wie wir bereits gesehen haben, zieht Epiktet einen ähnlichen Vergleich zwischen dem Leben und einem Ballspiel. Auch wenn wir versuchen, den Ball zu besitzen und weiterzuspielen, betrachten wir ihn nicht als einen Wert an sich – es ist nur ein Spiel. Worauf es ankommt, ist, dass wir *gut* spielen, auf eine faire (tugendhafte) Art und Weise, und das bedeutet oft, sich nicht aufzuregen, wenn das Spiel zu unseren Ungunsten läuft.

Wir könnten das Leben auch mit dem Tanzen oder Singen zum Vergnügen vergleichen, dessen Ziel durch die Ausübung erreicht wird, indem man gut tanzt oder singt, und nicht durch irgendein äußeres Ergebnis. Eine leibhaftige Aufführung kann jedoch unterbrochen werden, während unsere moralische Absicht von Anfang an vollständig ist und nicht in Teile zerlegt werden kann. Das ist für die Stoiker ein wichtiger Punkt, weil es bedeutet, dass wir niemals daran gehindert werden können, Tugend zu erreichen – es geschieht im Handumdrehen, sobald eine tugendhafte Entscheidung getroffen wird, im »Hier und Jetzt«. Epiktet fragte deshalb seine Schüler: »Kannst du mir einen einzigen Menschen nennen, dem wichtig ist, wie er tut, was er tut, und der sich nicht für das interessiert, was er bekommen könnte, sondern nur für die Art und Weise seines eigenen Handelns?« (*Unterredungen*, 2.16) Es ist die Art und Weise, wie wir die Dinge angehen, die zählt, nicht, ob wir Erfolg haben oder nicht. Wie Seneca es ausdrückt: »Kurz gesagt, der weise Mann sieht auf den Zweck aller Handlungen, nicht auf ihre Folgen; die Anfänge liegen in unserer Macht, aber das Schicksal beurteilt den Ausgang, und ich gewähre ihm kein Urteil über mich« (*Briefe an Lucilius*, 14).

Schlüsselgedanke: »Impulse« und »angemessene Handlungen«

»Impulse« (*hormê*) sind in der stoischen Psychologie im Grunde der Anfang von willentlichen Handlungen. Sie liegen irgendwo zwischen dem, was wir unter einer »Absicht« und einer »Handlung« verstehen, und sie basieren auf Akten der »Zustimmung« zu bestimmten Eindrücken. Zum Beispiel heißt es, dass »Impulse« die Form von »Absicht«, »Anstrengung«, »Vorbereitung«, »Entscheidung«, »Wunsch« und »Wollen« annehmen können. Eine besonders wichtige Form von Impulsen sind Leidenschaften, wie zum Beispiel Furcht und Verlangen oder Leid und Vergnügen. Wenn unsere Absichten mit der Vernunft und dem natürlichen Wert der Dinge übereinstimmen, gelten unsere Handlungen als »angemessen« für die Umstände.

Zenon prägte den Begriff »angemessene Handlungen« (*kathêkonta*), wegen seiner Ähnlichkeit mit dem Ausdruck »auf bestimmte Personen zutreffend« (*kata tinas hêkein*), um darauf zu verweisen, was für bestimmte Personen in *bestimmten* Situationen das Richtige zu tun sei. Oft kann dies nur auf der Basis von *Wahrscheinlichkeiten* beurteilt werden, als etwas, das vernünftigerweise »zu bevorzugen« ist, beispielsweise ob es angemessen wäre, jemandem bei einer bestimmten Gelegenheit Geld zu leihen oder nicht. Im Gegensatz dazu können wir mit Gewissheit erfassen, dass es »gut« ist, Tugend zu besitzen und die Absicht (»Impuls«) zu haben, im Einklang mit der Gerechtigkeit zu handeln. Der stoische Fachjargon unterscheidet zwischen *kathêkonta*, »angemessenen Handlungen«, die jeder vollziehen kann, und *katorthômata*, »vollkommenen Handlungen«, die nur vom Weisen vollzogen werden (Long, 2002, S. 257). Jeder Narr kann das Richtige tun, aber der Weise handelt sowohl angemessen als auch mit Einsicht, auf der Grundlage von vollkommenem Wissen, Weisheit und Tugend.

Merke: Der Weise handelt stets mit der »Vorbehaltsklausel«

Mark Aurel führt dort, wo er die drei Klauseln beschreibt, die die stoische Disziplin des Handelns definieren, die »Vorbehaltsklausel« an erster Stelle auf (*Selbstbetrachtungen*, 11.37). Ohne diesen Vorbehalt jeder Absicht hinzuzufügen, könnte der Stoiker nicht sicher im Einklang mit der Tugend leben, wenn er mit »gleichgültigen« Dingen und anderen Menschen interagiert. In theologische Sprache übertragen kann man sagen, dass er das will, was für ihn selbst, seine Freunde und die Gemeinschaft der Menschen von Natur aus vorzuziehen ist, aber nur solange Gott dasselbe will. Wenn es sich anders entwickelt, muss der Stoiker diese Tatsache akzeptieren und sich entsprechend anpassen, anstatt enttäuscht zu sein. Wie Seneca es ausdrückt, wendet also auch ein vollkommen Weiser diese Strategie an, wenn er irgendein Vorhaben plant.

»Zum Gemeinwohl« der Menschheit handeln

Wir wissen, dass die Stoiker großen Wert darauf legten, eingehend über das hypothetische Ideal des Weisen nachzudenken und es sich als Leitfaden fürs Leben vorzunehmen, aber könnte das hypothetische Ideal einer *Gemeinschaft* von Weisen, der Traum eines idealen stoischen »Staates«, eine ähnliche Funktion gehabt haben? Mark Aurel schrieb in sein Tagebuch: »Warte nicht auf Platons Staat! Gib dich vielmehr damit zufrieden, wenn es auch nur ein kleines Stückchen vorwärts geht, und mache dir bewusst, dass auch ein solch winziger Fortschritt absolut nichts Winziges ist!« (*Selbstbetrachtungen*, 9.29) Wie wir bereits gesehen haben, behauptete Mark Aurel auch, dass Epiktets »Disziplin des Handelns« darin bestand, jeder Absicht die Klausel »zum Gemeinwohl« (der Menschheit) hinzuzufügen.

Eine Möglichkeit, wie man dies interpretieren könnte, wäre wohl, dass die Disziplin des Handelns von uns verlangt, jede Handlung von Anfang an einem einzigen zugrunde liegenden Ziel zu widmen, dem idealen »Staat« oder der aufgeklärten philosophischen Gemeinschaft. Obwohl er Kaiser von Rom ist, der politisch und militärisch mächtigste Stoiker, der je gelebt hat, scheint Mark Aurel damit zufrieden zu sein, wenn seine einzelnen Handlungen wenigstens kleine Schritte in diese Richtung darstellen. So erinnert er sich in den *Selbstbetrachtungen* immer wieder daran, sein Handeln dem Gemeinwohl der Menschheit zu widmen, als Mitbürger des Kosmos.

Allerdings hat er wahrscheinlich nicht wörtlich Platons *Staat* im Sinn. Römische Autoren neigen dazu, praktisch *jede* philosophische Darstellung der idealen Gesellschaft als »Platons Staat« zu bezeichnen. So kritisierte der römische Staatsmann Cicero seinen Freund Cato, ebenfalls ein Staatsmann und bekanntermaßen ein *kompromissloser* Stoiker, dafür, dass er so tat, als würde er bereits in »Platons Staat« leben, anstatt bereit zu sein, *Realpolitik* zu betreiben. Der Gründungstext des Stoizismus war Zenons *Politeia* (Staat), der in scharfem Gegensatz zu Platons gleichnamigem Buch stand und viele Kritikpunkte an der platonischen Idealgesellschaft enthielt. Mark Aurel und Cicero nutzen diesen Begriff also recht frei, und es ist wahrscheinlicher, dass sie das stoische Ideal im Sinn haben. Ein entscheidender Unterschied war, dass Platons ideale Gesellschaft bekanntermaßen hierarchisch aufgebaut und in drei soziale Klassen unterteilt war, wobei die Harmonie davon abhing, dass jeder Einzelne seinen Platz kannte, während Zenons *Staat* offenbar alle Bürger als gleichberechtigt ansah. Es hat den Anschein, als habe es im idealen stoischen Staat keinen Bedarf an Geld, Waffen, Gerichten oder Tempeln gegeben und Männer und Frauen würden die gleiche Art von Kleidung tragen.

Mark Aurel definiert an anderer Stelle das höchste Ziel des Lebens, das demnach darin besteht, als treuer Bürger »der höchsten Stadt«, womit die Gesamtheit der Natur gemeint war, zu leben, ihren Gesetzen zu gehorchen und ihrer Führung zu folgen, selbst in der geringsten unserer Handlungen. Das bedeutet, die physische Stadt oder das Land, in dem wir leben, nur als eine kleine Region der universellen Stadt, der gesamten Natur, zu sehen, die Vorrang hat. Epiktet fragt daher: »Was ist ein Mensch?« und antwortet, dass er »Teil einer Stadt« ist (*Unter-*

redungen, 2.5). In erster Linie ist er von Natur aus ein Bürger der kosmischen Stadt, die die ganze Menschheit vereint, ein Kosmopolit, und dann, in zweiter Linie, ein Bürger der physischen Stadt, in der er lebt.

Wenn wir erkennen, dass alle Menschen im Wesentlichen miteinander verwandt sind, beginnen wir aus Sicht der Stoiker, uns als *Teile* einer größeren Gemeinschaft zu betrachten. Wie Ciceros »Cato« es ausdrückt, folgt aus der Tatsache, dass wir alle als Teile einer einzigen universellen Stadt wahrgenommen werden, ganz natürlich, dass wir das Gemeinwohl mehr schätzen sollten als unser eigenes.

In gewissem Sinne leben wir alle bereits im kosmischen Staat, obwohl nur der Weise tatsächlich ein Bürger werden kann, weil er ihre Gesetze befolgt, indem er »im Einklang mit der Natur lebt«. Nichtsdestotrotz machen wir alle, indem wir als aufstrebende Stoiker leben, Fortschritte auf dem Weg zu einer besseren Welt, einer idealen Gemeinschaft. Epiktets Ziel, dass die »kleine Stadt«, in der wir leben, unsere tatsächliche Gemeinschaft, der Verwirklichung des idealen stoischen Staates so nahe wie möglich kommt, müsste vermutlich als »bevorzugtes Gleichgültiges« eingestuft werden, weil seine Erreichung von anderen Menschen abhängt und daher notwendigerweise stets außerhalb unserer direkten Kontrolle liegt. Dieses Ziel könnte daher nur mit der Vorbehaltsklausel »sofern das Schicksal es zulässt« angestrebt werden.

Wie Cicero in seiner Metapher mit dem Bogenschützen verwendet Mark Aurel den Begriff *skopos*, um das äußere »Ziel« der Verbesserung des Gemeinwohls der Menschheit und des politischen Staates zu beschreiben. Er sagt, dass wir nicht konsequent, im Einklang mit der Natur, leben können, wenn wir nicht stets das immer gleiche Ziel vor Augen haben, das klar definiert sein muss: »Wir müssen uns das Gemeinwohl und das Wohl des politischen Staates als Ziel setzen.« Ein wichtiger Aspekt der Disziplin des Handelns, den der Stoiker anstrebt, ist es, einheitlich und konsequent zu handeln, indem er all seine Handlungen einem einzigen zugrunde liegenden Lebenszweck widmet. Dieser kann jedoch so verstanden werden, dass er aus *zwei* Elementen besteht: der inneren »Zielsetzung« beziehungsweise dem

Zweck, mit Gerechtigkeit zu handeln, und dem entsprechenden äußeren »Ziel«, dem Rest der Menschheit zu nützen, indem man Fortschritte in Richtung der Verwirklichung des idealen stoischen Staates macht – und seien sie auch noch so winzig. Wir erfahren ebenfalls, dass Chrysipp der Meinung war, dass sogar der Weise, anstatt sich aus der Welt der Menschen zurückzuziehen, »an der Politik teilnehmen wird, *sofern ihn nichts daran hindert*«, um das Gute zu fördern und das Böse unter seinen Mitbürgern einzudämmen.

Schlüsselgedanke: Zenons »Traum« vom idealen stoischen Staat

Zenon beschrieb in *Politeia* (*Der Staat*) offenbar »einen Traum oder eine Vorstellung von der wohlgeordneten Gesellschaft eines Philosophen« (Plutarch, *Von Alexanders des Großen Glück oder Tapferkeit*, 329a). Mit anderen Worten: *Politeia* beschrieb eine stoische Utopie und regte die Leser dazu an, sich das hypothetische Ideal einer perfekt harmonischen Gesellschaft vorzustellen. Plutarch sagte, dass das Werk *Politeia*, das weithin bewundert wurde, sich auf die Doktrin konzentrierte, »dass wir unsere Haushalte in Ordnung halten und unser Leben leben sollten, nicht als Mitglieder verschiedener Nationen oder politischer Staaten, sondern dass wir andere als Mitbürger der Welt betrachten sollten, mit denen wir eine Lebensweise teilen, wie eine Herde, die zusammen weidet und durch ein allgemeines Gesetz genährt wird«.

Besonders faszinierend ist, dass im Gegensatz zu dem gängigen Bild von den Stoikern als emotionslos, Zenons ideale Gemeinschaft auf Liebe zu basieren scheint. Wir erfahren, dass er in *Politeia* schrieb: »Eros ist ein Gott, der zur Sicherheit der Stadt beiträgt«, weil er ein Gott der »Freundschaft und Freiheit« ist, der für Harmonie zwischen den Menschen sorgt (*Athenaeus*, 561c). Obwohl *erôs* normalerweise sexuelle Liebe bedeutet, war Zenon möglicherweise vom Konzept der »platonischen Liebe« beeinflusst, einer nicht-sexuellen Liebe, die auf der Wahrnehmung von einer Schönheit beruht, die in der Seele oder im Charakter des anderen liegt und nicht in seiner physischen Erscheinung.

Die Stoiker sahen die gesamte Menschheit als eine einzige Gemeinschaft vernunftbegabter Wesen – Bürger des Kosmos und Kinder des Zeus. Mark Aurel und andere Stoiker sahen es als ihre Pflicht an, alle anderen Menschen trotz ihrer Unvollkommenheit zu lieben, da sie das *Potenzial* zur Tugend besitzen. Der Wunsch, in Freundschaft und Harmonie mit jenen Menschen zu leben, in deren Mitte uns das Schicksal geschickt hat, könnte als ein erster winziger Schritt in Richtung der perfekt aufgeklärten Gemeinschaft des idealen stoischen Staates gesehen werden.

Jetzt sind Sie dran: Träumen vom idealen stoischen Staat

Nehmen Sie sich etwas Zeit, um darüber nachzudenken, wie die ideale stoische Gesellschaft aussehen würde, und versuchen Sie, sich diese vor Ihrem inneren Auge vorzustellen, als eine Art utopische Fantasie. Stellen Sie sich eine Stadt vor, die von Männern und Frauen bevölkert ist, die noch weiser und ehrbarer sind als jemand vom Kaliber des Sokrates, zum Beispiel.

1. Gehen Sie einfach davon aus, dass sie aus einer Gemeinschaft von vollkommen weisen und gerechten Individuen, stoischen Weisen, besteht, die von Natur aus miteinander befreundet sind.
2. Welchen Spielraum gäbe es für Konflikte? Wie würden sie mit Eigentum oder Geld umgehen?
3. Wie würden sie sich untereinander verhalten, und wie würden sie interagieren?
4. Wie würden sie mit der Ehe umgehen und sich um ihre Kinder kümmern? Den Stoikern zufolge sind Kinder unfähig zu echter praktischer Weisheit oder Tugend, bis sie alt genug sind, Vernunft und Selbstbeherrschung zu entwickeln. Überlegen Sie, wie man einen gewöhnlichen »unvollkommenen« Erwachsenen im idealen Staat behandeln würde, jemanden, dem es an praktischer Weisheit mangelt, wie ein Kind im Vergleich zum Weisen. Versuchen Sie, dieses Gedankenexperiment auf Ihr eigenes Leben zu übertragen, indem Sie an die

Menschen denken, die Ihnen am nächsten stehen, Ihre Freunde und Familie, als einen potenziellen Mikrokosmos des stoischen Staates.

Jetzt sind Sie dran: Das Handeln dem »Gemeinwohl« der Menschheit widmen

Sich dazu zu verpflichten, alles, was Sie tun, in den Dienst des Gemeinwohls der Menschheit zu stellen, kann ein ziemlich hoher Anspruch sein! Es gibt jedoch ein paar kleine, erste Schritte, mit denen Sie beginnen könnten, und, wie Mark Aurel es ausdrückt, seien Sie auch mit winzigen Schritten in eine positive Richtung zufrieden »und mache dir bewusst, dass auch ein solch winziger Fortschritt absolut nichts Winziges ist!« (*Selbstbetrachtungen*, 9.29)

1. Fragen Sie sich im Laufe des Tages immer wieder, bevor Sie eine Handlung vornehmen, im Hinblick auf Ihre innere Einstellung und Ihre Absichten: »Inwiefern stimmt dies mit praktischer Weisheit und moralischer Vortrefflichkeit überein? Wie trägt dies zu Glück und Erfüllung bei?«
2. Fragen Sie sich auch im Hinblick auf das zu erwartende äußere Ergebnis: »Inwiefern dient diese Handlung der Gemeinschaft der Menschen?«
3. Auch wenn manche Handlungen diesem höheren Zweck nicht zu dienen scheinen, so können sie doch gebilligt werden, sofern sie dem Gemeinwohl der Menschheit *nicht entgegenstehen*.

Die Überzeugung, dass alle Ihre Handlungen bewusst auf einen einzigen zugrunde liegenden Zweck zurückverweisen, kann eine immense Wirkung haben. Zweifellos ist dies ein Teil dessen, was die frühen Stoiker meinten, als sie sagten, das höchste Ziel des Lebens sei es, »im Einklang zu leben« oder konsequent zu leben.

Merke: »Leben im Einklang«

Zenon definierte das höchste Ziel des Lebens ursprünglich als »Leben im Einklang«. Dies wurde zu »Leben im Einklang mit der Natur« erweitert, vielleicht von einem seiner Nachfolger. Im Allgemeinen scheinen die Stoiker *eudaimonia* und Weisheit jedoch so verstanden zu haben, dass sie *Beständigkeit* im Leben erfordern, in dem Sinne, dass die eigenen Handlungen um ein einheitliches Ziel oder einen einheitlichen Zweck herum strukturiert sind. Mark Aurel sagt immer wieder, dass dies eine natürliche Begleiterscheinung sei, wenn man mit Weisheit und Gerechtigkeit handele, jedes Vorhaben auf das Gemeinwohl der Menschheit bezieht und nichts aufs Geratewohl oder unüberlegt tut. Diese Beständigkeit oder Konsequenz ist ein wichtiger Teil der Disziplin des Handelns.

Fazit

Die wichtigsten Punkte, die Sie sich aus diesem Kapitel merken sollten, sind:

* Laut Mark Aurel weist Epiktets Disziplin des Handelns die Stoiker an, stets darauf zu achten, dass alle ihre Handlungen und Absichten »mit einer Vorbehaltsklausel«, »zum Wohle der Allgemeinheit« und »in Übereinstimmung mit dem natürlichen Wert« sind.
* Auch der Weise handelt nicht, ohne zuvor mögliche Hindernisse und Misserfolge zu antizipieren und eine »Vorbehaltsklausel« hinzuzufügen – »Ich werde dies tun, sofern mich nichts daran hindert.«
* Wenn Vorhaben vereitelt werden oder sich die Ereignisse gegen ihn wenden, akzeptiert der Stoiker diese äußeren Dinge als letztlich »gleichgültig«, in Übereinstimmung mit der Disziplin des Verlangens.

Next Step

Die Disziplin des Handelns führt uns auf natürliche Weise zum Thema der stoischen »Vorwegnahme« beziehungsweise zur Antizipation geplanter Handlungen und ihrer möglichen Ergebnisse. Epiktet macht deutlich, dass die Antizipation von Rückschlägen es uns ermöglicht, sicherzustellen, dass wir in Übereinstimmung mit der Disziplin des Handelns »mit einer Vorbehaltsklausel« handeln, dass sie uns aber auch durch mentale Bilder einen größeren Spielraum verschafft, um die Disziplin des Verlangens und der stoischen Akzeptanz zu üben.

7

Vorwegnahme von Widrigkeiten

In diesem Kapitel erfahren Sie:

- wie man eine der bekanntesten resilienzfördernden Techniken des antiken Stoizismus anwendet: die *praemeditatio malorum* oder »Vorwegnahme des Unglücks«
- wie man verhindern kann, dass die philosophische Vorwegnahme in unnütze Sorgen umschlägt
- wie unterschiedliche psychologische Prozesse bei der philosophischen Vorwegnahme eingesetzt werden können

Wer auch immer es war, der sagte: »Fortuna, ich habe einen Präventivschlag gegen dich geführt, und ich habe dir jedes einzelne Schlupfloch genommen«, stützte sein Vertrauen nicht auf Riegel, Schlösser und Befestigungen, sondern auf Prinzipien und Argumente, die jedem zur Verfügung stehen, der sie haben will. [...] Denn wenn der Verstand selbstgefällig ist und immer die leichtesten Wege einschlägt und sich vor unliebsamen Dingen auf das zurückzieht, was sein Vergnügen maximiert, ist die Folge Schwäche und Kraftlosigkeit, geboren aus mangelnder Anstrengung; aber ein Verstand, der sich selbst trainiert und anstrengt, um sich mithilfe der Vernunft ein Bild von Krankheit und Schmerz und Verbannung zu machen, wird feststellen, dass in den scheinbaren Problemen und Schrecken, die jedes davon zu bieten hat, eine Menge Unwirklichkeit, Oberflächlichkeit und Unvernunft steckt, wie ein detailliertes rationales Argument beweist. (Plutarch, *Über die Gemütsruhe*, 467c)

Halte dir täglich den Tod, die Verbannung und alles weitere, was dir furchtbar erscheint, vor Augen, vor allem aber den Tod; dann wirst du nie einen elenden Gedanken haben, noch wirst du dich übermäßig nach etwas sehnen. (*Handbüchlein der Moral*, 21)

Selbsteinschätzung: Stoische Haltung gegenüber zukünftigen Widrigkeiten

Überprüfen Sie vor der Lektüre dieses Kapitels, wie weit Sie den folgenden Aussagen zustimmen, indem Sie die unten angegebene Skala (1–5) verwenden, und prüfen Sie Ihre Einstellung erneut, nachdem Sie dieses Kapitel gelesen und verarbeitet haben.

1. stimme überhaupt nicht zu, 2. stimme nicht zu, 3. stimme weder zu noch stimme ich nicht zu, 4. stimme zu, 5. stimme voll und ganz zu

1. Es ist wichtig, Rückschläge zu antizipieren und ihnen das Gefühl des Schocks oder der Überraschung zu nehmen.
2. Anstatt zu vermeiden, über zukünftige Probleme nachzudenken, sollten wir uns lieber darin üben, dem Schlimmsten mit Gelassenheit zu begegnen.
3. Wenn ich meinen Ängsten in meiner Vorstellung ruhig gegenübertrete, und zwar lange genug, wird sich meine Angst schließlich verringern.

Warum ist es wichtig, zukünftiges »Unglück« zu antizipieren?

Was ist das Schlimmste, was Ihnen im Leben passieren könnte? Wie würden Sie damit umgehen? Wie gut sind Sie auf die typischen Rückschläge vorbereitet, die anderen Menschen widerfahren? In diesem Kapitel werden wir eines der mächtigsten Hilfsmittel im stoischen Werkzeugkasten erforschen: die *Voraussicht*. Diogenes der Kyniker soll auf die Frage, was er von der Philosophie gelernt habe, geantwortet haben: »Auf jedes Schicksal vorbereitet zu sein.« Epiktet geht sogar so weit, zu sagen, dass das Studium der stoischen Philosophie notwendigerweise bedeute, »sich auf zukünftige Ereignisse vorzubereiten«. Seneca sagt ebenfalls, dass wir uns im Voraus gegen Unannehmlichkeiten wappnen sollten, die selbst den Mächtigsten widerfahren könnten, da es immer möglich sei, dass ein Räuber oder ein Feind »sein Schwert an deine Kehle hält«.

Wie bereits erwähnt, sprechen wir heutzutage davon, dass jemand in schweren Zeiten »stoisch« ist: ruhig im Angesicht von Widrigkeiten. Auch Horaz schrieb: »Denk daran, angesichts von Widrigkeiten einen ruhigen und ausgeglichenen Geist zu bewahren« (*Oden*, 2.3). Die Stoiker übten sich darin, angesichts scheinbarer »Unglücke« Gleichmut zu bewahren und frei von seelischem Leid zu bleiben, indem sie sich diese regelmäßig vorstellten und sich lange im Voraus darauf vorbereiteten, sie zu bewältigen.

Diese bekannte psychologische Technik wurde von Seneca als »Vorwegnahme des Unglücks« bezeichnet (auf Lateinisch *praemeditatio malorum*). Für die Stoiker ist der entscheidende Punkt, dass die scheinbaren oder sogenannten »Unglücke«, die man sich vorstellt, eigentlich gar nicht »negativ« sind, sondern völlig *gleichgültig*. Es ist im Grunde diese Gleichgültigkeit gegenüber befürchteten »Katastrophen«, die der Stoiker durch *vorausschauendes* Nachdenken zu stärken sucht, indem er sich ihnen in seiner Vorstellung aussetzt. Weder macht er sich Sorgen über die befürchteten »Katastrophen«, noch vermeidet er es, an sie zu denken. Stattdessen stellt er sich ihnen ruhig, rational und geduldig, während er eine »stoische«, also gelassene, Haltung beibehält.

Moderne Autoren fühlen sich vom Stoizismus besonders angezogen, weil sie in ihm eine psychologisch glaubwürdigere Alternative zur oberflächlichen Taktik des »positiven Denkens« sehen, die heutzutage so verbreitet ist. »Indem sie ihre strikte Rationalität auf die Situation anwenden, zeigen die Stoiker eine elegantere, nachhaltigere und beruhigendere Methode auf, mit der Möglichkeit umzugehen, dass etwas schiefgehen kann: Anstatt sich zu bemühen, jeden Gedanken an diese Worst-Case-Szenarien zu vermeiden, empfehlen sie, aktiv bei ihnen zu verweilen und ihnen ins Gesicht zu schauen« (Burkeman, 2012, S. 32).

In der Antike gingen die Menschen nicht so sehr wie wir heute davon aus, dass »positives Denken« gesund sei, und sie hatten wahrscheinlich recht. Das Ziel der Philosophie ist es, *rationale* und *realistische* Überzeugungen zu kultivieren, nicht nur zu versuchen, glückliche Gedanken zu denken. Neuere psychologische Forschungen zeigen tendenziell, dass Menschen, die in der Lage sind, unangenehme Gedanken und Gefühle zuzulassen, ohne von ihnen überwältigt zu werden, widerstandsfähiger sind als Menschen, die durch Strategien wie positives Denken versuchen, sich abzulenken oder solche Erfahrungen zu vermeiden. (Hayes, Strosahl & Wilson, 2012; Robertson, 2012).

Obwohl, wie wir noch sehen werden, die moderne Forschung mehrere psychologische Mechanismen erkannt hat, die solchen Techniken der geistigen Vorstellung zugrunde liegen, glaubten die Stoiker, dass die innere Vorwegnahme hauptsächlich eine Gelegenheit war, Tugend zu entwickeln, indem sie auf diese Art die Kernmaximen ihrer Philosophie einstudierten. Durch ein solches vorausschauendes Nachdenken versuchten die Stoiker also nicht nur, den Schock von Unglücksfällen zu mildern und innere Ruhe zu bewahren, sondern auch, sich in die Prinzipien ihrer Philosophie zu vertiefen und sich diese so besser anzueignen.

Andere psychologische Prozesse können helfen, aber das Hauptziel im Stoizismus muss sein, Tugend zu erlangen und dadurch höchstes Glück und Wohlbefinden (*eudaimonia*) zu finden. Eine bekannte Fabel von Äsop drückt einen ähnlichen Gedanken sehr schön aus: Ein Wildschwein schärfte gerade seine Hauer an einem Baum, als ein Fuchs vorbeikam und ihn fragte, warum er das tue. »Ich sehe keinen Grund«, sagte der Fuchs, »es sind weder Jäger noch Hunde in Sicht; eigentlich kann ich im Moment überhaupt keine Bedrohung erkennen.« Das Wildschwein entgegnete: »Stimmt, aber wenn Gefahr droht, werde ich andere Dinge im Kopf haben, als meine Waffen zu schärfen.« In Zeiten des Friedens muss man sich auf den Krieg vorbereiten. Die Stoiker bereiteten sich lebenslang vor, und zwar sowohl körperlich als auch geistig:

> In Zeiten der Sicherheit sollte sich der Geist auf schwierige Zeiten vorbereiten; während das Schicksal ihm Gunst erweist, ist es an der Zeit, ihn gegen dessen Zurückweisungen zu stärken. In Friedenszeiten führt der Soldat Manöver durch, er hebt Gräben aus, ohne dass ein Feind in Sicht ist, und ermüdet sich durch überflüssige Strapazen, damit er solchen Strapazen gewachsen ist, wenn sie nötig sind. Wenn du möchtest, dass jemand im Krisenfall nicht zurückschreckt, so trainiere ihn, bevor ein solcher Fall eintritt. (Seneca, *Briefe an Lucilius*, 18)

Antisthenes sagte: »Tugend ist eine Waffe, derer der Mensch nicht beraubt werden kann.« (*Leben und Meinungen berühmter Philosophen*, 6.1) Für die Stoiker und Kyniker glich das Leben der Kriegsführung. Wir können uns also die stoischen Tugenden und Gebote als »Waffen« vorstellen, und die Vorwegnahme als eine Art Kampftraining für den Alltag.

> Die Übung der Vorwegnahme ermöglicht es uns, in dem Moment bereit zu sein, wenn ein unerwarteter – und vielleicht dramatischer – Umstand eintritt. In der Übung, die *praemeditatio malorum* genannt wird, sollen wir uns Armut, Leid und Tod vorstellen. Wir müssen uns den Schwierigkeiten des Lebens von Angesicht zu Angesicht stellen und uns daran erinnern, dass sie keine Übel sind, da sie nicht von uns abhängen. Deshalb müssen wir uns markante Maximen einprägen, damit sie uns, wenn es so weit ist, helfen, solche Ereignisse zu akzeptieren, die ja zum Lauf der Natur gehören; wir werden diese Maximen und Sätze also »griffbereit« haben. Was wir brauchen, sind überzeugende Formeln oder Argumente (*epilogismoi*), die wir uns in schwierigen Situationen immer wieder vorsagen können, um Regungen der Angst, der Wut oder der Traurigkeit einzudämmen. (Hadot, 1995, S. 85)

Mit anderen Worten: Philosophie, rationale Argumente und die daraus folgenden Regeln wurden als unsere beste Verteidigung gegen die Wechselfälle des Schicksals angesehen.

Seneca hat von den Stoikern am meisten über die Vorwegnahme von Widrigkeiten als eine Form des moralischen und emotionalen

Resilienztrainings zu sagen. Zum Beispiel reagiert er auf ein schreckliches Unglück, das einer seiner Freunde erlitt, mit dem Rat, dass wir unsere Gedanken auf Schritt und Tritt vorausplanen und jeden möglichen Rückschlag antizipieren sollten, nicht nur gewöhnliche Ereignisse, sondern auch Katastrophen wie Verbannung, Folter, Krieg und Schiffbruch. Die Stoiker gingen dies ganz systematisch als eine routinemäßige kontemplative Übung an. Seneca betont, dass die stoische Betrachtung der Vergänglichkeit aller Dinge unser Leid lindern sollte.

Anstatt sich über diese Dinge ängstlich Sorgen zu machen, nehmen sich die Stoiker der Sache gelassen an, indem sie die wahrgenommene Bedrohung ruhig bewerten, insbesondere, ob sie wirklich »böse« beziehungsweise katastrophal ist oder nicht. Indem wir uns den wahrgenommenen »Katastrophen«, den unglücklichen Umständen, stellen, wird uns bewusst, dass die Realität »nie so ernst ist, wie es das Gerücht besagt« (*Briefe an Lucilius*, 91). Das allgemeine Gebot der stoischen Ethik sollte die Grundlage der Vorwegnahme sein: Dass einige Dinge unserer Kontrolle unterliegen und andere nicht, und dass äußere Dinge, die außerhalb unseres Willens liegen, für uns grundsätzlich gleichgültig sind.

Egal, welche »Katastrophen« sich der Stoiker in diesem Gedankenexperiment ausmalt, das Ergebnis ist immer dasselbe: Äußere Ereignisse sind weder »gut« noch »schlecht«, nur unsere Reaktionen darauf sind es. Die meisten von uns sind wie kleine Kinder, die sich vor Menschen mit furchteinflößenden Masken fürchten, aber sofort beruhigt sind, wenn diese Masken abgenommen werden. Wir werden durch ruhige, rationale Betrachtung ihrer wahren Natur erkennen, dass die erwarteten »Katastrophen« für uns in Wirklichkeit gleichgültig sind.

Wir sollten uns also selbst beweisen, dass wir die Natur der Unglücke, von denen wir oft gehört haben, wirklich verstanden haben, indem wir »von allem, was passieren kann, annehmen, es werde tatsächlich eintreten«. Laut Epiktet funktioniert die stoische Philosophie wie der magische Zauberstab des Hermes: Jedes »Unglück«, das er berührt, verwandelt sich in wahres *Glück*, wenn er weise eingesetzt wird. Bei der Betrachtung von vermeintlichen »Katastrophen« wie Insolvenz oder körperlichen Verletzungen könnten wir, wie er rät, uns sagen: »Es war nicht mein Wille, deshalb ist es auch nicht schlecht!« Sich darin zu üben, sich an die stoische Definition des Guten und die damit zusammenhängenden Grundsätze zu erinnern, während man jedes erdenkliche »Unglück« probt, das einem realistischerweise im Leben widerfahren könnte, ist die Grundlage der psychischen Widerstandsfähigkeit oder Unverwundbarkeit des Stoikers gegenüber dem Schicksal. Wenn er keinen realen Widrigkeiten ausgesetzt ist, sucht er sich Herausforderungen in seiner Fantasie und setzt sich schon im Voraus mit zukünftigen Nöten auseinander. Dadurch ist er nicht nur auf alles vorbereitet, was das Leben ihm aufbürdet, sondern indem er sich nicht auf die Herausforderungen des gegenwärtigen Augenblicks beschränkt, hat er auch unendlich viele Möglichkeiten, sich in stoischem Durchhaltevermögen und in Selbstdisziplin zu üben. Epiktet nannte so etwas ein »Wintertraining«, die Art von intensivem militärischem Training, das von antiken Armeen in Vorbereitung auf eine entscheidende Schlacht durchgeführt wurde.

Da das ultimative »Unglück«, mit dem sich der Stoizismus befasst, der eigene Tod ist, führt die Technik der Vorwegnahme auch zum umfassenderen Konzept der Betrachtung der eigenen Sterblichkeit. Stoiker müssen den Mut haben, das Undenkbare zu denken und sich immer wieder innerlich »katastrophalen« Ereignissen auszusetzen, vor denen die meisten Menschen zurückschrecken, um die »gleichgültige« Natur dieser Unglücke voll und ganz zu begreifen. Die Vorwegnahme von Widrigkeiten verbindet also die Disziplin des Verlangens mit der Disziplin des Handelns. Sie bringt uns dazu, unsere Angst im Voraus zu überwinden, indem wir Hindernisse vorwegnehmen und mit der »Vorbehaltsklausel« im Hinterkopf angemessene Maßnahmen planen. So beschreibt Mark Aurel eine morgendliche Meditationspraxis, die der Vorwegnahme des Unglücks ähnelt und die man seiner Ansicht nach täglich nach dem Aufwachen durchführen sollte:

> Sage zu dir bei Tagesanbruch: Heute treffe ich auf einen aufdringlichen Wichtigtuer, einen undankbaren, anmaßenden, betrügerischen, neidischen und unsozialen Menschen. All diese Fehler sind Folgen dessen, dass er das Gute nicht vom Bösen unterscheiden kann. (*Selbstbetrachtungen*, 2.1)

Es scheint also, dass der Stoiker zusätzlich dazu, dass er über die gleichgültige Natur äußerer Ereignisse nachsinnt, in ähnlicher Weise auch Enttäuschungen vorwegnehmen kann, die von anderen Menschen verursacht werden, aber vielleicht mit der zusätzlichen Beobachtung, dass deren Handlungen durch ihren Mangel an Weisheit verursacht werden, also durch ihre Unwissenheit über die wahre Natur des »Guten« und die Gleichgültigkeit der äußeren Dinge, mit denen sie sich beschäftigen.

Eine bemerkenswert ähnliche Passage in Senecas »Über die Wut« beschreibt, wie der weise Mann jeden Tag hinausgeht und sich darauf vorbereitet, beispielsweise undankbaren und gierigen Menschen zu begegnen, wobei er sie »so wohlwollend wie ein Arzt seine Patienten« (2.10) betrachtet. Epiktet sagt ebenfalls, dass wir, wenn jemand uns schlecht behandelt oder schlecht über uns spricht, erkennen müssen, dass er so handelt, weil er es für richtig hält, und uns sagen sollten: »Es schien ihm eben richtig so.« (*Handbüchlein der Moral*, 42)

Schlüsselgedanke: Praemeditatio malorum

Philosophen verschiedener Traditionen, vor allem aber die Stoiker, verweisen auf den Wert einer psychologischen Übung, bei der man sich immer wieder mögliche zukünftige »Katastrophen« so vorstellt, als ob sie in diesem Moment geschehen würden. In der klassischen Literatur werden häufig Beispiele wie Verbannung, Krankheit, Armut und Trauer um einen geliebten Menschen genannt, aber auch der eigene Tod. Diese Übung dient den Stoikern zufolge dazu, den eigenen Geist zu stärken und die Tugenden und die philosophischen Lehren des Stoizismus zu üben.

Mit anderen Worten: Der Mensch kann angesichts ungerechter Verfolgung und sogar des Todes über sich hinauswachsen, wie die Beispiele der stoischen Helden wie Herakles, Sokrates, Diogenes und Cato zeigen. Die innere Vorwegnahme künftiger »Katastrophen« ermöglicht es uns, eine »stoische Haltung« einzuüben und uns daran zu erinnern, dass nichts Äußeres von Natur aus schlecht ist.

Die Stoiker betonen auch, dass wir durch die Vorwegnahme möglicher Rückschläge diesen den Stachel nehmen, indem wir das irrationale Gefühl der Überraschung oder des Schocks, das wir erleben, wenn sie eintreten, beseitigen. Zur Vorwegnahme gehört, dass man sich Ereignisse vorübergehend so vorstellt, als würden sie *in diesem Moment* passieren, aber Sie erinnern sich vielleicht, dass die Stoiker *zukünftigen* Ereignissen nur einen »selektiven Wert« zuschreiben. Es muss also darum gehen, »nicht bevorzugte« Ereignisse so zu betrachten, als wären sie *völlig* »gleichgültig« und in keiner Weise negativ.

Merke: Äußere »negative« Ereignisse oder »Unglücke« sind im Stoizismus gleichgültig

Irvine nennt dies »negative Visualisierung« (Irvine, 2009). Allerdings führt das Wort »negativ« manchmal zu echter Verwirrung. Das Grundprinzip des Stoizismus – und dieser Übung – lautet, dass sogenanntes äußeres »Unglück« gar nicht wirklich *negativ* ist. Laut dem Stoizismus sind äußere Ereignisse weder an sich gut (»positiv«) noch schlecht (»negativ«), sondern lediglich gleichgültig. Es geht also darum, zu üben, den eigenen Reaktionen auf Ereignisse mehr Bedeutung beizumessen als den Ereignissen selbst. Wie Hadot sagt, probt der Stoiker zukünftige Rückschläge, »indem er sich in Erinnerung ruft, dass sie nicht böse sind« (Hadot, 1995, S. 85) oder, wie moderne Psychologen sagen, dass sie nicht wirklich »katastrophal« sind. Epiktet lehrte seine Schüler sogar, auf Gedanken über gefürchtete Ereignisse zu reagieren, indem er freiheraus sagte: »Es geht mich *nichts* an!«

Fallstudie: Die Hinrichtung des Seneca

Es gibt vielleicht kein besseres Beispiel für stoische Vorwegnahme als den berühmten Bericht über Senecas Tod (65 n. Chr.), der in den *Annalen* des römischen Historikers Tacitus aufgezeichnet ist. Seneca wurde zum persönlichen Lehrer und Berater von Nero ernannt, als dieser im Alter von gerade einmal 17 Jahren im Jahr 54 n. Chr. Kaiser wurde. Je älter Nero wurde und je mehr er an Macht gewann, desto paranoider und unberechenbarer wurde er jedoch. Er ordnete mehrere brutale Morde an, darunter die an seinem eigenen Bruder und an seiner Mutter, und ist heute als einer der tyrannischsten und korruptesten römischen Kaiser bekannt.

Deshalb wurde ein Komplott – die sogenannte »Pisonische Verschwörung« – geschmiedet, mit dem Ziel, Nero zu ermorden und den Staatsmann Gaius Calpurnius Piso zum neuen Kaiser zu ernennen. Insgesamt waren etwa 40 Personen daran beteiligt. Als die Verschwörung aufgedeckt wurde, ergriff Nero die Gelegenheit, Seneca des Verrats zu beschuldigen. Ein Tribun wurde zu ihm geschickt, um ihm Neros Anschuldigungen mitzuteilen. Seneca beharrte darauf, dass er nichts mit der Verschwörung zu tun hatte, und als der Tribun Nero diese Nachricht überbrachte, fragte der wütend, ob der Stoiker sich angemessen vor seinem bevorstehenden Tod fürchte. Der Tribun berichtete, er habe »keine Anzeichen von Furcht und keine Traurigkeit in seinen Worten oder in seinen Blicken wahrgenommen«, was Nero erst recht in Rage brachte. Der Kaiser schickte den Tribun erneut los, um Seneca das Todesurteil zu überbringen.

Als die Zenturionen an seine Tür klopften, war Seneca »ganz ungerührt« und bat lediglich um Tafeln, um sein Testament aufsetzen zu können, was ihm grausam verweigert wurde. Er wandte sich an seine versammelten Freunde und Familienangehörigen und scherzte, dass das Wertvollste, was er besitze, ohnehin seine Lebensweise im Einklang mit der stoischen Philosophie sei und dass niemand ihn daran hindern könne, sie durch sein Vorbild weiterzugeben. Die Hinrichtung erfolgte, wie es zu dieser Zeit typisch war, durch erzwungenen Selbstmord. Tacitus beschrieb mit allen blutigen Details, wie Seneca sich mit einem Dolch erst die Arterien an den Armen und dann die an den Beinen aufschnitt.

Aus irgendeinem Grund dauerte dies zu lange, also trank Seneca auch etwas Gift, was aber nicht wirkte. Schließlich bat er seine Freunde, ihm zu helfen, in ein Bad mit brühend heißem Wasser zu steigen, was half, sein Leben zu beenden. Als er jedoch im Sterben lag und die anderen weinen sah, forderte Seneca sie auf, ruhig zu bleiben. Er sagte: »Wer kannte nicht Neros Grausamkeit?« und »Nach dem Mord an einer Mutter und einem Bruder bleibt nichts anderes übrig, als die Vernichtung eines Vormunds und Lehrers hinzuzufügen.« Mit anderen Worten: Jeder Narr hätte es kommen sehen können. Er fragte immer wieder: »Wo bleiben eure philosophischen Grundsätze oder die Vorbereitung auf kommende Übel durch jahrelanges Studium?«

Die Grundsätze der stoischen Philosophie halfen Seneca offenbar dabei, seiner Hinrichtung mit Gleichmut entgegenzutreten, zusammen mit »jahrelanger« Vorbereitung, vermutlich von der Art, die er in seinen Briefen und Essays als *praemeditatio malorum* beschrieben hatte.

Die stoische Vorwegnahme von Widrigkeiten in der Praxis

Michel Foucault, französischer Philosoph des 20. Jahrhunderts, sprach in einer seiner letzten Vorlesungen ausführlich über die psychologischen Übungen, die in der klassischen Philosophie zu finden sind. Er beschreibt die stoische *praemeditatio malorum* als aus drei verschiedenen Komponenten bestehend (Foucault, 1988, S. 36).

1. Anstatt sich die wahrscheinlichste Zukunft vorzustellen, übt sich der Stoiker darin, sich das Worst-Case-Szenario vorzustellen, auch wenn es unwahrscheinlich ist, dass es tatsächlich eintritt.

2. Der Stoiker stellt sich das gefürchtete Szenario so vor, als würde es zu diesem Zeitpunkt geschehen und nicht in der Zukunft, also beispielsweise nicht, dass er eines Tages verbannt werden wird, sondern dass er bereits verbannt ist.
3. Der Hauptgrund dafür ist, sich darin zu üben, frei von irrationalem Kummer (*apatheia*) zu sein. Dazu redet der Stoiker sich in ruhiger Manier ein, dass diese äußeren »Unglücke« in Wirklichkeit gleichgültig sind und als Situationen akzeptiert werden müssen, die uns auffordern, Tugend und Charakterstärke zu zeigen.

Die Stoiker nennen typische Themen für die Vorwegnahme wie Verbannung, Armut, Gebrechlichkeit im Alter, Krankheit, Trauerfall und so weiter. Aber, wie Foucault schreibt: »Die Vorwegnahme des Todes ist die Krönung all dieser Übungen.«

Seneca stellte die rhetorische Frage: Warum ist es notwendig, die Gegenwart damit zu ruinieren, solche Unglücke zu antizipieren? Die meisten Menschen dürften annehmen, es sei am besten, sich über solche Dinge keine Sorgen zu machen, bis sie tatsächlich eintreten, um so Angst vor der Zukunft zu vermeiden. Laut Seneca folgen die Stoiker jedoch einem anderen Weg zur Sorgenfreiheit als die meisten Menschen, indem sie sich vorstellen, dass das, was Menschen fürchten, *definitiv eintreten wird*, und es gedanklich untersuchen, bis sie es distanziert betrachten können. Sich auf die schlimmsten Ängste zu konzentrieren, anstatt zu versuchen, jeden Gedanken daran zu vermeiden, mag paradox klingen, aber die Stoiker waren nicht die Einzigen, die diese Strategie anwandten.

Ein anderer berühmter Philosoph des 20. Jahrhunderts, Bertrand Russell, beschrieb eine ähnliche Methode zur Überwindung von Angst, die es wert ist, ausführlich zitiert zu werden. Er beginnt mit der Feststellung, dass viele Menschen von Ängsten und Sorgen geplagt würden, was zu Erschöpfung und Stress führen könne. Und doch neigten sie dazu, genau das zu vermeiden, was ihnen am ehesten helfen würde:

Wahrscheinlich wenden all diese Menschen die falsche Technik an, mit ihrer Angst umzugehen; wann immer sie ihnen in den Sinn kommt, versuchen sie, an etwas anderes zu denken; sie lenken sich mit Unterhaltung oder Arbeit ab, oder womit auch immer. Jedoch wird jede Art von Angst schlimmer, wenn man sie nicht beachtet. Der Aufwand, den man betreibt, um sich abzulenken, korrespondiert mit der Grässlichkeit des Schreckgespenstes, von dem man den Blick abwenden will; die richtige Art, mit jeder erdenklichen Angst umzugehen, ist, vernünftig und ruhig, aber mit großer Konzentration darüber nachzudenken, bis sie einem völlig vertraut wird. Die Vertrautheit zieht schließlich dem Schrecken den Zahn, das ganze Thema wird langweilig und die Gedanken schweifen davon ab – nicht wie früher durch Willensanstrengung, sondern durch bloßes Desinteresse am Thema. Wenn Sie merken, dass Sie dazu neigen, über etwas Bestimmtes zu grübeln, egal was, dann ist es am besten, noch mehr darüber nachzudenken, als Sie es von Natur aus tun würden, bis endlich seine krankhafte Faszination nachlässt. (Russell, 1930, S. 60)

Russell gibt die folgende Erklärung zur Technik selbst:

Wenn ein Unglück droht, denken Sie ernsthaft und bewusst darüber nach, was das Allerschlimmste ist, das passieren könnte. Nachdem Sie diesem möglichen Unglück ins Gesicht gesehen haben, überzeugen Sie sich mit guten Gründen von der Annahme, dass es doch kein so schreckliches Unglück sein wird. Solche Gründe gibt es immer, denn selbst im schlimmsten Fall hat nichts, was einem selbst widerfährt, irgendeine kosmische Bedeutung. Wenn Sie sich eine Zeitlang unentwegt die schlimmste Möglichkeit angesehen und sich mit echter Überzeugung gesagt haben: »Na ja, das wäre ja gar nicht so schlimm.«, dann werden Sie feststellen, dass Ihre Sorge in einem außerordentlichen Maße nachlässt. Es mag notwendig sein, den Vorgang ein paar Mal zu wiederholen, aber wenn Sie sich nicht davor gedrückt haben, sich die schlimmste Möglichkeit vor Augen zu führen, werden Sie letztlich feststellen, dass Ihre Sorge ganz verschwindet und durch eine Art Hochgefühl ersetzt wird. (Russell, 1930, S. 59-60)

Russells Version der Vorwegnahme beinhaltet, dass wir uns unsere schlimmsten Befürchtungen vorstellen, dass wir uns ihnen geduldig stellen und uns davon überzeugen, dass sie gar nicht so fürchterlich sind, wie zunächst angenommen. Für die Stoiker ist dies einfacher, weil ihre Grundlehre besagt, dass nichts wirklich schlecht sein kann, außer moralischer Unwissenheit oder Laster.

Sowohl Russell als auch die Stoiker scheinen jedenfalls zu erkennen, dass die Vermeidungsstrategie, den eigenen Ängsten auszuweichen, diese eher aufrechterhält, und dass wir, wenn wir uns unseren Ängsten auf die richtige Weise stellen, das von ihnen verursachte Leid auf natürliche Weise verringern. Dies deckt sich mit einer der wichtigsten Erkenntnisse der modernen Forschung über Angst. Es wird angenommen, dass bei dieser Art von mentaler Imaginationstechnik mehrere psychologische Mechanismen ins Spiel kommen, und es lohnt sich, diese sorgfältig voneinander zu unterscheiden:

1. Gewöhnung
2. Entkatastrophisierung
3. Modellierung und Einübung von Bewältigungsstrategien
4. Eliminierung von Überraschungen
5. Umkehrung der hedonistischen Adaptation

In den folgenden Abschnitten wird jeder dieser Prozesse kurz erläutert.

Merke: Vorwegnahme und die »Vorbehaltsklausel«

Da sich die Vorwegnahme per Definition auf zukünftige Ereignisse bezieht, wissen wir noch nicht mit Sicherheit, wie sie ausgehen werden oder wie viel Kontrolle wir darüber haben werden. Deshalb gehört zu Vorwegnahmen im Allgemeinen die Verwendung der stoischen »Vorbehaltsklausel«, denn jedes Vorhaben oder jedes Ergebnis, das Sie beabsichtigen, muss von dem Vorbehalt begleitet werden: »sofern das Schicksal es zulässt«. Dies kann helfen, zu verhindern, dass die Vorwegnahme in Sorgen umschlägt, die sich oft in Form von frustrierten Problemlösungsversuchen äußern und dem, was Psychologen »Intoleranz gegenüber Ungewissheit« nennen. Ein zentraler Punkt bei der Vorwegnahme sollte sein, dass Sie bereitwillig *akzeptieren*, dass viele Dinge außerhalb Ihrer Kontrolle liegen und von der Natur als Ganzes bestimmt werden. Aber auch Ihre Versuche, etwas zu bewältigen oder zu handeln, sollten von der rationalen Akzeptanz der Tatsache begleitet sein, dass Ereignisse dazwischenkommen und Ihre Ziele vereiteln können.

Gewöhnung und imaginäre Exposition

Der psychologische Prozess, der als »Gewöhnung« bezeichnet wird, ist die Grundlage für die bekannteste Verhaltenstherapie gegen Angst, die sogenannte »Expositionstherapie«, auch Konfrontationstherapie genannt. In aller Kürze: Wenn Menschen in der Realität, oder in geringerem Maße in ihrer Vorstellung, mit angstauslösenden Situationen konfrontiert werden, führt das sehr häufig dazu, dass die Angst mit der Zeit einfach abnimmt, sofern die »Exposition« ausreichend lang andauert, wiederholt wird und bestimmte andere Faktoren nicht dazwischenkommen. Die Stoiker sind der Auffassung, dass Leidenschaften durch »frische« Eindrücke verursacht werden, die sich mit der Zeit auf natürliche Weise abschwächen. Es ist also möglich, dass die Stoiker etwas Ähnliches wie den Prozess der Gewöhnung entdeckten. Wenn wir von einem geistigen Bild gelangweilt sind, weil wir ihm lange Zeit ausgesetzt waren, lässt seine emotionale Kraft nach, und vielleicht könnte man es dann so ausdrücken, dass es in unserem Geist nicht mehr »frisch« ist. Seneca und andere antike Autoren scheinen definitiv erkannt zu haben, dass das systematische Vorstellen von gefürchteten Ereignissen die ängstliche Erregung »abschwächen« oder »mildern«, vielleicht sogar in bloße Langeweile verwandeln kann.

> Sie beugen sich nicht unter den Schicksalsschlägen, weil sie dessen Angriffe im Voraus berechnet haben. Denn von den Dingen, die gegen unseren Willen geschehen, werden selbst die schmerzlichsten durch Voraussicht gemildert. Dann stößt das Denken nicht mehr auf etwas Unerwartetes in den Ereignissen, sondern die Wahrnehmung davon wird abgeschwächt, als ob es sich um alte und abgenutzte Dinge handelte. (Philon von Alexandria, *Über die besonderen Gesetze*, 2.46)

Die stoische Vorwegnahme ist bestimmten Formen der »imaginären Exposition«, der häufigsten und vielleicht wichtigsten mentalen Vorstellungsstrategie in der kognitiven Verhaltenstherapie gegen Angst, tatsächlich recht ähnlich. Die Exposition gegenüber Ereignissen in der Vorstellung dauert typischerweise 15 bis 30 Minuten am Stück, jeden Tag, in Fällen von klinisch schweren Ängsten für die Dauer von einigen Wochen. Sie stellt also nicht unbedingt eine schnelle Lösung für psychische Störungen dar, obwohl es für die meisten Menschen eine der zuverlässigsten und dauerhaftesten »Lösungen« ist. Aaron T. Beck, der Begründer der kognitiven Therapie, beschreibt eine Therapietechnik, die die »wiederholte Überprüfung« mentaler Vorstellungen beinhaltet und vor allem den Beispielen in der stoischen Literatur ähnelt:

> Durch die Identifizierung und Bearbeitung dessen, was er fürchtet, kann der Patient damit beginnen, das gefürchtete Ereignis als möglich zu akzeptieren. Durch den Bearbeitungsprozess wirkt er seiner Vermeidungstendenz entgegen. Zu Beginn einer Identifizierung dachte die Patientin, die Angst vor dem Altwerden hatte: »Es ist zu schrecklich, um sich damit auseinanderzusetzen. Ich kann nicht glauben, dass das passiert.« Später war sie in der Lage, sich direkt, mit minimaler Angst, vorzustellen, wie es wäre, alt zu sein. Der Überprüfungsprozess bringt Patienten dazu, sich der Realität der Situation zu stellen, und erleichtert es, sie zu akzeptieren. (Beck, Emery, & Greenberg, 2005, S. 250)

Auch sie stellen fest, dass dies leicht mit krankhaftem Grübeln oder krankhafter Sorge verwechselt werden könnte. Der entscheidende Unterschied ist, dass dieser mentale Prozess bewusst abläuft und eher konkrete Bilder beinhaltet als abstrakte verbale Gedanken und sich im Kreis drehende »Was wäre, wenn«-Fragen.

Merke: Vorwegnahme ist das Gegenteil von Sorge

Konzentriert über etwas nachzudenken und sich vor Sorgen den Kopf zu zerbrechen sind zwei verschiedene Dinge. Wenn wir über zukünftige Widrigkeiten nachdenken, können wir Angst empfinden, aber der Stoiker tritt von solchen anfänglichen Gefühlen einen Schritt zurück, er gesteht sie sich ein, lässt sich von ihnen aber nicht zu vollwertigen Leidenschaften wie der Sorge »hinreißen«. Das ist wichtig zu wissen, da Menschen, die zu krankhafter Sorge oder krankhaftem Grübeln neigen, es schwierig finden können, die Technik der stoischen Vorwegnahme anzuwenden. Es braucht geduldige Übung, um zu lernen, beunruhigenden Situationen mit Mut und Zurückhaltung zu begegnen und sie lange genug auszuhalten, bis man davon überzeugt ist, dass sie weder »schlecht« noch »schädlich« sind, sondern dass nur unsere unangebrachten Werturteile sie so erscheinen ließen. Stoiker lassen sich nicht von beunruhigenden Gedanken mitreißen, sondern halten stattdessen inne und betrachten die Situation rational, indem sie sich auf die objektiven Fakten beschränken.

Schlüsselgedanke: Klassische »Unglücksfälle« einüben

Es spricht einiges dafür, sowohl die gleichen »Unglücksfälle« einzuüben, die von den antiken Stoikern angesprochen wurden, als auch Rückschläge einzuüben, die in Ihrem eigenen Leben, in der modernen Welt, mit höherer Wahrscheinlichkeit auftreten. Lesen Sie zunächst eines der klassischen Beispiele für einen Philosophen in Not: von Folter, Krieg, Schiffbruch, Gefangenschaft, Verbannung, Trauer um geliebte Menschen, Hinrichtung und so weiter. Lesen Sie zum Beispiel über die letzten Tage von Sokrates, besonders in der *Apologie* des Sokrates von Platon; oder schlagen Sie Tacitus' Bericht über Senecas Hinrichtung online nach; oder lesen Sie Lukans *Pharsalia*, wo er beschreibt, wie der stoische Held Cato der Jüngere hilflos zusehen musste, wie die Republik im Großen Römischen Bürgerkrieg an den Tyrannen Julius Cäsar fiel. Seneca sagte, dass wir als Erstes unsere Angst vor dem Tod besiegen sollten, weshalb diesem Thema ein ganzes Sonderkapitel gewidmet ist, und zweitens sollten wir uns von der Angst vor der *Armut* befreien, das heißt von der Begierde nach Reichtum und Besitz.

Entkatastrophisierende Vorstellungen

In der kognitiven Verhaltenstherapie (KVT) wird die Einschätzung, dass das antizipierte Ereignis wirklich »schrecklich« oder »katastrophal« sein wird, auf verschiedene Weise infrage gestellt, am unverblümtesten durch die wiederholten Fragen: »Was wäre, wenn es passiert? Wäre es wirklich das Ende der Welt?« Der Fokus wird auf die Neubewertung, wie man am besten mit der Situation umgehen könnte, und die Entwicklung von »Bewältigungsplänen« verlagert. Der Pionier dieses »dekatastrophisierenden« Ansatzes in der modernen Therapie war Albert Ellis, der Begründer der rational-emotiven Verhaltenstherapie (REVT), dem Hauptvorläufer der KVT, der besonders durch seine Lektüre der stoischen Philosophie beeinflusst wurde. In der REVT wurde mit rational-emotiven Vorstellungsübungen gearbeitet, die Ellis wie folgt beschreibt:

> Verwenden Sie rational-emotive Vorstellungen, um sich unangenehme auslösende Reize lebhaft vorzustellen, bevor sie eintreten; lassen Sie zu, dass Sie sich ungesund aufregen (ängstlich, deprimiert, wütend oder schuldbewusst fühlen), während Sie sich diese Ereignisse vorstellen; arbeiten Sie dann an Ihren Gefühlen, um sie in angemessene Emotionen (Besorgnis,

Traurigkeit, gesunde Wut oder Reue) zu ändern, während Sie sich immer wieder vorstellen, dass die schlimmsten Dinge passieren. Geben Sie nicht auf, bis Sie Ihre Gefühle tatsächlich geändert haben. (Ellis & MacLaren, 2005, S. 125-126)

Dies ähnelt der Vorwegnahme-Technik des Stoizismus, auch wenn die Stoiker mit ihrer grundlegenden Definition der Natur des Guten das Urteil infrage stellen, dass äußere Ereignisse wirklich »schlecht« oder »schädlich« sein können.

Jetzt sind Sie dran: Vorwegnahme von äußeren Ereignissen (Dekatastrophisierung)

Erstellen Sie eine Liste mit den vier oder fünf schlimmsten Katastrophen, die Ihnen realistischerweise im Leben widerfahren könnten, und zwar unabhängig davon, ob es sich um klassische Beispiele oder um Situationen handelt, die Ihren persönlichen Lebensumständen eher entsprechen, und ordnen Sie sie grob in der Reihenfolge ihrer Schwere. Beginnen Sie mit der leichtesten und gehen Sie nach und nach zu den schwersten über, sobald Sie dazu bereit sind. Die Stoiker gehen davon aus, dass Ihr eigener Tod typischerweise eines der schwersten und wichtigsten zukünftigen Ereignisse ist, das Sie mit einer ruhigen, »stoischen« Haltung betrachten sollten.

1. Vielleicht hilft es Ihnen, ein »Katastrophenskript« zu schreiben, wie es moderne Therapeuten nennen, in dem Sie das Ereignis so detailliert wie möglich beschreiben. Verzichten Sie auf gefühlsbetonte Sprache oder Werturteile und beschreiben Sie nur die Fakten der Situation in einer distanzierten, objektiven Art und Weise, als ob sie jemand anderem widerfahren würde.
2. Schließen Sie die Augen und stellen Sie sich vor, dass die »Katastrophe« genau jetzt passiert. Bleiben Sie dabei geduldig, und Sie werden feststellen, dass die Angst mit der Zeit ganz natürlich abnimmt.

Fahren Sie fort, bis sich die Angst um mindestens 50 Prozent reduziert hat.

3. Fragen Sie sich: »Was wäre, wenn das passieren würde?« Ist es wirklich so »katastrophal«, wie es scheint? Erinnern Sie sich an die Grundprinzipien der stoischen Philosophie: Dass das Wesen des Guten die menschliche Tugend ist, und dass äußere Ereignisse gleichgültig für unser Glück und Wohlbefinden (*eudaimonia*) sind.
4. Fragen Sie sich auch: »Wie geht es weiter?« Wie lange wird die »Katastrophe« andauern? Was wird höchstwahrscheinlich folgen? Wenn Sie sich bewusst machen, dass die meisten Widrigkeiten vorübergehender Natur sind, können Sie sie leichter ertragen.

Wiederholen Sie diese Übungen täglich. Es erfordert Geduld und wird mit der Zeit vielleicht langweilig, aber das ist oft ein Zeichen dafür, dass Sie bei der Überwindung von Stress, der durch hypothetische Katastrophen ausgelöst wird, Fortschritte machen. Stärker belastende Ereignisse müssen vielleicht eine Woche lang oder länger täglich 15 bis 30 Minuten lang durchgegangen werden. Fünf Minuten pro Tag reichen jedoch oft aus, um typische »Unglücksfälle« ohne übermäßige Angst betrachten zu können. Was lernen Sie, wenn Sie diese Übungen durchführen? Wie können Sie sicherstellen, dass Sie das Gelernte beibehalten und auf reale Situationen anwenden, wenn diese im wahren Leben auftreten?

Modellierung und Einübung von Bewältigungsstrategien

Andere verhaltenstherapeutische Ansätze verfolgen sogenannte »Bewältigungsstrategien«, bei denen man sich Fähigkeiten aneignet, mit deren Hilfe Probleme überwunden werden sollen. Sie konzentrieren sich darauf, wiederholte Stresssituationen – in der Realität oder in der Fantasie – als Gelegenheit zu nutzen, um neue Verhaltensstrategien einzuüben. Mit anderen Worten, sowohl die Fähigkeit als auch das

Selbstvertrauen, auf Widrigkeiten zu reagieren, werden durch wiederholte emotionale »Feuerübungen« entwickelt. Manche (»emotionsfokussierte«) Bewältigungsfähigkeiten wie Muskelentspannung werden eingesetzt, um emotionale Reaktionen zu handhaben, während andere (»problemfokussierte«) Fähigkeiten wie Durchsetzungsvermögen eingesetzt werden, um die äußere Situation zu bewältigen. Eine frühe Form der KVT namens »Stressimpfungstraining«, die von dem Psychologen Donald Meichenbaum entwickelt wurde, bietet zum Beispiel eine systematische Methode, um zukünftige Rückschläge zu antizipieren und Bewältigungsfähigkeiten einzuüben (Meichenbaum, 1985).

Stressimpfung ist ein flexibler Ansatz zum Aufbau psychischer Widerstandsfähigkeit durch wiederholtes Üben einer Vielzahl von belastenden Situationen – in der Realität, im Rollenspiel oder mithilfe der Vorstellungskraft –, bei der rationalere und konstruktivere Bewältigungsmöglichkeiten eingeübt werden. Wie im Stoizismus wird eine breite Palette von Situationen geprobt, sodass eine allgemeine psychische Widerstandsfähigkeit entwickelt werden kann. Der Prozess wird durch eine Analogie zur viralen *Immunisierung* erklärt. Indem man sich kontrolliert kleinen Dosen von Stress aussetzt, manchmal in der Fantasie, kann man stärkere Abwehrkräfte aufbauen und ist dann weniger verletzlich, wenn man im wirklichen Leben mit einem Problem konfrontiert wird. Dabei neigt die psychische Resilienz dazu, sich zu »verallgemeinern«, sodass auch Situationen, die weder antizipiert noch direkt geprobt wurden, als weniger überwältigend erlebt werden können, solange eine Vielzahl anderer Widrigkeiten antizipiert und bewältigt wurde.

Klienten üben im Stressimpfungstraining sowohl Bewältigungsaussagen (zum Beispiel »Ich schaffe das.«) als auch Bewältigungsfähigkeiten, zum Beispiel kontrollierte Entspannung oder Durchsetzungsvermögen. Genauso üben Stoiker philosophische Maximen (»Was außerhalb meiner Kontrolle liegt, ist mir gleichgültig.«) und angemessene Handlungen, wie zum Beispiel Situationen oder Umstände zu akzeptieren und mit Tapferkeit zu handeln, um Fortschritte in Richtung Tugend und *eudaimonia* zu machen. Bewältigungsstrategien beinhalten oft die Modellierung (oder Nachahmung) des Verhaltens anderer, die in ähnlichen Situationen psychische Resilienz zeigen. Die Stoiker sprechen ausgiebig davon, das Resilienzverhalten des idealen Weisen und anderer, die »Unglücksfälle« mit Weisheit und Mut ertragen haben, zu modellieren, und Seneca macht deutlich, dass er dies als Teil der stoischen Vorwegnahme betrachtet.

Schlüsselgedanke: Stressimpfungstraining

Das Stressimpfungstraining ist ein Ansatz der kognitiven Verhaltenstherapie (KVT) zum Aufbau psychischer Resilienz, der von dem Psychologen Donald Meichenbaum in den 1970er-Jahren entwickelt wurde. Seine Wirksamkeit wird durch eine Fülle von klinischen und experimentellen Forschungsergebnissen für ein breites Spektrum von Problemen und Populationen gestützt. Das Stressimpfungstraining gehört zu den modernen Psychotherapien, die der stoischen Technik der Vorwegnahme am ähnlichsten sind. Der Einzelne wird darin geschult, in einer Vielzahl von Situationen besser mit Stress umzugehen, oft indem er imaginäre Bedrohungen oder Rückschläge probt, die ihm zukünftig begegnen könnten. Indem er einübt, eine Reihe von realen und imaginären Problemen zu bewältigen, kann er eine allgemeine Resilienz entwickeln.

Jetzt sind Sie dran: Betrachtung von stoischen Vorbildern (Nachahmen)

Seneca empfiehlt, dass wir uns die schlimmsten Unglücke, die jemandem widerfahren können, vorstellen und »diejenigen, die sie verachtet haben, als Unterstützer herbeirufen«, mit anderen Worten, dass wir weise Menschen und Helden betrachten, die nachahmenswerte Vorbilder darstellen, da sie selbst ähnliche Situationen gemeistert haben. Dies ähnelt der stoischen Praxis, die wir »Kontemplation des Weisen« genannt haben, die sich jedoch auf jeden erstreckt, der einer Nachahmung würdig ist. Die stoische Literatur ist voll von Beispielen weiser Menschen und Helden, die Verbannung, Verfolgung, Trauer, Armut, Tod und anderen klassischen »Unglücksfällen« mit einer stoischen Haltung begegnet sind. Die Lektüre dieser Beispiele ist daher ein guter Ausgangspunkt. Vielleicht fallen Ihnen aber auch eigene Beispiele ein, einschließlich zeitgenössischer Persönlichkeiten oder sogar Ihre eigenen Freunde und Familienangehörigen.

1. Nehmen Sie sich Zeit, um schriftliche Berichte darüber zu lesen, wie ein stoischer Held (zum Beispiel Sokrates oder Cato) angesichts von Widrigkeiten zurechtkam, oder stellen Sie sich vor, wie ein perfekter stoischer Weiser die Situation handhaben würde.
2. Welche tugendhaften Haltungen oder Handlungen haben ihnen dabei geholfen? Was genau ist nachahmenswert an dem, was sie getan haben?
3. Stellen Sie sich vor, die Person zu sein, die Sie nachahmen, und den Ereignissen mit der gleichen Haltung zu begegnen, wie diese es getan hat. Versetzen Sie sich in die Lage dieser Person, als ob die Ereignisse Ihnen gerade jetzt passieren würden.
4. Wenden Sie das nun auf Ihr eigenes Leben an, indem Sie ähnliche »Unglücksfälle«, die Ihnen realistischerweise irgendwann begegnen könnten, gedanklich durchspielen und versuchen, das nachzuahmen, was Ihnen von ihrem Vorbild am hilfreichsten und angemessensten erscheint.

Auch bei dieser Übung kann es hilfreich sein, ein kurzes Skript oder eine Geschichte zu schreiben, die beschreibt, auf welche Weise Ihr Vorbild den Unglücksfall bewältigt hat. Überprüfen und überarbeiten Sie diese Geschichte in regelmäßigen Abständen, sodass dieses Beispiel in Ihrem Gedächtnis jederzeit griffbereit ist und Sie ihm in Ihrem eigenen Leben nacheifern können.

Eliminierung von Überraschungen

Die Stoiker waren auch der Ansicht, dass wir durch die Vorwegnahme möglicher zukünftiger Widrigkeiten lernen können, das Gefühl der »Überraschung« oder des »Schocks«, das sie oft begleitet, zu beseitigen und die Widrigkeiten stattdessen als etwas Natürliches und in manchen Fällen Unvermeidliches im Leben anzusehen. »Was lange erwartet wurde, kommt wie ein leichterer Schlag.« (Seneca, *Briefe an Lucilius*, 78) Die Stoiker beschäftigten sich besonders mit den psychischen Auswirkungen der irrationalen »Überraschung« über unerwünschte Ereignisse, diese sind jedoch kein ausdrücklicher Schwerpunkt moderner Psychotherapien. Beispielsweise meinte Epiktet, wenn man sich sage, dass ein solches Unglück »nicht unerwartet« geschehen sei, »wird dies das Erste sein, das die Last erleichtert« (*Unterredungen*, 3.24).

Ebenso schreibt Seneca, dass wir Ereignisse im Voraus durchdenken sollten, damit uns nichts auf diese Weise überrascht, denn »was ganz unvorhergesehen ist, trifft schwerer, Unerwartetes erhöht das Gewicht einer Katastrophe«, indem es den erlebten Kummer vergrößert (*Briefe an Lucilius*, 91). Er fährt fort: »Man muss daher vorausschauen und sich gegen mögliches Ungemach wappnen«, damit man »den Geist stärken« könne, um mit solchen »Katastrophen« fertigzuwerden, oder wie wir es heute ausdrücken würden, um psychische Widerstandsfähigkeit angesichts von Widrigkeiten zu entwickeln.

Mit anderen Worten: Die Vorwegnahme ist eines der wichtigsten Mittel, um dieses Gefühl der irrationalen Überraschung über »Unglücksfälle« zu verhindern. Seneca schreibt an anderer Stelle, dass wir den Schicksalsschlägen zwar nicht entkommen können, aber lernen können, sie gering zu achten, wenn wir »oft in Gedanken voraussehen, was kommen wird«.

> Ein jeder stellt sich tapferer einer Sache, auf die er sich lange vorbereitet hat, selbst starkes Leiden wird er ertragen, wenn er es im Vorhinein eingeübt hat. Wer dagegen unvorbereitet ist, den versetzen auch Kleinigkeiten

> in Panik. Wir müssen dafür sorgen, dass uns nichts überrascht. Und da eine Sache umso furchterregender erscheint, je weniger vertraut sie ist, wird diese Gewohnheit des ständigen Vorausdenkens sicherstellen, dass keine Form von Widrigkeiten uns als völligen Anfänger trifft.
> (*Briefe an Lucilius*, 107)

Auch Plutarch bezeichnet irrationale Gedanken der Überraschung als Ursache vieler Ängste:

> Der Punkt ist, dass, wenn etwas passiert, das vielleicht unwillkommen, aber nicht unerwartet ist, diese Art von Vorbereitung und Charakter keinen Raum für »Das hätte ich niemals gedacht« oder »Das ist nicht, was ich mir erhofft habe« oder »Das habe ich nicht erwartet« lässt und so das Herz aufhört zu taumeln und schnell zu schlagen und so weiter, und dass die Verwirrung und Unruhe schnell wieder auf ein Fundament gestellt werden. Karneades [der skeptische platonische Philosoph] pflegte Leute, die mit wichtigen Angelegenheiten zu tun hatten, daran zu erinnern, dass Unerwartetes das A und O von Elend und Unzufriedenheit sei.
> (*Über die Gemütsruhe*, 474e)

Er fügt hinzu, dass solches Elend am besten dadurch vermieden werden könne, »dass man sich der nützlichen Übung widmet, die Fähigkeit zu erlangen, das Glück mit offenen Augen zu betrachten«.

Jetzt sind Sie dran: Vorwegnahme der Tugend (Bewältigung)

Heutzutage regen Therapeuten gern dazu an, einen detaillierten »Bewältigungsplan« aufzuschreiben, der aufführt, wie man am besten mit antizipierten Katastrophen umgehen könnte. Ganz ähnlich haben die Stoiker darüber nachgedacht, wie sie angesichts von Widrigkeiten mit Besonnenheit, Tapferkeit und Selbstdisziplin handeln könnten. Überlegen Sie also, was Sie sonst noch tun könnten, um die Situation, die Sie sich ausmalen, gut zu meistern. Welche Fähigkeiten oder Stärken hat die Natur Ihnen mitgegeben, um mit solchen Situationen fertigzuwerden?

1. Wenn möglich, nehmen Sie sich die Zeit, einen Bewältigungsplan zu schreiben, der auf Ihrem Verständnis der stoischen Philosophie basiert. Es ist in Ordnung, wenn Sie zunächst nur einige Aufzählungspunkte aufführen. Vielleicht möchten Sie den Plan ja regelmäßig überarbeiten, bis er zu einem detaillierteren Plan oder einer Geschichte darüber geworden ist, wie Sie mit einer Situation fertigwerden würden.
2. Auf welche Weise würde es Ihnen helfen, stoische Helden nachzuahmen? Was können Sie vom Beispiel anderer lernen? Was würde ein Weiser mit perfekter praktischer Weisheit und Selbstbeherrschung tun?
3. Inwiefern würde Ihnen die stoische Philosophie helfen? Vor allem: Was würde passieren, wenn Sie sich auf das Grundprinzip konzentrieren würden, dass nur unsere eigenen Handlungen wirklich »gut« oder »schlecht« sein können und dass äußere Dinge letztlich »gleichgültig« sind?
4. Welche besonderen Fähigkeiten oder Stärken hat die Natur Ihnen mitgegeben, um mit dieser Situation fertigzuwerden, und wie können Sie sie am besten einsetzen? Welche Tugenden verlangt die Situation?

Um es noch einmal zu sagen: Am besten entwickeln Sie einen detaillierteren Bewältigungsplan, indem Sie ihn täglich durchgehen und anhand Ihrer Überlegungen überarbeiten. Wie »katastrophal« erscheint Ihnen die Situation, wenn Sie sich vorstellen, sie nach besten Kräften anzugehen? Was ist wichtiger, die äußeren Ereignisse, die Ihnen widerfahren, oder die Art und Weise, in der Sie nach bewusster Entscheidung darauf reagieren?

Umkehrung der »hedonistischen Adaptation«

Diesen Standardprozessen der kognitiven Verhaltenstherapie fügt Irvine das Konzept der »hedonischen Adaptation« hinzu. Er behauptet, dass wir durch die Vorstellung, geschätzte Dinge zu verlieren, verhindern können, sie als so selbstverständlich anzusehen, dass sie uns nicht länger Freude bereiten (Irvine, 2009). Sich zukünftige Verluste auszumalen, wird somit zu einer Möglichkeit, die gegenwärtige Freude zu steigern. Zwar finden sich in der Literatur einige Hinweise auf diese Auffassung, doch sie kollidiert möglicherweise mit der stoischen philosophischen Doktrin, dass äußere Dinge und das Vergnügen, das sie einem einbringen, im Hinblick auf wahres Glück und Wohlbefinden (*eudaimonia*) »gleichgültig« sind.

Laut Stoizismus entsteht rationale Freude hauptsächlich durch die Betrachtung tugendhafter Handlungen und nicht durch die Maximierung von Sinnesfreuden. Letzteres entspricht eher der Einstellung der rivalisierenden epikureischen Schule. Sich auszumalen, eine potenzielle künftige Verarmung wäre bereits eingetreten, ist für die Stoiker nicht so recht dazu geeignet, uns mehr Freude an unserem gegenwärtigen Wohlstand zu verschaffen. Es geht darum, unsere Fähigkeit, in Übereinstimmung mit Weisheit und Tugend zu reagieren, höher zu bewerten als unseren materiellen Besitz oder unsere äußere Situation.

Fazit

Die wichtigsten Punkte, die Sie sich aus diesem Kapitel merken sollten, sind:

* Die Grundlage der stoischen Vorwegnahme ist das zugrunde liegende Prinzip, dass kein äußeres »Unglück« wirklich »schlecht« oder »schädlich« sein kann, weil alles, was nicht unserem Willen unterliegt, »gleichgültig« ist.
* Die Antizipation aller möglichen Formen von Widrigkeiten hilft dem Stoiker, seine Prinzipien einzuüben, seinen Charakter zu stärken und eine größere psychische Widerstandsfähigkeit zu entwickeln, anstatt sich Sorgen zu machen.
* Auf diese Weise wird dem »Unglück« zudem das Element der Überraschung genommen, sodass die Ereignisse, wenn sie eintreten, leichter zu handhaben sind.

Next Step

Die stoische Vorwegnahme befasste sich mit einer Vielzahl von »Unglücksfällen«, aber als wichtigster davon wurde zweifellos der eigene Tod angesehen, ein Thema, das ein eigenes Kapitel bekommt. Es ist jedoch an der Zeit, dass wir fortfahren, die Rolle der stoischen Logik in Bezug auf die »Disziplin des Urteils« und die Praxis der stoischen Achtsamkeit zu besprechen, um damit unseren Überblick über die drei grundlegenden stoischen Themen und Disziplinen abzuschließen.

8

Die Disziplin des Urteils (stoische Achtsamkeit)

In diesem Kapitel erfahren Sie:

- mehr zur praktischen Disziplin des Urteils oder der »Zustimmung« und inwiefern sie mit dem breiter gefassten theoretischen Thema der stoischen Logik zusammenhängt
- wie man die psychologische Übung der »physischen Beschreibung« nutzt, um das zu entwickeln, was die Stoiker eine »objektive Darstellung« von Ereignissen nannten
- wie man Achtsamkeit und »kognitive Distanzierung« nutzt, um sich nicht von Eindrücken »mitreißen« zu lassen

Nicht die Dinge selbst beunruhigen die Menschen, sondern ihr Urteil darüber. Der Tod zum Beispiel ist nichts Furchtbares, sonst wäre er auch Sokrates so erschienen. Das Furchtbare liegt in unserem eigenen Urteil über den Tod, dass der Tod furchtbar sei. (Epiktet, *Handbüchlein der Moral*, 5)

Deshalb übe dich darin, ohne zu zögern jedem unangenehmen Eindruck sofort mit den Worten zu begegnen: »Du bist [nur] ein Eindruck und in keiner Weise das, was du zu sein scheinst.« Als Nächstes prüfe und bewerte ihn nach den [philosophischen] Regeln und Maßstäben, die du beherrschst, ob es sich um etwas handelt, das in unserer Macht liegt oder nicht. Und wenn es sich um etwas handelt, das nicht in unserer Macht liegt, dann halte die Antwort bereit: »Es geht mich nichts an.«
(*Handbüchlein der Moral*, 1)

Selbsteinschätzung: Stoische Einstellungen und die Disziplin des Urteils

Überprüfen Sie vor der Lektüre dieses Kapitels, wie weit Sie den folgenden Aussagen zustimmen, indem Sie die unten angegebene Skala (1–5) verwenden, und überprüfen Sie Ihre Einstellung erneut, nachdem Sie das Kapitel gelesen und verarbeitet haben.

1. stimme überhaupt nicht zu, 2. stimme nicht zu, 3. stimme weder zu noch stimme ich nicht zu, 4. stimme zu, 5. stimme voll und ganz zu

1. »Wir sollten auf beunruhigende Eindrücke reagieren, indem wir uns daran erinnern, dass diese nur im Kopf stattfinden und nicht den Dingen entsprechen, die sie darstellen.«
2. »Wenn ich starke Begierden oder Emotionen empfinde, sollte ich einen Schritt zurücktreten und meine Reaktion darauf so lange aufschieben, bis sie abgeklungen sind und ich sie richtig einschätzen kann.«
3. »Es ist hilfreich, sich daran zu erinnern, dass es unsere Urteile über die Dinge sind, die uns beunruhigen, und nicht die Dinge selbst.«

Was ist die »Disziplin des Urteils«?

Wie können wir Philosophie von etwas, über das wir in Büchern lesen, in eine *praktische* Disziplin verwandeln, die unseren Alltag durchdringt?

Wie sollen wir ohne die Hilfe eines weisen Lehrers unsere Anfälligkeit für fehlgeleitete Begierden und Gefühle erkennen, bevor es zu spät ist? Sokrates sagte bekanntlich, dass das ungeprüfte Leben nicht lebenswert ist. Doch wie beginnt ein Philosoph damit, sein eigenes Leben – seine Gedanken, Gefühle und Handlungen – rational zu »prüfen«? Wie wir noch sehen werden, praktizierten die Stoiker eine psychologische Übung namens *prosochê* (auf den eigenen Geist gerichtete Aufmerksamkeit), die der buddhistischen »Achtsamkeit« ähnelt. Mit diesem Konzept lassen sich viele dieser Fragen über die Anwendung der Philosophie auf unseren Alltag beantworten.

Der Einfachheit halber werde ich Epiktets dritte stoische Disziplin die des »Urteils« nennen. Er nannte sie die Disziplin der »Zustimmung« (*sunkatathesis*), was bedeutet, mit einem anfänglichen Eindruck einverstanden zu sein oder »Ja« dazu zu sagen. Bei dieser Disziplin geht es darum, als Reaktion auf Eindrücke, die sich uns im Alltag aufdrängen, »Zustimmung« zu gewähren oder zu verweigern, insbesondere wenn es sich um Werturteile handelt, die zu irrationalen »Leidenschaften« führen können, wie zum Beispiel beunruhigende Ängste oder übermäßig starke Begierden. Hadot meinte, dass sie mehrere praktische psychologische Übungen beinhalte, die mit dem weiter gefassten theoretischen Feld der stoischen »Logik« korrespondieren.

Sie beruht jedoch auf der grundlegenden Praxis, eine *objektive* Betrachtungsweise der Ereignisse anzunehmen. Kurz gesagt: »Die Disziplin der Zustimmung besteht im Wesentlichen darin, sich zu weigern, jene Vorstellungen innerlich zu akzeptieren, die nicht objektiv oder angemessen sind.« (Hadot, 1998, S. 101) Hadot interpretiert diese Disziplin daher als ein Mittel, um in Harmonie mit der Vernunft, die die Stoiker als unsere wesentliche Natur ansehen, zu leben. Sie kann mit der Kardinaltugend der »Weisheit« oder Wahrhaftigkeit in Verbindung gebracht werden. So definierte Zenon laut Epiktet auch die Hauptlehre des Stoizismus als die Ansicht, dass das höchste Gut des Menschen, die Weisheit, im »richtigen Gebrauch der Eindrücke« besteht.

Eine Art, wie die Stoiker daher ihre berühmteste Doktrin »im Einklang mit der Natur leben« interpretierten, bestand darin, sich an die Fakten zu halten und sich selbst Ereignisse auf eine »natürliche« und objektive Weise zu beschreiben, ohne die eigenen Werturteile mit der äußeren Realität zu verwechseln. »Mein Hund ist gestorben« ist eine Tatsache, eine physische Beschreibung; »mein Hund ist gestorben, und das ist *furchtbar*« enthält ein Werturteil, das über die Tatsachen hinausgeht. Unsere Werturteile überschreiten die objektiven Fakten einer gegebenen Situation und bringen uns dadurch in Konflikt mit der äußeren Natur.

In der objektiven Darstellung von Ereignissen oder Umständen scheinen sich die stoische Logik und die Physik oder »Naturphilosophie« zu überschneiden. In ähnlicher Weise versucht die moderne wissenschaftliche Methode, Fakten über die »Natur« zu erfahren, indem sie sie auf objektive Weise betrachtet und Werturteile oder emotionale Rhetorik zugunsten einer unparteiischen Beobachtung und Beschreibung weglässt. Im Stoizismus wird dies jedoch zu einer spirituellen und psychotherapeutischen Übung.

Mark Aurel meinte, dass die Disziplin des Urteils von uns verlange, die »wahre praktische Kunst« oder Technik der Zustimmung zu erlernen. Bevor wir beginnen können, unsere eigenen Gedanken mithilfe der Dialektik und Logik in Zweifel zu ziehen, müssen wir zunächst in der Lage sein, sie zu erkennen, einen Schritt von ihnen zurückzutreten und sie so zu betrachten, als wären sie Hypothesen, die zumindest »zur Debatte stehen«. Das meinten sie mit dem »Vorenthalten der Zustimmung« zu unseren Eindrücken. Dabei geht es darum, eine unvoreingenommene oder objektive Haltung einzunehmen, um Eindrücke rational zu bewerten, bevor man entscheidet, ob sie es verdienen, akzeptiert oder abgelehnt zu werden. Das ist eine *Vorbedingung* für jede ernsthafte philosophische Selbstprüfung. Epiktet sagt daher, dass die Disziplin der Zustimmung sich besonders mit der »Vermeidung von Irrtum und Unbesonnenheit« in unserem Denken beschäftigt (*Unterredungen*, 3.2):

1. Freiheit von »Unbesonnenheit«, das heißt, wir müssen uns zunächst darin üben, unsere ersten Eindrücke tatsächlich zu erkennen, wenn sie auftreten, und unsere »Zustimmung« zu problematischen Werturteilen zunächst auszusetzen, anstatt uns von ihnen zu ungesunden Leidenschaften wie irrationale Angst oder übermäßige Begierde »hinreißen« zu lassen.

2. Freiheit von »Irrtum«, das heißt, wir müssen anschließend lernen, diese Eindrücke rational zu prüfen und zu bewerten, insbesondere unter Berücksichtigung unserer philosophischen Lehre über das, was gut, was schlecht und was gleichgültig ist, und letztlich mithilfe der formalen stoischen Logik.

Epiktet macht sehr deutlich, dass die wichtigste Frage, die wir uns bei der Überprüfung unserer Gedanken stellen müssen, die ist, ob sie sich auf Dinge beziehen, die »in unserer Macht liegen« oder nicht, worauf wir im nächsten Kapitel zurückkommen werden. In diesem Kapitel werden wir uns auf die erste Aufgabe konzentrieren: Unbesonnenheit, oder das Sich-mitreißen-Lassen, bei der »Zustimmung« zu unseren anfänglichen Eindrücken zu vermeiden. Wir können dies als eine zentrale Fähigkeit bei der Entwicklung »stoischer Achtsamkeit« betrachten.

Epiktet betonte, dass Schüler die dritte Disziplin erst dann verfolgen sollten, wenn sie in den Disziplinen des Verlangens und des Handelns schon weit genug gekommen sind. Es ist möglich, dass er einfach nur meinte, dass der Aspekt dieser Disziplin, der eine fortgeschrittene Ausbildung in stoischer Logik beinhaltet, auf später verschoben werden sollte, um zunächst das Wissen über grundlegende Prinzipien zu stärken. Jedoch scheinen einige Aspekte dieser Disziplin von Anfang an notwendig zu sein, insbesondere die Fähigkeit, sich von einer vorschnellen Zustimmung und dem Sich-mitreißen-Lassen durch erste Eindrücke – wovor Epiktet seine Schüler wiederholt warnt – zu befreien.

Die wichtigste praktische Technik besteht darin, die Entwicklung unserer irrationalen Leidenschaften zu erkennen und sie im Keim zu ersticken, indem wir den Eindrücken, auf denen sie beruhen, nicht zustimmen. Laut Epiktet dürfen wir uns zuallererst nicht von unserer automatischen Reaktion auf die ersten Eindrücke mitreißen lassen, sondern wir sollten sagen: »Warte ein wenig auf mich, Eindruck; erlaube mir, zu erkennen, wer du bist und wovon du ein Eindruck bist; erlaube mir, dich auf die Probe zu stellen.« Die Anfangspassage des

Handbüchleins der Moral beschreibt in ähnlicher Weise, wie Stoiker im Allgemeinen problematische Eindrücke früh einfangen und sie adressieren sollten, indem sie zu ihnen wie zu einer anderen Person sprechen. Sie sollten sagen: »Du bist [nur] ein Eindruck und in keiner Weise das, was du zu sein scheinst«, und sie anschließend genau überprüfen, ob es sich bei ihnen um fehlerhafte Werturteile oder um eine objektive Darstellung der Ereignisse handelt.

Unsere Werturteile sind der Kern unseres Wesens als rationale Geschöpfe und die Quelle unserer Freiheit. Sich ihrer in jedem Augenblick bewusst zu sein, bedeutet, sich seiner selbst zutiefst bewusst zu sein. So scheinen die Stoiker die delphische Maxime »Erkenne dich selbst« interpretiert zu haben. Mark Aurel verweist mehrmals auf die Praxis, sich in die Festung seines Verstandes zurückzuziehen, indem er Werturteile über äußere Ereignisse zurückhält. Man sagt, dass die frühen Stoiker die »Logik« metaphorisch mit den Knochen und Sehnen eines Tierkörpers, der Schale eines Eies und, wie wir gesehen haben, mit der schützenden Mauer, die eine Plantage oder einen Obstgarten umgibt, verglichen haben. Die Botschaft scheint zu sein, dass das Studium der stoischen Logik uns stark macht und uns vor der äußeren Welt schützt. Der Rückzug in die innere Festung steht dabei selbst dem Neuling unter den Stoikern jederzeit zur Verfügung, denn er erfordert zunächst nur, dass wir unsere Urteile bemerken und zunächst Abstand zu ihnen einnehmen, anstatt uns von ihnen mitreißen zu lassen. Indem wir uns selbst wirklich kennen, ständig achtsam sind, uns des Kerns unseres Wesens als rationale Wesen bewusst bleiben, unsere Gedanken und Werturteile beobachten, erlauben wir uns, uns von der Welt zurückzuziehen und uns über äußere Ereignisse zu erheben, durch eine Art Loslösung oder Läuterung des Geistes. Indem wir die »Unbesonnenheit« oder Voreiligkeit vermeiden, unseren ersten Eindrücken zuzustimmen, erkennen wir zunehmend, dass wir letztlich nicht durch äußere Dinge aus der Fassung gebracht werden, sondern durch unsere eigenen Urteile über sie.

Fallstudie: Der ängstliche Kithara-Spieler

In seinem Vortrag »Über die Angst« führt Epiktet das Beispiel eines Musikers an, eines Sängers, der sich selbst auf der Kithara begleitet und der unter etwas leidet, das wir »Lampenfieber« nennen würden (*Unterredungen*, 2.13). Der Musiker spielt perfekt, wenn er allein ist, und verspürt keine Angst, bis er das Theater betritt und vor einem Publikum steht. Epiktet interpretiert dies scharfsinnig als Beweis dafür, dass die Angst durch die Wahrnehmung der Situation durch den Musiker verursacht wird, durch seinen Wunsch, dem Publikum zu gefallen, und durch die Angst, von ihm kritisiert zu werden.

Er sagt, wenn seine Schüler bemerken, dass jemand ängstlich zu sein scheint, sollten sie sich generell fragen: »Was will diese Person?« Angst, sagt er, wird letztlich dadurch verursacht, dass wir entweder etwas erreichen oder etwas vermeiden wollen, das außerhalb unserer direkten Kontrolle liegt. Selbst wenn der Vortragende eine gute Stimme hat und die Kithara gut beherrscht, kann er sich selbst Angst verursachen, »denn er will nicht nur gut singen, sondern auch Applaus bekommen«. Da ein solches Ergebnis immer ungewiss ist und außerhalb seiner direkten Kontrolle liegt, fühlt er sich zwangsläufig unsicher, zwiegespalten und ängstlich, da er in einer grundlegenden Fehleinschätzung gefangen ist. Er hat unwissentlich seine Zustimmung gegeben und sich von seinem falschen Eindruck »mitreißen« lassen, dass die Reaktion des Publikums an sich wichtiger ist als sein eigener Charakter oder seine Leistung.

Er mag zwar die Kunst des Auftretens gemeistert haben, aber er ist kein Meister der Lebenskunst, und es fehlt ihm an praktischer Weisheit, die ihn von solchen Ängsten befreien würde. Ein stoischer Kitharaspieler hingegen könnte sich im Laufe seines Lebens darin geübt haben, innezuhalten, wenn ängstliche Gefühle aufkommen, und sich an die stoische Lehre erinnern, dass wir nicht durch äußere Ereignisse, sondern durch unsere Urteile über sie beunruhigt werden. Er würde sich fragen, ob die Reaktion des Publikums seiner direkten Kontrolle unterliegt, und da dies nicht der Fall ist, würde er auf seine Angst mit den Worten reagieren: »Ihr Applaus geht mich nichts an.« Er würde sich selbst daran erinnern, dass, obwohl er den

Applaus bevorzugen würde, dieser letztlich »gleichgültig« für sein Wohlbefinden ist. Was in dieser Situation wirklich wichtig ist, ist seine Fähigkeit, dies zu erkennen und mit Großmut zu akzeptieren, was auch immer geschieht. Die Entwicklung dieser Fähigkeit kann jedoch ein längeres und anspruchsvolleres Training erfordern als das Erlernen eines Musikinstruments.

Merke: Leidenschaften sind Eindrücke

Denken Sie daran, dass für die Stoiker alle »Leidenschaften« im Grunde »Eindrücke« einer bestimmten Art sind, denen irrationale Werturteile anhaften. Die Eindrücke, bei denen sie am meisten daran interessiert sind, sie zu erkennen, sich nicht von ihnen »mitreißen« zu lassen und zu lernen, diese neu zu bewerten, sind die »Leidenschaften«, irrationale Ängste und ungesunde Begierden. Die Reaktion auf eine Angst aufzuschieben, bedeutet, dem Vermeidungsreflex nicht nachzugeben, nicht wegzulaufen, sondern sich der Angst zu stellen. Die Reaktion auf eine Begierde aufzuschieben, bedeutet, ihr nicht nachzugeben und dem Gewünschten nicht zu frönen. »Ertrage und entsage«, wie es in Epiktets berühmtem Spruch heißt. Sich nicht von den ersten Eindrücken der Angst und des Verlangens »mitreißen« zu lassen, erfordert die Kardinaltugenden Tapferkeit und Selbstbeherrschung.

Stoische Psychologie und Erkenntnistheorie

An dieser Stelle sollten wir uns kurz einige Aspekte der stoischen Psychologie ansehen. Die Stoiker glaubten, dass körperliche Empfindungen einen inneren ›Eindruck‹ (*phantasia*) von äußeren Ereignissen erzeugen, eine ›Erscheinung‹ von Dingen, die sich von den Dingen selbst unterscheidet. Dieser Eindruck wird dem *hêgemonikon* präsentiert, der ›dominanten Fähigkeit‹ des Geistes, dem Sitz des

Bewusstseins und des Willens. Wir können fragen, ob der Eindruck, den wir erhalten, als Darstellung der äußeren Welt korrekt und objektiv ist. Wir können auch fragen, wie der Eindruck unseren Geist beeinflusst, ob er beunruhigend ist oder starke Wünsche oder Abneigungen hervorruft. Wir können Eindrücke auch durch Erinnerung oder Fantasie formen, indem wir neue oder zusammengesetzte Bilder konstruieren, wie zum Beispiel das Bild des idealen Weisen, und diese mit der Realität vergleichen. Obwohl *phantasia* also oft irreführend mit »äußerer Eindruck« übersetzt wird, ist es ein viel weiter gefasster Begriff, der verschiedene Arten von mentaler Vorstellung umfasst, einschließlich dessen, was man heute als »Gedanken« und »Gefühle« bezeichnet (Long, 2002, S. 133; S. 214).

Diese ersten Eindrücke werden mit einem inneren Diskurs und einer darauf aufbauenden Interpretation verbunden, wobei Sprache und abstrakte Konzepte verwendet werden, die den Ereignissen ihre Bedeutung verleihen. Während uns die äußeren Eindrücke durch Empfindungen aufgezwungen werden, ist die Bedeutung, die ihnen durch die Sprache zugeschrieben wird, eine Aktivität der »dominanten Fähigkeit« des Geistes, auch wenn diese beiden Dinge in unserer täglichen Erfahrung eng miteinander verschmolzen sind. Nach Hadot ist es, strenggenommen, diese *verbale Bedeutung*, der wir unsere bewusste »Zustimmung« geben oder verweigern, während die Stoiker typischerweise von der Zustimmung zu unseren »Eindrücken« sprechen. Erst wenn wir einem Eindruck unsere willentliche Zustimmung geben und anerkennen, dass er das ist, was er zu sein scheint, wird er als eine vollwertige »Wahrnehmung« äußerer Ereignisse erlebt.

Entscheidend für die Stoiker ist, dass sich uns manche Eindrücke aufdrängen können und nicht unserer Kontrolle unterliegen. Psychologen würden heutzutage sagen, dass es sich dabei eher um »automatische« als um »willentliche« Denkprozesse handelt. Im Gegensatz dazu ist unsere bewusste »Zustimmung« zu Eindrücken frei und geschieht willentlich. Das versetzt erwachsene Menschen in die Lage, ihre eigenen Eindrücke bewusst zu hinterfragen, was Säuglinge und Tiere nicht können.

Sogar der Weise ist unwillkürlichen Eindrücken von Gefahr unterworfen und kann durch ein plötzliches Geräusch zunächst erschreckt und beunruhigt werden. Eine ängstliche Person wird sich dabei von dem anfänglichen Eindruck mitreißen lassen und sich weiterhin sorgen, während der Weise hingegen einen Schritt zurücktreten und das Ereignis rational bewerten wird. Wenn er dann zu dem Schluss kommt, dass sein Eindruck falsch ist, kann er so seinen Gleichmut wiederherstellen. Nehmen wir an, ein äußeres Ereignis, beispielsweise dass mich jemand kritisiert, wird meinem Geist durch die Sinne des Sehens und Hörens mitgeteilt. Nach Hadots Analyse besteht der anschließende Prozess der »Zustimmung« im Stoizismus typischerweise aus den folgenden Stufen (Hadot, 1998, S. 103–104):

1. »Was ist passiert?« Es entsteht ein »primärer« innerer Eindruck, durch den das Ereignis automatisch im Verstand repräsentiert wird, und dieser bittet um eine Antwort, indem er implizit die Frage stellt: »Was ist das?«
2. »Jemand hat mich kritisiert.« Es ist unsere Natur, zu reagieren, indem wir Sprache und Vernunft benutzen, um das Ereignis zu beschreiben. Dies ist das anfängliche Urteil, das die Stoiker als »objektive Darstellung« bezeichnen, weil es einfach die unwiderlegbaren Tatsachen der Situation wiedergibt und buchstäblich »mit der Natur übereinstimmt«.
3. »Er hat mir Unrecht getan!« Wir fügen dann vielleicht ein Werturteil (*hupolêpsis*) hinzu. Die Stoiker übten sich jedoch darin, solche Urteile auszusetzen und keine Bewertung hinzuzufügen, etwa dass das Geschehene »gut« oder »schlecht«, »hilfreich« oder »schädlich« und so weiter sei.

Epiktet und Mark Aurel liefern mehrere ziemlich klare Beispiele, in denen diese Abfolge von psychologischen Ereignissen als eine Art innerer Dialog zwischen der Person und ihren Eindrücken dargestellt wird.

- Er wurde ins Gefängnis gesteckt. (Der erste Eindruck, der von unseren Sinnen kommt.)
- Was ist passiert? [Damit werden wir aufgefordert, ein Urteil zu fällen oder zu interpretieren.]
- Er wurde ins Gefängnis gesteckt. (Wir antworten mit einem objektiven verbalen Urteil, das einfach die unwiderlegbaren Fakten wiedergibt.)
- Aber »Er ist unglücklich!« [ein *unnötiges* Werturteil] wird von uns selbst hinzugefügt. (*Unterredungen*, 3.8)

Mark Aurel schreibt in seinem Tagebuch, dass wir uns nichts einreden sollten, was über die ersten Eindrücke hinausgeht. Wenn wir bei diesen blieben und nichts hinzufügten, könne uns kein Leid geschehen (*Selbstbetrachtungen*, 8.49). Er nennt folgende Beispiele:

- Jemand hat dich beleidigt, zum Beispiel.
- Das war so – aber es hat dir nicht geschadet.
- Ich sehe, dass mein Sohn krank ist.
- Aber »Er könnte daran sterben«, nein, das sehe ich nicht.

Stoiker versuchen also, bei ihren »objektiven Darstellungen« zu bleiben, im Einklang mit der Natur, ohne ihnen weitere Werturteile oder Rückschlüsse zuzuschreiben, weil diese die Grundlage für irrationale »Leidenschaften« bilden. Oft schleichen sich jedoch Werturteile ein, die mit unseren äußeren Eindrücken verschmolzen sind, sei es aus Gewohnheit oder aus einem anderen Grund. Entweder lassen wir uns vorschnell zu irrationalen Leidenschaften hinreißen, indem wir diesen Eindrücken folgen, oder wir halten inne, treten einen Schritt zurück und halten unsere Zustimmung vorübergehend zurück, bis wir eine Chance bekommen, die Ereignisse philosophisch zu bewerten.

Schlüsselgedanke: »Objektive Darstellung«

Phantasia katalêptikê gehört zu den stoischen Fachbegriffen, die schwierig zu übersetzen sind und den Gelehrten Kopfzerbrechen bereiten. Die Stoiker glaubten, dass manche geistigen Eindrücke unwiderlegbar seien und mit Gewissheit erfasst werden könnten. Im Gegensatz dazu weigerten sich ihre Gegner, die akademischen Skeptiker, zuzugeben, dass irgendwelche Eindrücke die Realität mit Gewissheit erfassen könnten. Daher kritisierten sie die Stoiker und nannten sie »die Dogmatiker«. Darin verbirgt sich eine komplexe und (sehr) lange andauernde philosophische Debatte, aber für unsere Zwecke genügt es, festzustellen, dass viele Menschen zu dem Schluss kommen, dass der philosophische Skeptizismus als Grundlage für eine Lebensphilosophie eine ziemliche Sackgasse ist. (Die platonische Akademie selbst hat den Skeptizismus um 90 v. Chr. aufgegeben und ist zu einer Position übergegangen, die den Stoikern etwas nähersteht und als »Mittelplatonismus« bekannt ist.)

Die stoische Position ist auch näher an der verbreiteten Ansicht, dass wir unseren Sinnen im Allgemeinen vertrauen können. Eine *phantasia* ist ein Eindruck oder ein Gedanke, der etwas repräsentiert, beispielsweise die mentalen Bilder, die wir von der äußeren Realität haben – er kann wahr oder falsch sein, genau oder ungenau. Im Gegensatz dazu ist eine *phantasia katalêptikê* ein Eindruck, der sicher und zuverlässig ist, einer, der die Ereignisse genau »erfasst«. Sie wird manchmal als »objektive Darstellung« übersetzt, weil die Dinge in Bezug auf ihre physischen Eigenschaften erfasst werden, ohne dass ihnen starke Werturteile zugeschrieben werden.

Schlüsselgedanke: Zenons geballte Faust

Zenon verwendete bekanntlich eine Reihe von Gesten, um verschiedene Ebenen oder Stufen des Wissens zu symbolisieren:

1. Ein Eindruck [*phantasia*] wird durch eine offene rechte Hand symbolisiert, mit gespreizten Fingern, als würde der Eindruck schwebend darüber ruhen.
2. Die Zustimmung [*sunkatathesis*] wird durch locker geschlossene Finger symbolisiert, als würde man den Eindruck festhalten.
3. Gewissheit [*katalêpsis*] ähnelt der Hand, die fest zur Faust geballt ist, wovon der Ausdruck »etwas erfassen« abgeleitet ist – dies kommt daher, dass man bestimmte Eindrücke sehr klar und deutlich wahrnimmt und ihre Natur mit völliger Objektivität erfasst.
4. Wissen [*epistemê*] wird dadurch symbolisiert, dass die geballte rechte Faust fest von der Handfläche und den Fingern der linken Hand umschlossen wird.

Nach Ansicht der Stoiker besitzt nur der Weise wahres Wissen, und Tugend ist ein solches Wissen darüber, was gut, schlecht oder gleichgültig ist. Das Wissen wiederum beruht auf gründlich erfassten Eindrücken, und diese Art von Gewissheit ist für jeden erreichbar. Es wird zu wahrem Wissen, wenn es durch die Vernunft gestützt und so in andere klar wahrgenommene Eindrücke eingeordnet wird.

»Objektive Darstellung« und »physische Beschreibung«

Der stoische Begriff *phantasia katalêptikê* bedeutet wörtlich »ein Eindruck, der erfasst«, und meint offenbar einen, den der Verstand als unwiderlegbar erfasst. Er wird oft mit »objektive Darstellung« übersetzt. Wie ein Wissenschaftler oder Naturphilosoph erfasst auch jemand, der »kataleptische« Eindrücke hat, die Realität in unverrückbarer und von Werturteilen ungetrübter Weise. Indem sie die Natur der Dinge auf diese objektive und bodenständige Weise erfassen, verhindern die Stoiker, dass sie von den ungesunden Leidenschaften »mitgerissen« werden. Epiktet rät seinen Schülern daher, ihre Eindrücke wie folgt zu hinterfragen:

> Lass sehen, was du bist! Hast du von der Natur die Losung, die jeder Eindruck haben muss, um anerkannt zu werden? (*Unterredungen*, 3.12)

Er meint damit, dass wir prüfen sollten, ob der Eindruck eine wirklich *objektive* Darstellung der Ereignisse ist. Andernfalls sollten wir ihm unsere Zustimmung verweigern, insbesondere wenn er Werturteile enthält, die mit den Leidenschaften in Zusammenhang stehen.

Das Konzept einer *phantasia katalêptikê* bildet daher die Grundlage für etwas, das am besten als eine verbale oder psychologische Übung im Stoizismus beschrieben wird, die Hadot als die Praxis der »physischen Beschreibung« bezeichnet (Hadot, 1998, S. 104–105). Es gibt viele Beispiele dafür in den *Selbstbetrachtungen* von Mark Aurel.

> Man muss immer eine Definition oder Beschreibung des Gegenstandes vornehmen, von dem man einen Eindruck bekommt, um ihn in seiner wirklichen Beschaffenheit zu sehen, unverhüllt, in seiner Gesamtheit und in all seinen Bestandteilen. Man muss ihn selbst mit dem ihm eigenen Namen benennen wie auch die Teile, aus denen er besteht und in die er wieder aufgelöst wird. (*Selbstbetrachtungen*, 3.11)

Mark Aurel nennt eine Vielzahl von konkreten Beispielen:

> Wie wichtig es ist, sich selbst klar zu werden, wenn es um ausgefallene Speisen und andere Lebensmittel geht: »Dies ist der Leichnam eines Fisches, dies wiederum der Leichnam eines Vogels oder eines Schweins.« Und in ähnlicher Weise: »Dieser [teure] Falerner Wein ist nur der Saft einer ausgequetschten Traube.« und »Dieses purpurne [kaiserliche] Ge-

> wand ist nichts als Schafwolle, die mit dem Blut von Meeresschnecken gefärbt wurde.« Wenn es um die sexuelle Vereinigung geht, müssen wir sagen: »Es reiben sich Unterleibsorgane aneinander, begleitet von der zuckenden Ausscheidung einer klebrigen Flüssigkeit.« Wie wichtig sind diese [objektiven] Eindrücke, die den Dingen selbst entsprechen und ihr Wesen durchdringen, sodass man sehen kann, was sie in Wirklichkeit sind. (*Selbstbetrachtungen*, 6.13)

Er spricht von seinen eigenen kaiserlichen Gewändern und dem teuren Purpurfarbstoff, mit dem sie gefärbt wurden, und der ironischerweise aus den berüchtigt ekelhaften und übelriechenden Extrakten von *Murex*-Schnecken hergestellt wurde. Genau aus diesem Farbstoff bestand die Ladung, die Zenon bei seinem Schiffbruch verlor, daher war er vielleicht ein stoisches Synonym für etwas scheinbar sehr Wertvolles, aber objektiv ziemlich Wertloses und sogar Ekelhaftes. Auch Kaiser Napoleon soll etwas Ähnliches wie Mark Aurel gesagt haben: »Ein Thron ist nur eine mit Samt bezogene Bank.«

Wenn wir uns auf diese Weise an die Fakten halten und Ereignisse wertfrei und objektiv beschreiben, ähnelt das der neutralen Beobachtung, die in den physikalischen Wissenschaften gefordert wird. Dieser Prozess der physischen Beschreibung ist also auch Teil der psychologischen Übungen aus der stoischen *Physik* oder der Naturphilosophie. Die Disziplin der Zustimmung besteht also aus dem ständigen Bemühen, Werturteile von all dem Äußeren zu trennen, das nicht in unserer Macht liegt und das von der stoischen Ethik als »gleichgültig« eingestuft wird. Mit anderen Worten: Es handelt sich um eine kontinuierliche Übung in stoischer *Achtsamkeit* und *Objektivität*. Diese achtsame Selbstwahrnehmung unserer Werturteile verwandelt unseren Verstand in die innere Festung des Stoizismus und bildet die Grundlage der praktischen Weisheit, der zentralen Tugend, und den Kern der *Philosophie* selbst.

Jetzt sind Sie dran: Die Übung der »physischen Beschreibung«

Diese Übung bedient sich der stoischen Praxis der »physischen Beschreibung«, die versucht, die Aufmerksamkeit auf objektive Darstellungen zu lenken, ohne Werturteile beizufügen.

* Denken Sie an ein Ereignis, das Sie nur leicht beunruhigt, nicht an etwas Überwältigendes.
* Schließen Sie die Augen und stellen Sie sich vor, dass Sie sich gerade in dieser Situation befinden, so, als würde sie in diesem Moment tatsächlich passieren.
* Versuchen Sie, das Wesen der Dinge objektiv in einer kurzen Bezeichnung oder Beschreibung zusammenzufassen, zum Beispiel: »Jemand hat etwas gesagt, mit dem ich nicht einverstanden war.«
* Versuchen Sie auch, die physischen Eigenschaften der Situation so detailliert wie möglich zu beschreiben, indem Sie die einzelnen Bestandteile, aus denen sich die Gesamtsituation zusammensetzt, in einer sachlich-nüchternen Weise benennen. Lassen Sie sich dabei Zeit.
* Vermeiden Sie Werturteile oder Schlussfolgerungen, halten Sie sich einfach an die reinen Fakten der Situation. Versuchen Sie, zu verhindern, dass Sie dem ersten Eindruck, den Sie von der Situation haben, etwas hinzufügen, lassen Sie sich nicht dazu hinreißen, sie als »gut« oder »schlecht« zu beurteilen, sondern betrachten Sie sie einfach mit stoischer Gleichgültigkeit.

Lassen Sie sich dabei Zeit und haben Sie Geduld; Sie werden wahrscheinlich feststellen, dass Ihre Gefühle allmählich nachlassen. Konzentrieren Sie sich auf den Versuch, Ihre Werturteile, Ihre Ängste und Wünsche hinter sich zu lassen, um die objektive Natur der Situation, wie sie tatsächlich ist, zu erfassen.

Kognitive Distanzierung im Stoizismus

Epiktet betonte gegenüber seinen Schülern immer wieder, dass die Bewertung ihrer Eindrücke nach den stoischen philosophischen Lehren eine grundlegendere psychologische Strategie voraussetze. Obwohl dieser Punkt von großer praktischer Bedeutung für den Stoizismus ist, wird er in modernen Abhandlungen oft übersehen. Bevor wir damit beginnen können, unsere eigenen Eindrücke zu hinterfragen, müssen wir sie erst einmal wahrnehmen. Das ist schwieriger, als es sich anhört, weil wir von Natur aus unsere Gedanken als Fakten ansehen und sie nur in Momenten des Reflektierens infrage stellen, indem wir sie tatsächlich als Gedanken betrachten, das heißt als Urteile oder Hypothesen, die wahr oder falsch sein können. Die moderne kognitive Verhaltenstherapie (KVT) erkennt dieses Dilemma ausdrücklich an.

Wir können unsere automatischen Gedanken erst dann bewerten oder unsere Reaktion auf sie ändern, wenn wir sie »eingefangen« haben und einen Schritt von ihnen zurücktreten, ein Prozess, der technisch als »*kognitive Distanz*« bezeichnet wird. Damit ist nicht gemeint, dass wir uns emotional von Ereignissen distanzieren, indem wir unsere Gefühle unterdrücken oder uns ablenken, sondern etwas Subtileres und Grundsätzlicheres: die Distanzierung unserer Gedanken von der Realität, indem wir sie als bloße mentale Darstellungen betrachten.

Dies wird oft durch die Analogie des Tragens von farbigen Brillen illustriert. Normalerweise sehen wir die Welt »durch« die Linse unserer positiven oder negativen Urteile, wie jemand, der die Welt durch eine »rosarote« Brille oder durch eine düstere, dunkle Brille betrachtet. Wir vergessen dabei aber vielleicht, dass wir eine Brille tragen, und nehmen an, dass die äußeren Dinge an sich tatsächlich so aussehen und auch anderen so erscheinen. Kognitive Distanzierung ist wie der Prozess, die Brille abzunehmen und *auf* sie zu schauen, statt *durch* sie *hindurch*. Genauer gesagt ist es wie die Erkenntnis, dass die Farben, die man sieht, von den getönten Gläsern stammen, und nicht von der Welt selbst. Ganz ähnlich vergleicht Mark Aurel Werturteile mit Sonnenstrahlen, die die Dinge beleuchten, auf die sie treffen.

In frühen Formen der kognitiven Verhaltenstherapie, insbesondere in der rational-emotiven Verhaltenstherapie von Albert Ellis, wurde den Klienten tatsächlich das berühmte Zitat von Epiktet nahegebracht, um diesen Gedanken zu veranschaulichen: »Nicht die Dinge selbst beunruhigen die Menschen, sondern ihre Meinungen über die Dinge.« Daher wird den Klienten in der kognitiven Verhaltenstherapie oft zunächst beigebracht, automatische Gedanken zu erkennen, sie aufzuschreiben und sie *unvoreingenommen*, mit einer rationalen, »wissenschaftlichen« Einstellung zu betrachten. Sie üben, ihre eigenen Gedanken als »Hypothesen« anzusehen, die rational bewertet und empirisch überprüft werden sollten, und nicht einfach als Fakten. In der Tat haben Forscher in jüngster Zeit angeführt, dass Strategien wie die »kognitive Distanzierung« einer der wichtigsten Prozesse in der Psychotherapie sein könnten.

Praktisch die gleiche psychologische Technik wurde in der antiken stoischen Literatur hervorgehoben. Epiktet sagt wiederholt, dass wir uns nicht von unseren ersten Eindrücken mitreißen lassen sollen, wenn sich ungesunde Leidenschaften zu entwickeln beginnen. Dazu sollten wir uns an das in der rational-emotiven Verhaltenstherapie zitierte stoische Prinzip erinnern, dass uns nicht die Dinge selbst beunruhigen, sondern unser Urteil über sie. Er rät seinen Schülern zum Beispiel Folgendes:

- Lasse dich nicht zu dem Eindruck hinreißen, ein anderer sei glücklich, wenn er Reichtum oder Ansehen erreicht; erinnere dich stattdessen daran, dass das einzige Gute, das dir widerfahren kann, die Freiheit ist, und dass es in deiner eigenen Macht liegt, diese zu erreichen, wenn du mit Gleichgültigkeit auf die äußeren Dinge herabblicken kannst. (*Handbüchlein der Moral*, 19)

- Selbst wenn du eines schlechten Omens gewahr wirst, wie das Krächzen eines Raben, so lasse dich nicht von der Vorstellung eines prophezeiten Unglücks mitreißen; erinnere dich daran, dass Unglück nur für deinen Körper oder dein Eigentum vorausgedeutet werden kann, aber dir bleibt stets dein Geist, mit dessen Hilfe du es in Glück verwandeln kannst, indem du mit Tugend reagierst. (*Handbüchlein der Moral*, 18)
- Siehst du jemanden in Trauer (und für die Stoiker gehören dazu auch die Figuren in den berühmten Tragödien), lass dich nicht von dem Eindruck mitreißen, dass ihn irgendeine Katastrophe ereilt hat; erinnere dich daran, dass es nicht die Sache selbst ist, die ihn plagt, sondern sein Urteil darüber, denn sonst wären andere in gleicher Weise davon betroffen. (*Handbüchlein der Moral*, 16)
- Wenn dich jemand zu beleidigen oder zu kränken scheint, bemühe dich von vornherein, dich von solchen Eindrücken nicht mitreißen zu lassen; erinnere dich daran, dass es nicht sein Verhalten, sondern dein Urteil ist, das dich kränkt und provoziert. (*Handbüchlein der Moral*, 20)

Er bezieht sich auf das Zurücktreten von einem anfänglich »harschen« oder »beunruhigenden« Anschein, also von einem, der bereits das Werturteil »Das ist beunruhigend« enthält, und somit keine *phantasia katalêptikê* beziehungsweise objektive Darstellung der Ereignisse ist. Für die Stoiker liegt paradoxerweise die einzig wahre »Gefahr« oder der einzige Schaden, der uns widerfahren kann, darin, dass wir törichterweise solchen Eindrücken zustimmen. Aus diesem Grund sagen sie, dass nicht der Tod das größte Übel ist, sondern die Angst vor dem Tod, also der *Eindruck*, dass der Tod etwas Schlechtes sei.

Schlüsselgedanke: Das Konzept der »kognitiven Distanz« in der KVT

Der Begriff »Distanzierung« oder »kognitive Distanz gewinnen« wurde von Aaron T. Beck, dem Begründer der kognitiven Therapie, verwendet und ist zu einem immer wichtigeren Aspekt der modernen kognitiven Verhaltenstherapie (KVT) geworden. Er bezieht sich auf die Fähigkeit, unsere Gedanken nur als Gedanken zu sehen, als Hypothesen über die Realität, anstatt sie mit Fakten zu verwechseln. Der Unterschied zeigt sich zum Beispiel darin, ob man sich sagt: »Diese Situation *ist* schrecklich.« oder »Ich habe den *Gedanken*, ›Diese Situation ist schrecklich.‹« Und so lautet Becks Definition: »›Distanzierung‹ bezieht sich auf die Fähigkeit, die eigenen Gedanken (oder Überzeugungen) als Deutung der ›Realität‹ zu betrachten und nicht als die Realität selbst.« (Alford & Beck, 1997, S. 142) Dies geht notwendigerweise den Disputationstechniken *voraus*, die in der kognitiven Therapie verwendet werden, wie beispielsweise das Abwägen der Belege für oder gegen einen Gedanken. Eine andere Gruppe von Forschern experimentierte mit einem Ansatz, der stärkeres Gewicht auf diesen ersten Schritt legte, und nannte ihn »*umfassende* Distanzierung«, die sich später zu einer neuen Therapieform namens Akzeptanz- und Commitment-Therapie (ACT) entwickelte. Auch andere »achtsamkeits- und akzeptanzbasierte« Therapien, die manchmal als »dritte Welle« der KVT bezeichnet werden, haben im Allgemeinen psychologischen Strategien wie der »Distanzierung« eine größere Bedeutung beigemessen.

Merke: Nicht die Ereignisse selbst beunruhigen uns, sondern unsere Meinungen über sie

Epiktet rät seinen Schülern immer wieder, sie sollten sich nicht von ihrem ersten Eindruck »mitreißen« lassen, wenn schädliche oder toxische »Leidenschaften« auftauchen. Sie sollten sich daran erinnern, dass ihre eigenen Werturteile sie beunruhigen, nicht äußere Ereignisse. Dies ist eine berühmte stoische Strategie, und sie ist offensichtlich grundlegend für Epiktets *Handbüchlein der Moral.* Eine ähnliche Technik besteht darin, sich selbst daran zu erinnern, dass andere Menschen dasselbe Ereignis anders sehen könnten, dass sie es vielleicht mit »Gleichgültigkeit« betrachten, und dass die eigenen Gedanken und Urteile für den Kummer verantwortlich sind. Denken Sie daran, dass die »Distanzierung« von Eindrücken *nicht* dasselbe ist wie der Versuch, diese zu vermeiden oder zu verdrängen. Vielmehr ist es eine Form der Akzeptanz. Es bedeutet, das Vorhandensein von beunruhigenden Gedanken zu akzeptieren, während man sie auf eine distanziertere Weise betrachtet.

Schlüsselgedanke: »Kognitive Distanzierungsstrategien« in der KVT

In seinen Schriften beschreibt Beck mehrere Strategien, die die kognitive Distanzierung fördern sollen, darunter die folgenden:

1. Flüchtige, automatische Gedanken aufspüren und in einem Selbstbeobachtungsprotokoll präzise notieren, um sie distanziert betrachten zu können.
2. Sorgfältige Differenzierung der Emotionen von den Gedanken und Überzeugungen, die ihnen zugrunde liegen, sodass die Gedanken als Repräsentationen der Realität betrachtet werden können, die wahr oder falsch sein könnten.
3. Gedanken auf ein Flipchart oder eine Tafel schreiben und buchstäblich einen Schritt zurücktreten, um sie aus der Ferne als etwas zu betrachten, das »dort drüben« ist.
4. Beziehen Sie sich auf Ihre Gedanken in der dritten Person, zum Beispiel »Ich bemerke, dass Donald anfängt, wütend zu werden, und innerlich meint, diese Person habe ihn beleidigt …«.

5. Die Verwendung eines Zählers oder das Führen einer Strichliste, um die Häufigkeit bestimmter automatischer Gedanken oder Gefühle den Tag über nachzuhalten und sie dadurch als gewohnheitsmäßig und sich wiederholend zu betrachten, wie Reflexe und nicht wie rationale Schlussfolgerungen.
6. Wechseln der Perspektive, indem man sich vorstellt, in der Haut eines anderen zu stecken, der dieselben Ereignisse anders sehen könnte, und auf diese Weise vielleicht eine Reihe von verschiedenen Perspektiven auf dieselbe Situation zu erkunden.

Die Praxis der Achtsamkeitsmeditation, die vom buddhistischen Ansatz inspiriert ist, ist zu einem zentralen Bestandteil verschiedener Therapieformen der dritten Welle geworden und kann im Wesentlichen mit der »kognitiven Distanzierung« gleichgesetzt werden. Wenn ein automatischer Gedanke während der Meditation auftaucht, sollen wir ihn distanziert betrachten und ihn loslassen, als wäre er ein Herbstblatt, das in einem Bach vorbeischwimmt, anstatt uns mit ihm zu beschäftigen. Wie wir noch sehen werden, stimmen die meisten dieser Techniken mit den stoischen Praktiken überein und ähneln psychologischen Strategien, die in der antiken stoischen Literatur zu finden sind. Diese Ähnlichkeit zwischen der antiken stoischen Therapie und der modernen kognitiven Therapie ist wichtig, weil inzwischen eine beträchtliche Anzahl wissenschaftlicher Belege die Wirksamkeit von Strategien zur »Distanzierung« untermauert.

Jetzt sind Sie dran: Kognitive Distanzierung im Stoizismus

Wir können vielleicht einige der Ratschläge von Epiktet im *Handbüchlein der Moral* erweitern, indem wir sie wie folgt mit Elementen der modernen KVT kombinieren. Wenn Sie eine irrationale Furcht oder ein übermäßiges Verlangen oder irgendeine andere ungesunde Leidenschaft aufkommen spüren, halten Sie inne und lassen Sie sich nicht von den Eindrücken mitreißen, die darin enthalten sind, insbesondere nicht von den Werturteilen darüber, was gut oder schlecht, hilfreich oder schädlich ist. Üben Sie sich darin, Ihre Zustimmung zurückzuhalten, den Eindruck distanziert zu betrachten und zu reagieren, indem Sie so etwas sagen wie:

* »Du bist nur ein Eindruck und nicht das, was du zu sein vorgibst.«
* »Nicht die Dinge selbst beunruhigen uns, sondern unsere Meinungen über diese Dinge.«
* »Äußere und körperliche Dinge sind grundsätzlich ›gleichgültig‹ in Bezug darauf, ein guter Mensch zu werden.«
* »Der Weise würde sich darüber erheben und es als völlig irrelevant in Bezug auf sein Wohlergehen (*eudaimonia*) betrachten.«

Konzentrieren Sie sich besonders darauf, den Eindruck als eine mentale Darstellung zu betrachten, die das Urteil enthält, dass etwas »gut« oder »schlecht« ist. Denken Sie daran, dass es nur ein Eindruck oder ein Erscheinungsbild ist, etwas, das sich von der Sache selbst unterscheidet, die darzustellen es vorgibt.

Jetzt sind Sie dran: Die »Blätter in einem Bach«-Meditation

Dies ist eine Übung, die von einer modernen Form der KVT der »dritten Welle«, der Akzeptanz- und Commitment-Therapie (ACT), übernommen wurde (Hayes, Strosahl, & Wilson, 2012). Sie bietet eine gute Möglichkeit, einige der psychischen Fähigkeiten zu üben, die die Stoiker wohl geschätzt haben.

1. Schließen Sie die Augen und setzen Sie sich in eine bequeme Position. Nehmen Sie sich einen Moment Zeit, um sich zu entspannen und zur Ruhe zu kommen, während Sie beginnen, Ihren Bewusstseinsstrom – die in Ihrem Bewusstsein kontinuierlich ablaufenden Prozesse – genauer zu beobachten.

2. Stellen Sie sich einen langsam fließenden Bach oder Fluss vor; es kann ein echtes Gewässer aus Ihrer Erinnerung sein oder ein Bild, das Sie sich ausgedacht haben. Stellen Sie sich vor, es wäre Herbst und ein paar Blätter würden in den Fluss fallen und langsam an Ihnen vorbei und stromabwärts gespült werden. Stellen Sie sich vor, Sie beobachten dies aus der Ferne, von hoch oben am Ufer oder von einer Brücke aus. Das gibt Ihnen etwas, worauf Sie Ihre Aufmerksamkeit immer wieder zurücklenken können.
3. Es ist ganz natürlich, dass Ihre Aufmerksamkeit von Zeit zu Zeit abschweift oder Ihnen spontan andere Gedanken und Gefühle in den Sinn kommen. Anstatt diese als Ablenkung zu interpretieren und zu versuchen, sie zu verhindern, akzeptieren Sie Ihre automatischen Gedanken (oder »Eindrücke«) einfach als normal und harmlos und bauen sie wie folgt in die Übung ein.
4. Wenn Ihre Gedanken abschweifen oder ein neuer Gedanke eindringt, fangen Sie ihn so früh wie möglich ein und lenken Ihre Aufmerksamkeit sanft auf das Bild des Flusses zurück.
5. Verwandeln Sie den Gedanken in ein Objekt. Wenn Ihnen beispielsweise Wörter in den Sinn kommen, stellen Sie sich vor, dass sie auf einen Zettel geschrieben sind; wenn Ihnen eine Erinnerung oder ein Bild in den Sinn kommt, verwandeln Sie es in ein Foto; wenn ein Gefühl oder eine körperliche Empfindung Ihre Aufmerksamkeit erregt, stellen Sie es sich als Farbe oder Form vor.
6. Legen Sie nun dieses Objekt auf eines der Blätter, das »da draußen«, in einiger Entfernung von Ihnen, auf dem Fluss schwimmt, lassen Sie es einfach los und erlauben Sie ihm, ganz natürlich stromabwärts zu treiben, bis es schließlich aus dem Blickfeld verschwindet.
7. Fangen Sie Ihre automatischen Gedanken oder Eindrücke immer wieder frühzeitig ein, verwandeln Sie sie in Objekte, legen Sie sie in einiger Distanz auf Blätter und lassen Sie sie auf diese Weise los. Auch wenn dieselben Gedanken oder Gefühle immer wieder auftauchen, ist das völlig in Ordnung, reagieren Sie einfach weiter auf dieselbe Weise.

Es ist wichtig, dass Sie bei dieser Übung nicht versuchen, Ihre automatischen Gedanken zu vermeiden oder »loszuwerden«. Vielmehr ist es Ihr Ziel, sich darauf zu konzentrieren, alles, was in Ihren Bewusstseinsstrom eintritt, mit einer gewissen kognitiven Distanz anzuerkennen und zu akzeptieren. Idealerweise klammern Sie sich weder an diese Gedanken, noch versuchen Sie, sie beiseitezuschieben, sondern Sie erlauben ihnen, auf natürliche Weise und zu ihrer Zeit aus Ihrem Geist zu verschwinden. Die Stoiker glaubten, dass »Eindrücke« automatisch im Geist entstehen und dass diese von Natur aus »gleichgültig« sind, dass aber unsere Reaktion auf sie das Wichtigste im Leben ist. Die Grundlage von Weisheit und Tugend ist laut Epiktet der »richtige Gebrauch unserer Eindrücke«, und das beginnt damit, dass wir in der Lage sind, sie zu erkennen, ohne uns von ihnen »mitreißen« zu lassen, und die Reaktion häufig auf später zu verschieben.

Merke: Sie müssen Eindrücke erkennen, bevor Sie sie infrage stellen können

Wie Beck anmerkte, müssen wir in der Lage sein, unsere automatischen Gedanken zu erkennen und einen Schritt von ihnen zurückzutreten (»kognitive Distanz« zu gewinnen), bevor wir überhaupt damit beginnen können, sie zu ändern, indem wir beispielsweise die objektiven Belege dafür evaluieren. Anders ausgedrückt: Wir müssen in der Lage sein, unsere Eindrücke von Ereignissen als »Hypothesen« zu betrachten, die angefochten werden können, als Gedanken und nicht als Fakten, bevor wir sie anfechten können. Die Stoiker scheinen zu einer ähnlichen Erkenntnis gelangt zu sein. Epiktet sagt seinen Schülern immer wieder, dass sie sich von ihren ersten Eindrücken nicht zu etwas »hinreißen« lassen sollen, dass sie innehalten und sich daran erinnern sollen, dass es sich nur um Erscheinungen handelt und nicht um die Dinge selbst, die sie darzustellen vorgeben. Erst dann sollen sie dazu übergehen, die Objektivität dieser Eindrücke gemäß der stoischen Philosophie zu bewerten. Manchmal ist es sinnvoll, dies erst nach einer »Abkühlungsphase« anzugehen. Dann verschiebt man die Bewertung auf einen späteren Zeitpunkt, an dem die Eindrücke nicht mehr »frisch« sind und unsere Leidenschaften sich auf natürliche Weise gelegt haben, sodass wir ruhiger und klarer denken können. Epiktet sagt, dass die wichtigste Frage, die wir uns stellen sollten, die ist, ob es sich um Dinge handelt, die »in unserer Macht liegen« oder nicht. Darauf werden wir im nächsten Kapitel zurückkommen.

Fazit

Die wichtigsten Punkte, die Sie sich aus diesem Kapitel merken sollten, sind:

* Die Disziplin des Urteils – oder der »Zustimmung« – hängt mit der stoischen Logik zusammen und beinhaltet, dass wir uns nicht voreilig von unseren ersten Eindrücken »mitreißen« lassen und sie im Hinblick auf unsere stoischen Prinzipien bewerten.
* Die stoische Technik, die »physische Beschreibung« genannt wird, beinhaltet das Abstreifen von Werturteilen und das Festhalten an einer gründlich durchdrungenen objektiven Darstellung von Ereignissen.
* Epiktet rät uns immer wieder, uns das anzueignen, was moderne Therapeuten »kognitive Distanz« zu beunruhigenden Eindrücken nennen, beispielsweise indem wir uns sagen: »Du bist nur ein Eindruck und nicht die Sache selbst.« Oder indem wir uns daran erinnern, dass wir durch unsere eigenen Werturteile und nicht durch äußere Ereignisse beunruhigt werden.

Next Step

Wie wir gesehen haben, scheint Epiktet zu sagen, dass die Disziplin des Urteils aus zwei grundlegenden Schritten besteht. Nachdem wir uns den ersten Schritt der Aneignung von »kognitiver Distanz« angesehen haben, werden wir nun den folgenden Schritt betrachten: die Bewertung des Eindrucks in Übereinstimmung mit den stoischen Prinzipien. Er sagt uns, dass dieser Schritt vor allem darin besteht, zu prüfen, ob der Eindruck sich auf etwas bezieht, das »in unserer Macht liegt« oder nicht, was ich als »stoische Gabel« bezeichne, da diese Dichotomie absolut zentral für die stoische Praxis ist, insbesondere in den Lehren des Epiktet.

9

Selbsterkenntnis und die »stoische Gabel«

In diesem Kapitel erfahren Sie:

- wie die Stoiker Achtsamkeit beziehungsweise auf ihren Geist gerichtete Aufmerksamkeit üben sowie mehr über die Kunst der Differenzierung zwischen dem, was »in unserer Macht liegt« und was nicht
- wie Sie die uralte Strategie des Aufschubs nutzen, indem Sie Ihre Reaktionen auf erste Eindrücke so lange hinauszögern, bis Sie sie in Ruhe bewerten können
- wie die Stoiker morgendliche und abendliche kontemplative Praktiken von den Pythagoreern übernahmen, um Selbstdisziplin und eine strukturierte tägliche Routine der philosophischen Praxis zu pflegen

Wenn du für eine Weile in deiner Achtsamkeit nachließest, so glaube bloß nicht, dass du sie, wann immer du willst, wiedererlangen wirst, sondern bedenke, dass aufgrund des Fehlers, den du heute gemacht hast, dein Zustand in Bezug auf alles andere notwendigerweise schlechter sein muss. Denn zuerst – und das ist das Schlimmste von allem – entsteht eine Gewohnheit, nicht aufzupassen; und danach eine Gewohnheit, die Achtsamkeit aufzuschieben; und immer gewöhnt man sich an, das heitere und anständige Leben, das Leben im Einklang mit der Natur, von einer Zeit zur anderen aufzuschieben. (Epiktet, *Unterredungen*, 4.12)

Lass niemals zu, dass der Schlaf deine Augenlider schließt, nachdem du zu Bett gegangen bist,
bevor du nicht all deine Handlungen des Tages mithilfe deiner Vernunft geprüft hast.
Was habe ich falsch gemacht? Was habe ich getan? Was habe ich unterlassen, das ich hätte tun sollen?
Wenn du bei dieser Prüfung feststellst, dass du etwas Falsches getan hast, so rüge dich dafür streng;
Und wenn du etwas Gutes getan hast, freue dich darüber.
Übe all diese Dinge sorgfältig; denke gründlich über sie nach; du sollst sie von ganzem Herzen lieben.
Sie sind es, die dich auf den Weg der göttlichen Tugend bringen.
(*Die Goldenen Verse des Pythagoras*)

Selbsteinschätzung: Stoische Einstellungen zur Selbstprüfung

Überprüfen Sie vor der Lektüre dieses Kapitels, wie weit Sie den folgenden Aussagen zustimmen, indem Sie die unten angegebene Skala (1–5) verwenden, und überprüfen Sie Ihre Einstellung erneut, nachdem Sie das Kapitel gelesen und verarbeitet haben.

1. stimme überhaupt nicht zu, 2. stimme nicht zu, 3. stimme weder zu noch stimme ich nicht zu, 4. stimme zu, 5. stimme voll und ganz zu

1. Es ist wichtig, den ganzen Tag über auf seine eigenen Werturteile zu achten.
2. Das Wichtigste, das es zu bewerten gilt, ist, ob es sich bei beunruhigenden Eindrücken um Dinge handelt, die in meiner Macht liegen oder nicht.
3. Jeden Morgen sollten wir unsere Handlungen planen und sie am Abend überprüfen und beurteilen, ob wir weise gelebt haben oder nicht.

Wie wird im Stoizismus die Selbsterkenntnis entwickelt?

Viele Menschen fühlen sich heute zu orientalischen Traditionen wie dem Buddhismus hingezogen, weil diese eine Anleitung zur Lebenskunst bieten. Einer der bekanntesten Aspekte der buddhistischen Praxis ist die Betonung der Kultivierung von »Achtsamkeit« während der Meditation sowie im Alltag. Wie wir gesehen haben, legt der antike Stoizismus großen Wert auf sehr ähnliche Konzepte und Praktiken. Das, was bei den Stoikern einem Fachbegriff für Achtsamkeit am nächsten kommt, ist *prosochê* oder »Aufmerksamkeit«. Es bezieht sich auf die kontinuierliche Selbstbeobachtung der eigenen Gedanken und Handlungen, während sie im Hier und Jetzt geschehen.

> Aufmerksamkeit (*prosochê*) ist die grundlegende stoische Geisteshaltung. Sie beinhaltet eine ständige Wachsamkeit und Geistesgegenwart, eine Selbstbewusstheit, die niemals schläft, und eine ständige Anspannung des Geistes. Dank dieser Haltung ist sich der Philosoph in jedem Augenblick voll bewusst, was er tut, und er *will* seine Handlungen *unbedingt*. (Hadot, 1995, S. 84)

Die Stoiker kultivierten nicht die Achtsamkeit gegenüber ihrem Körper oder ihrer Atmung, sondern speziell die gegenüber ihrer bewussten »dominanten Fähigkeit« (*hêgemonikon*), der zentralen und wichtigsten Funktion des Geistes. Epiktet sagte, dass ein guter Philosoph »so viele Augen hat«, wenn es um die Achtsamkeit gegenüber seiner dominanten Fähigkeit geht, »dass man Argus im Vergleich dazu blind nennen wird«, weil »hier seine große Aufmerksamkeit (*prosochê*) und Anspannung konzentriert ist« (*Unterredungen*, 3.22). Argus Panoptes, der »Allsehende«, war ein mythischer Riese mit hundert Augen.

In gewissem Sinne führt die stoische Ethik *unweigerlich* zu größerer Achtsamkeit. Sobald wir akzeptieren, dass die wahre Natur des höchsten »Gutes« die Tugend ist, die uns innewohnt, versuchen wir *von Natur aus*, auf ihre Quelle achtzugeben, da sie das Wichtigste im Universum ist. Die stoische Praxis ist im Wesentlichen eine Übung in der Kontemplation des Guten und damit eine Übung in Achtsamkeit gegenüber unseren eigenen bewussten Urteilen und Handlungen. Außerdem ist für die Stoiker unsere bewusste »dominante Fähigkeit« die Essenz unseres wahren Selbst. Sich seiner selbst bewusster zu sein, bedeutet, sich unserer angeborenen Freiheit bewusster und in gewissem Sinne lebendiger zu sein. Epiktet erinnert seine Schüler häufig daran, dass die Natur ihnen einen göttlichen Funken anvertraut hat, diese Fähigkeit zur Vernunft, und dass es ihre heilige Verantwortung ist, sie ständig zu bewachen und unter allen Umständen vor Schaden zu schützen. Die drei stoischen Disziplinen des Verlangens, des Handelns und des Urteils beinhalten eine Art Achtsamkeit gegenüber den drei Funktionen der dominanten Fähigkeit, über die wir eine bewusste Kontrolle erlangen können.

Epiktet hat einen ganzen Diskurs mit dem Titel »Von der Achtsamkeit« gehalten, in dem es um dieses Konzept der stoischen Achtsamkeit geht (*Unterredungen*, 4.12). Er stellt die rhetorische Frage: »Welche Sache wird von denen besser gemacht, die unachtsam sind?« Er fragt seine Schüler auch ganz konkret: »Worauf soll ich also meine Aufmerksamkeit richten?« Die Antwort liegt in zwei »allgemeinen Prinzipien« des Stoizismus, die wir in jeder Situation stets griffbereit haben sollten:

1. Niemand ist Herr über den Willen oder die moralische Absicht eines anderen.
2. In diesem allein, dem eigenen Willen, sind das Gute und das Böse zu finden.

Mit anderen Worten: Stoiker sollten ständig achtsam gegenüber ihren Willensentscheidungen (*prohairesis*) sein. Ihre bewussten Gedanken und Handlungen sind erklärtermaßen die einzigen Dinge, die vollständig ihrer Kontrolle unterliegen.

Wir sollen mit Adleraugen auf uns achten, insbesondere darauf, was im Hinblick auf das gute Leben und das Erreichen des vollkommenen Glücks (*eudaimonia*) am »hilfreichsten« oder »schädlichsten« ist. Das berühmte daoistische Schriftstück *Daodejing* besagt, dass der weise Mensch »vorsichtig ist wie jemand, der einen Winterfluss überquert«. Auch Epiktet meint, dass so, wie jemand sehr vorsichtig geht, wenn er darauf achten muss, nicht auf einen scharfen Gegenstand zu treten oder sich den Fuß zu verstauchen, der Stoiker bei jeder seiner Handlungen immer darauf achtet, die »dominante Fähigkeit« seines eigenen Geistes nicht zu schädigen, indem er in Torheit oder Laster verfällt.

Es ist unmöglich, jederzeit völlig fehlerfrei zu handeln, aber, so Epiktet, es liegt in unserer Macht, uns dazu zu verpflichten, es zu versuchen, und wir können zufrieden sein, wenn wir wenigstens ein paar Fehler vermeiden, »indem wir in unserer Aufmerksamkeit niemals nachlassen«. Musonius Rufus sagte ebenfalls in aller Klarheit, dass wir in unserer Aufmerksamkeit niemals nachlassen sollten, denn »den Verstand nicht zu gebrauchen, bedeutet letztendlich, ihn zu verlieren« (*Lectures and Sayings*, 52). Die Achtsamkeit gegenüber dem Verstand aufzugeben, bedeutet in gewisser Weise, *ohne Verstand* zu sein.

Epiktet betont daher, dass es nie ganz in unserer Macht liegt, unsere Aufmerksamkeit wiederherzustellen, wenn sie einmal davongedriftet ist. Wir geben es letztendlich auf, Philosophen – und Stoiker – zu sein, wenn wir auf Autopilot handeln. Wenn wir uns sagen: »Morgen werde ich aufmerksam sein«, dann teilen wir uns damit implizit mit, dass wir am heutigen Tag bereit sind, unseren Sinn für Besonnenheit und Zurückhaltung zu opfern, uns von den Handlungen anderer aufregen zu lassen, zornig zu werden, von Neid überwältigt zu werden. Wie Epiktet an anderer Stelle erklärt, können wir dies als eine Art finanzielle Transaktion betrachten, bei der wir Selbsterkenntnis gegen etwas anderes eintauschen. Allerdings ist es niemals »profitabel«, in unserer Aufmerksamkeit nachzulassen, weil wir uns bei jeder Transaktion, bei der Freiheit und Tugend geopfert werden, immer unter Wert verkaufen. Das *Markusevangelium* verwendet eine ähnliche Sprache: »Denn was hilft es dem Menschen, die ganze Welt zu gewinnen und Schaden zu nehmen an seiner Seele?« (8.36)

Das Training in Achtsamkeit und philosophischer »Selbstprüfung« war daher ein wesentlicher Bestandteil des Stoizismus. Einige Stoiker scheinen ihre tägliche Praxis der Selbstbeobachtung mit einer morgendlichen und abendlichen Meditation »eingerahmt« zu haben, die von den Lehren des Pythagoras abgeleitet ist. Zenon soll ein Buch über den Pythagoreismus geschrieben haben, und auch spätere Stoiker wurden von einigen seiner Praktiken beeinflusst. Es ist unklar, ob die oben zitierten Zeilen aus den *Goldenen Versen* von Pythagoras selbst stammen oder, was wahrscheinlicher ist, sich über Jahrhunderte unter seinen Anhängern entwickelt haben. Der Arzt von Mark Aurel, Galen, sagte, dass wir zur Beherrschung unserer Leidenschaften mindestens zweimal täglich die *Goldenen Verse* als Teil der Therapie der Leidenschaften betrachten sollten. Er empfiehlt, die Verse zuerst in Stille zu lesen und sie dann laut zu rezitieren, und zwar in der Morgendämmerung, bevor wir mit unseren täglichen Aufgaben beginnen, und dann noch einmal jeden Abend, bevor wir schlafen gehen. Sowohl Seneca als auch Epiktet lehrten, die pythagoreische Technik der Abendmeditation als Teil ihrer stoischen Praxis zu verwenden, aber sie gehen nicht sehr ins Detail, wie das aussehen sollte.

Glücklicherweise erhalten wir mehr Informationen von einigen der neuplatonischen Philosophen, die sich besonders für den Pythagoreismus interessierten. Laut Iamblichos standen die Pythagoreer vor Tagesanbruch auf, um die aufgehende Sonne zu betrachten und zu verehren, vielleicht als Teil einer *kosmologischen* Meditation. Pythagoras wies sie an, niemals etwas zu tun, ohne es vorher rational zu bewerten und mit anderen zu besprechen sowie jeden Morgen einen Aktionsplan zu erstellen. Dann, am Abend, überprüften sie alle Handlungen des zu Ende gegangenen Tages, was einem *zweifachen* Zweck diente, nämlich einerseits ihr Gedächtnis zu stärken und andererseits eine Gelegenheit zu bieten, ihr eigenes Verhalten zu bewerten. Porphyrios, der Lehrer von Iamblichos, liefert eine detailliertere Beschreibung. Er sagt, Pythagoras habe dazu geraten, zwei Tageszeiten besondere Aufmerksamkeit zu schenken: Beim Einschlafen sollten wir unsere vergangenen Handlungen überprüfen und uns selbst Rechenschaft darüber ablegen, und beim Aufwachen am Morgen über diejenigen nachdenken, die noch bevorstehen, und sie weise planen. Wie Galen empfahl er, die *Goldenen Verse* zu rezitieren und die folgenden Worte vor dem Einschlafen zu wiederholen:

> Und lass nicht zu, dass der Schlaf deine Augen schließt,
> bevor du nicht auf dreifache Weise deine Taten an diesem Tag überdacht hast;
> Inwiefern gefehlt? Welche Taten? Welche Pflicht unerledigt gelassen?
> (Porphyrios, *Life of Pythagoras*)

Beim Aufwachen sollen wir jedoch folgende Zeilen aussprechen:

Sobald du erwachst, lege die Reihenfolge der Taten fest, die an diesem folgenden Tag durchgeführt werden sollen.

Die Stoiker benutzten Jahrhunderte zuvor ähnliche Zeilen als Teil ihrer kontemplativen Praxis. Es handelt sich dabei um eine mentale Trainingsroutine, und natürlich erfordert sie, wie jedes *körperliche* Übungsprogramm, Selbstdisziplin, um jeden Morgen geduldig den bevorstehenden Tag durchzugehen und jeden Abend das eigene Verhalten kritisch zu überprüfen. Diese pythagoreische Tradition lieferte jedoch eindeutig einen wichtigen Rahmen für die tägliche stoische Praxis.

Fallstudie: Zenon trifft König Antigonos

Was würde der ideale stoische Weise tun, um Lampenfieber zu vermeiden, wenn er sich an der Stelle des oben erwähnten Kitharaspielers wiederfände? Laut Epiktet hätte er sich im Vorhinein darin geschult, die Gleichgültigkeit äußerer Dinge vollständig zu erfassen, und somit »würde er niemals gehemmt, niemals gehindert und niemals ängstlich sein« (*Unterredungen*, 2.13). Er bezieht sich dabei auf das Beispiel von Zenon, der zu Beginn seines Philosophiestudiums bei dem berühmten Kyniker Krates ein intensives Training zur Überwindung seiner eigenen Sozialphobie erhielt. Es heißt, dass er nach seinem Schiffbruch, als er mittellos durch Athen irrte, Angst davor hatte, was andere von ihm dachten.

So bat Krates ihn eines Tages, einen Tontopf voller Linsensuppe durch die geschäftigen Menschenmassen im Töpferviertel zu tragen. Dabei handelte es sich um eine übliche kynische Übung, um »Schamlosigkeit« zu entwickeln. Zenon hatte Angst, sich lächerlich zu machen, und versuchte, den Topf unter seinem Mantel zu verstecken. Als Krates dies bemerkte, zerschlug er ihn mit seinem Stab, sodass die Suppe über Zenons ganzen Körper spritzte und ihm die Beine hinunterlief. »Nur Mut, mein kleiner Phönizier«, sagte Krates, »es ist nichts *Schlimmes*, nur Suppe!« Ähnliche »Schambekämpfungs«-Übungen, beispielsweise mit einer Banane an der Leine durch ein Einkaufszentrum zu laufen, werden manchmal als Teil der modernen KVT eingesetzt, um Menschen zu helfen, ihr Schamgefühl zu überwinden, sie könnten sich in der Öffentlichkeit lächerlich machen.

Es scheint, dass solche Übungen Zenon schließlich von seiner Befangenheit heilten. Epiktet rät uns daher, uns seine beispielhafte Unbekümmertheit anzusehen, als er einige Jahrzehnte später den makedonischen König Antigonos II. Gonatas, einen mächtigen militärischen und politischen Herrscher, traf. Antigonos suchte die Gesellschaft der kynischen und stoischen Philosophen und reiste nach Athen, um Zenon in der *Stoa Poikilê* lehren zu hören. Es heißt, Zenon sei bei der ersten Begegnung mit ihm völlig unbesorgt gewesen, weil Antigonos über absolut nichts verfügte, was Zenon als wichtig ansah, und weil Zenon nichts von dem begehrte, was Antigonos besaß. Antigonos machte sich dagegen mehr Sorgen, was das Treffen mit Zenon betraf, weil er einen guten Eindruck auf den Philosophen machen wollte, obwohl das außerhalb seiner direkten Kontrolle lag.

Es gibt eine ähnliche Legende, die mit ziemlicher Sicherheit ein Mythos ist. Demnach besuchte Alexander der Große Diogenes den Kyniker, den er sehr bewunderte, und fragte ihn, ob er etwas für ihn tun könne. Diogenes soll daraufhin geantwortet haben: »Geh mir nur ein wenig aus der Sonne.«

In diesen beiden Geschichten wird ein großer König trotz seines materiellen Reichtums und seiner Macht plötzlich in seinem Status herabgesetzt, als er mit der völligen »Gleichgültigkeit« eines mittellosen Philosophen gegenüber äußeren Dingen konfrontiert wird. Es heißt, dass Antigonos ein großer Bewunderer Zenons wurde und sich vielleicht selbst als aufstrebenden Stoiker betrachtete. Später soll er Zenon schriftlich gebeten haben, nach Makedonien zu reisen und sein persönlicher Lehrer zu werden, aber zu diesem Zeitpunkt war Zenon bereits zu alt und gebrechlich für die Reise, sodass er stattdessen einen seiner besten Schüler, Persaios, schickte (*Leben und Meinungen berühmter Philosophen*, 7.6). Antigonos soll Zenon einen Brief geschrieben haben, in dem es hieß: »Während ich mich an Reichtum und Ruhm als dir überlegen betrachte, halte ich mich an Vernunft und Bildung für minderwertig, ebenso wie an der vollkommenen Glückseligkeit [*eudaimonia*], die du erlangt hast.«

Schlüsselgedanke: Stoische Achtsamkeit

Das griechische *prosochê* bedeutet wörtlich »Aufmerksamkeit« auf die eigene bewusste »dominante Fähigkeit«, was wir als »stoische Achtsamkeit« bezeichnen könnten. Dieses Wort wird in der überlieferten Literatur nicht häufig verwendet, aber es bezieht sich eindeutig auf einen zentralen Aspekt der stoischen Praxis, und von Epiktet ist ein ganzer Vortrag überliefert, der ausdrücklich diesem Konzept gewidmet ist (*Unterredungen*, 4.12). Da wir von Natur aus auf das achten, was uns am wichtigsten erscheint, folgt daraus, dass der stoische Weise ständig auf die Quelle der Tugend achtet, auf seine bewussten Urteile und Handlungen, wodurch er in jeder gegebenen Situation ungewöhnlich selbstbeherrscht ist. Eine der »gesunden Leidenschaften«, die im Stoizismus kultiviert werden, genannt eulabeia, was »Zurückhaltung« oder »Besonnenheit« bedeutet, kann auch als eine Form der Achtsamkeit angesehen werden. Sie ist definiert als ein rationales Gefühl der Abneigung gegen das Abgleiten in Torheit oder Laster, eine Art gesundes Selbstbewusstsein, das uns davor bewahrt, von ungesunden Ängsten und Begierden »mitgerissen« zu werden.

Die »stoische Gabel« oder das »oberste Gebot«

Wie wir bereits gesehen haben, wurzelt die stoische Achtsamkeit in der zentralen Lehre, dass nur das, was unserer Kontrolle unterliegt, ›gut‹ oder ›schlecht‹ sein kann und dass alles Äußere ›gleichgültig‹ ist. Der erste Abschnitt des *Handbüchleins der Moral*, das Epiktets Schüler Arrian aus dessen Vorträgen zusammengestellt hat, liefert die maßgebliche Darstellung dieser Lehre und ihrer Beziehung zur stoischen Praxis. Dies ist eine der wichtigsten Passagen in der überlieferten stoischen Literatur, insbesondere für die Anwendung des Stoizismus auf den Alltag, und daher wert, zusammengefasst zu werden:

- Einige Dinge »liegen in unserer Macht« beziehungsweise unterliegen unserer direkten Kontrolle, andere nicht.
- Unsere Urteile »liegen in unserer Macht«, insbesondere *Werturteile* darüber, was »gut« oder »schlecht«, was »hilfreich« oder »schädlich« ist, außerdem unsere bewussten »Impulse« oder Handlungsabsichten, die darauf beruhenden Wünsche und Abneigungen, kurzum alles, was unser eigenes willentliches Handeln ist.
- Im Gegensatz dazu liegt unser Körper nicht »in unserer Macht«, ebenso wenig wie Eigentum, Ruhm, sozialer oder beruflicher Status, kurzum alles, was nicht unser eigenes willentliches Handeln ist.
- Was »in unserer Macht liegt«, ist unser eigenes, wahres Selbst. Es ist von Natur aus frei, kann weder verboten noch verhindert werden; während das, was nicht in unserer Macht liegt, schwach und sklavisch ist und uns verwehrt werden kann, denn es gehört jemand anderem.
- Bedenke also, wenn du diese Dinge verwechselst und das, was von Natur aus sklavisch ist, für frei hältst, und das, was dir nicht gehört, für dein Eigentum, dann wirst du auf Hindernisse stoßen, betrübt und verzweifelt sein, und du wirst die Menschen zornig anklagen, dem Leben grollen und sogar die Götter hassen.
- Im Gegensatz dazu, [so lautet das Versprechen der Philosophie], wird dich niemand jemals zwingen, etwas zu tun, noch dich daran hindern, etwas zu tun, wenn du nur das, was dir gehört, für dein Eigentum hältst, und das, was dir nicht gehört, als etwas Fremdes betrachtest. Du wirst niemanden anklagen oder kritisieren, noch wirst du etwas gegen deinen Willen tun. Du wirst keinen Feind haben, niemand wird dir schaden, denn nichts wirklich Schädliches wird dein wahres Selbst erreichen können.
- Denke deshalb bei solch ehrgeizigen Zielen daran, dass du dich beeilen musst, sie ohne Vorbehalt in Angriff zu nehmen,

denn du kannst nicht zwei verschiedenen Herren dienen. Du wirst einige deiner Lebensziele ganz aufgeben und andere vorerst beiseiteschieben müssen. Denn wenn du sowohl Glück als auch hohen sozialen Status und Reichtum anstrebst, so wirst du wahrscheinlich in den letzten beiden weniger erreichen, weil du zugleich Weisheit und Tugend begehrst. Noch wichtiger ist, dass du definitiv daran scheitern wirst, Weisheit und Tugend zu erlangen, die allein Freiheit und Glück (*eudaimonia)* hervorbringen.

- Bemühe dich deshalb, auf jeden beunruhigenden Eindruck ohne Zögern zu sagen: »Du bist nur ein Eindruck und nicht das, was du darzustellen vorgibst.«
- Prüfe ihn als Nächstes und bewerte ihn nach den philosophischen Grundregeln, die du angenommen hast, vor allem aber nach der ersten, ob es sich um Werturteile über Dinge handelt, die »in unserer Macht liegen« oder nicht. Und wenn es sich um etwas handelt, das nicht in unserer Macht liegt, wenn du es als »gleichgültig« in Bezug auf das Erreichen von Tugend und Glück beurteilst, so halte die Antwort bereit: »Es geht mich nichts an.«

Diese fundamentale Unterscheidung zwischen dem, was »in unserer Macht liegt« beziehungsweise was unserer direkten Kontrolle unterliegt, und dem, was nicht in unserer Macht liegt, wird daher als Grundlage des gesamten Handbuchs der stoischen Praxis (*Handbüchlein der Moral*) von Epiktet dargestellt. Ich habe es als die »stoische Gabel« bezeichnet, weil es sich um eine so klare und scharfe Zweiteilung oder Aufspaltung handelt. Dieses Thema kommt in Epiktets Schriften immer wieder vor, es wird in vielerlei Formen in unzähligen Passagen wiederholt. Es ist der Kern von Epiktets Stoizismus, und seine praktische Anwendung ist einfach:

> Was ist also zu tun? Das Beste aus dem zu machen, was in unserer Macht liegt, und den Rest so zu nehmen, wie es von Natur aus geschieht. (*Unterredungen*, 1.1)

Das *Gelassenheitsgebet*, auf das wir bereits gestoßen sind, drückt praktisch dieselbe Idee aus – dass wir tun, was wir können, und das gelassen akzeptieren sollten, was wir nicht ändern können. Es weist alle Merkmale auf, dass man meinen könnte, es sei vom Stoizismus selbst abgeleitet (Pietsch, 1990).

Schlüsselgedanke: Die »stoische Gabel«

Die stoische Achtsamkeit konzentriert sich auf die grundsätzliche Unterscheidung zwischen dem, was »in unserer Macht liegt« beziehungsweise was unserer Kontrolle unterliegt, und dem, was nicht in unserer Macht liegt. Dies ist so zentral für den Stoizismus des Epiktet, dass es im allerersten Satz des *Handbüchleins der Moral* dargelegt wird: »Einige Dinge liegen in unserer Macht, andere nicht.« Shaftesbury bezeichnete das auch als das »oberste Gebot« des Stoizismus (Shaftesbury, 2005, S. 233). Wie wir gesehen haben, wird diese grundlegende Dichotomie recht gut im modernen *Gelassenheitsgebet* ausgedrückt:

> Gott, gib mir die Gelassenheit, Dinge zu akzeptieren, die ich nicht ändern kann, den Mut, Dinge zu ändern, die ich ändern kann, und die Weisheit, das eine vom anderen zu unterscheiden.

Für die Stoiker sind jedoch die einzigen Dinge, die vollständig »in unserer Macht liegen«, unsere eigenen *willentlichen* Urteile und Handlungsabsichten. Unsere Ängste und Wünsche, falsche Vergnügungen und emotionales Leid beruhen letztlich darauf, und so müssen wir auch für die »Leidenschaften« Verantwortung übernehmen. Epiktets drei Disziplinen des Verlangens, des Handelns und des Urteils entsprechen also den drei Fähigkeiten, die potenziell »in unserer Macht liegen«. Im Gegensatz dazu liegen körperliche und äußere Dinge – Gesundheit, Reichtum und Ansehen – *nicht* vollständig »in unserer Macht«, ebenso wenig wie die Ergebnisse unserer Taten im Allgemeinen, da diese Dinge letztlich immer in den Händen des Schicksals liegen. Die stoische Ethik und die Therapie der Leidenschaften verlangen von uns, uns diese Unterscheidung immer wieder ins Gedächtnis zu rufen, sie auf jede konkrete Situation anzuwenden und eingehend über ihre Bedeutung nachzudenken. Das kann auch als eine Möglichkeit verstanden werden, eine klare und deutliche Grenze um die Festung des wahren Selbst zu ziehen.

Merke: Vier Strategien für den Umgang mit Leidenschaften

Epiktet gibt seinen Schülern mehrere Möglichkeiten, mit irrationalen Ängsten, ungesunden Begierden und so weiter umzugehen. Diese setzen voraus, dass man es geschafft hat, die eigenen Eindrücke frühzeitig zu erkennen und »kognitive Distanz« zu ihnen zu gewinnen, anstatt zuzulassen, dass beunruhigende Wünsche oder Emotionen außer Kontrolle geraten.

* Aufschieben. Wenn Sie sich von Ihren Gefühlen überwältigt fühlen, versuchen Sie einfach, nichts zu tun, nehmen Sie sich eine »Auszeit« und verschieben Sie die Reaktion auf später, wenn Sie sich beruhigt haben und Zeit hatten, die Situation rational zu durchdenken.
* Nachahmen. Wenn Sie sich nicht sicher sind, was Sie tun sollen, denken Sie über das hypothetische Vorbild des idealen Weisen nach oder überlegen Sie sich Personen mit Vorbildcharakter aus dem realen Leben oder fiktive Personen, die Sie nachahmen könnten. Was würden diese unter den gleichen Umständen tun? Was würden sie Ihnen raten?
* Bewältigung. Fragen Sie sich, welche Ressourcen oder Tugenden die Natur Ihnen mitgegeben hat, die Ihnen helfen könnten, mit dem Problem umzugehen. Überlegen Sie beispielsweise, ob die Situation von Ihnen verlangt, besonnen, wohlwollend, mutig, zurückhaltend oder Ähnliches zu sein.

* Philosophische Disputation. Versuchen Sie, die stoischen philosophischen Lehren auf Ihre ersten Eindrücke anzuwenden, insbesondere indem Sie sich fragen, ob die Dinge, die Sie als wichtig (»gut« oder »schlecht«, »hilfreich« oder »schädlich«) beurteilen, tatsächlich Ihrer direkten Kontrolle unterliegen oder nicht. Wenn nicht, dann sagen Sie sich: »Es geht mich nichts an.« oder »Was nicht ›in meiner Macht liegt‹, ist mir letztlich gleichgültig.«

Diese Strategien ähneln denen, die in der modernen kognitiven Verhaltenstherapie verwendet werden, und so haben wir jetzt empirische Beweise dafür, dass sie, *richtig* angewendet, gesunde Möglichkeiten aufzeigen können, auf negative oder nicht hilfreiche Gefühle zu reagieren.

Aufschieben: Sich nicht »mitreißen« lassen

In den *Unterredungen* und im *Handbüchlein der Moral* spricht Epiktet von der Gefahr, von unseren Leidenschaften »mitgerissen« zu werden. Zum Beispiel handelt der Vortrag mit dem Titel »Wie man gegen die Vorstellungen kämpfen muss« von unserer Fähigkeit, von unseren ersten Reaktionen einen Schritt zurückzutreten, anstatt sich von den Eindrücken mitreißen zu lassen und in Sorgen und Kummer zu versinken (*Unterredungen*, 2.18). Epiktet beginnt mit der Erklärung, dass die Leidenschaften, genau wie die körperlichen Fähigkeiten, dazu neigen, zur Gewohnheit zu werden und automatisch abzulaufen, je mehr wir ihnen nachgeben, bis wir sie gar nicht mehr bemerken, weil sie Teil unseres Charakters geworden sind.

> Im Allgemeinen gilt also: Wenn du etwas zur Fertigkeit machen willst, so mache es dir zur Gewohnheit; wenn du etwas nicht zur Fertigkeit machen willst, so unterlasse es und gewöhne dich stattdessen lieber daran, etwas anderes zu tun. (*Unterredungen*, 2.18)

Wenn man zum Beispiel gewohnheitsmäßig ungesunden sexuellen Begierden oder Geldgier nachgibt, schlagen sie als dauerhafte »Gebrechen« des Geistes Wurzeln. Wenn jedoch die Vernunft auf die entsprechenden Eindrücke angewandt wird, kann sie als »Heilmittel« wirken. Sex und Geld sind dem Stoizismus zufolge weder gut noch schlecht, aber übermäßiges Verlangen danach oder übermäßige Abneigung dagegen ist in beiden Fällen schädlich. Wenn wir tief im Inneren begreifen, dass äußere Dinge »gleichgültig« sind und dass nur unser eigener Charakter und unsere Handlungen wirklich zählen, schwächt das die Intensität dieser problematischen Gefühle, und sie werden beherrschbar. Der erste Schritt in der stoischen Therapie der Leidenschaften besteht in der »Selbstbeobachtung« – wie Therapeuten es heutzutage nennen – in Bezug auf die Symptome. Epiktet führt als Beispiel an, die Tage zu zählen, an denen man wütend war, und seinen Fortschritt bei der Verringerung dieses Zustandes über einen längeren Zeitraum aufzuzeichnen. Wenn wir es schaffen, 30 Tage ohne Wut auszukommen, so sagt er, sollten wir uns freuen. Er weist jedoch darauf hin, dass es zwei oder drei Monate dauern könnte, die zugrunde liegende Charaktereigenschaft zu verändern. Die stoische Praxis erfordert daher, dass wir diese Übungen wie Sportler trainieren, da wir uns sonst nur in »philosophischen Spitzfindigkeiten« ergehen, also nur Lippenbekenntnisse von uns geben, aber keine Taten folgen lassen.

Zusätzlich zu dieser Selbstbeobachtung rät Epiktet seinen Schülern, von Anfang an darauf zu achten, sich nicht von ungesunden Eindrücken »mitreißen« zu lassen, denn wenn wir einfach »Zeit zum Innehalten« hatten, beherrschen wir leichter unseren eigenen Geist (*Handbüchlein der Moral*, 20). Zu Beginn des stoischen Trainings beziehungsweise wenn uns unsere Gefühle überwältigend erscheinen, sollen wir die Reaktion auf sie *aufschieben* und nichts tun, bis sie sich beruhigt haben. Wir können dann zu einem späteren Zeitpunkt die zugrunde liegenden Eindrücke ruhig und rational, mit einer »stoischen« Einstellung, bewerten.

Wir sollten aufhören, uns das Ergebnis unserer Ängste oder Wünsche auszumalen, bis wir dies ruhig und rational tun können. Insbesondere sollten wir bei den objektiven Fakten bleiben und ihnen keine Werturteile zuschreiben. Diese einfache Fähigkeit, die Reaktion auf leidenschaftliche Eindrücke »aufzuschieben«, ist die eigentliche Grundlage von Tugend und Selbstbeherrschung. Auch die antiken Pythagoreer haben den klugen Ratschlag gegeben, keine wichtigen Entscheidungen zu treffen, solange man von einer aufwühlenden Leidenschaft beherrscht wird:

> Wenn jedoch einer von ihnen zu irgendeiner Zeit in Wut oder Verzweiflung verfiel, zog er sich von der Gesellschaft seiner Gefährten zurück und suchte die Einsamkeit, um die Leidenschaft zu verdauen und zu heilen. Von den Pythagoreern wird auch berichtet, dass keiner von ihnen im Zorn einen Diener bestrafte oder einen freien Mann rügte, sondern dass sie warteten, bis sie ihre gewohnte Gelassenheit wiedererlangt hatten. Sie benutzen ein spezielles Wort, *paidartan*, mit dem sie solche [selbstbeherrschten] Ermahnungen bezeichneten. Diese Beruhigung erwirkten sie durch Schweigen und Ruhe. (Iamblichos, *Life of Pythagoras*)

Ähnliche »Aufschub«- oder »Auszeit«-Techniken werden in der modernen Therapie eingesetzt, um Impulse zu kontrollieren, indem sie im Keim erstickt werden, bevor sie die Chance haben, sich zu ernsteren Episoden von Wut, innerer Unruhe oder Depressionen zu entwickeln. Es gibt zum Beispiel direkte Belege aus der modernen psychologischen Forschung, dass durch das Aufschieben des Denkens an Probleme bis zu einem bestimmten Zeitpunkt die Intensität und Dauer der Sorgen um etwa die Hälfte reduziert werden kann. Diese »Aufschubstrategie« ist daher zu einem wichtigen Bestandteil mehrerer moderner Formen der KVT bei generalisierter Angststörung geworden.

Epiktet meint, dass wir, wenn wir ruhig genug sind, um unsere beunruhigenden Eindrücke rational anzugehen, vielleicht nachdem wir sie aufgeschoben haben, verschiedene Strategien anwenden können. Wir sollten uns »in die Gesellschaft guter und edler Menschen zurückziehen« und unser Verhalten mit dem idealen Standard des Weisen oder mit dem, was wir bei anderen als lobenswert erachten, vergleichen. Wenn solche Leidenschaften später nochmals auftauchen, werden wir, wenn wir bereit sind, unsere ersten Eindrücke den »schönen und edlen« Beispielen vorbildlicher Menschen gegenüberzustellen, den Eindruck besiegen und nicht von ihm »mitgerissen« werden (*Unterredungen*, 2.18).

Wir sollten uns auch fragen, welche geistigen Ressourcen oder Tugenden uns die Natur mitgegeben hat, um jedem Ereignis, das uns widerfährt, zu begegnen. Verlangt eine Situation zum Beispiel »Geduld« und führt diese eher zu *eudaimonia* als Schwelgerei? Was wäre die lobenswertere Handlungsweise? Anstatt uns von irrationalen Leidenschaften in die Irre führen zu lassen, sollten wir uns selbst dafür loben, dass wir uns über unsere anfänglichen Gedanken und Impulse erheben, denn dies ist die Grundlage der Tugend. Tatsächlich sagt Epiktet, dass das Geheimnis, sich nicht von Ängsten und Begierden »mitreißen« zu lassen, letztlich einfach darin bestehe, den Kern der stoischen Ethik vollständig erfasst zu haben. Das bedeutet, zu begreifen, dass das Wichtigste im Leben der Weg der Tugend ist, der zur Erfüllung (*eudaimonia*) führt.

Jetzt sind Sie dran: Stoische Selbstbeobachtung und Aufschiebung

Versuchen Sie, den ganzen Tag über kontinuierlich auf Ihre Gedanken und Gefühle zu achten, insbesondere darauf, wie Sie auf sie reagieren. Die alten Stoiker nutzten dazu grundlegende Techniken der Selbstbeobachtung. Moderne Schüler des Stoizismus könnten es nützlich finden, ein *modifiziertes* KVT-Selbstbeobachtungsformular wie das untenstehende zu verwenden, um Informationen wie die Folgenden nachzuhalten:

1. Wo und wann sind problematische Gefühle aufgetreten, beispielsweise Angst, Wut oder nicht hilfreiche Wünsche? (Im Gegensatz zur kognitiven Therapie fasst der Stoizismus sowohl Emotionen als auch

Wünsche als Formen von »Leidenschaft« zusammen; er behandelt Wut als den *Wunsch*, jemandem zu schaden).

2. Welche Emotionen oder Begierden (»Leidenschaften«) haben Sie empfunden? Notieren Sie auch alle »Frühwarnzeichen«, dass sich Störungen zu entwickeln begannen, wie zum Beispiel körperliche Anspannung oder andere Körperempfindungen.
3. Auf welchen konkreten Gedanken oder Urteilen basierten diese Gefühle? (Versuchen Sie, fragwürdige *Werturteile* zu erkennen, die die Quelle ungesunder Gefühle oder Wünsche sein könnten.)
4. Was haben Sie tatsächlich gesagt oder getan? Haben Sie vermieden, etwas zu tun, und wenn ja, was? Versuchen Sie, diese Dinge aufzuschreiben, sobald Sie die Gefühle bemerken. Üben Sie sich anfangs einfach in Selbstbeobachtung und nutzen Sie die Disziplin, Dinge geduldig und prägnant aufzuschreiben, um eine größere »kognitive Distanz« zu Ihren ersten verstörenden Eindrücken zu gewinnen. Wenn Sie die Frühwarnzeichen einer ungesunden »Leidenschaft« erkennen, lassen Sie sich nicht von ihr mitreißen, sondern erinnern Sie sich daran, dass es nur der »Eindruck« ist, der Sie beunruhigt, und nicht die Sache selbst. Tun Sie möglichst nichts anderes und verschieben Sie die Reaktion, bis Ihre Gefühle abgeklungen sind – vor allem, wenn Sie mit einem scheinbar überwältigenden Wunsch oder Gefühl konfrontiert werden. Das kann eine Stunde oder länger dauern, vielleicht sogar bis zum nächsten Tag. Sagen Sie sich: »Ich komme später darauf zurück, wenn ich in der richtigen geistigen Verfassung dazu bin«, anstatt sich von Ihren automatischen Eindrücken diktieren zu lassen, wo und wann Sie darüber nachdenken.

Wenn Sie bereit sind, dies in aller Ruhe zu tun, untersuchen und bewerten Sie Ihre Eindrücke, indem Sie Ihre philosophischen Prinzipien anwenden. Es ist hilfreich, sich dafür eine bestimmte Zeit und einen bestimmten Ort vorzunehmen, vielleicht während Ihrer Morgen- oder Abendmeditation. Wenden Sie zuerst die »stoische Gabel« an, indem Sie sich fragen, ob Sie Werturteile fällen oder »Leidenschaften« erleben, die sich auf Dinge beziehen, die Ihrer Kontrolle unterliegen oder nicht.

Erinnern Sie sich an die Argumente, die die Stoiker davon überzeugen sollten, dass körperliche und äußere Dinge weder gut noch schlecht sind, sondern im Hinblick auf die *eudaimonia* »gleichgültig« sind. Überlegen Sie auch, was der ideale Weise tun würde, und versuchen Sie, seinem Beispiel nachzueifern. Fragen Sie sich vielleicht, welche inneren Ressourcen Ihnen die Natur mitgegeben hat, um die Herausforderung zu bewältigen, vor der Sie stehen.

Mit etwas Übung werden Sie feststellen, dass Sie in der Lage sind, ruhig auf aufwühlende Gedanken und Gefühle zu reagieren, ohne dass Sie zur Aufschubstrategie greifen müssen. Das Auswendiglernen kurzer »lakonischer« Aussagen hilft dabei. Epiktet brachte seinen Schülern zum Beispiel bei, auf »gleichgültige« Dinge zu reagieren, indem sie sich sagten: »Es geht mich nichts an.« oder »Es war nicht mein Wille, deshalb ist es auch nicht schlecht!«. Sie sollten Ihre eigenen Maximen und Bewältigungsaussagen formulieren und sie so häufig verwenden, bis sie zu gewohnheitsmäßigen und vertrauten Reaktionen werden.

Datum/Uhrzeit/ Situation	Gefühle (Leidenschaften)	Gedanken (Eindrücke)	Aktionen (Impulse)
04.03.2013 – 13:30 Uhr Eine Frau drängte sich an mir vorbei, während ich in der Hotellobby meinem Kleinkind helfen wollte, nachdem es eine Tasse Wasser über sich und den Boden verschüttet hatte.	Wut. Ich bemerkte, dass sich meine Schultern verspannten und ich die Stirn runzelte.	»Bist du blöd?« »Warum siehst du nicht, was ich hier tue?« (Ihr Verhalten ist schlecht; sie hindert mich daran, das zu tun, was ich tun muss.)	Habe sie wütend angestarrt, aber sonst nichts getan oder gesagt. Habe sie nicht aufgefordert, zu warten, bis wir fertig wären, weil ich zu wütend war.

Merke: Wie man die Reaktion auf Leidenschaften aufschiebt

Epiktet riet seinen Schülern immer wieder, die Reaktion auf ungesunde Eindrücke und Leidenschaften *aufzuschieben*. Ähnliche Strategien haben sich in der Forschung zur modernen KVT als wirksam erwiesen, solange sie nicht als eine Form der Unterdrückung von Emotionen missbraucht werden. Stellen Sie sich dies anhand von drei Stufen vor:

1. Leidenschaften erkennen: Laut Epiktet sollen wir eine Liste unserer schädlichen Leidenschaften führen. Wir könnten auch eine detailliertere Aufzeichnung wie die obige vornehmen und dabei besonders auf die »frühen Warnzeichen« irrationaler Ängste und Wünsche achten. Dies hilft, das Bewusstsein zu schärfen und die »kognitive Distanz« zu automatischen Eindrücken zu vergrößern.
2. Aufschieben der Reaktion: Wenn die störenden Leidenschaften potenziell überwältigend sind, vermeiden Sie es, von ihnen »mitgerissen« zu werden, indem Sie den ihnen zugrunde liegenden Eindrücken Ihre Zustimmung verweigern, anstatt ihnen nachzugeben. »Gewinnen Sie Zeit und halten Sie inne«, indem Sie weitere Maßnahmen aufschieben, bis Sie sich beruhigt haben und die Eindrücke in Ihrem Kopf nicht mehr »frisch« sind; gewinnen Sie »kognitive Distanz«, indem Sie sich daran erinnern, dass es sich nur um Eindrücke handelt und nicht um die Dinge selbst, die sie darzustellen vorgeben, und dass Sie eher durch Ihre eigenen Werturteile als durch die Dinge selbst beunruhigt sind.
3. Philosophische Prüfung: Wenn Sie in der Lage sind, dies ruhig und rational zu tun, dann beginnen Sie damit, Ihre stoischen Lehren auf die Eindrücke anzuwenden, die Sie beunruhigen. Prüfen Sie zuallererst, ob Sie Werturteile fällen, die im Widerspruch zu der grundlegenden Lehre stehen, dass nur das, was »in unserer Macht liegt«, wirklich »gut« oder »schlecht« sein kann. Sie könnten auch überlegen, wie eine vorbildliche Person oder der ideale Weise auf dieselbe Situation reagieren würde. Fragen Sie sich zum Beispiel auch, welche Fähigkeiten oder potenziellen Tugenden Sie haben könnten, die es Ihnen ermöglichen würden, besser mit der Situation umzugehen.

Warum sollte man morgens und abends meditieren?

Die Morgenmeditation (prospektive Kontemplation)

Laut Epiktet sollten Stoiker beim Aufstehen am Morgen den vor ihnen liegenden Tag gedanklich durchspielen und schließlich am Ende des Tages ihre Fortschritte noch einmal überprüfen. Bei Tagesanbruch sollten wir uns fragen: »Was fehlt mir noch, um frei von Leidenschaften [*apatheia*] zu werden?«, »Was, um Gelassenheit zu erlangen?« (*Unterredungen*, 4.6) Dann sollten wir eine Frage stellen, die auf der berühmten Inschrift über dem Eingang zum Apollontempel in Delphi basiert: »Erkenne dich selbst«. Die Stoiker sind der Ansicht, dass wir ständig die Entfremdung von unserer wahren Natur und den Abstieg auf das Niveau von geistlosen wilden Tieren oder Vieh riskieren, wenn wir unsere Aufmerksamkeit abschweifen lassen. Wir sollten daher fragen: »Was bin ich?«

Stoiker versuchen, eine größere Verbundenheit mit ihrer Natur als vernunftbegabte Wesen zu entwickeln, anstatt sich über ihren Körper, ihren Besitz oder ihren Ruf zu definieren, wie es die meisten Menschen tun. Wir können dann fragen, was die Natur von uns als vernunftbegabte Wesen verlangt, und entsprechende Handlungen für den bevorstehenden Tag einüben, indem wir nach größerer Vernunft und Tugend streben, in Vorbereitung auf die Überprüfung unserer Fortschritte am Abend. Mark Aurel sagt ebenfalls:

> Wenn du bei Tagesanbruch nicht aufstehen magst, so halte diesen Gedanken bereit: »Ich stehe auf, um die Arbeit eines Menschen zu verrichten.« (*Selbstbetrachtungen*, 5.1)

Er konzentrierte seine Vorbereitungen auch darauf, in Harmonie mit der gesamten *Menschheit* zu leben, indem er sich sagte, dass er am heutigen Tag auf einen aufdringlichen Wichtigtuer, einen undankbaren, anmaßenden, betrügerischen, neidischen und unsozialen Menschen treffen werde. Auf diese Weise nahm er das Schlimmste, das passieren könnte, vorweg, als sei es unvermeidlich (*Selbstbetrachtungen*, 2.1). Er hat jedoch seine stoischen Prinzipien griffbereit und erinnert sich daran, dass diese Menschen so handeln, weil es ihnen an Weisheit fehlt und sie die wahre Natur von »gut« oder »böse« nicht kennen. Alles, was wirklich zählt, ist, dass er selbst die wahre Natur des »Guten« erfasst hat. Er erinnert sich auch daran, dass diejenigen, die sich gegen ihn stellen und ihm Unrecht tun, grundsätzlich mit ihm verwandt sind, »nicht von gleichem Blut oder gleicher Geburt wie ich, aber von gleichem Geist«, sie teilen den gleichen Funken der göttlichen Vernunft. Er wiederholt sorgfältig die stoischen Regeln, dass niemand ihm wirklich schaden kann, noch ihn zu einem Laster verführen kann, und dass er die Leidenschaften des Zorns oder Hasses ihnen gegenüber nicht fühlen kann, wenn er seine Verwandtschaft mit ihnen erkennt, und dass Konflikt unnatürlich ist. »Wir wurden geboren, um zusammenzuarbeiten, wie Füße, Hände und Augen, wie Ober- und Unterkiefer.«

Mark Aurel erwähnte auch die Tatsache, dass die alten Pythagoreer jeden Morgen über die Sterne und die aufgehende Sonne meditierten, was möglicherweise Elemente der philosophischen Kosmologie in seine morgendlichen Betrachtungen einbrachte.

> Seht, sagten die Pythagoreer, am Morgen zum Himmel empor, damit wir uns an die Heerscharen des Himmels erinnern, die immer demselben Lauf folgen und ihre Arbeit auf immer gleiche Weise verrichten, und an ihre Ordnung, ihre Reinheit und ihren unverhüllten Zustand; denn die Gestirne sind ohne Schleier. (*Selbstbetrachtungen*, 11.27)

Die Stoiker haben also möglicherweise auf drei Ebenen das »Leben im Einklang mit der Natur« geprobt, eine Haltung der Harmonie und der natürlichen Zuneigung gegenüber der Vernunft, ihrer eigenen essenziellen Natur, gegenüber der Menschheit als Mitbrüder und -schwestern und gegenüber der Natur oder dem Kosmos als Ganzes.

Wie erwähnt, sagte Iamblichos auch, dass die geistige Vorbereitung der Pythagoreer am Morgen darin bestand, »einen Plan darüber zu erstellen, was später am Tag zu tun war«. Diese Überlegungen, wie auch die der Stoiker, berücksichtigten offenbar alle möglichen Katastrophen, die ihnen widerfahren könnten, um das Gefühl zu kultivieren, widerstandsfähig und »auf alles vorbereitet« zu sein.

> Es war eines ihrer Gebote, dass für die Intelligenten kein menschlicher Verlust unerwartet sein sollte, da sie alles erwarteten, was zu verhindern nicht in ihrer Macht lag. (*Life of Pythagoras*, 31)

Wie wir gesehen haben, fügen die Stoiker bei der Planung jeder Handlung, vermutlich sogar des gesamten bevorstehenden Tages, die »Vorbehaltsklausel« hinzu, das heißt einen Vorbehalt wie »sofern das Schicksal es zulässt«. Welche Pläne auch immer wir machen, das Schicksal kann eingreifen, und die einzige Gewissheit ist, dass unser Körper letztendlich vergeht und wir alles verlieren werden.

Jetzt sind Sie dran: Wie man wie ein Stoiker erwacht

Nehmen Sie sich jeden Morgen, wenn Sie aufwachen, ein paar Augenblicke Zeit, um sich zu sammeln, und verbringen Sie dann 5 bis 10 Minuten damit, in Ruhe den vor Ihnen liegenden Tag gedanklich durchzuspielen. Wie können Sie dem Ideal des stoischen Weisen ein paar Schritte näherkommen? Wie können Sie angemessen handeln, während Sie Dinge akzeptieren, die außerhalb Ihrer Kontrolle liegen?

1. Mark Aurel nimmt Bezug auf die alte pythagoreische Praxis, sich bei Tagesanbruch allein an einen ruhigen Ort zu begeben und über die Sterne und die aufgehende Sonne zu meditieren, während man durch die Vorbereitung auf den kommenden Tag die Achtsamkeit

des eigenen Denkvermögens entwickelt. Vielleicht müssen Sie sich damit begnügen, zu Hause einen bestimmten Platz dafür zu reservieren, zum Beispiel am Ende Ihres Bettes sitzend oder vor dem Spiegel in Ihrem Badezimmer stehend. Sie können sich aber auch den Sonnenaufgang vor einem Sternenhintergrund vorstellen – auf solche »kosmologischen« Meditationen werden wir später noch eingehen.

2. Suchen Sie sich einen bestimmten philosophischen Grundsatz aus, den Sie üben möchten, und wiederholen Sie ihn gedanklich mehrere Male, bevor Sie sich überlegen, wie Sie ihn im Laufe des Tages besser befolgen könnten. Wählen Sie für den Anfang den allgemeinen Grundsatz: »Manche Dinge unterliegen unserer Kontrolle, andere nicht.« Fragen Sie sich aber auch, welche anderen Schritte Sie unternehmen könnten, um *eudaimonia näherzukommen.*
3. Alternativ könnten Sie eine bestimmte Tugend auswählen, die Sie sich aneignen möchten, und Ihren bevorstehenden Tag in groben Zügen mental durchspielen und dabei versuchen, sich vorzustellen, wie Sie handeln würden, wenn Sie mehr Weisheit, Gerechtigkeit, Mut oder Selbstdisziplin und so weiter zeigen würden.

Sobald Sie sich dies angewöhnt haben, versuchen Sie, sich größere Herausforderungen, beispielsweise schwierige Menschen, vorzustellen, wie im Kapitel über die Vorwegnahme zukünftiger Widrigkeiten beschrieben. Wie wir gesehen haben, erinnern sich einige Stoiker auch an ihre eigene Sterblichkeit, während sie den kommenden Tag planen. Zum Beispiel empfiehlt Seneca, dass wir uns jeden Morgen beim Aufwachen sagen sollten: »Du wirst vielleicht nie wieder schlafen.«

Schlüsselgedanke: Die Abend- und Morgenmeditationen

Die Stoiker übernahmen die in den *Goldenen Versen* beschriebene Praxis der Pythagoreer, die Ereignisse des Tages ruhig zu betrachten, vielleicht dreimal, bevor sie sich zum Schlafen zurückzogen. Die berühmten Fragen aus den *Goldenen Versen*, die Epiktet zitiert, lauteten: »Was habe ich falsch gemacht? Was habe ich getan? Was habe ich unterlassen, das ich hätte tun sollen?« Für Stoiker beziehen sich diese Fragen alle auf ihr höchstes Ziel. Daher empfiehlt Epiktet ausdrücklich, sich zu fragen, wo wir im Hinblick auf ein »reibungslos verlaufendes« und harmonisches Leben im Einklang mit Weisheit und Tugend falsch gehandelt haben. Stoiker könnten auch untersuchen, ob sie tatsächlich in Harmonie mit ihrer eigenen rationalen Natur, mit dem Rest der Menschheit und mit der Natur als Ganzes leben – der dreifache Sinn von »im Einklang mit der Natur leben«.

Die grundlegende Frage, die ein Stoiker bei der Planung des kommenden Tages stellen sollte, lautet: »Wie kann ich der Weisheit und Tugend oder dem Ideal des Weisen näherkommen?« Dies wird zweifellos davon beeinflusst, was er während der vorangegangenen abendlichen Kontemplation über seine eigenen Schwächen gelernt hat. Was ist erforderlich, um noch vorhandene irrationale Ängste und Wünsche zu überwinden? Fehlt es mir an Mut, Selbstdisziplin oder einer anderen Tugend, die das Leben von mir verlangt? Epiktet vergleicht dies mit einem Athleten oder einem Gesangslehrer, der einen Trainings- beziehungsweise Übungsplan aufsetzt und diesen in die Praxis umsetzt. Stoiker müssen sich auch darauf vorbereiten, nach dem Aufwachen den allgemeinen Grundsatz anzuwenden, dass äußere Dinge für uns gleichgültig sind und dass unser höchstes Gut jenes ist, das »in unserer Macht liegt«, also die Tugend. Diese Morgenroutine überschneidet sich mit der allgemeineren Technik der »Vorwegnahme von Widrigkeiten«, die weiter oben besprochen wurde.

Die Abendmeditation (retrospektive Kontemplation)

Seneca beschrieb eine Methode der abendlichen Meditation, die von dem römischen Philosophen Quintus Sextius gelehrt wurde, der Pythagoreismus und Stoizismus miteinander verband. Er sagt, dass wir, damit sich unser Geist so entfalten kann, wie es die Natur vorgesehen hat, uns ständig üben müssen, indem wir uns Fragen wie die folgenden stellen, bevor wir schlafen gehen:

1. Welche schlechte Angewohnheit habe ich heute abgelegt?
2. Welchem Fehler habe ich mich widersetzt?
3. In welcher Hinsicht bin ich nun besser?

Diese philosophische und therapeutische Selbstprüfung wird mit einer Gerichtsverhandlung verglichen: »Jeden Tag verhandele ich meinen Fall vor mir selbst als Richter.« Unsere Leidenschaften werden sich beruhigen und wir werden mehr Kontrolle darüber erlangen, sagt er, wenn sie wissen, dass sie sich auf diese Weise jeden Abend vor einem Richter verantworten müssen. Mit anderen Worten: Diese Routine trägt zur Achtsamkeit während des Tages bei. Außerdem schürt sie laut Seneca nicht die Sorgen, sondern führt zu einem ruhigeren Schlaf – was als Indiz dafür gewertet werden kann, dass die Praxis richtig angewendet wird.

> Wenn das Licht erloschen ist und meine Frau, die meine Gepflogenheit längst kennt, eingeschlafen ist, gehe ich noch einmal den ganzen Tag mit all meinen Taten und Worten durch. Ich verberge nichts vor mir, lasse nichts außer Acht. Denn warum sollte ich mich vor irgendeinem meiner Fehler fürchten, wenn ich doch sagen kann: »Hüte dich, das noch einmal zu tun. Diesmal aber verzeihe ich dir noch einmal.« (Über die Wut, 3)

Senecas Beispiele für Selbstvorwürfe zeigen deutlich, dass er nicht in krankhafter Selbstkritik schwelgt, sondern sich selbst gegenüber die Haltung eines Freundes einnimmt, der weise und wohlwollend berät:

> Bei dieser Diskussion hast du zu aggressiv gesprochen: streite dich von nun an nicht mehr mit Leuten, die keine Ahnung haben; wer nie gelernt hat, will auch nichts lernen. Du hast diesen Menschen deutlicher kritisiert, als du es hättest tun sollen, und so hast du ihn eher beleidigt als verbessert: Achte in Zukunft nicht nur darauf, dass deine Worte der Wahrheit entsprechen, sondern auch darauf, ob der Mensch, mit dem du sprichst, die Wahrheit ertragen kann. Ein guter Mann freut sich über Kritik, aber je schlechter ein Mensch ist, desto heftiger ist sein Groll gegen die Person, die ihn korrigiert. (*Über die Wut,* 3)

Es heißt, dass die Pythagoreer sich darin übten, die Abfolge von Ereignissen, die während des Tages passiert sind, durchzugehen, um so ihr Gedächtnis zu verbessern. Die Stoiker konzentrieren sich lieber auf das Potenzial als Methode der ethischen und therapeutischen Selbstanalyse. Epiktet wiederum zitiert für seine Schüler die relevanten Zeilen aus den *Goldenen Versen* und sagt, dass wir sie »griffbereit haben sollten«, um sie auf unser tägliches Leben anzuwenden; im Gegensatz zu Seneca bleibt er bei den pythagoreischen Standardfragen.

1. Was habe ich falsch gemacht?
2. Was habe ich (richtig) gemacht?
3. Und welche Pflicht blieb unerledigt?

Die Vergangenheit ist letztlich gleichgültig. Dennoch können wir aus unseren Fehlern lernen, und vielleicht ist es auch sinnvoll, uns »über das freuen zu können, was wir gut gemacht haben«, wie Epiktet es ausdrückt. Wir sollten uns wünschen, das zu tun, was unerledigt geblieben ist, »sofern das Schicksal es zulässt«. Die morgendlichen und abendlichen Meditationsroutinen scheinen sich also gegenseitig zu ergänzen und bilden Stufen in einem zyklischen Prozess der Reflexion, des Lernens und der mentalen Vorbereitung auf das Handeln.

Jetzt sind Sie dran: Wie man schläft wie ein Stoiker

Nehmen Sie sich abends vor dem Einschlafen 5 bis 10 Minuten Zeit, um die Ereignisse des Tages in Ruhe Revue passieren zu lassen, und stellen Sie sie sich möglichst bildlich vor. Versuchen Sie, sich an die Reihenfolge zu erinnern, in der Sie im Laufe des Tages verschiedenen Menschen begegnet sind, an die Aufgaben, mit denen Sie sich beschäftigt haben, an das, was Sie gesagt und getan haben und so weiter. Das kann dazu beitragen, Ihr Gedächtnis zu trainieren und zu verbessern. Für die Stoiker ist jedoch der wichtigste Aspekt, dass Sie sich fragen, ob Sie konsequenter im Dienste von Weisheit und *eudaimonia* hätten leben können.

1. »Was haben Sie falsch gemacht?« Haben Sie sich von Ängsten oder Wünschen einer übermäßigen, irrationalen oder ungesunden Art beherrschen lassen? Haben Sie *eudaimonia* zugunsten einer äußeren Sache geopfert?
2. »Was haben Sie gut gemacht?« Haben Sie Fortschritte in Richtung Weisheit und Tugend gemacht? Haben Sie »angemessen« gehandelt, in Übereinstimmung mit Ihren Prinzipien?
3. »Was haben Sie unterlassen?« Haben Sie versäumt, etwas zu tun, das »angemessen« oder Ihre Pflicht gewesen wäre? Haben Sie irgendwelche Gelegenheiten übersehen, praktische Weisheit, Gerechtigkeit, Mut oder Selbstdisziplin zu üben?
4. Überlegen Sie, wie Sie etwas, das Sie schlecht gemacht oder vernachlässigt haben, in Zukunft anders machen könnten. Was würde der vollkommene Weise tun?
5. Loben Sie sich für alles, was Sie gut gemacht haben.

Sie üben sich darin, sich selbst gegenüber die Rolle eines Freundes und weisen Beraters einzunehmen, und diese Beziehung sollten Sie im Gedächtnis behalten. Erinnern Sie sich daran, dass all diese Ereignisse in der Vergangenheit liegen und Ihnen daher strenggenommen »gleichgültig« sind. Akzeptieren Sie sie als vom Schicksal so bestimmt, wie sie geschehen sind. Vielleicht finden Sie es hilfreich, in dieser Zeit auch Übungen in einem Tagebuch festzuhalten, beispielsweise die stoischen Gebote zu paraphrasieren, wie es Mark Aurel in seinen *Selbstbetrachtungen* getan hat.

Merke: Probleme beim Einschlafen und Aufwachen

Um die beste Morgen- und Abendroutine zu finden, müssen Sie ein bisschen herumprobieren und flexibel sein. Es ist wahrscheinlich nicht ratsam, diese Übungen zu machen, wenn Sie bereits schläfrig im Bett liegen. Besser wäre, wenn Sie sie aufrecht sitzend oder stehend und wach absolvieren. Sie bräuchten etwa 16 Stunden, um Ihren gesamten Tag in »Echtzeit« zu planen oder durchzugehen, also werden Sie die Ereignisse natürlich nur in groben Zügen durchgehen und eher die wichtigsten Ereignisse herauspicken. Vermeiden Sie es, sich über Beunruhigendes Gedanken zu machen, vor allem, wenn dies Ihren Schlaf beeinträchtigen könnte. Krankhaftes Sich-Sorgen und Grübeln sind das Gegenteil von dem, was Sie tun sollten. Erinnern Sie sich immer daran, dass alles, was außerhalb Ihrer Kontrolle liegt, nach stoischer Auffassung »gleichgültig« zu beurteilen ist.

Fazit

Die wichtigsten Punkte, die Sie sich aus diesem Kapitel merken sollten, sind:

* Viele Menschen finden das Konzept der »Achtsamkeit« im Buddhismus ansprechend, dabei war bereits eine ähnliche Praxis, die *prosochê* oder »Aufmerksamkeit« auf die eigene bewusste »dominante Fähigkeit« genannt wird, im antiken Stoizismus wesentlich.
* Epiktets *Handbüchlein der Moral* beginnt mit der Übung, unsere Eindrücke mithilfe der »stoischen Gabel« zu bewerten, der Unterscheidung zwischen dem, was in unserer Macht liegt, und dem, was

nicht in unserer Macht liegt, und uns daran zu erinnern, dass äußere Dinge in Bezug auf Tugend und *eudaimonia* von Natur aus »gleichgültig« sind.

* Die Planung des kommenden Tages und der Rückblick auf den vergangenen Tag können Ihnen dabei helfen, eine strukturierte Routine zu etablieren und aufrechtzuerhalten, weise zu leben und den stoischen Prinzipien zu folgen.

Next Step

Wir haben nun die Theorie der stoischen Ethik und die grundlegenden Praktiken in den drei Disziplinen des Epiktet behandelt, und wir haben eine Morgen- und Abendroutine kennengelernt, die der philosophischen Selbstprüfung Struktur verleiht. Jetzt werden wir uns einige der spektakulärsten und anspruchsvollsten stoischen Kontemplationsübungen ansehen.

10

Der Blick von oben und die stoische Kosmologie

In diesem Kapitel erfahren Sie:

- dass das antike Studium der Natur, oder die philosophische »Physik«, mit wichtigen psychologischen Übungen in Zusammenhang stand
- wie man das Leben als ein Fest betrachtet, eine alte pythagoreische Metapher, die von den Stoikern übernommen wurde
- wie man eine stoische Meditation praktiziert, die moderne Gelehrte den »Blick von oben« nennen
- wie man die Zeit und die Vergänglichkeit aller individuellen, materiellen Dinge betrachtet, indem man eine kosmologische Perspektive auf das Leben einnimmt

Blicke von oben auf die zahllosen Versammlungen und zahllosen Zeremonien, auf Reisen jeder Art bei Sturm und bei Flaute sowie auf die Streitigkeiten zwischen denen, die geboren werden, zusammenleben und sterben. Denke ebenso an das Leben, wie es vor langer Zeit von anderen gelebt wurde, wie es nach dir gelebt werden wird und wie es jetzt in anderen Ländern gelebt wird; denke daran, wie viele nicht einmal deinen Namen kennen, wie viele ihn schnell vergessen werden, wie viele – die dich jetzt vielleicht loben – bald Fehler bei dir entdecken werden. Erkenne, dass es keinen Wert hat, wenn man sich an dich erinnert, ebenso wenig wie dein Ansehen oder irgendetwas anderes. (*Selbstbetrachtungen*, 9.30)

Welch winziges Fragment der unendlichen und unermesslichen Zeit ist jedem Menschen zugedacht! Denn in nur einem Augenblick ist es wieder in der Ewigkeit verloren. Und was für ein winziges Teilchen ist der Mensch im Verhältnis zum Universum! Welch winziges Teilchen der universellen Seele! Und auf welch winzigem Klumpen der ganzen Erde kriechst du! Indem du dir all diese Dinge vor Augen hältst, denke an nichts anderes als an den Augenblick, daran, das zu tun, wozu deine Natur dich anleitet, und zu ertragen, was die universelle Natur dir bringt. (*Selbstbetrachtungen*, 12.32)

Selbsteinschätzung: Stoische Einstellungen zur Kosmologie
Überprüfen Sie vor der Lektüre dieses Kapitels, wie weit Sie den folgenden Aussagen zustimmen, indem Sie die unten angegebene Skala (1–5) verwenden, und überprüfen Sie Ihre Einstellung erneut, nachdem Sie das Kapitel gelesen und verarbeitet haben.

1. stimme überhaupt nicht zu, 2. stimme nicht zu, 3. stimme weder zu noch stimme ich nicht zu, 4. stimme zu, 5. stimme voll und ganz zu

1. Wenn ich mir die Ereignisse aus der Vogelperspektive vorstelle, kann mir das dabei helfen, zur Ruhe zu kommen und die Dinge rational zu betrachten.
2. Das Leben ist wie ein Fest, das nur eine kurze Zeit währt. Wir sollten dankbar sein, daran teilnehmen zu dürfen.
3. »Wenn ich daran denke, wie kurz ein Menschenleben im Vergleich zur Geschichte des Universums ist, werde ich daran erinnert, mein eigenes Handeln mehr zu schätzen als meinen Besitz.«

Warum ist die Betrachtung der Natur wichtig?

Was geschieht, wenn Sie einen Schritt zurücktreten und Ihr Leben aus einem anderen Blickwinkel betrachten? Was ist das große Ganze? Fragen dieser Art bilden das Fundament für einige grundlegende Übungen zum *Perspektivwechsel*, welchen die Stoiker als eine Form der philosophischen Betrachtung verwendeten. Dieses Kapitel befasst sich insbesondere mit Meditationen, die mit der stoischen Physik in Verbindung stehen. Sie sollen unsere Vorstellungskraft beflügeln und die distanzierte Akzeptanz von Ereignissen fördern, in Übereinstimmung mit der stoischen »Disziplin des Verlangens« und der Therapie der Leidenschaften. Sie lehren uns, wie wir unser Bewusstsein erweitern können, während wir gleichzeitig lernen, äußeren Einflüssen nicht mehr so viel Bedeutung beizumessen.

Die Idee der Erweiterung unseres Geistes ist mit einer anderen wichtigen Tugend verbunden, die »Großmut« (*megalopsuchia*, »Mega-Psyche«) genannt wird, wörtlich »Größe der Seele« oder »Größe des Geistes« – gemeint ist also, eine *große* Seele zu besitzen. Sie wird definiert als die Eigenschaft, die es uns erlaubt, allem, was uns im Leben widerfährt, überlegen und distanziert zu begegnen, unabhängig davon, ob es von den meisten Menschen als »gut« oder »böse« beurteilt wird, beispielsweise die üblichen Objekte der Angst und der Begierde. Zenon schrieb, dass Großmut allein ausreiche, um »uns weit über alle Dinge zu erheben«, da sie ein wesentlicher Bestandteil aller Tugenden sei. Der Weise werde zwangsläufig »auf alle Dinge herabsehen, die ihm ärgerlich erscheinen« und, ungeachtet seiner äußeren Umstände, Glück oder *eudaimonia* erlangen.

Seneca führt an – was zeitgenössischen Lesern seltsam erscheinen mag –, dass aus dem Glauben der Stoiker daran, dass jedes wahre Gut allein dem Verstand innewohnt und nicht äußeren Einflüssen oder körperlichen Dingen, folgt, dass alles, was den Verstand stärkt, erhebt oder erweitert, gut für uns sein muss. Tugend in Form von »Großmut« erhebt den Geist über »gleichgültige« Dinge und *erweitert* ihn weit über deren Einfluss hinaus. Hingegen kann eine zu große Affinität zu körperlichen und äußeren Dingen den Geist »niederdrücken« und ihn schwächen oder ihn gar aushöhlen, anstatt ihm zu erlauben, auf natürliche Art und Weise zu wachsen und zu gedeihen. Wenn wir uns allein mit belanglosen Dingen wie dem Streben nach Reichtum oder Ansehen beschäftigen, »schrumpft« unsere Seele, und unser Horizont wird enger.

Den eigenen Geist zu erweitern, im Einklang mit Weisheit und Tugend, war daher ein wichtiges Merkmal der stoischen Physik und der Disziplin des Verlangens. Eines der Hauptthemen in Mark Aurels *Selbstbetrachtungen* ist die endlose Weite von Zeit und Raum und wie winzig unser Körper und unsere Lebensspanne im Vergleich dazu sind. Das bloße *Lesen* dieser immer wiederkehrenden Passagen reicht bei vielen Menschen aus, um ein Gefühl der Bewusstseinserweiterung hervorzurufen. Mark Aurel schreibt, dass »nichts der Größe des Geistes« oder auch dem Großmut »so förderlich« sei wie das Praktizieren von Übungen, die von der stoischen Physik abgeleitet sind – als Beispiel seien genannt das detaillierte Studium natürlicher Prozesse, die »Wechselwirkung aller Dinge« und die objektive und wertfreie Betrachtung aller Dinge im Einklang mit der Natur (*Selbstbetrachtungen*, 10.11; 3.11). Es ist, als ob das Universum uns das Geschenk des Bewusstseins genau deshalb gewährt habe, damit wir unseren Verstand auf diese Weise weiterentwickeln können.

> Weisheit ist eine große und umfassende Sache; sie braucht Raum; man muss sich mit den Dingen befassen, göttlichen und menschlichen, mit Vergangenheit und Zukunft, mit vergänglichen und ewigen, mit der Zeit.
> (Seneca, *Briefe an Lucilius*, 88)

Die Stoiker waren im Grunde Pantheisten, für die »Natur« und »Gott« (oder »Zeus«) praktisch synonyme Begriffe waren. Zeus ist ein unsterbliches Wesen, welches vollkommen rational und vollkommen glücklich ist, sich von allem Schlechten fernhält und sich um den ganzen Kosmos sorgt, aber er ist *nicht* »anthropomorph«, was meint, dass er nicht einem bärtigen, auf einer Wolke sitzenden Mann gleicht. Die anderen Götter sind lediglich Manifestationen seiner selbst in unterschiedlichen Gestalten. Sein Körper ist die Gesamtheit der Natur und sein Wille ist die gewaltige Kette der Kausalität, welche »Schicksal« genannt wird und die selbstredend den Ausgang aller Ereignisse bestimmt. Für Mark Aurel wird die Betrachtung des Universums als ein einziger Organismus, von dem wir alle die einzelnen Glieder sind, zu einer wichtigen psychologischen Übung: »Meditiere oft über die enge Verbindung und gegenseitige Abhängigkeit aller Dinge im Kosmos« (*Selbstbetrachtungen*, 6.38).

Zusätzlich zur Betrachtung des idealen *sterblichen* Weisen dachten die Stoiker also über die Perspektive des vollkommen weisen und tugendhaften, *unsterblichen* Wesens Zeus nach, indem sie die Natur in ihrer Gesamtheit betrachteten. In ihren Augen musste Zeus über allen weltlichen Belangen stehen und vollkommen mit sich im Reinen sein. Sie versuchten, das Leben aus seiner göttlichen Perspektive zu betrachten, die gesamte Schöpfung zu einem großen Ganzen zusammenfassend. Durch den Einsatz der stoischen Physik als eine Art bewusstseinserweiternde, kontemplative Übung hofften sie, die vollkommene Gelassenheit und den Großmut der Götter selbst nachahmen zu können.

Cicero zufolge basieren die drei theoretischen Themen der Philosophie typischerweise auf der Physik, der Betrachtung der Sterne und der Natur des Universums, insbesondere der Beschäftigung mit dem Leben und dem Tod und der Vergänglichkeit und Veränderlichkeit aller Dinge, in Übereinstimmung mit den Gesetzen des kausalen Determinismus. Indem wir uns »fortwährend in Meditationen über das Wesen des Kosmos vertiefen«, bewegen wir uns auf den Zustand der Weisheit und rationaler Freude zu, bis zu einem Punkt, an dem wir gelassen auf die Sorgen des täglichen Lebens herabblicken können, die im Vergleich dazu belanglos erscheinen.

Obwohl der stoische Weise sich von allen äußeren Dingen distanziert, wurzelt er paradoxerweise umso fester in der Gesamtheit der Natur, wird mehr und mehr eins mit dem Kosmos und fühlt sich darin wirklich zu Hause. Epiktet erinnerte seine Schüler gern daran, dass Sokrates auf die Frage hin, aus welchem Land er stamme, antwortete: »Ich bin ein Bürger des Universums«, des *Kosmos*. Dies wurde später von Diogenes dem Kyniker und den Stoikern aufgegriffen, die »Kosmopoliten« im ursprünglichen, philosophischen Sinn des Wortes sind. Mark Aurel führt ebenfalls an, das Ziel der Philosophie sei es, im Einklang mit der Natur zu leben und somit »nicht mehr ein Fremder im eigenen Vaterland«, sondern ein wahrer Bürger des Universums zu sein, was bedeutet, weder von äußeren Einflüssen abhängig zu sein noch von ihnen überrascht zu werden.

Durch die Disziplin des Verlangens identifiziert sich der Stoiker mit der Natur, als Teil des Ganzen – in gewissem Sinne ist das Ganze also die Grundlage ihres Seins und ihrer eigenen wahren Identität –, er ist in seinem Wesenskern weder Athener noch Römer, sondern ein Kosmopolit.

In diesem Kapitel werden wir uns zwei stoische kontemplative Praktiken ansehen. Die erste basiert auf einer sehr alten pythagoreischen Metapher, die Philosophen dazu ermuntert, das Leben als »Fest« oder feierlichen Umzug zu betrachten. Die zweite nannte Pierre Hadot den »Blick von oben«. Er bezeichnete sie als den »Kern der Philosophie« und fand zahlreiche Beispiele hierfür die gesamte klassische Literatur hindurch, in großer Formvielfalt, quer durch alle Schulen der antiken Philosophie.

Es geht darum, sich das Leben auf der Erde so vorzustellen, als würde man es von hoch oben betrachten, was unweigerlich zu einer sich erweiternden Perspektive auf Raum und Zeit führt, die sich mit den stoischen kosmologischen Betrachtungen überschneidet.

Obwohl es sich auf den ersten Blick um völlig unterschiedliche Übungen handelt, dienen sie wohl beide einem ähnlichen Zweck. Das Leben ist ein Geschenk der Natur, ein buntes Spektakel, das man auskosten sollte – wenngleich kurz –, aber man sollte es dennoch aus der distanzierten Perspektive eines Besuchers auf der Durchreise betrachten. Beide Übungen können uns daher einen Einblick in die Tugend der Großmut geben, indem man sich über die Hektik des gewöhnlichen Lebens erhebt beziehungsweise die Distanz hierzu wahrt, und sie können uns verdeutlichen, welche Illusion die gewöhnlichen Werte sind.

Fallstudie: »Der Traum des Scipio«

Scipio Aemilianus (185–129 v. Chr.) war ein römischer Staatsmann und Feldherr, später bekannt als Scipio Africanus der Jüngere, nach seinem Adoptivgroßvater. Er umgab sich mit Gelehrten, dem »Scipionischen Kreis«, darunter sein stoischer Freund Laelius der Weise und der Gelehrte Panaitios. *Der Traum des Scipio*, aus Ciceros Werk *Vom Staat*, ist eine berühmte Darstellung seiner frühen Karriere und eines der herausragendsten Beispiele für den »Blick von oben«.

Es ist der Beginn des dritten Punischen Krieges (149–146 v. Chr.) und die mächtigen Armeen Roms belagern die antike Stadt Karthago in Nordafrika. Nach seiner Ankunft sucht Scipio, zu dieser Zeit ein junger Offizier, die Gastfreundschaft des Königs Massinissa von Numidien. Sie unterhalten sich bis tief in die Nacht über Africanus den Älteren, einen alten Freund des Königs, von dem die Römer annahmen, dass er als Belohnung für seinen legendären Sieg über Hannibal bei Karthago, Jahrzehnte zuvor, nach seinem Tod einen gottähnlichen Status erlangt habe. Scipio fällt in tiefen Schlaf und durchlebt einen seltsamen, mystischen Traum, in welchem er zu Africanus dem Älteren in den äußeren Himmel aufsteigt und sie gemeinsam auf den ganzen Kosmos herabblicken. Scipio Aemilianus ruft aus, dass die Erde winzig erscheine, und fügt hinzu: »Unser Reich, welches nur ein stecknadelkopfgroßer Punkt auf ihrer Oberfläche ist, erscheint mir nun unbedeutender.« Dennoch ist er erfüllt von Ehrfurcht vor der überwältigenden Schönheit und Harmonie des Universums. Africanus der Ältere zeigt ihm, dass die Erde und das Leben der Sterblichen winzige Teile des gesamten Kosmos sind und dass »die Lippen der Menschheit keinen Ruhm oder Ehre gewähren können, die es wert wären, gesucht zu werden«.

Er erkennt, dass Rom selbst nur einen kleinen Bruchteil der Erde ausmacht und der größte Teil ihrer Oberfläche unbewohnt ist oder von Menschen bewohnt wird, die nie von seinen Errungenschaften erfahren werden. Selbst diejenigen, die davon wissen, werden bald sterben, und Legenden, die über Generationen weitergegeben werden, werden unweigerlich mit der Zeit verblassen.

Scipio Africanus ermuntert ihn dazu, über die oberflächlichen Meinungen der Masse hinwegzusehen und seiner innersten Natur treu zu bleiben. »Strebe weiter!«, rät der alte Feldherr, »begreife, dass du ein Gott bist.« Er solle seine Reputation vergessen und rein im Dienste der Weisheit und Tugend handeln, denn eine Seele, die dies tue, »wird es am leichtesten von allen finden, zu diesem Orte aufzusteigen, der ihre eigentliche Behausung und Heimat ist«. Er fügt hinzu, dass der Aufstieg leichter sein werde, wenn die Seele bereits während des Lebens, während sie noch im Körper eingeschlossen gewesen sei, dennoch »frei umhergezogen ist und durch Vergegenwärtigung und Nachdenken über das, was außerhalb ihrer Hülle liegt, danach gestrebt hat, sich so weit wie nur möglich vom Körper zu entfernen.«

Wie im Traum prophezeit, schreitet Scipios Karriere außerordentlich schnell voran: Innerhalb eines Jahres wird er zum römischen Konsul ernannt, dann wird ihm das Kommando über die Legionen in Afrika übertragen. Schließlich fiel Karthago unter seiner Führung an die römischen Truppen, was ihm den gleichen Ehrentitel wie seinem Großvater einbrachte: »Africanus«. Karthago wurde »Stein für Stein auseinandergerissen«, was Roms größtem Widersacher ein Ende bereitete und seine Macht für viele Jahrhunderte sicherte. Noch während er das sah, erkannte Scipio, dass Rom selbst eines Tages ebenfalls untergehen würde, denn aus der kosmischen Perspektive sind alle Dinge vergänglich.

Das pythagoreische »Fest«

Pythagoras soll die Rolle des Philosophen mit der eines Zuschauers bei einem belebten »Fest« (*panêguris*) verglichen haben, auf dem verschiedene sportliche Wettkämpfe und andere Formen der Unterhaltung dargeboten werden. Er meinte damit, dass sie Zuschauer des Kosmos sind und versuchen, die Schönheit und Ordnung des gesamten Universums zu betrachten. Auch Diogenes der Kyniker soll gesagt haben, dass ein guter Mensch jeden Tag als Fest betrachtet, und Epiktet lehrte später seine stoischen Schüler, das Leben auf diese Weise zu betrachten. Die Stoiker benutzten diese Metapher, um ein Gefühl der *Dankbarkeit* für die Möglichkeiten des Lebens zu vermitteln, während sie gleichzeitig akzeptierten, dass es zeitlich begrenzt ist und bald zu Ende gehen wird. Die meisten Menschen in diesem »Fest« oder »Festumzug« des Lebens sind nur an materiellem Gewinn interessiert, wie Vieh, das sich nur für sein Futter interessiert, während eine Handvoll

»dem Fest beiwohnt, weil sie das Spektakel lieben«, sagt Epiktet. Diese Zuschauer sind Menschen, die sich neugierig fragen: »Was ist der Kosmos und wer regiert ihn?« Oder wir könnten auch fragen: »Worin liegt der Sinn des Ganzen?« Diese Frage treibt die Naturphilosophen dermaßen um, dass sie nach Wissen streben, was zu ihrem Hauptziel im Leben wird – »das Fest zu studieren, bevor sie es verlassen«.

Epiktet betonte, dass sie deshalb unweigerlich von denen verspottet werden, die lieber nach Reichtum und Ruhm streben. Philosophen sollten sich jedoch durch den Spott der Unwissenden nicht stärker beunruhigen lassen als davon, wenn Vieh sprechen könnte, denn auch dieses würde, wenn es kurz von den Trögen aufblickte, »über diejenigen lachen, die Staunen und Bewunderung für etwas anderes als ihr Futter empfinden!« Während die meisten Menschen einen engen Blickwinkel auf das Leben haben und in letztlich triviale Beschäftigungen vertieft sind, suchen Philosophen die Weisheit vor allem in der Betrachtung des gesamten Naturschauspiels.

Epiktet verwendet diese Metapher mehrmals, indem er seine stoischen Schüler anweist, den Trubel des Lebens distanzierter zu betrachten, als wäre er lediglich das unvermeidliche Treiben eines gut besuchten Festes, wie die Olympischen Spiele. Niemand beschwert sich über den Lärm oder die drängelnden Menschenmassen, und jeder akzeptiert, dass er irgendwann gehen muss, obwohl er von Natur aus lieber bleiben würde. Epiktet sagt, dass wir das Fest des Lebens mit dieser Einstellung angehen sollten, indem wir uns daran erinnern, dass unser Leben eine »Leihgabe« der Natur ist, und dankbar dafür sind, dass wir darin existieren dürfen, wenn auch nur vorübergehend. Die Stoiker glaubten, dass Zeus die Menschen schuf und ihnen die Gabe des Bewusstseins und der Vernunft gab, eben um das Schauspiel der Natur zu genießen. Das Studium der Naturphilosophie erlaubt uns, unsere Betrachtungen auf ein größeres Feld zu erweitern, um noch mehr von der Schöpfung wahrzunehmen. Es ist unsere Pflicht, Fortschritte auf dem Weg zur Weisheit zu machen und in Übereinstimmung mit unserer Erfahrung der Natur zu leben, denn »Gott hat keinen Bedarf an einem mäkeligen Zuschauer«.

Schlüsselgedanke: Das pythagoreische »Fest« und die »drei Leben«

Die Legende besagt, dass Pythagoras den Begriff »Philosoph« oder Liebhaber der Weisheit prägte, den er angeblich mit dem Gleichnis des menschlichen Lebens als Fest mit vielen Teilnehmern und Besuchern, wie die antiken Olympischen Spiele, erklärte. Es gibt Athleten, die um Ruhm wetteifern, Standbetreiber, die ihre Waren gewinnbringend verkaufen, und Zuschauer, die einfach nur das ganze Treiben um sich herum aufnehmen wollen. Pythagoras sagte, dass dies drei Arten des Lebens veranschauliche:

1. Die Ehrgeizigen (Athleten/Wetteiferer), die öffentliche Anerkennung und Ansehen als höchstes Gut im Leben suchen.
2. Die Gierigen (Händler), die Reichtum und materiellen Gewinn über alles schätzen.
3. Die Philosophen oder »Liebhaber der Weisheit« (Zuschauer), die Wahrheit und Wissen schätzen und versuchen, das Leben in seiner Gesamtheit zu verstehen.

Die Philosophen stehen abseits der Ereignisse und sind nicht »versklavt« vom Wunsch nach Reichtum oder Ansehen, stattdessen freuen sie sich einfach über die Gelegenheit, dem Spektakel beizuwohnen. Epiktet betonte, dass die Weisheit darin bestehe, für das Fest des Lebens dankbar zu sein und gleichzeitig zu akzeptieren, dass es eine Leihgabe an uns ist und unweigerlich enden wird.

Jetzt sind Sie dran: Das Fest des Lebens betrachten

Stellen Sie sich vor, Sie besuchen ein großes Musikfestival wie Glastonbury, ein Sportereignis wie die modernen Olympischen Spiele oder eine belebte Ausstellung in einem Museum oder in einer Kunstgalerie. Stellen

Sie sich dies als Metapher für Ihr Leben vor, in dem Sie Ihren ganz normalen täglichen Aktivitäten nachgehen. Sie sind nur ein Besucher, bald wird alles vorbei und irgendwann sogar das ganze Gelände geräumt sein. Betrachten Sie Ihr Ticket als ein Geschenk. Sehen Sie es als Ihr Privileg an, hier zu sein, auch wenn es nur ein paar Tage dauert. Nichts davon gehört Ihnen wirklich, die ganze Erfahrung ist zeitlich begrenzt und nur eine Leihgabe.

Ihre Aufgabe ist es, alles so richtig in sich aufzusaugen und die Gelegenheit wirklich zu schätzen. Betrachten Sie das ganze Spektakel, das sich um Sie herum abspielt, auf eine distanzierte und philosophische Weise, als sähen Sie alles zum ersten Mal. Die meisten Menschen sind vielleicht damit beschäftigt, nach Reichtum oder Ansehen zu streben oder sich sinnleeren Vergnügungen hinzugeben. Wenn sie gelegentlich ungehobelt sind oder Ihnen in die Quere kommen, ist das unvermeidlich – es ist nur ein Teil des natürlichen Treibens und der Hektik. Jetzt, wo Sie hier sind, hat es keinen Sinn, sich zu beschweren, wenn Ihnen das Programm der Veranstaltung nicht gefällt – seien Sie kein missgünstiger oder »mäkeliger« Zuschauer. Seien Sie einfach da, wo Sie sind, und nehmen Sie jeden Augenblick so, wie er kommt. Gerade jetzt, in diesem Moment, ist das alles, was es gibt. Kurz gesagt: Treten Sie aus dem Hamsterrad und beginnen Sie, das Leben wirklich wahrzunehmen und für das Hier und Jetzt dankbar zu sein.

Merke: Die stoische Physik als kontemplative Meditation

Chrysipp sagte, dass die stoische Physik oder Naturphilosophie hauptsächlich studiert wurde, um in der Ethik voranzukommen. Deren Ziel war, den eigenen Charakter durch die Erlangung der Tugend umzuwandeln. Obwohl das Studium der Natur manchmal die Form von primitiven philosophischen und wissenschaftlichen Spekulationen annahm, gipfelte es auch in kontemplativen Übungen, die unsere Perspektive auf das Leben verändern. »Das Ziel der Physik als spirituelle Übung war, die menschliche Existenz innerhalb der Unendlichkeit von Zeit und Raum und der Perspektive der großen Naturgesetze zu verorten.« (Hadot, 1995, S. 244) Die Stoiker sahen darin mächtige therapeutische Konsequenzen, die mit der Disziplin des Verlangens zusammenhingen. So schrieb Mark Aurel: »Betrachtungen dieser Art reinigen dich vom Schmutz des irdischen Lebens.« (*Selbstbetrachtungen*, 7.47)

Die philosophische Betrachtung der Natur kann zahlreiche Formen annehmen, einschließlich der Betrachtung der Erde von einer höheren Warte aus oder sogar der Betrachtung des *gesamten* Raums und der Zeit als eine riesengroße Vision. Die stoische Physik wurde als Mittel zur Überwindung ungesunder Ängste, insbesondere vor dem Tod, und zur Beherrschung übermäßiger Begierden eingesetzt, indem Materielles und das Ansehen als vergänglich und letztlich unbedeutend angesehen wurden.

Der »Blick von oben« und »kosmisches Bewusstsein«

Zenons verloren gegangenes Buch mit dem Titel *Über das Ganze* legte vermutlich die Konzeption des Universums dar, auf der die frühe stoische Physik beruhte. Wie bereits erwähnt, gipfelte die antike Naturphilosophie oft in psychologischen Übungen, mit ethischen und therapeutischen Implikationen. Insbesondere die Betrachtung der Natur als Ganzes oder in einem großen Maßstab wurde oft als eine mächtige, transformative Übung beschrieben. Wir sprechen auch heute noch davon, etwas »auf lange Sicht« zu betrachten, die »Vogelperspektive« einzunehmen, »das große Ganze« zu beachten und zu überlegen, wie Ereignisse in »den großen Plan« passen und so weiter.

Hadot prägte den Begriff »der Blick von oben«, um eine der häufigsten dieser Meditationen zu beschreiben. Seiner Ansicht nach beginnt die stoische Physik als kontemplative Praxis mit »einer Übung, die darin besteht, sich selbst als Teil des Ganzen zu erkennen, sich zum kosmischen Bewusstsein zu erheben oder in die Gesamtheit des

Kosmos einzutauchen« und »um dies zu erreichen, müssen wir die imaginative Übung praktizieren, die darin besteht, alles Menschliche von oben zu sehen« (Hadot, 2002, S. 136).

Der »Blick von oben« erscheint neben der Meditation über den Tod und die Kontemplation des Weisen als grundlegend für die gesamte Praxis der stoischen Philosophie, weil er viele wichtige Themen in einem einzigen Bild zusammenfasst. Shaftesbury war der Meinung, dass wir »tief in dieser Vorstellung« des gesamten Kosmos und der Geschichte des Universums versenkt sein sollten, andernfalls seien wir wie Kinder, die ganz in das Spiel mit ihren Spielsachen vertieft sind und ihre wirkliche Umgebung nicht wahrnehmen (Shaftesbury, 2005, S. 19). Menschliche Angelegenheiten im Allgemeinen und unser Unglück im Besonderen würden aus dieser Perspektive zwangsläufig trivialer erscheinen, fügt er hinzu.

Der Neostoiker Justus Lipsius aus der Zeit der Renaissance beschrieb den »Blick von oben« als eine Visualisierungsübung, bei der man sich die Welt so vorstellt, als würde man sie von der Spitze des Olymps aus betrachten. Vielleicht hat sie ihren Ursprung in der frühen Vorstellung, dass Zeus auf diese Weise auf das Leben der Sterblichen herabschaut. Einige der anschaulichsten Beschreibungen dieser Übung finden sich in den *Selbstbetrachtungen* von Mark Aurel. Er ermahnt sich selbst immer wieder, sich daran zu erinnern, dass er, wenn er sich vorstellt, vom Himmel aus auf die menschlichen Angelegenheiten hinabzublicken, dann natürlich auch im *moralischen* Sinne auf sie »hinabblickt«, also mit höchster Gleichgültigkeit. Wenn er sich die Weite des Himmels und die Vielzahl der Sterne in einem einzigen Bild vorstellt, das er »mit einem Blick« erfassen kann, erscheinen alle Dinge ähnlich belanglos: »alles gleichartig, alles flüchtig« (*Selbstbetrachtungen*, 12.24). Mark Aurel scheint diese Sprüche Platon zuzuschreiben, auch wenn sie in dessen überlieferten Werken nicht vorkommen:

> Beobachte die Sterne in ihrem Lauf als einer, der neben ihnen herläuft, und denke ständig über die wechselseitigen Veränderungen der Elemen-

te nach, denn Betrachtungen dieser Art reinigen dich vom Schmutz des irdischen Lebens.

Dieser Spruch von Platon ist wunderschön. Wer über die Menschen sprechen will, sollte wie von einem hohen Wachturm aus die Dinge der Erde überblicken: ihre Versammlungen im Frieden und im Krieg, Ehen und Trennungen, Geburten und Todesfälle, den Lärm der Gerichtsverhandlungen und die Stille der Wüste, fremde Völker jeder Art, ihre Feste und Trauer und Märkte, das Durcheinander von allem und die harmonische Ordnung der Gegensätze.

Betrachte die Vergangenheit und die großen Veränderungen so vieler Reiche. Du kannst auch nach vorn schauen und die Zukunft vorhersehen. Denn sie wird ganz sicher den gleichen Charakter haben und kann nicht anders, als den Rhythmus der bestehenden Dinge fortzusetzen. Folglich ist es einerlei, ob wir das menschliche Leben 40 oder 10.000 Jahre lang beobachten. Denn was soll man mehr sehen? (*Selbstbetrachtungen*, 7.47–49)

Der »Blick von oben« und die Kontemplation der Vergänglichkeit führen auf natürliche Weise zu einer umfassenderen Perspektive, die als »Blickwinkel des Kosmos« oder »kosmisches Bewusstsein« bezeichnet wurde. Diese »kosmische Perspektive« hatte vielleicht eine etwas komplexere und metaphysischere Theologie zur Grundlage, in der Zeus überall ist und alles in einer großen, einheitlichen Vision sieht. Mark Aurel fasst dies treffend zusammen und behandelt es als regelmäßige kontemplative Übung: »Stelle dir ständig Zeit und Raum als Ganzes vor, und denke daran, dass jedes einzelne Ding im Vergleich mit dem Universum ein winziges Samenkorn und in Bezug auf die unendliche Zeit der kurze Augenblick ist, in dem man einen Bohrer dreht.« (*Selbstbetrachtungen*, 10.17)

Es ist klar, dass die Stoiker dies als eine Psychotherapie der Leidenschaften einsetzten. Mark Aurel sagt zum Beispiel, dass wir die Fähigkeit haben, uns von vielen unnötigen Sorgen zu befreien, die nur in unserer Einbildung existieren, wenn wir uns einfach in einen erweiterten Raum versetzen, »das ganze Universum in deinem Geist umfassen und in deine Überlegungen die ewige Zeit einschließen«

und wenn wir die Vergänglichkeit aller Dinge, einschließlich unseres eigenen Lebens, betrachten (*Selbstbetrachtungen*, 9.32).

Eine der bemerkenswertesten Beschreibungen solcher kontemplativen Übungen findet sich in den Schriften von Plotin, der Aspekte des Stoizismus in seine spätere neuplatonische Philosophie einfließen ließ. Er sagt, wir sollten vor unserem geistigen Auge das Bild einer *Glaskugel* entstehen lassen, die das gesamte Universum und alle Lebewesen enthält, wie eine Art kosmische Schneekugel. »Wir sollten uns ein geistiges Bild von diesem Universum machen«, sagt er, »und uns das leuchtende Abbild einer Kugel vorstellen, die die gesamte Schöpfung umschließt«, wobei jeder Teil als eigenständig angedacht wird und dennoch eine Einheit bildet. So sollten wir uns in einer einzigen Vision alle Sterne des Kosmos, unsere Sonne, die Erde, das Land und das Meer und alle Lebewesen vorstellen, »so wie sie in einem durchsichtigen Globus zu sehen wären« (*Enneaden*, 5.8).

Es gibt ein weiteres eindrucksvolles Beispiel für eine ähnliche Übung in einem alten Text der sogenannten griechischen »hermetischen« Tradition, die vom Neuplatonismus beeinflusst wurde, und es lohnt sich, diesen zu zitieren.

> Denke über Gott in einer Weise nach, als trage er in Form von Ideen alles in sich: den Kosmos, sich selbst, das Ganze. Wenn du dich nicht mit Gott gleichmachst, kannst du ihn nicht verstehen. Gleiches versteht Gleiches. Wachse zu unermesslicher Größe. Sei frei von jedermann, bewege dich durch alle Zeit. Werde zur Ewigkeit, und so wirst du Gott verstehen. Halte nichts für unmöglich für dich. Halte dich für unsterblich und für fähig, alles zu verstehen: alle Künste, Wissenschaften und die Natur jedes Lebewesens. Werde höher als alle Höhen und tiefer als alle Tiefen. Empfinde in dir die gesamte Schöpfung als eins: Feuer, Wasser, das Trockene und das Feuchte. Begreife dich als an allen Orten gleichzeitig seiend: auf der Erde, im Meer, im Himmel; dass du noch nicht geboren bist, dass du im Mutterleib bist, dass du jung, alt, tot bist; dass du jenseits des Todes bist. Begreife alle Dinge auf einmal: Zeiten, Orte, Taten, Qualitäten und Quantitäten; dann kannst du Gott begreifen. (*Corpus Hermeticum*, 11.18-22)

Den Geist auf diese Weise zu dehnen und das Bewusstsein zu erweitern, ist mit der Tugend der »Großmut« verbunden, der Fähigkeit, mit Gleichgültigkeit auf die Dinge hinabzublicken, die Menschen fälschlicherweise schätzen, wie Reichtum, Besitz und sozialen Status.

Schlüsselgedanke: »Der Blick von oben« und »kosmisches Bewusstsein«

Hadot prägte den Namen »der Blick von oben« für eine der wichtigsten stoischen psychologischen Übungen, bei der es darum geht, die Welt so zu visualisieren, als würde man sie von hoch oben sehen – man könnte es die »olympische Perspektive« nennen. Es gibt viele Variationen dieser zweifellos sehr alten Übung, die in der gesamten klassischen Literatur und in allen philosophischen Schulen auftaucht. Die Welt von oben zu betrachten, bedeutet, die Perspektive der Naturphilosophie einzunehmen, indem man versucht, die Schöpfung, das physische Universum, auf eine distanzierte Weise zu betrachten. Eine eng damit verwandte Übung bestand darin, sich den gesamten Raum und die Zeit wie aus der Perspektive Gottes oder der Ewigkeit vorzustellen – dies wäre die »kosmische Perspektive«.

Hierbei handelt es sich um eine wahrhaft *kosmologische* Meditation, über die gesamte Natur als eine Einheit. Für die Stoiker als Pantheisten ist dies gleichbedeutend damit, einen kleinen Eindruck von Zeus' Perspektive und von seiner tiefen Gelassenheit, Großmut und Leidensfreiheit zu bekommen. Diese Übung verbindet also Naturphilosophie, Theologie und Psychotherapie: »Höre niemals auf, den Kosmos als ein einziges Geschöpf zu betrachten, das eine einzige Substanz und einen einzigen Geist besitzt«, sagt Mark Aurel, der damit das Konzept als eine Art psychologische Übung behandelt (*Selbstbetrachtungen*, 4.40). Selbst wenn wir es heute nur als Metapher oder »Gedankenexperiment« ansehen, können wir von seinem Rat profitieren.

Jetzt sind Sie dran: Den »Blick von oben« und die »kosmische Perspektive« einnehmen

Jetzt geht es richtig zur Sache … Nehmen Sie sich zunächst einen Moment Zeit, schließen Sie die Augen und entspannen Sie sich, denn diese Kontemplation kann etwas Geduld und Mühe erfordern, sollte aber regelmäßig ausgeführt werden:

1. Stellen Sie sich vor, wie Sie Ihren Körper verlassen und immer höher nach oben steigen, während Sie auf sich selbst und die Dinge um Sie herum hinunterschauen.
2. Als Erstes stellen Sie sich vor, wie Sie aktuell von außen betrachtet aussehen.
3. Steigen Sie nun höher und stellen Sie sich Ihre Umgebung vor, wie von oben gesehen – wenn Sie sich in einem Raum befinden, stellen Sie sich einfach vor, dass die Decke verschwindet, sodass Sie die Dinge von oben überblicken können!
4. Steigen Sie nun noch höher hinauf und stellen Sie sich vor, dass Sie auf die Stadt, in der Sie sich befinden, hinunterblicken, als ob Sie sie von hoch oben sehen würden; betrachten Sie, wie viele verschiedene Menschen sich dort befinden, die alle möglichen verschiedenen Dinge tun.
5. Steigen Sie noch höher hinauf und stellen Sie sich das ganze Land vor, in dem Sie sich befinden, sowie das Land oder das Meer, das es umgibt; Sehen Sie sich an, wie unterschiedlich dicht die Gebiete bevölkert sind, und machen Sie sich die Vielfalt der Dinge, die unten vor sich gehen, bewusst.
6. Stellen Sie sich nun vor, in den Himmel aufzusteigen, und betrachten Sie den gesamten Planeten Erde wie aus dem Weltraum; Sie sehen die Polkappen, den Norden und den Süden, und das Land und die Ozeane dazwischen.
7. Erinnern Sie sich daran, dass Ihr Körper dort unten lebt, nur ein winziger Bewohner eines riesigen und vielfältigen Planeten, aber machen Sie sich klar, dass Ihr Geist in der Lage ist, das Konzept der gesamten Natur zu erfassen. Denken Sie an die Vergänglichkeit und Wechsel-

wirkung aller materiellen Dinge und stellen Sie sich *alle* Dinge zusammen als *eine* Sache vor, als Teile desselben Ganzen.

8. Seien Sie sich bewusst, dass Ihr Leben ein Teil des gesamten Netzwerks der Ereignisse auf der Erde unter Ihnen ist. Sie sind nur einer von über sieben Milliarden Menschen.

Versuchen Sie mit der Zeit, Ihre Perspektive zu erweitern, um die gesamte Zeit und den gesamten Raum aus einer eher »kosmologischen Perspektive« zu betrachten. Wenn Sie mögen, versuchen Sie, eine Glaskugel zu visualisieren, in der das gesamte Universum enthalten ist, wie Plotin es beschreibt, oder experimentieren Sie mit anderen Variationen. Was erscheint trivial? Was erscheint wichtig? Wie hängt diese Übung mit der stoischen Philosophie zusammen, über die Sie gelesen haben? Versuchen Sie, sich einzuprägen, was Ihnen diese Kontemplation über das Leben sagt, vielleicht indem Sie anschließend kurz einige Gedanken dazu aufschreiben.

Merke: Sie können nicht das ganze Universum visualisieren

Manche Leute meinen, es sei schwierig, sich die Gesamtheit von Raum und Zeit vorzustellen! Das stimmt sicherlich. Wenn wir jedoch darüber sprechen können, können wir auch über die Bedeutung nachdenken, und mehr ist gar nicht nötig. Sie können einfach intensiver über die abstrakte Idee nachdenken oder sich einzelne Bildausschnitte vorstellen, die Ihnen dennoch helfen, die Gesamtheit der Natur auf diese Weise zu betrachten. Alternativ können Sie sich die Natur auch schematisch vorstellen, indem Sie ein Diagramm zeichnen oder visualisieren, vielleicht sogar etwas so Einfaches wie einen Kreis mit einem winzigen Punkt in der Mitte, um die gesamte Natur als eine einzige Einheit darzustellen und darin den verschwindend kleinen Teil von Raum und Zeit, den Ihr Körper gerade einnimmt.

Die Betrachtung von Vergänglichkeit und »ewiger Wiederkehr«

Epiktets überlieferte *Unterredungen* drehen sich kaum um Physik, aber selbst er rät seinen Schülern, sich von Zeit zu Zeit daran zu erinnern, dass das Universum ein gemeinsames großes Ganzes ist, das sich ständig verändert, wie die Naturphilosophen es lehrten. Das führt unweigerlich dazu, über die Vergänglichkeit des eigenen Lebens nachzudenken.

> Ich bin nicht unsterblich, sondern ein Mensch; ein Teil des Ganzen, wie eine Stunde ein Teil des Tages ist. Wie eine Stunde muss ich beginnen und, wie eine Stunde, vergehen. (*Unterredungen*, 2.5)

Veränderung ist das universelle Gesetz der Natur. Wir selbst verändern uns ständig, verfallen in gewisser Hinsicht und arbeiten uns allmählich gemeinsam mit dem gesamten Kosmos bis zu unserer Auslöschung vor. Epiktet lehrte, dass wir, wenn wir uns als entfremdet oder losgelöst vom Rest des Universums betrachten, dazu neigen, unsere Sterblichkeit zu vergessen. Indem wir uns jedoch daran erinnern, dass wir Teil einer gewaltigen Abfolge miteinander verflochtener Ursachen sind, werden wir an unsere Anfälligkeit für Faktoren außerhalb unserer Kontrolle erinnert, die den Körper zerstören können. Diese Perspektive lehrt Demut. Epiktet meint, dass wir, wenn wir uns von der Natur abspalten und uns einer Art Wahnvorstellung von Unabhängigkeit hingeben, wider unsere eigene Natur handeln und damit keine wahren menschlichen Wesen mehr sind.

Wie wir gesehen haben, trainierte Mark Aurel seinen Verstand ebenfalls durch die Naturphilosophie, das Nachdenken über die Vergänglichkeit materieller Dinge und die Verwandlung aller Dinge ineinander, denn »nichts trägt in ähnlicher Weise zur Entwicklung des Geistes bei« (*Selbstbetrachtungen*, 10.11). Ihm zufolge reduzieren wir dadurch unsere Bindung an unseren Körper und beseitigen unsere Angst und unser Verlangen nach äußeren Dingen. Das ermöglicht uns, unsere eigenen Handlungen tugendhafter zu gestalten und zu akzeptieren, was auch immer das Schicksal uns zukommen lässt. Mark Aurel erinnert sich daher an Heraklits berühmte Metapher von der Zeit als einem Fluss, in dem alles Materielle dahinfließt und der sich ständig verändert.

> Denke oft über die Geschwindigkeit nach, mit der Dinge, die existieren oder gerade entstehen, an uns vorbeiziehen und dann aus unserem Blickfeld verschwinden. Denn alles Stoffliche ist wie ein Strom in unaufhörlichem Fluss, seine Wirkungen verändern sich ständig und seine Ursachen sind zahllosen Schwankungen unterworfen, und kaum etwas hat Bestand. Die endlose Vergangenheit und der gähnende Abgrund der Zukunft, in denen alle Dinge verschwinden, sind unsere ständigen Wegbegleiter. Und handelt nicht derjenige unvernünftig, der sich unter solchen Umständen stolz in die Brust wirft, oder abgelenkt ist, oder sich ärgert, als wären seine kleinen Probleme von Dauer oder folgenschwer?
> (*Selbstbetrachtungen*, 5.23)

Seneca fügt hinzu, dass es aus der Perspektive der Ewigkeit keinen Unterschied macht, ob uns Menschen ein eher kurzes oder langes Leben vergönnt ist, wenn wir versuchen, die Anzahl unserer Lebensjahre mit der Anzahl der Jahre vor und nach unserem Leben zu vergleichen, in denen wir nicht existieren.

> Alles Menschliche ist zu einem kurzen, vergänglichen Leben verdammt, und in der Unendlichkeit der Zeit nimmt es überhaupt keinen Platz ein. Wenn wir den Maßstab des Universums anlegen, mutet diese Erde mit all ihren Städten und Völkern, ihren Flüssen und dem das Land umgebenden Meer wie ein Stecknadelkopf an: Wenn wir es mit der Unendlichkeit der Zeit vergleichen, nimmt unser Leben weniger Raum ein als ein Stecknadelkopf, denn die Ewigkeit ist unendlich größer als die Welt, die sich im Laufe der Zeit so ständig erneuert. (Seneca, *Trostschrift an Marcia*, 21)

Gesundheit, Reichtum und Ansehen scheinen letztlich von nur geringer Bedeutung zu sein, wenn wir uns vor Augen halten, welch verschwindend geringen Raum sie im kosmischen Zeitfluss einnehmen. Die Stoiker waren jedoch auch der Überzeugung, dass Tugend und *eudaimonia* von zeitlosem Wert seien und dass dieser nicht dadurch geschmälert werde, dass sie von kurzer Dauer sind. Ein Akt beispielhafter Weisheit und Tapferkeit ist in seinem Wesen gut, auch wenn er nur den Bruchteil einer Sekunde andauert. Schmerz, der einen Sekundenbruchteil lang währt, dürfte von den meisten Menschen als eher unbedeutend angesehen werden.

Man glaubte auch daran, dass die Kontemplation der stoischen Physik die »Homogenität« oder Eintönigkeit aller Dinge und deren ständige Wiederholung offenbaren werde. Für den Weisen gibt es nichts Neues unter der Sonne. Seneca zitiert den antiken Spruch von Heraklit: »Ein Tag ist wie der andere« (*Briefe an Lucilius*, 12).

> Wer die Gegenwart gesehen hat, hat alles gesehen: alles, was jemals geschehen ist, und alles, was jemals geschehen wird, denn alles ist von derselben Natur und Form. (*Selbstbetrachtungen*, 6.37)

Die stoische Physik geht davon aus, dass das Universum in seinen physikalischen Eigenschaften unendlich vielfältig ist und sich ständig verändert. Aus einer *anderen* Perspektive jedoch bleibt das, was im Leben am wichtigsten ist, absolut beständig. Dabei handelt es sich um die Perspektive der stoischen Ethik und der Disziplin des Handelns, für die alle Tugenden eins sind und alle äußeren Ereignisse in Bezug auf das gute Leben gleichsam (absolut) gleichgültig, wortwörtlich »nicht anders« sind als die anderen. Trotz ihrer scheinbaren Unterschiede stehen unzählige Generationen, die vor uns existierten oder nach uns existieren werden, allesamt vor genau der gleichen grundlegenden Herausforderung: gut zu werden, indem sie zu ihrer ureigenen Natur finden und in Übereinstimmung mit ihr gedeihen.

Obwohl die meisten Menschen von der scheinbaren Vielfalt des Lebens überwältigt sind, stellt uns jeder einzelne Moment, den wir durchleben, im Grunde genommen vor das gleiche moralische Dilemma, wenn auch in unterschiedlicher Gestalt. Wir springen von einem äußeren Einfluss zum nächsten, aber die eigentliche Frage, mit der wir ständig konfrontiert werden, ist schlicht die, ob wir unsere positive Energie für innere oder äußere Dinge einsetzen, für etwas, das wir beeinflussen können, oder für etwas, das nicht in unserer Macht liegt.

> Jedes Mal, wenn dein Geist auf diese Weise erweitert ist und du die Angelegenheiten der Menschen von oben betrachtest, wirst du das Gleiche sehen: Eintönigkeit und Schnelllebigkeit. Man stelle sich vor – das ist es, womit die Menschen prahlen! (*Selbstbetrachtungen*, 12.24)

Der stoische Weise bleibt daher stets konsequent und wird auch durch sich ändernde Umstände nicht erschüttert. Er erkennt, dass der Körper zwar *zahllose* Dinge verlangt, der Geist aber nur die Tugend benötigt, die im Grunde in jeder Situation dieselbe ist. Das Verstehen dieser verborgenen »Gleichheit« ist daher eine weitere Route, auf der die stoische Physik zur Disziplin des Verlangens und zu größerem Edelmut führt.

Doch die Stoiker betrachteten die Zeit noch aus einem weiteren und eher verworreneren Blickwinkel, den sie vielleicht von früheren Philosophen übernommen hatten. Sie glaubten daran, dass das Universum eines Tages in einer »großen Feuersbrunst«, einer gewaltigen Explosion oder einem Feuer, zerstört werden würde. Sie glaubten aber auch, dass es in der gleichen Form wieder neu entstehen würde und dass sich dieser Zyklus daher bis in alle Ewigkeit wiederholen würde. Aufgrund ihres Glaubens an den kausalen Determinismus nahmen sie vermutlich an, dass die gesamte Kette von Ereignissen jedes Mal völlig *identisch* sein würde.

Es ist nicht belegt, ob die Stoiker das Konzept der »ewigen Wiederkehr« tatsächlich als psychologische Übung verwendeten oder nicht. Im 19. Jahrhundert jedoch nutzte Nietzsche es dazu, das zu entwickeln, was er *amor fati* nannte. Gemäß der Theorie der ewigen

Wiederkehr sind alle Einzelereignisse zwar für sich allein winzig und vergänglich, aus kosmologischer Perspektive betrachtet jedoch auch zeitlos, in dem eigentümlichen Sinne, dass sie sich unendlich oft wiederholen, wenngleich auch nur ein einziges Mal in jedem Zyklus des Universums. Jeder einzelne Moment Ihres Lebens ist also paradoxerweise sowohl ewig als auch vergänglich. Das ist wahrhaftig ein verblüffendes Konzept! Vielleicht haben Sie dieses Buch schon unzählige Milliarden Male gelesen und dabei die gleichen Gedanken und Gefühle gehabt, und werden dies auch weiterhin tun, immer und immer wieder, bis in alle Ewigkeit …

Schlüsselgedanke: »Alles fließt« und die »ewige Wiederkehr«

Die Lehre von der »Vergänglichkeit« ist vielen modernen Menschen als einer der Eckpfeiler der buddhistischen Philosophie bekannt. Doch mehr als 500 Jahre bevor die frühesten buddhistischen Schriften geschrieben wurden, stellte der rätselhafte, vorsokratische Philosoph Heraklit eine populäre Theorie auf, die er *panta rhei,* »alles fließt« nannte. Heraklit führte aus, dass nichts im Leben Bestand hat, was er mit der bekannten Metapher des Flusses veranschaulichte: »Es ist nicht möglich, zweimal in denselben Fluss zu steigen, weil sich immer neue Wasser in ihn ergießen.«

Diese Idee wurde durch die Dialoge von Platon sehr populär und die stoische Physik wurde offenbar von Heraklits Naturphilosophie beeinflusst. Mark Aurel spielt in den *Selbstbetrachtungen* auf dessen Theorien an und erwähnt ihn neben Sokrates, Diogenes und Pythagoras als weiteren großen Philosophen (*Selbstbetrachtungen*, 6.47; 8.3). Für die Stoiker ist die Lehre, dass »alles fließt«, bedeutend, da sie als Teil der »Disziplin des Verlangens« den psychologischen Effekt hat, die wahrgenommene Bedeutung äußerer Einflüsse und unsere Bindung an sie (oder die ihnen entgegengebrachte Abneigung) zu reduzieren.

Die Stoiker waren der Überzeugung, dass die Seele nicht unsterblich, sondern körperlich und damit vergänglich sei. Wie können wir uns also mit unserer eigenen Sterblichkeit arrangieren? Sie hatten eine seltsame Theorie, die darauf eine Antwort bietet und die auch weitere Philosophen, insbesondere Friedrich Nietzsche, angesprochen hat. Die Theorie der »ewigen Wiederkehr« besagt, dass das Universum in einer unendlichen Anzahl von Zyklen in absolut gleichbleibender Form neu erschaffen wird, in einer kosmischen Feuersbrunst beginnend und endend. Nietzsche ging davon aus, dass das Universum aus dem Nichts entstanden ist und dass alle Dinge durch die Naturgesetze bestimmt sind. Irgendwann wird das Universum ins Nichts zurückkehren, anschließend wird dieser Ansicht nach der ganze Zyklus von vorn beginnen und exakt denselben Verlauf nehmen. Es ist nicht belegt, ob die Stoiker genau das meinten. Vielleicht aber hatte Nietzsche recht damit, dies als eine psychologisch sehr kraftvolle Idee anzusehen. Vielleicht müssen wir gar nicht unsterblich sein, solange wir *wiederkehren* können?

Jetzt sind Sie dran: Kontemplation der Endlosigkeit der Zeit und der ewigen Wiederkehr

Dies ist ein weiterer wichtiger Punkt … Auch hier sollten Sie sich wieder Zeit nehmen, kommen Sie zur Ruhe, schließen Sie die Augen, machen Sie es sich gemütlich und bereiten Sie sich geistig vor, bevor Sie beginnen.

1. Richten Sie Ihr Augenmerk auf das, was Sie gerade hier und jetzt tun, und werden Sie sich so Ihrer Handlungen im gegenwärtigen Moment bewusst.
2. Erweitern Sie nun allmählich Ihren Horizont bezüglich der Zeit und werden Sie sich der Geringfügigkeit des gegenwärtigen Augenblicks, jeder vergehenden Sekunde im Rahmen der Gesamtdauer Ihres gesamten wachen Tages bewusst – wenn es Ihnen hilft, beobachten Sie den Sekundenzeiger einer Uhr und erinnern Sie sich daran, dass jeder Tag 86.400 Sekunden hat!
3. Vergleichen Sie nun den gegenwärtigen Augenblick mit Ihrer gesamten Lebensspanne, mit den Jahren, die hinter Ihnen und vor Ihnen

liegen, und wie diesen wenigen Sekunden zahllose Millionen und Abermillionen von Augenblicken vorausgehen oder folgen, die alle unterschiedlich und doch alle gleich sind.

4. Reflektieren Sie nun über Ihr eigenes Leben als eines unter vielen, dem die Leben von vielen Milliarden anderer Menschen vorausgehen und folgen; denken Sie daran, wie viele berühmte oder wichtige Menschen vor Ihnen gelebt haben und gestorben sind (»Wo sind sie jetzt?«) und noch lange nach Ihnen leben und sterben werden.
5. Erweitern Sie nun erneut Ihren Horizont und denken Sie über die gesamte Geschichte der menschlichen Gattung nach, als Teil der Naturgeschichte des Planeten Erde, und darüber, wie winzig die Menschheitsgeschichte im Vergleich zur Lebensspanne unseres Planeten ist. Menschen, wie wir sie heute kennen, gibt es erst seit ein paar Hunderttausenden Jahren, aber tierisches Leben existiert seit mehreren Milliarden Jahren auf der Erde.
6. Denken Sie nun über die gesamte Geschichte des Planeten Erde selbst nach – wie er aus den Trümmern eines explodierenden Sterns vor unzähligen Milliarden Jahren geboren wurde und eines Tages von den Feuern unserer eigenen Sonne verzehrt werden wird, und betrachten Sie Ihren eigenen Platz, genau jetzt, innerhalb dieser gewaltigen kosmischen Epoche.
7. Betrachten Sie schließlich die Geschichte des Kosmos in ihrer allumfassenden Gesamtheit. Machen Sie sich bewusst, welch unendlich kleiner Teil im riesigen Fluss der Zeit der gegenwärtige Augenblick ist, eine kaum wahrnehmbare Drehung einer Schraube in einer unbegreiflich langen kosmischen Ära. Halten Sie sich die Vergänglichkeit aller Dinge einschließlich Ihres eigenen Lebens vor Augen, und betrachten Sie *alle* Dinge, die im Laufe der Zeit geschehen, als *eine* gemeinsame Sache, als Teile eines einzigen Wandteppichs, Fäden, die eng miteinander verwoben sind und die Geschichte des Kosmos in seiner Gänze bilden.

Wenn Sie möchten, versuchen Sie im Anschluss, sich vorzustellen, dass das gesamte Universum eines Tages zerstört werden und wie ein Phönix in genau derselben Form wieder auferstehen wird, und dies unendlich viele Male. Jeder Moment Ihres Lebens hat sich also schon unendlich oft wiederholt und wird sich auch in Zukunft unendlich oft wiederholen. Versuchen Sie, sich jeden Moment gleichsam als vergänglich und doch zeitlos vorzustellen. Es ist nicht wichtig, was geschieht, sondern wie Sie darauf reagieren. Versuchen Sie, auch aus dieser Übung etwas mitzunehmen, an das Sie sich erinnern können. Denken Sie weiter darüber nach und verknüpfen Sie diese Meditation mit Ihren stoischen Studien.

Merke: Es geht um »Großmut« und nicht darum, alles zu bagatellisieren

Manche Menschen werden anmerken, dass sie sich durch diese Übungen auf eine demoralisierende Art und Weise winzig und unbedeutend fühlen. Epiktet reagierte auf genau diese Kritik, indem er seine Schüler lehrte, dass unser Körper zwar in der Tat ein sehr geringer und vergänglicher Teil des physischen Universums ist, wir aber paradoxerweise in Bezug auf unser Bewusstsein, das die Weite der Natur umfassen kann, den Göttern gleichgestellt sind. Als Pantheisten nahmen die Stoiker an, dass die Betrachtung der gesamten Existenz gleichbedeutend damit ist, die Perspektive des Zeus einzunehmen, der auf ewig seine eigene Schöpfung betrachtet. So kann diese Übung als ein Mittel gesehen werden, Zeus nachzuahmen und ebenso die gottgleiche Perspektive des idealen stoischen Weisen zu imitieren.

Seneca führt aus, dass, da das einzig wahre Gute vollständig in unserem Verstand – unserer »dominanten Fähigkeit« oder unserem Bewusstsein – liegt, wir nach besten Kräften versuchen sollten, diesen Teil von uns weiterzuentwickeln, da wir uns hierdurch über individuelle äußere Einflüsse »erheben« und die ihnen beigemessene Bedeutung abschwächen. Wir werden »größer als« die Ereignisse, die die meisten Menschen beunruhigen. Die Stoiker meinten, dass eine solche »Großmut« – oder Größe der Seele – ein wesentliches Merkmal aller wahren Tugend ist.

Die Angelegenheiten der Menschen erscheinen klein und weit weg, was es leichter macht, ihnen gegenüber eine Haltung stoischer Gleichgültigkeit einzunehmen.

Das häufige Wiederholen dieser Übungen zum Perspektivwechsel kann Ihnen dabei helfen, Ihre Emotionen und Bedürfnisse zu steuern, ein Stückchen Gelassenheit zu erlangen und, wenn auch in kleinen Schritten, dem hehren Ziel der stoischen *eudaimonia* näherzukommen.

Fazit

Die wichtigsten Punkte, die Sie sich aus diesem Kapitel merken sollten, sind:

* Die Stoiker glaubten, dass wir unseren Geist durch Naturphilosophie oder das Studium der Physik erweitern können, wenn wir es als kontemplative Übung angehen.
* Der »Blick von oben« und die Metapher des »Festes« wurden von den Stoikern genutzt, um die Perspektive auf das Leben zu verändern und sich darin zu üben, Ereignisse mit größerem Abstand und größerer Großmut zu betrachten.
* Die »Physik« oder Naturphilosophie war die Grundlage einer Reihe von kontemplativen Übungen, die von den Stoikern zur psychologischen und moralischen Transformation als Teil der »Disziplin des Verlangens« eingesetzt wurden.

Next Step

Im letzten Kapitel werden wir uns mit der stoischen Betrachtung des Todes befassen, die ganz natürlich auf den »Blick von oben« folgt. Ich denke jedoch, dass es nun angebracht ist, kurz innezuhalten und an die folgenden, großartigen Worte von Spinoza zu erinnern:

Auch wenn der von mir aufgezeigte Weg dorthin sehr schwierig erscheinen mag, so kann er doch entdeckt werden.
Und offenkundig muss er schwierig sein, da er so selten angetroffen wird.
Denn wenn die Erlösung in greifbarer Nähe wäre und ohne Mühsal gefunden werden könnte, wie wäre es dann möglich, dass sie von fast allen vernachlässigt wird?
Aber alles Erhabene ist ebenso schwer, wie es selten ist.
(Spinoza, *Ethica*, 5.42n)

11

Das stoische Nachsinnen über den Tod

In diesem Kapitel erfahren Sie:

- mehr über das antike Konzept des »guten Todes« und was es bedeutet, eine stoische oder philosophische Einstellung zum eigenen Ableben zu haben
- wie man die psychologische Übung praktiziert, die verschiedenen philosophischen Schulen gemeinsam ist und die Sokrates die »Meditation über den Tod« (*melete thanatou*) nannte
- wie die Beschäftigung mit dem Tod das Leben verändern kann, indem sie uns hilft, das »Hier und Jetzt« zu schätzen
- was die Stoiker mit der Aussage meinten, dass Leben und Tod »gleichgültig« für die Menschen seien, und wie sie sich darin schulten, diese Ansicht zu verinnerlichen

Bedenke, dass den Verstorbenen keine Übel plagen, dass die Erzählungen, die die Unterwelt als Ort des Schreckens darstellen, nur Märchen sind, dass den Toten keine Finsternis droht, kein Gefängnis, keine Feuerströme, kein Fluss der Vergessenheit, keine Gerichtsverhandlungen, keine Sünder, die sich für ihre Verbrechen verantworten, oder Tyrannen, die ein zweites Mal in jener Freiheit leben, der es an Fesseln mangelt: das sind die Einbildungen der Dichter, die uns mit grundlosen Ängsten gequält haben. Der Tod ist eine Erlösung von allen Schmerzen und eine Grenze, über die unsere Leiden nicht hinausgehen können; er bringt uns in jenen Zustand der Ruhe zurück, in dem wir uns befanden, bevor wir geboren wurden. Wenn jemand Mitleid hat mit denen, die gestorben sind, dann soll er auch Mitleid haben mit denen, die noch nicht geboren wurden. Der Tod ist weder ein Gut noch ein Übel; denn nur das kann entweder ein Gut oder ein Übel sein, was überhaupt etwas ist, was aber selbst nichts ist und alles zum Nichts reduziert, bringt keine Ausprägung des Glücks mit sich. (Seneca, *Trostschrift an Marcia*, 19)

Vergiss alles andere, Lucilius, und konzentriere deine Gedanken auf diese eine Sache: das Wort Tod nicht zu fürchten. Indem du viel über ihn nachdenkst, mache den Tod dir vertraut, sodass du, wenn die Situation eintritt, sogar in der Lage bist, ihm entgegenzugehen. (Seneca, *Erdbeben*; enthalten in: *Naturwissenschaftliche Untersuchungen*)

Selbsteinschätzung: Stoische Einstellung zum Tod

Überprüfen Sie vor der Lektüre dieses Kapitels, wie weit Sie den folgenden Aussagen zustimmen, indem Sie die unten angegebene Skala (1–5) verwenden, und überprüfen Sie Ihre Einstellung erneut, nachdem Sie das Kapitel gelesen und verarbeitet haben.

1. stimme überhaupt nicht zu, 2. stimme nicht zu, 3. stimme weder zu noch stimme ich nicht zu, 4. stimme zu, 5. stimme voll und ganz zu

1. Das Sterben macht mir kaum Angst.
2. Es ist wichtiger, ein gutes Leben gelebt zu haben als ein langes Leben.
3. Leben und Tod sind nicht von Natur aus gut oder schlecht; es kommt darauf an, wie wir damit umgehen.

Warum ist es wichtig, über den eigenen Tod nachzudenken?

Wie gut sind Sie darauf vorbereitet, Ihrem eigenen Tod ins Auge zu sehen? Was bedeutet der Tod für Sie und welche Rolle spielt er in Ihrem Leben? Eines Tages werden Sie sterben: Die Natur hat Ihnen das anhand der Beispiele anderer reichlich vor Augen geführt. Die Stoiker hielten es wie die meisten antiken Philosophen für wichtig, oft über den eigenen Tod zu meditieren und die Angst, die die meisten Menschen vor dem Sterben haben, zu hinterfragen. Epiktet erwähnt, dass römischen Generälen während ihrer Siegeszüge, bei denen bedeutende militärische Siege gefeiert wurden, Sklaven folgten, die ihnen beständig Erinnerungen an ihre Sterblichkeit zuflüsterten (*Unterredungen*, 3.24). Daher stammt die Redewendung *memento mori* (»bedenke, dass du sterben musst«). Die Stoiker entwickelten eine Vielzahl ähnlicher Strategien, weil sie die Angst vor dem Tod als die wichtigste Angst (oder »Abneigung«) ansahen, die es zu überwinden gilt – durch die Disziplin des Verlangens und der Abneigung.

Der Ausdruck *memento mori* ist vielen Menschen als Beschreibung von Kunstwerken vertraut, von den Vanitas-Gemälden der Renaissance bis zu den in Formaldehyd konservierten Tieren von Damien Hirst. Diese rufen eine kontemplative oder philosophische Haltung gegenüber unserer eigenen Sterblichkeit hervor. Nicolas Poussins Gemälde »Die arkadischen Hirten« zum Beispiel zeigt ein Grab mit der Inschrift »et in Arcadia ego«, durch die der Tod uns erinnert: »Selbst im Paradies werde ich dich finden.« Ähnliche Themen sind aus der Literatur bekannt. Die Figur des Ebenezer Scrooge in Charles Dickens' *A Christmas Carol* (1843) wird vom Geist der kommenden Weihnacht mit seinem eigenen Grab konfrontiert, und dieses Erlebnis führt zu einer Offenbarung, die seinen moralischen Charakter verwandelt. Diese Vorstellung einer kontemplativen Meditation über die Unvermeidlichkeit des Todes und die Vergänglichkeit des Lebens war in der Philosophie bis in die letzten Jahrhunderte hinein üblich. Das ikonische Bild von Shakespeares Hamlet, einem jungen Philosophiestudenten, der den Schädel seines Jugendfreundes Yorick in die Höhe hält, wäre für das elisabethanische Publikum als Anspielung auf gängige philosophische Praktiken erkennbar gewesen, die die Kontemplation von Bildern des Todes beinhalteten.

Die Stoiker betonten besonders nachdrücklich, wie wichtig ständiges Training für die Überwindung unserer Angst vor dem Tod ist. Epiktet lehrte seine Schüler, dass sie das stoische Paradoxon bedenken sollten, dass »die Quelle aller menschlichen Übel und der Gemeinheit und Feigheit nicht der Tod ist, sondern die Angst vor dem Tod«. Von allen Ängsten sei sie diejenige, die den meisten Schaden anrichtet. Wenn wir als Stoiker Fortschritte machen wollten, so sagt er, sollten wir versuchen, all unsere Diskussionen, unsere Lektüre und Übungen dem grundlegenden Ziel zu widmen, uns darin zu üben, die Angst vor dem Tod zu überwinden, denn nur so können wir wirklich Freiheit erlangen und uns von der selbst auferlegten Sklaverei gegenüber den Leidenschaften befreien (*Unterredungen*, 3.25). Laut Seneca sollten wir erkennen, dass eine übermäßige Angst vor dem Sterben ironischerweise oft zu einem frühen Tod führt (*Von der Gemütsruhe*, 11). Er geht sogar so weit, zu sagen, dass der Mann, der seinen eigenen Tod fürchtet, nie etwas tun wird, das des Lebens würdig ist.

Zu Beginn der *Unterredungen* stellt Epiktet ein herausragendes Vorbild vor, den hochgeschätzten stoischen Philosophen Paconius Agrippinus, der mit völliger Gelassenheit reagierte, als er von seiner bevorstehenden Hinrichtung erfuhr, und sich zunächst wieder hinsetzte, um sein Mittagessen mit Freunden zu beenden. Genau das bedeutet es, die Lektionen der stoischen Disziplin des Verlangens und der Abneigung zu üben und zu verinnerlichen und sich von Hindernissen und den Wechselfällen des äußeren Schicksals zu befreien.

> Ich muss sterben. Wenn jetzt, so sterbe ich; wenn aber etwas später, dann werde ich jetzt zu Mittag essen, da die Stunde für das Mittagessen gekommen ist, und danach werde ich zur festgesetzten Zeit sterben. Wie? So, wie es dem Mann ergeht, der zurückgibt, was einem anderen gehörte. (*Unterredungen*, 1.1)

Mit anderen Worten: Sterben bedeutet, das zurückzugeben, was der Natur gehört und uns nur vorübergehend »geliehen« war. Der Tod ist natürlich und unvermeidlich, und so sollten wir ihn auf der Grundlage der Naturphilosophie nicht als unerwartet betrachten, wenn der Tag schließlich kommt. Tatsächlich sollten wir längst auf den Tod vorbereitet und in der Lage sein, das Leben großmütig loszulassen. Diese Praxis war in den meisten philosophischen Schulen üblich. Seneca stellt das eindrucksvoll dar, als er über die rivalisierende epikureische Schule schreibt:

> [Epikur sagte:] »Übe den Tod im Voraus«, oder, wenn sich der Sinn so einfacher vermitteln lässt, etwas wie dies: »Es ist großartig, zu lernen, wie man stirbt.« Vielleicht hältst du es für überflüssig, etwas zu lernen, das nur einmal umgesetzt werden kann. Genau aus diesem Grund müssen wir es

> üben; Immerfort müssen wir lernen, was wir nicht testen können, um zu sehen, ob wir uns darauf verstehen. »Übe den Tod!« Der Mann, der das sagt, fordert uns auf, die Freiheit zu üben. Wer das Sterben gelernt hat, hat das Sklavendasein verlernt; er steht über aller Macht, oder zumindest außerhalb ihrer Reichweite. Was bedeuten ihm schon Gefängnis und Wachen und verschlossene Türen? Einen freien Ausweg hat er. Es gibt nur *eine* Kette, die uns gefesselt hält, die Liebe zum Leben, und selbst wenn wir diese Liebe nicht verwerfen sollten, so sollten wir sie doch abschwächen, damit, wenn die Umstände es erfordern, nichts uns zurückhält oder uns daran hindert, sofort zu jeder Handlung bereit zu sein, die nötig ist.
> (*Briefe an Lucilius*, 26)

Dieses Grundthema zieht sich durch den gesamten Stoizismus. In einer der ergreifendsten Passagen der *Selbstbetrachtungen* bekräftigt Mark Aurel die stoische und sokratische Ansicht, dass wahre Philosophie vor allem darin besteht, »den Tod mit Anstand zu erwarten« und sich daran zu erinnern, dass er lediglich eine natürliche und unvermeidliche Auflösung in die Urbestandteile ist und nicht als Katastrophe gefürchtet werden muss (*Selbstbetrachtungen*, 2.17). In der Tat ist die Meditation über den Tod der Höhepunkt aller stoischen Übungen, die sich mit der Vorwegnahme von Widrigkeiten befassen. Indem man lernt, eine philosophische Haltung gegenüber dem eigenen Tod einzunehmen, kann die eigene Handlungsweise grundlegend verändert werden, weshalb dies sowohl eine psychologische als auch eine ethische Übung ist. Das stoische Ideal besagt, dass der Weise, der Mensch, dem wir nacheifern sollten, »es als eine Freude empfindet, zu leben, und trotzdem nicht vor dem Tod zurückschreckt«, er akzeptiert seine Sterblichkeit und begegnet dem Tod mit Würde, wenn die Zeit gekommen ist (*Briefe an Lucilius*, 54). Mark Aurel rät daher, bei der Betrachtung von allem auch den Tod zu bedenken, um unsere Aufmerksamkeit auf den wahren Wert zu lenken: »Bei jeder einzelnen deiner Handlungen frage dich selbst: ›Ist der Tod als katastrophal anzusehen, weil er dich dessen beraubt?‹« (*Selbstbetrachtungen*, 10.29) Seneca stellt sich ebenfalls vor, dass wir denjenigen, die Angst vor dem Tod haben, mit den Worten antworten sollten: »Lebst du denn jetzt?« Paradoxerweise könnten wir nicht *wirklich* lebendig sein, wenn wir von Ängsten gefangen gehalten werden, insbesondere von der Angst vor dem Tod selbst (*Briefe an Lucilius*, 77). Wir machen uns selbst zu Marionetten des Schicksals. Insbesondere werden wir zu Sklaven anderer Menschen, indem wir das schätzen, was in deren Macht liegt. Stoische Helden wie Cato wurden als »unverwundbar« gegenüber Tyrannen wie Caesar bezeichnet, weil sie nicht bereit waren, ihre Werte zu opfern, um ihr eigenes Leben zu retten.

Die theoretische Vorstellung, dass der Tod »gleichgültig« ist, reicht jedoch nicht aus, um eine persönliche Transformation zu bewirken. Die Gebote des Stoizismus sollen in eine felsenfeste Gewissheit verwandelt werden, die ständige Übung als Teil des typischen Tagesablaufs erfordert. Seneca sagt daher, der angehende Stoiker solle sich vor allem darin üben, mit Gleichgültigkeit auf den Tod hinabzublicken, etwas, das »gegen alle Waffen und jede Art von Feind wirksam« sei (*Briefe an Lucilius*, 36). Es ist ganz natürlich, dass wir unser Leben von Geburt an lieben, und verständlicherweise ist der Tod etwas Schreckliches; sonst bräuchten wir uns nicht darin zu üben, ihn anders zu betrachten. Das Ziel der Stoiker besteht darin, sich mit ihrer Natur als vernunftbegabtes Wesen zu identifizieren, was bedeutet, sich über die natürlichen Kindheitsängste zu erheben. Stoiker empfehlen daher, sich regelmäßig, vielleicht sogar mehrmals am Tag, den eigenen Tod vorzustellen. Wir sollten ihn uns auf leicht unterschiedliche Weise und zu verschiedenen Zeiten vorstellen. Zum Beispiel mit Dankbarkeit für unser bisheriges Leben, wenn wir ins Bett gehen, oder indem wir morgens beim Aufwachen unseren Tag so planen, als böte er uns eine letzte Chance, wirklich zu leben.

In der stoischen Literatur können wir die folgenden Meditationen über den Tod finden:

1. Das mentale Ausmalen des eigenen Todes auf unterschiedliche Arten, als ob man beobachten könnte, wie er eintritt.
2. Das Lesen, Diskutieren und Nachdenken über die »Geschichten« von Cato und Sokrates als Beispiele für gute Tode.
3. Sich selbst zu sagen: »Morgen muss ich sterben.« und zu bestimmten Zeiten über diese Worte nachzudenken.
4. Kontemplation über die Vergänglichkeit aller materiellen Dinge und der menschlichen Sterblichkeit im Allgemeinen, wie in den verschiedenen kosmologischen Meditationen.

Die Kontemplation des Todes überschneidet sich daher mit anderen stoischen Übungen und kann zusammen mit dem »Blick von oben« im Zentrum der Disziplin des Verlangens und der stoischen Therapie der Leidenschaften liegen. Zum Beispiel ist die Kontemplation des Todes offensichtlich mit der stoischen Praxis des Verweilens im »Hier und Jetzt« verbunden. Ironischerweise kann die Erinnerung an den Tod unser Lebensgefühl intensivieren. Die Notwendigkeit, »den Tag zu nutzen«, weil der Tod sicher ist, kam in der klassischen Dichtung sehr häufig als Thema vor, besonders dort, wo sie von der stoischen Philosophie beeinflusst war.

> In einer Welt, die zerrissen ist von Hoffnung und Sorge, von Furcht und Zorn, stell dir vor, jeder Tag, der anbricht, sei der letzte, den du sehen wirst; die Stunde, die du nie erhofft hast, wird sich als freudige Überraschung erweisen. (Horaz, *Briefe*, 1.4)

Der Stoiker Persius schrieb ebenfalls:

> Früh genug wirst du dich in Staub, Geist und Hörensagen verwandeln. Lebe mit dem Tod und dem Eilen der Zeit im Sinn; jetzt, da ich rede, verfliegt sie. (*Satiren*, 5)

Seneca schrieb: »Stell dir vor, dies wäre dein letzter Tag im Leben; oder wenn schon nicht der letzte, dann der vorletzte.« (*Briefe an Lucilius*,

15) Musonius Rufus sagte ebenfalls: »Es ist nicht möglich, heute gut zu leben, wenn du es nicht als deinen letzten Tag betrachtest.« (*Fragments*, 22) Mark Aurel verweilt immer wieder bei diesem Thema und erinnert sich ständig daran, im »Hier und Jetzt« zu leben, als würde der sichere Tod sich bereits am Horizont abzeichnen. Wir werden Fortschritte auf dem Weg zur Tugend machen und unseren Charakter vervollkommnen, sagt er, wenn wir nur alles, was wir im Leben tun, mit Zielstrebigkeit ausführen können, während wir jeden Tag so leben, als ob er unser letzter wäre und wir jeden Moment dahinscheiden könnten (*Selbstbetrachtungen*, 2.11; 2.5; 7.69). Ein erhöhtes Bewusstsein für unsere eigene Sterblichkeit hat das Potenzial, unser Lebensgefühl dramatisch zu verändern, wie zahllose Menschen bezeugen, die eine Begegnung mit dem Tod überlebt haben.

Fallstudie: Der Tod des Sokrates

Xenophon schrieb, dass sein Freund und Lehrer Sokrates der Hinrichtung mit absoluter Gelassenheit und Tapferkeit entgegensah und dass man »allgemein darin übereinstimmte, dass niemand in der gesamten Menschheitsgeschichte seinem Tod edler begegnet ist«. (*Erinnerungen an Sokrates*, 4.8) Wir haben bereits die Ereignisse rund um den Prozess gegen Sokrates erwähnt. Die Stoiker betrachten ihn zweifellos als das Beispiel par excellence für einen »guten Tod«. Indem wir darüber lesen, wie Sokrates sich auf seinen Tod vorbereitet, begleiten wir ihn in gewisser Weise und bereiten uns auf unser eigenes Ende vor.

Platon war nicht selbst dabei, aber er schildert in einem Dialog, wie der titelgebende Phaidon sein Erstaunen über die Gelassenheit des Sokrates in diesen letzten Stunden nacherzählt.

»Obwohl ich Zeuge des Todes eines Freundes war, empfand ich kein Mitleid, denn der Mann schien sowohl von seinem Verhalten als auch von seinen Worten her glücklich zu sein, als er edel und ohne Angst starb. (*Phaidon*, 58e)

Was hat Sokrates also getan? Nun, er verhielt sich normal. Er sah seine Verfolger, die Männer, die für seinen Tod verantwortlich waren, einfach als fehlgeleitet und nicht als hasserfüllt an. Das *Handbüchlein der Moral* von Epiktet schließt mit einem bemerkenswerten Zitat, das ihm zugeschrieben wird: »Anytos und Meletos [die die Anklage erhoben haben] können mich zwar töten, aber schaden können sie mir nicht.« Das mag eine Anspielung auf ein Lieblingszitat von Thrasea, dem Anführer der stoischen Opposition, sein, der es trotzig abänderte in: »Nero kann mich zwar töten, aber schaden kann er mir nicht.« (Obi-wan Kenobi zitiert diesen Spruch übrigens im Film *Star Wars*!)

Im Gefängnis, wo er auf seine Hinrichtung wartete, verbrachte Sokrates seine Zeit damit, Verse zu verfassen und mit seinen Freunden freundschaftlich über Philosophie zu debattieren. Da sein eigenes Ableben so kurz bevorstand, entschied er sich, die Frage zu erforschen, was nach dem Tod mit der Seele geschieht, wobei er nüchtern mehrere Möglichkeiten durchging, sich dabei einen offenen Geist bewahrte und die Unsicherheit akzeptierte. Noch wichtiger ist, dass er seine Ansicht, dass Philosophie im Wesentlichen eine lebenslange »Meditation über den Tod« (*melete thanatou*) sei, als Grund für seine überraschende Gleichgültigkeit anführt. Er sagt, dass diejenigen, die Philosophie auf die richtige Weise praktizieren, sich ständig auf den Tod vorbereiten, und dass wahre Philosophen das Sterben am wenigsten von allen Menschen fürchten (*Phaidon*, 67e).

Die »Kontemplation des Todes« tauchte also genau im dramatischsten Moment der Geburt der abendländischen Philosophie auf, sie wurde im Herzen dessen in Worte gekleidet, was Sokrates seinen philosophischen Abgesang nannte. Als die Zeit kam, trank er ruhig das Gift und wartete auf den Tod. Er hatte sich offensichtlich mit seinem Tod versöhnt und begegnete ihm mit Gleichmut und einer philosophischen Neugier.

Schlüsselgedanke: Leben und Tod sind gleichgültig

Die Stoiker glaubten im Allgemeinen nicht an die Unsterblichkeit der Seele, die sie als eine kaum greifbare physische Substanz ansahen, ähnlich dem Feuer, die sich wie die Tentakel eines Kraken durch den Körper erstreckt. (Ein primitiver Vorläufer des modernen Konzepts des zentralen Nervensystems.)

Einige Stoiker glaubten vielleicht, dass die Seele nach dem Tod des Körpers vorübergehend weiterlebt, aber sie akzeptierten, dass wir alle letztlich dazu bestimmt sind, zu vergehen. Allerdings werden sowohl das Leben als auch der Tod ausdrücklich als »gleichgültig« eingestuft, als weder gut noch schlecht an sich. Beides kann entweder weise oder töricht genutzt werden, entweder für Tugend oder für Laster. Dennoch wird das Leben zu den »bevorzugten« Gleichgültigen gezählt, der Tod zu den »nicht bevorzugten«, das heißt, zu denen, die die Stoiker eher ablehnen, »sofern das Schicksal es zulässt«. Die Stoiker sahen es daher als natürlich an, dass erwachsene Menschen das Überleben bevorzugen, ebenso wie Tiere und Säuglinge. Mit dem Erwerb von Sprache und Vernunft werden jedoch Weisheit und die rationalen Tugenden zu unserem höchsten Gut. Die bloße Tatsache, dass wir leben oder sterben, macht uns nicht weiser oder tugendhafter. Wir können uns jedoch in beidem, im Leben und im Sterben, hervortun, sofern wir in der Lage sind, uns ihnen mit Weisheit und Tugend zu nähern.

Nach Ansicht der Stoiker sollten wir leben, um Fortschritte auf dem Weg zur Weisheit zu erzielen, anstatt nach Weisheit zu streben, um diese dazu zu nutzen, auf irgendeine Art unser Leben zu verlängern. Im Gegensatz dazu wäre es möglicherweise besser, nicht zu leben, als ein Leben der Torheit und der Ungerechtigkeit gegenüber anderen zu führen.

Merke: Ihr Tod ist gewiss

Wie wir bereits gesehen haben, beschreibt Epiktet ein dreistufiges Verfahren, das Teil der Disziplin des Verlangens ist (*Unterredungen*, 3.24). Er rät uns, zur Vorbereitung den Ausspruch »Ich weiß, dass ich sterblich bin.« zu proben und uns so auf unseren Tod vorzubereiten. Diese dreistufige *Strategie* kann auf die Kontemplation des Todes wie folgt angewendet werden:

1. Wir sollten uns an die Unvermeidlichkeit des Todes erinnern, um uns auf ihn vorzubereiten. Auf diese Weise werden wir niemals das Gefühl haben, dass er »unerwartet« sei, oder überrascht sein, wenn er schließlich eintrifft.
2. Wir sollten uns daran erinnern, dass der Tod nicht »in unserer Macht liegt« und daher kein Übel ist, sondern »gleichgültig« in Bezug auf unser vollkommenes Glück und unsere Erfüllung.
3. Der Tod ist ein natürlicher Prozess, und wir sollten ihn als bestimmt durch die Kette von Ursachen, die die gesamte Natur ausmachen, akzeptieren sowie als unser Lebensschicksal – ein Gedanke, den Epiktet als den »entscheidendsten« ansah.

Wir werden diese Aspekte der Reihe nach untersuchen, beginnend mit der Vorschrift, dass wir uns ständig an die Unvermeidlichkeit unseres eigenen Todes erinnern sollten. Die Gedichte von Horaz kehren mehrfach zu diesem Thema zurück: »Bedenke, dass dein Tod gewiss ist« (*Oden*, 2.3).

Wie ist es möglich, dass wir unsere eigene Sterblichkeit *vergessen*? Und doch sieht es so aus, als würden wir genau das ständig tun. Dabei begegnen jedem Menschen zahlreiche Beweise dafür, dass er irgendwann sterben muss. Vielleicht sind bei manchen Menschen religiöse Überzeugungen über ein Leben nach dem Tod der Grund für eine gewisse Unsicherheit, weil sie der Unausweichlichkeit des

Todes auf ihre Weise widersprechen. Jedenfalls reagieren wir so, als käme es überraschend, dass unser gegenwärtiges Leben enden muss, und somit macht uns der Tod weiterhin Angst. Die Gewissheit des Todes fest verinnerlicht zu haben, beseitigt das irrationale Gefühl des Schocks, das zu seelischem Kummer beiträgt. So legt die moderne Angstforschung nahe, dass es oft weniger beunruhigend ist, wenn wir etwas Gefürchtetes als sicher ansehen, als wenn wir es als unsicher oder mehrdeutig ansehen.

Wir lernen, dass der Tod jedem gewiss ist, hauptsächlich durch die Beobachtung, dass alle anderen Menschen sterben. So erinnert sich Mark Aurel mehrfach an den jeweiligen Tod bedeutender historischer Persönlichkeiten (*Selbstbetrachtungen*, 3.3; 4.48). Auch Eroberer wie Alexander der Große oder Julius Cäsar oder herausragende Philosophen wie Sokrates und Zenon – was ist aus ihnen geworden?

Weil der Tod unvermeidlich ist und jeden ereilt, wurde er weithin auch als der große Gleichmacher bezeichnet. Niemand kann der Tatsache entgehen, dass er irgendwann sterben wird. Seneca stellt fest, dass die Umstände letztlich keine Rolle spielen, da jeder gleichberechtigt zum Tod kommt: »Der Tod hat die gleiche Kraft, wo immer er zuschlägt.« (*Erdbeben*; enthalten in: *Naturwissenschaftliche Untersuchungen*) Mark Aurel drückte es so aus, dass der Tod sowohl Alexander den Großen als auch dessen Mulitreiber auf den gleichen Zustand reduzierte (*Selbstbetrachtungen*, 6.24). Auch in den Gedichten von Horaz taucht dieses Thema wieder auf: Der Tod klopft an die Hütte des armen Mannes ebenso wie an den Palast des Königs (*Oden*, 1.5). Ob reich oder arm, es ist alles eins; du und ich sind Opfer des unerbittlichen Orkus beziehungsweise des Todes (*Oden*, 2.3). Shelleys *Osymandias* (1818) verwendet ein ähnliches literarisches Mittel, genannt *ubi sunt* (»Wo sind sie jetzt?«).

> Und auf dem Sockel stehen die Worte:
> »Mein Name ist Osymandias, aller Kön'ge König:
> Seht meine Werke, Mächt'ge, und erbebt!«
> Nichts weiter bleibt. Ein Bild von düst'rem Grame,

> Dehnt um die Trümmer endlos, kahl, eintönig
> Die Wüste sich, die den Koloss begräbt.
> (*Deutsche Fassung angelehnt an: Adolf Strodtmann, 1866*)

Bestimmte Gräber und Grabsteine waren so gestaltet, dass sie diesen Effekt hatten und nicht nur an den Verstorbenen, sondern auch an die eigene Sterblichkeit erinnerten. Seneca beobachtete, dass, obwohl viele Trauerzüge an den Türen seiner Familie und seiner römischen Mitbürger vorbeizogen, diese selten über die Unausweichlichkeit ihres eigenen Todes nachdachten (*Trostschrift an Marcia*, 9). Dennoch sollten wir aus dem Schicksal, das anderen widerfährt, lernen, um uns auf das gemeinsame Los der Menschheit vorzubereiten. Wir können uns jederzeit bewusst machen, dass auf der ganzen Welt zu jeder Zeit Tausende von Menschen und anderen Lebewesen sterben.

Neben der Gewissheit unseres endgültigen Untergangs hatten die Stoiker noch einen weiteren Leitsatz, der eindeutig besagte, dass es immer möglich sei, sein Leben freiwillig zu beenden:

> Die Tür steht offen. Warum trauern? (*Unterredungen*, 1.9)

Obwohl es einige außergewöhnliche Umstände geben mag, in denen der Selbstmord physisch unmöglich ist, ist er als Ausweg *praktisch immer* verfügbar. Während dieser Gedanke vielen Menschen morbide erscheinen mag, hatte er für die Stoiker eine enorme psychologische und ethische Kraft. Wir bleiben nur so lange hier auf der Erde, wie wir uns für das Leben entscheiden – »die Tür steht immer offen«, sollten wir gehen wollen. Wie Kinder, die ein Spiel spielen, können wir jederzeit sagen: »Ich spiele nicht mehr mit« und uns verabschieden. Aber wenn wir uns entscheiden, im Spiel des Lebens zu bleiben, wäre es heuchlerisch, sich ständig zu beschweren, da wir ja freiwillig hier sind (*Unterredungen*, 1.25).

Es wird erzählt, dass Zenon sich im hohen Alter, als er gebrechlich war und nicht mehr lehren konnte, das Leben nahm. Nachdem er gestolpert und zu Boden gefallen war, hatte er gescherzt: »Ich komme aus eigenem Antrieb; warum mich also rufen?« (*Leben und Meinungen berühmter Philosophen*, 7.1). Stoiker streben danach, frohen Mutes in den Tod zu gehen, wenn die Zeit gekommen ist.

Schlüsselgedanke: Bedenken, dass der Tod gewiss ist (*memento mori*)

Über den eigenen Tod nachzudenken und zu lernen, eine mutige stoische Haltung ihm gegenüber einzunehmen, ist zweifellos eine der grundlegendsten Übungen der stoischen Praxis. Epiktet sagte seinen Schülern, dass sie Tag für Tag alles, was katastrophal erscheine, vor ihrem geistigen Auge behalten sollten, vor allem aber den Tod (*Handbüchlein der Moral*, 21). Diese kontemplative Praxis nimmt eine Vielzahl von Formen an, durchdringt aber die gesamte stoische Tradition. Manchmal mag es sich um schriftliche Übungen gehandelt haben, etwa in einem Tagebuch, wie wir es in den *Selbstbetrachtungen* des Mark Aurel vorfinden. Oft mag es sich um die ruhige Visualisierung des Todes gehandelt haben. Es gibt jedoch auch viele Hinweise darauf, dass verbale Formeln wiederholt wurden, um sich den Tod in Erinnerung zu rufen.

Wie wir bereits gesehen haben, erwähnt Epiktet, wie siegreiche römische Generäle sich Erinnerungen an ihre eigene Sterblichkeit ins Ohr flüstern ließen, vielleicht die Worte *memento mori* (»bedenke, dass du sterben musst«). Er fügt dann hinzu, dass wir unseren schlafenden Ehepartnern und Kindern zuflüstern sollten: »Morgen wirst du sterben«, und uns daran erinnern sollten, dass wir einen Sterblichen küssen. Dies geht wahrscheinlich auf eine bekannte Anekdote zurück: Als Xenophon erfuhr, dass einer seiner Söhne in der Schlacht getötet worden war, sagte er nur: »Ich wusste, dass ich einen Sterblichen gezeugt hatte«. Auch Epiktet wies seine stoischen Schüler an, immer wieder die Worte zu sich selbst zu sagen: »Ich wusste, dass ich sterblich bin.« (*Unterredungen*, 3.24)

In ähnlicher Weise schlägt Seneca vor, dass wir uns beim Einschlafen sagen sollten: »Du wirst vielleicht nicht mehr aufwachen«, und beim Aufwachen am Morgen: »Du wirst vielleicht nie wieder schlafen«, um uns an unsere eigene Sterblichkeit zu erinnern (*Briefe an Lucilius*, 49). An anderer Stelle sagt er auch, dass wir uns jeden Abend beim Einschlafen darin üben sollten, zu sagen: »Ich habe mein Leben gelebt und den Lauf, den das Schicksal vorgegeben hat, vollendet.« (*Briefe an Lucilius*, 12) Er behauptet, dass wir dadurch lernen können, für jeden neuen Tag, den das Leben uns schenkt, dankbar zu sein.

Jetzt sind Sie dran: Betrachten Sie den »guten Tod« eines weisen Mannes

Lesen Sie den Bericht über die letzten Tage von Sokrates in Platons *Apologie des Sokrates* und *Kriton*. Lesen Sie alternativ den Bericht über Senecas Tod aus den *Annalen* des Tacitus, den über Catos Tod in Plutarchs *Parallelbiographien* oder andere lobenswerte Beispiele, die Sie finden können.

1. Stellen Sie sich vor, Sie steckten in der Haut von Sokrates, Cato, Seneca oder wen auch immer Sie gewählt haben, und teilen Sie dessen Gedanken, Taten und Gefühle im Angesicht des Todes.
2. Was würden Sie an dessen Stelle tun, wenn Sie weise und tapfer handeln würden? Was würden Sie tun, wenn Sie zum Beispiel wie Sokrates dazu verurteilt würden, Schierling zu trinken?
3. Würden Sie die Dinge auf die gleiche Weise oder anders handhaben? Vergleichen Sie Ihre Handlungen mit denen der anderen. Wie würde es sich anfühlen?

Versuchen Sie, mehrere verschiedene Beispiele zu betrachten und miteinander zu vergleichen: Welche Lehren können Sie aus diesem Gedankenexperiment ziehen, die für das Leben im Allgemeinen gelten könnten?

Schlüsselgedanke: »Der gute Tod«

Der Tod an sich ist »gleichgültig«, aber wir können auf eine gute Weise sterben, wenn wir unserem Schicksal mit Weisheit und Tugend begegnen, weshalb Philosophen manchmal vom »guten Tod« sprechen. Für die meisten Stoiker war zweifellos Sokrates das beste Beispiel für eine stoische Haltung im Angesicht des Todes. Spätere Stoiker behandelten auch Cato als wichtiges Vorbild in dieser Hinsicht. Die stoische Literatur ist jedoch voll von vielen verschiedenen Beispielen für »gute Tode«.

Boethius schrieb: »Einige Männer haben um den Preis eines glorreichen Todes einen Ruhm erlangt, den Generationen verehren werden; einige Unbeugsame haben im Angesicht der Strafe anderen ein Beispiel dafür geliefert, dass das Böse die Tugend nicht besiegen kann« (*Trost der Philosophie*, 4.6). Der wichtigste Aspekt des guten Todes ist jedoch die Tatsache, dass er mit Weisheit und tugendhaften Absichten angegangen wird, es sind nicht die tatsächlichen Folgen für andere Menschen, die weitgehend in den Händen des Schicksals liegen. Auch jemand, der einsam und vergessen stirbt, kann einen »guten Tod« haben, wenn er seinem Schicksal mit Würde und Tapferkeit begegnen kann.

Jetzt sind Sie dran: Stellen Sie sich Ihren eigenen Tod vor

Nehmen Sie sich ein paar Minuten Zeit, um über Ihren eigenen Tod nachzudenken, so, als würde er jetzt eintreten. Greifen Sie auf das zurück, worüber Sie in diesem Kapitel gelesen haben, aber erinnern Sie sich auch an einige der Übungen, die Sie im Kapitel über die Vorwegnahme von Widrigkeiten gelernt haben. Erinnern Sie sich dabei an die stoische Lehre, dass der Tod – obwohl es natürlich ist, lieber zu leben – kein »Übel« ist, sondern eher eine Gelegenheit zur Tugend.

1. Sagen Sie sich, dass der Tod unvermeidlich und notwendig ist, dass er Ihnen von der Natur als Schicksal bestimmt ist.
2. Nehmen Sie sich Zeit, die Dinge so objektiv wie möglich zu betrachten, ohne Werturteile, so, als würden Sie Ihren Tod aus einer distanzierten wissenschaftlichen Perspektive betrachten, als ein unvermeidliches Naturereignis, das die »Maske« des Katastrophendenkens abstreift.
3. Versuchen Sie als Nächstes, sich vorzustellen, was Ihrer Kontrolle unterliegt und inwiefern Sie in der Lage wären, im Angesicht des Todes Weisheit und Tugend zu üben.
4. Wenn Ihnen das hilft, rufen Sie sich die Beispiele der stoischen Vorbilder in Erinnerung, insbesondere die »guten Tode« von Philosophen wie Sokrates, und stellen Sie sich vor, wie der ideale stoische Weise auf denselben Tod reagieren würde, den Sie sich für sich vorstellen. Wie könnten Sie seinem lobenswerten Beispiel nacheifern?

Eine alternative Herangehensweise wäre, sich vorzustellen, dass Sie Ihrer eigenen Trauerfeier beiwohnen, so, wie es Scrooge in *A Christmas Carol* tut. Denken Sie auch hier darüber nach, welche Lehren Sie daraus ziehen könnten, die sich auf das Leben im Allgemeinen anwenden ließen.

Merke: Die stoische Meinung zu Selbstmord oder Euthanasie
In der Antike waren die Menschen häufiger mit Situationen konfrontiert, in denen Selbstmord als vernünftige Reaktion angesehen wurde, wie beispielsweise bei drohender Versklavung oder Folter. Aber auch heute ist das Thema noch aktuell, beispielsweise für Menschen, die ein hohes Alter erreichen, in dem die Fortsetzung ihres Lebens durch zunehmende körperliche Gebrechlichkeit und Krankheit zu einem sehr ernsten moralischen Dilemma wird. Die stoische Position ist für die moderne Debatte über die Ethik der Euthanasie (wörtlich: »guter Tod«) höchst relevant.

Die stoische Ethik betrachtet den Selbstmord im Gegensatz zu einigen Religionen nicht als *inhärent* falsch.

Was zählt, sind die Urteile und Absichten, auf denen er beruht. Es wäre falsch, wenn sich jemand aufgrund von ungesunden oder irrationalen »Leidenschaften« das Leben nehmen würde, das heißt, ein Selbstmord aufgrund einer pathologischen Depression wäre falsch. In manchen Fällen kann Selbstmord jedoch rational sein, wenn die Entscheidung »bei gesundem Verstand« und weise getroffen wird. Die Begründer des Stoizismus sagten, dass Selbstmord für weise, besonnene und mutige Menschen in vielen Fällen angemessen sei, aber für die törichten, impulsiven oder feigen Menschen sei es besser, am Leben zu bleiben, als sich aus den falschen Gründen das Leben zu nehmen. Die Stoiker glaubten, dass es für Sokrates und Cato vernünftig war, sich unter den außergewöhnlichen Umständen, denen sie ausgesetzt waren, das Leben zu nehmen. Einem Bericht zufolge ertrug Zenon, der Begründer des Stoizismus, »viel Elend aufgrund seines hohen Alters« und nahm sich schließlich das Leben, als er in seinen Siebzigern war (*Leben und Meinungen berühmter Philosophen*, 7.1).

Der Tod ist kein Übel

Die Stoiker legten auch dar, dass es irrational sei, etwas als »böse« zu beurteilen, nachdem man akzeptiert habe, dass es unvermeidlich sei, denn etwas als böse zu bezeichnen, bedeute auch, dass es um jeden Preis vermieden werden sollte.

> Wenn wir den Tod als ein Übel betrachten, so müssen wir uns auch damit beschäftigen, dass es unsere Pflicht ist, Übel zu vermeiden, der Tod aber eine unausweichliche Sache ist. (*Unterredungen*, 1.27)

Das herausfordernde Konzept, dass »der Tod kein Übel ist«, war Basis für das gesamte Genre der »Trostbriefe« der antiken Welt, welche sich in verschiedenen philosophischen Traditionen finden, vor allem aber mit den Stoikern in Verbindung gebracht wurden. In seinem Brief an Marcia, die seit über drei Jahren den Tod ihres Sohnes Metilius betrauert, weist Seneca zum Beispiel sehr eindringlich darauf hin, dass der Tod im Hinblick auf ein gutes Leben letztlich »gleichgültig« ist (*Trostschrift an Marcia*, 19). Nur das, was in unserer eigenen Macht liegt, kann in seinem Wesen »gut« oder »schlecht« sein, und unser eigenes Leben und unser Tod werden als »gleichgültig« eingestuft, da sie nicht vollständig unserer Kontrolle unterliegen. Die Stoiker argumentierten weiterhin, dass es möglich sei, sein Leben schlecht zu nutzen – in diesem Falle ist nicht das Leben selbst gut oder schlecht, sondern die Art und Weise, wie wir es nutzen. An sich sind Leben und Sterben »gleichgültig«; wir machen sie nur insofern »gut« oder »ehrenhaft«, als wir sie mit Weisheit und Tugendhaftigkeit angehen. Seneca zitiert einen anderen Stoiker, der erläutert: »Es ist keine große Sache, zu leben«, da auch Sklaven und Vieh leben würden, sondern es komme vielmehr darauf an, ehrenhaft, weise und mutig zu leben und zu sterben (*Briefe an Lucilius*, 77).

Die stoische Philosophie kann, so wie der magische Stab des Hermes, alles, was uns widerfährt, in Gold verwandeln, und selbst der Tod wird zu einer Gelegenheit, tugendhaft zu handeln:

> »Wie wirst du mit dem Tode umgehen?« Wie sonst, als ihn in Ruhm zu verwandeln, in eine Gelegenheit, durch Taten aufzuzeigen, was für eine Art Mensch ein Mann ist, der dem Willen der Natur folgt.
> (*Unterredungen*, 3.20)

Gleichwohl würden auch die Stoiker einräumen, dass es für den Menschen, wie für alle anderen Lebewesen auch, natürlich und vernünftig ist, das eigene Leben dem Tode »vorzuziehen«, solange dies mit der Tugend vereinbar ist.

Etwas »vorzuziehen« ist aber nur deshalb möglich, weil die Zukunft ungewiss ist. Sobald unser Tod ab einem bestimmten Punkt gesichert und unvermeidbar bevorsteht, verwandelt er sich in etwas völlig »Gleichgültiges«, bei dem wir keine andere Wahl haben, als es zu akzeptieren. Der Tod im Allgemeinen, die Tatsache, dass wir am Ende irgendwann einmal sterben müssen, ist zu jedem Zeitpunkt vorbestimmt und etwas, das wir ohne Vorbehalt akzeptieren sollten.

In Platons *Politeia* (*Der Staat*), das mehr als drei Jahrhunderte vor dem *Neuen Testament* geschrieben wurde, führt Sokrates aus, dass Mythen über die Unterwelt vollständig aus der Literatur getilgt werden sollten, um zu vermeiden, dass Kindern irrationaler Aberglaube und Ängste über den Tod in den Kopf gesetzt werden (3.386). Im *Phaidon* wird Sokrates dann von seinen Freunden gebeten, zu ihnen so zu sprechen, als wohne in ihnen immer noch ein kleines Kind, das sich vor dem Tode fürchtet, als sei dieser ein Schreckgespenst, und ihnen zu versichern, dass es nichts zu befürchten gilt. Er antwortet: »Ihr solltet ihn jeden Tag durch Gesang heraufbeschwören, bis er dadurch seinen Schrecken verliert.« (*Phaidon*, 77e) Die Stoiker verglichen den Tod ebenfalls mit einem Schreckgespenst und auch mit den gruseligen Masken, mit denen man kleine Kinder erschreckt. Wir sollten die Mythen und Werturteile abstreifen, durch die der Tod auf uns wie ein Schreckgespenst wirkt: »Betrachtet ihn von allen Seiten und begreift sein Wesen; seht, er beißt nicht.« (*Unterredungen*, 2.1) Seneca verwendet dieselbe Analogie, um die Vorwegnahme von Widrigkeiten zu beschreiben: man nimmt die furchterregende Maske ab, die Kinder erschreckt, weil sie nicht wissen, dass die Person, die sie trägt, eigentlich harmlos ist (*Briefe an Lucilius*, 24).

Die Stoiker lehnten daher mythologische Darstellungen des Lebens nach dem Tode als abergläubische Märchen, die kleine Kinder erschrecken sollten, ab. Sie bedienten sich aber auch vieler philosophischer Argumente, die sie in verschiedenen Ausführungen immer wieder einstudierten und auswendig lernten, um mehr »Sattelfestigkeit« in ihrem moralischen Grundsatz, dass der Tod grundsätzlich gleichgültig ist, zu gewinnen. Eines der simpelsten stoischen Argumente war, dass »der Tod nicht an sich schlecht oder katastrophal ist, sonst würde er jedem so erscheinen«. Mit anderen Worten: Nicht jeder sieht ihn auf die gleiche Art und Weise. Die folgende Liste fasst verschiedene Beispiele für dieses Argument zusammen, die in der stoischen Literatur zu finden sind:

- Akrobaten sind bereit, für Applaus den Tod zu riskieren
- Soldaten entscheiden sich für den Tod um des Ruhmes willen
- Eltern opfern ihr eigenes Leben, um ihre Kinder zu schützen
- Liebende riskieren oft den Tod für den geliebten Menschen
- Ältere oder gebrechliche Menschen suchen manchmal den Tod (»Euthanasie«), um ihr Leiden zu beenden
- Viele Menschen begehen Selbstmord, weil sie aus verschiedenen (guten oder schlechten) Gründen den Tod dem Leben vorziehen
- Wichtiger noch: Weise Männer, wie Sokrates und Cato, sahen ihren eigenen Tod nicht als furchterregend oder katastrophal an

All diese Beispiele verdeutlichen, dass Menschen manchmal andere Dinge für wichtiger erachten als den Erhalt ihres eigenen Lebens. Nicht jeder beurteilt den Tod als etwas Schlechtes. Selbst die Nicht-Weisen werden das Risiko des Todes in Kauf nehmen, um Reichtum, Ruhm oder die Zuneigung anderer zu gewinnen. Mark Aurel führt deshalb an, dass ein wirksames Mittel, um sich in Todesverachtung zu üben, darin bestehe, sich daran zu erinnern, wie viele törichte und lasterhafte Menschen es dennoch geschafft haben, dem Tod ohne Furcht zu begegnen (*Selbstbetrachtungen*, 12.34). Die Weisen jedoch werden sich dem Tod stellen, wenn dieses im Dienste der Tugend und im Dienste von *eudaimonia*, dem höchsten Gut im Leben, notwendig wird. Kann der Tod also an sich schlecht sein, wenn so viele Menschen bereit dazu sind, ihr Leben für etwas zu riskieren, das sie höher schätzen?

Dies mündet in dem berühmten stoischen Standpunkt, dass es nicht der Tod an sich ist, der beunruhigend oder sogar schädlich ist, sondern vielmehr unser mangelhaftes Werturteil. Die Angst vor dem Tode ist schlimmer als der Tod selbst, weil sie eine irrationale Leidenschaft ist, die unserem Geist echten Schaden zufügt und uns am Gedeihen hindert. Dies ist auch ein zentraler Standpunkt in Epiktets *Handbüchlein der Moral*:

> Nicht die Dinge selbst beunruhigen die Menschen, sondern ihre Urteile über sie. Der Tod zum Beispiel ist nichts Furchtbares, sonst wäre er auch Sokrates so erschienen. Das Furchtbare liegt in unserem eigenen Urteil über den Tod, dass der Tod furchtbar sei. (*Handbüchlein der Moral*, 5)

Wenn wir dem Tod ins Auge sehen, sollten wir zuallererst eine klare Vorstellung davon haben, was wir beeinflussen können und was nicht: »Ich muss sterben: aber muss ich dann auch seufzend sterben?« (*Unterredungen*, 1.1) Das sind die Standpunkte, die der angehende Stoiker jeden Tag einnehmen und üben sollte, indem er sie »vom Morgengrauen bis zur Abenddämmerung« in Gedanken und Schrift einübt, bis sie zur zweiten Natur werden. Seneca führt an, dass es das stoische Ideal ist, den eigenen Tod mit dem gleichen Ausdruck, der gleichen Distanziertheit und Objektivität zu betrachten, als höre man vom Tode eines Fremden (*Vom glückseligen Leben*, 20). Unser eigener Tod ist für unsere Willenskraft ebenso »äußerlich« wie der Tod eines Fremden am anderen Ende der Welt oder der Tod von jemandem in ferner Vergangenheit oder Zukunft.

Die Angst vor dem Tode wird von den Stoikern als eine der grundlegendsten und heimtückischsten unter den irrationalen Leidenschaften betrachtet. Sie führen an, es sei für uns einfach nicht vorstellbar, dass der ideale Weise seinen eigenen Tod als ein Übel sähe, da er sich hierdurch sonst möglicherweise selbst zu einem Leben in Feigheit und Sklaverei verdamme. Sein Tod könnte in den Händen eines Tyrannen liegen, und um ihn zu vermeiden, wäre er so gezwungen, den Befehlen eines schlechten Menschen zu gehorchen. Wenn hingegen für ihn die Tugend mehr zählt als sein eigenes Leben, so hat kein Tyrann mehr die Macht, ihm irgendetwas aufzuzwingen. Entscheiden Sie, wessen Leben rühmlicher ist: das desjenigen, der den Tod von allen Dingen am meisten fürchtet und der sein Leben um jeden Preis zu erhalten sucht, oder das desjenigen, der es zwar »vorzieht« zu leben, aber keine Angst davor hat, im Dienste der Ehre zu sterben?

Die Stoiker führen auch oft Argumente für die Belanglosigkeit des Todes an, die auf der Vorstellung beruhen, er sei lediglich eine Form der Nichtexistenz. Beispielsweise erklärt Seneca, dass der Mann, der sich wünscht, noch tausend Jahre zu leben, genauso töricht ist wie derjenige, der sich wünscht, tausend Jahre früher geboren worden zu sein, weil wir in denselben Zustand der Nichtexistenz zurückkehren, in dem wir uns vor unserer Geburt befanden (*Briefe an Lucilius*, 77). An anderer Stelle merkt er an: »Der Tod bringt kein Unbehagen, denn dann müsste es jemanden geben, dessen Unbehagen er wäre.« (*Briefe an Lucilius*, 36)

> Kein Leiden ist groß, wenn es das letzte ist. Der Tod kommt zu dir: Er wäre es wert, gefürchtet zu werden, wenn er mit dir koexistieren könnte. Aber entweder erreicht er dich nicht oder er geht an dir vorüber.
> (*Briefe an Lucilius*, 4)

Nichtexistenz kann weder gut noch schlecht sein:

- Es gibt keine Person mehr, der die »Erfahrung«, tot zu sein, helfen oder schaden könnte.
- Zwar können wir uns unseres Sterbens bewusst sein, doch der Zustand des Todes ist in Wirklichkeit nicht einmal eine Erfahrung, und somit weder eine gute noch eine schlechte.
- Wenn die Nichtexistenz wirklich schlecht wäre, dann wären all die Äonen der Zeit vor unserer Geburt genauso schrecklich wie die, die unserem Tod folgen.

Zusätzlich zu diesen Argumenten verwenden die Stoiker ein interessantes Paradoxon, um die Angst vor dem Tod infrage zu stellen. In seinem Essay *Erdbeben* (enthalten in: *Naturwissenschaftliche Untersuchungen*) hebt Seneca hervor, dass es eine Torheit sei, den Tod durch Erdbeben oder irgendetwas anderes Bestimmtes zu fürchten, da der Tod uns ständig umgebe und uns auf unendlich viele Arten treffen könne. Wir können genauso leicht von einem einzelnen Stein getötet werden wie durch eine ganze Stadt, die uns über dem Kopf zusammenbricht. Er schreibt: »Wenn ihr nichts fürchten wollt, dann bedenke, dass alles zu fürchten ist.« An anderer Stelle führt er aus: »Es ist nicht sicher, wo der Tod auf dich lauert, also solltest du ihn überall erwarten.« (*Briefe an Lucilius*, 26) Epiktet führt dasselbe Argument an: »Willst du also, dass ich all diese Dinge beachte und ihnen Ehrerbietung schenke und als ihrer aller Sklave umherziehe?« (*Unterredungen*, 4.7)

Der Tod kann aus jeder Richtung kommen, jederzeit. Die Legende besagt, dass der griechische Dramatiker Aischylos von einer Schildkröte getötet wurde, die ein Adler über ihm fallen ließ. Sie könnten morgen von einem Bus überfahren werden. Unsere Ängste sind oft irrational selektiv, und wenn Menschen mit nüchterner Logik konfrontiert werden, wie beispielsweise einem »Wenn du dir darüber Sorgen machst, kannst du dir auch über alles andere Sorgen machen«, dann sind sie oft gezwungen, zuzugeben, dass es bloße Zeit- und Energieverschwendung ist, sich mit hypothetischen Katastrophen im Allgemeinen zu befassen. Überall zu sein, heißt nirgends zu sein, und alles zu fürchten, heißt nichts zu fürchten.

Merke: Die Angst vor dem Tod ist schlimmer als der Tod selbst

Die Stoiker glaubten, dass die Angst vor dem Tod eine der heimtückischsten und schädlichsten der irrationalen Leidenschaften ist. Paradoxerweise ist also die Angst vor dem Tod schlimmer als der Tod selbst. »Den Tod bezeichnet man als das größte Übel von allen«, so Seneca, »obwohl ihm in Wahrheit überhaupt nichts Schlimmes anhaftet, außer der Sache, die ihm vorausgeht – die Angst vor ihm.« (*Briefe an Lucilius*, 104) Die Stoiker glaubten, dass die Angst vor dem Tod den meisten irrationalen Ängsten zugrunde liege, insbesondere dem Kardinallaster der Feigheit.

Mark Aurel merkt an, dass zusätzlich zu den Standpunkten über die »Gleichgültigkeit« des Todes ein mächtiges »unphilosophisches« Argument existiere, das darin bestehe, uns einfach selbst zu fragen: »Wollen wir wirklich der Art Mensch nacheifern, die ihren eigenen Tod am meisten fürchtet?« Gehen Sie im Geiste Namen von Menschen durch, die sich verzweifelt an das Leben geklammert haben, und fragen Sie sich dann, ob sie hierdurch dem wahren Glück oder wahrer Erfüllung näher gekommen sind (*Selbstbetrachtungen*, 4.50). Epiktet hatte gelehrt, dass das größte Unheil, das einem Menschen widerfahren kann, »nicht der Tod, sondern die Furcht vor dem Tod« ist, und dass wir uns besonders anstrengen sollten, diese Furcht zu überwinden, da dies »der einzige Weg ist, auf dem der Mensch die Freiheit erlangt« (*Unterredungen*, 3.26).

Der Tod ist von der Natur bestimmt

Epiktet gab an, dass der entscheidendste Schritt in der Disziplin des Verlangens in Bezug auf den Tod darin bestehe, Letzteren als durch die Gesamtheit der Natur oder durch den göttlichen Willen des Zeus bestimmt zu betrachten. Für die antiken Stoiker war die Akzeptanz des eigenen Schicksals als göttlicher Wille des Zeus der Inbegriff der Frömmigkeit. Moderne Leser werden sich mit dieser Vorstellung schwertun, insbesondere Atheisten oder Agnostiker. Allerdings war Zeus im Stoizismus ein Synonym für die Natur und möglicherweise stehen uns auch heute noch Wege offen, wie wir dem Anschein nach unangenehme Ereignisse bis hin zu unserem eigenen Tod mit Gleichmut akzeptieren lernen können, wenn wir sie in einem größeren Zusammenhang und als letztlich von der Natur als Ganzes bestimmt ansehen. Denn die Hauptlehre des Stoizismus lautet, dass wir »im Einklang mit der Natur leben« sollen, was gleichbedeutend mit dem Akzeptieren unseres Schicksals ist, sofern es denn außerhalb unserer Kontrolle liegt. Haben wir erst einmal akzeptiert, dass der

Tod das unvermeidliche Schicksal aller Lebewesen ist, so argumentieren die Stoiker, dann macht es letztlich wenig aus, ob unser Leben lang oder kurz währt.

> Nicht einmal der Tod kann demjenigen Schrecken einjagen, der allein das für gut hält, was zur rechten Zeit geschieht, und dem es einerlei ist, ob seine Handlungen im Einklang mit der Vernunft wenige oder viele sind, und dem es gleichgültig ist, ob er die Welt etwas länger oder etwas kürzer betrachten kann. (*Selbstbetrachtungen*, 12.35)

Mark Aurel führt an anderer Stelle aus, dass es keine Rolle spielt, ob man drei Tage oder drei Jahrhunderte lebt, denn diese sind aus der Perspektive der Ewigkeit gleich, wenn man »auf die endlose Zeitspanne hinter sich schaut und vor sich auf eine weitere Unendlichkeit, die kommen wird« (*Selbstbetrachtungen*, 4.50). Anders ausgedrückt: Wir rühmen andere für die Qualität ihres Lebens, nicht für dessen Dauer. Es wäre geradezu heuchlerisch, unser eigenes Leben nach einem anderen Maßstab zu bewerten. Es ist besser, ehrenhaft zu sterben, als ein langes Leben zu führen, aber dumm und durch Angst und Begierde in Ketten. Epiktet verwendet die antike Metapher des »Festes«, um die stoische Vorstellung davon zu verdeutlichen, dass wir uns ständig daran erinnern sollten, dass unser Leben eine »Leihgabe« der Natur ist. Wahre Frömmigkeit besteht nicht darin, Hymnen in einer Kirche oder einem Tempel zu singen, sondern darin, ein aufrichtiges Gefühl der Dankbarkeit dafür zu hegen, dass einem die Gelegenheit zu leben geschenkt wurde, während man gleichzeitig akzeptiert, dass es nur vorübergehend ist, und bereit ist, ohne Murren zu gehen, wenn die Zeit gekommen ist.

Der Tod ist ein Naturgesetz, ein Teil der Struktur der Existenz selbst. Einige Stoiker meinten sogar, wir würden jeden Tag ein wenig sterben. Der Tod wird als ein langwieriger, allmählicher Prozess gesehen, der mit der Geburt beginnt und sich durch unser ganzes Leben zieht. Seneca erklärt daher, dass wir, wenn wir die Angst vor dem Tod durch philosophische Gelassenheit ersetzen wollen, den

Gedanken verinnerlichen sollten, dass wir bereits seit dem Tag unserer Geburt unserem Tod entgegengehen. (*Briefe an Lucilius*, 4).

> So, wie es nicht der letzte Tropfen ist, der die Wasseruhr anhält, sondern auch jeder Tropfen, der zuvor gefallen ist, so ist die letzte Stunde, in der wir aufhören zu existieren, nicht die, die den Tod herbeiführt, sondern die einzige, die ihn vollendet: Wir erreichen in diesem Moment den Tod, aber wir haben uns bereits seit sehr langer Zeit auf ihn zubewegt.
> (*Briefe an Lucilius*, 24)

Mark Aurel empfiehlt, dass wir unser Leben in Form verschiedener Phasen betrachten sollten und den Übergang von einer zur nächsten (»jede Stufe auf der Leiter der Veränderung«) als eine Art von Tod. Während wir vom Säugling zum Kind und dann zum Jugendlichen heranwachsen und anschließend die verschiedenen Stadien des Erwachsenenlebens durchschreiten, erlöscht vieles, das wir kennen, oder verändert sich. Das Kind stirbt, wenn der Mann geboren wird. Wir sollten uns fragen: »Liegt darin etwas Schreckliches?« (*Selbstbetrachtungen*, 9.21). Auch das Ende des gesamten Prozesses, unser endgültiges Ableben, ist keine Katastrophe. Den Tod als ein alltägliches Ereignis zu betrachten, als einen allmählichen Prozess und nicht als einen einzigen, endgültigen Schlag, gewährt uns eine lebenslange Übung darin, uns mit unserer eigenen Sterblichkeit abzufinden. Jeden Tag kommen wir dem Tod einen Schritt näher, und wir sollten diesen kleinen Teil unseres Lebens bereitwillig der Natur opfern und den vergangenen Tag am Abend loslassen, bevor wir uns zum Schlafen zurückziehen, um so am Ende unseres Lebens vollständig loslassen zu können. Wir werden so jedem neuen Tag als einem Geschenk der Natur begegnen, mit einem Gefühl der Dankbarkeit.

Die Stoiker führen darüber hinaus an, dass der Tod ein natürlicher und unvermeidlicher Prozess ist und daher kein Übel sein kann, da nichts, was im Einklang mit der Natur steht, vom weisen Menschen gefürchtet wird. Mark Aurel schrieb, dass die Dauer des Lebens aus der Perspektive der Naturphilosophie verschwindend kurz ist, der Körper einem ständigen Verfall unterliegt und unsere Zukunft stets im Ungewissen liegt. Er erinnert sich daran, dass der Tod lediglich eine Auflösung in die einzelnen Elemente ist, und dass nichts Schreckliches in der Vorstellung liegt, dass eine stoffliche Substanz durch einen natürlichen Prozess in eine andere umgewandelt wird. Wir sollten uns von unserem eigenen unvermeidlichen Tod und der Verwesung des Körpers nicht beunruhigen lassen: »Denn dies liegt in der Art der Natur, und in dieser kann es kein Übel geben« (*Selbstbetrachtungen*, 2.17). Den Verfall des Körpers auf objektive Weise, in einer distanzierten »wissenschaftlichen« Art zu betrachten, scheint eine wichtige Form der stoischen Übung gewesen zu sein, die wir »physische Beschreibung« nennen.

> Der Tod ist, wie auch die Geburt, nur ein natürlicher Prozess, bei dem sich stoffliche Elemente miteinander verbinden, wachsen, verfallen und sich schließlich wieder voneinander trennen und vollständig auflösen (*Selbstbetrachtungen*, 4.5).

Ebenso lehrte Epiktet seine Schüler, den Tod leidenschaftslos als eine Rückkehr zur Natur zu betrachten. Es heißt, dass das römische Volk, als Mark Aurel starb, nicht sagte, dass es ihn verloren habe, sondern dass er zur Natur zurückgekehrt sei – möglicherweise, weil diese stoische Phrase von seinen Freunden, die Grabreden bei seiner Beerdigung hielten, verwendet wurde.

> »Aber nun ist es an der Zeit, zu sterben.« Warum sprichst du vom »Sterben«? Mach kein Drama aus der Sache, sondern sage es so, wie es ist: »Es ist jetzt an der Zeit, dass das Material, aus dem du bestehst, wieder zu den Elementen zurückgeführt wird, aus denen es einst entstand.« Und was daran wäre von Übel? Welches der Dinge, aus denen sich das Universum zusammensetzt, ginge hierdurch verloren, welche neue oder ungeheure Sache würde geschehen? Ist dies der Grund, aus dem dieser Tyrann gefürchtet wird? (*Unterredungen*, 4.7)

Mit anderen Worten, wenn man das »Sterben« mit Vernunft und sachlich betrachtet und es seines gespenstischen Schreckens beraubt, so wird man es als einen natürlichen Vorgang ansehen, den zu fürchten kindisch ist (*Selbstbetrachtungen* 2.12). Diese natürlichen Veränderungsprozesse unterliegen nicht vollständig unserer Kontrolle, sondern sie liegen letztlich in den Händen des Schicksals und der äußeren Einflüsse. Aber auch hier gilt, dass das, was für unseren Willen »äußerlich« ist, uns nach den Grundsätzen der stoischen Ethik fundamental gleichgültig ist. Die Stoiker führen mehrere weitere Standpunkte über den Tod als natürlichen Prozess an.

- Der Tod ist einfach nur physischer Zerfall, und kein physischer Prozess ist in seinem Wesen gut oder schlecht.
- Unser Körper unterliegt äußeren Einflüssen, auf die wir keinen Einfluss haben, und so liegt unser Tod letztlich in den Händen des Schicksals.
- Alle körperlichen Dinge sind vergänglich (»alles fließt«), und die menschliche Sterblichkeit ist lediglich das Beispiel dafür, das uns am meisten nahegeht.
- Was zusammengesetzt ist, kann auch immer wieder getrennt werden. Der Mensch ist zusammengesetzt, daher sind Auflösung und Tod unvermeidlich.
- Sie befinden sich bereits im Prozess des Sterbens, es ist kein einmaliges Ereignis, sondern es beginnt bei der Geburt und verläuft in Phasen, somit ist es längst zu spät, um es noch zu vermeiden.
- Der Tod ist durch die Natur als Ganzes als unser Schicksal vorherbestimmt, er ist der Wille des Zeus, und es wäre »respektlos«, sich dagegen zu wehren.

Von dieser Warte aus ist die Betrachtung des Todes besonders eng mit der stoischen Physik verbunden und überschneidet sich mit der Betrachtung der Natur als Ganzes, insbesondere der Vergänglichkeit aller materiellen Dinge.

Jetzt sind Sie dran: Reflektieren Sie über die Vergänglichkeit des Lebens

Nehmen Sie sich, wenn es Ihnen nichts ausmacht, einige Minuten Zeit, um intensiv über die Vergänglichkeit allen menschlichen Lebens und die Tatsache nachzudenken, dass der Tod das gemeinsame Los der gesamten Menschheit ist.

1. Nennen Sie drei historische Personen, die bedeutende »äußere« Macht oder großen Einfluss erlangt haben, und machen Sie sich bewusst, dass sie trotz ihres Erfolgs längst tot sind. Überlegen Sie kurz, wie diese Personen ihren eigenen Tod gesehen hätten. Mark Aurel nennt zum Beispiel Alexander den Großen, Pompejus und Julius Cäsar.
2. Nennen Sie drei historische Persönlichkeiten, die Sie aufgrund ihrer Weisheit und Tugendhaftigkeit bewundern, und reflektieren Sie den Umstand, dass sie trotz all ihrer Einsicht bereits lange tot sind. Wie hätten diese Personen ihren eigenen Tod gesehen? Mark Aurel zählt hier Sokrates, Diogenes und Heraklit auf.
3. Denken Sie darüber nach, wie viele Menschen in der Vergangenheit bereits gestorben sind und wie viele in der Zukunft noch sterben werden.
4. Denken Sie an den Untergang ganzer Reiche und Zivilisationen, beispielsweise den des Römischen Reiches, und daran, dass Ihre eigene Zivilisation sich in der Zukunft unweigerlich verändern und am Ende aussterben wird.
5. Denken Sie über den Untergang des Planeten Erde in ferner Zukunft und vielleicht sogar über das mögliche Ende des Universums nach, wie es sich die Stoiker anhand der »Großen Feuersbrunst« am Ende der Zeit vorstellten.
6. Reflektieren Sie die riesige Zeitspanne vor Ihrer Geburt, in der Sie nicht existierten, und den gewaltigen Zeitraum nach Ihrem Tod, in dem Sie wiederum nicht mehr da sein werden.

Welchen Unterschied macht es aus dieser Perspektive, ob Ihr Leben lang oder kurz währt? Was erscheint Ihnen am wichtigsten an der Art und Weise, wie Sie Ihr jetziges Leben leben? Welche anderen Schlussfolgerungen können Sie ziehen, die Ihre allgemeine Einstellung zu Leben und Tod beeinflussen könnten?

Merke: Der Tod ist weder »gut« noch »schlecht«

Aus stoischer Sicht ist der Tod nicht »gut«, das wäre genauso falsch wie die Ansicht, dass er »schlecht« sei. Der Tod selbst ist weder gut noch schlecht, aber die Art und Weise, wie wir mit ihm umgehen, und unsere Einstellung zu ihm können durchaus gut oder schlecht sein. »Jeder ist seines Glückes Schmied«, das heißt, wir bestimmen selbst, wie unser Leben aussieht, und dieses Sprichwort gilt in gleicher Weise für den Tod. Manche Menschen mögen diesen Aspekt des Stoizismus dennoch als morbide empfinden. Selbst Spinoza, ein Philosoph des 17. Jahrhunderts, der als »stoischer als die Stoiker« bezeichnet wurde, wandte ein: »Ein freier Mensch denkt an nichts weniger als an den Tod, und seine Weisheit ist eine Meditation über das Leben, nicht über den Tod.« (*Ethik*, 4.17) Andere mögen der Ansicht sein, dass es sowohl natürlich als auch vernünftig sei, Angst vor dem eigenen Tod zu haben. Das Leben ist kostbar, oder etwa nicht? Riskieren wir nicht, unser eigenes Leben als zu gering zu schätzen, wenn wir unsere Angst vor dem Sterben verlieren?

Aber man muss den Tod nicht wirklich fürchten, um zu wissen, dass man nicht über den Rand einer Klippe laufen sollte, genauso wenig wie man vor der Aussicht, nass zu werden, zittern muss, nur um zu wissen, dass man sich nicht nach draußen in den Regen stellen sollte. Auch ist die Erkenntnis der eigenen Sterblichkeit nicht dazu gedacht, sich in einem morbiden oder melancholischen Zustand zu verlieren. Im Gegenteil, es geht gerade darum, sich der Angst oder Traurigkeit, die durch das Unvermeidliche verursacht wird, zu stellen und diese zu überwinden, anstatt das Leid endlos zu verlängern oder sich in ihm zu suhlen. Das Ideal des stoischen Weisen, der von Sokrates verkörpert wurde, bedeutete, sowohl das Leben zu lieben als auch keine Angst vor dem Tod zu haben. Die Liebe des Stoikers zum Leben kommt mit einer Vorbehaltsklausel einher: Er möchte das Leben und die Gesundheit durchaus genießen, *sofern das Schicksal es zulässt*. Er ist aber auch bereit, dem Tod auf philosophische Art und Weise zu begegnen.

Fazit

Die wichtigsten Punkte, die Sie sich aus diesem Kapitel merken sollten, sind:

* Regelmäßig über den eigenen Tod zu reflektieren (*melete thanatou*), ist eine der grundlegendsten psychologischen Übungen der Stoiker. Sie zielt darauf ab, die Angst durch eine ruhigere und philosophische Haltung zu ersetzen.
* Selbstmord oder Sterbehilfe sind für Stoiker moralisch akzeptabel, aber nur dann, wenn sie mit klarem Verstand und Entschlusskraft gewählt werden, und nicht aus Verwirrung, Angst oder seelischer Not, wie beispielsweise bei einer klinischen Depression.
* Für die Stoiker ist der Tod weder gut noch schlecht, sondern »gleichgültig« in Bezug auf *eudaimonia* und das gute Leben.
* Allerdings werden Gesundheit und Leben ihren Gegensätzen »vorgezogen«, soweit das mit der Tugend vereinbar ist – wir müssen keine irrationale Angst vor dem Tod entwickeln, um uns für die rationale Selbsterhaltung zu entscheiden.
* Wenn wir lernen können, unsere eigene Sterblichkeit zu akzeptieren, so die Stoiker, werden wir Freiheit im wahrsten Sinne des Wortes erlangen, weil wir dann keine Angst mehr vor irgendetwas anderem haben werden.

LITERATURVERZEICHNIS

Ich habe absichtlich viele Zitate weggelassen, weil das Buch auf allgemeine Lesbarkeit und praktische Anwendung ausgerichtet ist. In vielen Fällen habe ich alte Quellen zitiert oder paraphrasiert, ohne die entsprechende Quellenangabe anzuführen. Ich habe viele verschiedene antike Quellen zitiert, von denen die meisten in verschiedenen englischen Übersetzungen (und für diese Ausgabe: in deutschen Übersetzungen) verfügbar sind. Um die Einheitlichkeit zu gewährleisten, habe ich in der Regel Passagen aus dem griechischen Original selbst neu übersetzt und dabei oft auf mehrere vorhandene Übersetzungen zurückgegriffen. In dieser deutschen Ausgabe wurde zumeist auf die Übersetzungen des Autors zurückgegriffen, wenn nicht, so ist das entspr. angemerkt (Anm. der Übers.).

Alford, B. A., & Beck, A. T. (1997). *The Integrative Power of Cognitive Therapy.* New York: Guilford.

Aurelius, M. (2003). *Meditations: Living, Dying and the Good Life.* (G. Hays, Übers.) London: Phoenix.

Baudouin, C., & Lestchinsky, A. (1924). *The Inner Discipline.* London: George Allen & Unwin.

Beck, A. T. (1976). *Cognitive Therapy & Emotional Disorders.* New York: International University Press.

Beck, A. T., Emery, G., & Greenberg, R. (2005). *Anxiety Disorders and Phobias: A Cognitive Perspective* (20th Anniversary Edition). Cambridge, MA: Basic Books.

Beck, A. T., Rush, A. J., Shaw, B. F., & Emery, G. (1979). *Cognitive Therapy of Depression.* New York: Guilford Press.

Becker, L. C. (1998). *A New Stoicism.* NJ Princeton University Press.

Becker, L. C. (2004). Stoic emotion. In: S. Strange, & J. Zupko (Hrsg.), *Stoicism: Traditions & Transformations.* Cambridge: Cambridge University Press.

Benson, H. (1975). *The Relaxation Response.* New York: William Morrow.

Borkovec, T. (2006). Applied Relaxation and Cognitive Therapy for Pathological Worry and Generalized Anxiety Disorder. In G. C. Davey, & A. Wells (Hrsg.), *Worry & its Psychological Disorders: Theory, Assessment & Treatment.* Chichester: Wiley.

Brunt, P. A. (2013). *Studies in Stoicism.* (M. Griffin, & A. Samuels, Hrsg.) Oxford: Oxford University Press.

Burkeman, O. (2012). *The Antidote: Happiness for People who Can't Stand Positive Thinking.* London: Canongate.

Cicero, *On Moral Ends (De Finibus)* (übers. Raphael Woolf, 2001). Cambridge: Cambridge University Press.

Cicero, *On the Good Life* (übers. Michael Grant, 1971). Middlesex: Penguin. [Enthält Tusculan Disputations, On Duties, Laelius: On Friendship, The Dream of Scipio, etc.]

Clark, D. A., & Beck, A. T. (2010). *Cognitive Therapy of Anxiety Disorders: Science & Practice.* New York: Guilford Press.

Diogenes Laertius, *Lives of Eminent Philosophers* (übers. R. D. Hicks, 1925). Cambridge, MA: Harvard University Press.

Diogenes the Cynic, *Sayings and Anecdotes* (übers. Robin Hard, 2012). Oxford: Oxford University Press.

Dubois, P., & Gallatin, L. (1908). *The Influence of the Mind on the Body.* New York: Funk and Wagnalls.

Ellis, A. (1962). Reason & Emotion in Psychotherapy. Secaucus, NJ: Citadel.

Ellis, A., & MacLaren, C. (2005). *Rational Emotive Behavior Therapy: A Therapist's Guide* (2. Aufl.). Atascadero, CA: Impact.

Engberg-Pedersen, T. (2009). Stoicism in the Apostle Paul: A Philosophical Reading. In: S. K. Strange, & J. Zupko (Hrsg.), *Stoicism: Traditions and Transformations* (S. 52–75). Cambridge: Cambridge University Press.

Epictetus. (1995). *The Discourses, The Handbook, Fragments.* (R. Hard, Übers.) London: Everyman.

Evans, J. (2012). *Philosophy for Life and Other Dangerous Situations.* London: Rider.

Foucault, M. (1988). Technologies of the Self. In: L. H. Martin, H. Gutman, & P. H. Martin (Hrsg.), *Technologies of the Self: A Seminar with Michel Foucault.* Massachusetts: University of Massachusetts Press.

Gill, C. (2003). The School in the Roman Imperial Period. In: B. Inwood (Hrsg.), *The Cambridge Companion to Stoicism* (S. 33–58). Cambridge: Cambridge University Press.

Gill, C. (2006). *The Structured Self in Hellenistic and Roman Thought.* Oxford: Oxford University Press.

Gill, C. (2010). *Naturalistic Psychology in Galen and Stoicism.* Oxford: Oxford University Press.

Gill, C. (2011). Introduction. In: M. Aurelius, *Meditations with Selected Correspondence.* (R. Hard, Übers.). Oxford: Oxford University Press.

Graver, M. R. (2007). *Stoicism and Emotion.* Chicago: University of Chicago Press.

Hadot, P. (1995). *Philosophy as a Way of Life.* (A. I. Davidson, Hrsg., & M. Chase, Übers.) Malden, MA: Blackwell.

Hadot, P. (1998). *The Inner Citadel: The Meditations of Marcus Aurelius.* (M. Chase, Übers.) Cambridge, MA: Harvard University Press.

Hadot, P. (2002). *What is Ancient Philosophy?* (M. Chase, Übers.) Cambridge, MA: Harvard University Press.

Hayes, S. C., Strosahl, K. D., & Wilson, K. G. (2012). *Acceptance and Commitment Therapy: The Process and Practice of Mindful Change* (2. Aufl.). New York: Guilford.

Hierocles. (2012). Ethical Fragments Preserved by Stobaeus. In T. Taylor, *Political Fragments of Archytas, Charondas, Zaleucus, and Other Ancient Pythagoreans.* (S. 75–115). Forgotten Books.

Iamblichus. (1988). The Life of Pythagoras. In: K. S. Guthrie, *The Pythagorean Sourcebook and Library.* Grand Rapids, MI: Phanes.

Irvine, W. B. (2009). *A Guide to the Good Life: The Ancient Art of Stoic Joy.* New York: Oxford University Press.

Jarrett, T. (2008, Juli–September). Warrior Resilience Training in Operation Iraqi Freedom: combining rational emotive behavior therapy, resiliency, and positive psychology. *US Army Medical Department Journal*, 32–38.

Kelley, K. W. (Hrsg.). (1988). *The Home Planet*. Boston: Addison-Wesley.

King, C. (2010). Musonius Rufus: Lectures & Sayings. Lulu.

Lang, A. (2002). Epictetus: A Stoic and Socratic Guide to Life. Oxford: Oxford University Press.

Lazarus, A. A. (1981). *The Practice of Multimodal Therapy*. Baltimore: Johns Hopkins University Press.

LeBon, T. (2001). *Wise Therapy: Philosophy for Counsellors*. London: Sage.

LeBon, T. (2012). Report on Exeter University »Stoic Week«. Abgerufen von Stoicism Today: University of Exeter: http://blogs.exeter.ac.uk/stoicismtoday/files/2013/01/Stoic-Week-Report-Web.pdf

Lipsius, J. (2006). *On Constancy*. (J. Sellars, Hrsg., & S. J. Stradling, Übers.) Exeter: Bristol Phoenix Press.

Long, A., & Sedley, D. (1987). *The Hellenistic Philosophers: Volume 1* (Translations of the principal sources with philosophical commentary). Cambridge: Cambridge University Press.

Lucan, *The Civil War* (übers. Susan H. Braund, 1992). Oxford: Oxford University Press.

Mark Aurel, *The Meditations* (übers. C.R. Haines, 1989). The Loeb Classical Library. Cambridge: Harvard University Press.

Marks, I. M. (2005). *Living with Fear: Understanding and Coping with Anxiety* (2. Aufl.). London: McGraw-Hill.

Meichenbaum, D. (1985). *Stress Inoculation Training*. New York: Pergamon.

Musonius Rufus, *Lectures and Sayings* (übers. Cynthia King, 2010). Lulu.

Nussbaum, M. C. (1994). *The Therapy of Desire: Theory & Practice in Hellenistic Ethics*. New Jersey: Princeton University Press.

Pietsch, W. V. (1990). *The Serenity Prayer Book.* New York: Harper Collins.

Plato: *Complete Works*. (1997). (J. M. Cooper, Hrsg.). Cambridge: Hackett. [Enthält alle Werke, die Platon zugeschrieben werden, übersetzt von einer Reihe verschiedener Wissenschaftler.]

Reivich, K., & Shatté, A. (2002). *The Resilience Factor.* New York: Three Rivers.

Robertson, D. J. (2005, Juli). Stoicism: A Lurking Presence. *Counselling & Psychotherapy Journal (CPJ).*

Robertson, D. J. (2010). *The Philosophy of Cognitive-Behavioural Therapy (CBT): Stoic Philosophy as Rational & Cognitive Psychotherapy.* London: Karnac.

Robertson, D. J. (2012). *Build your Resilience.* London: Hodder & Stoughton

Roth, A., & Fonagy, P. (2005). *What Works for Whom? A Critical Review of Psychotherapy Research* (2. Aufl.). New York: Guilford.

Russell, B. (1930). *The Conquest of Happiness*. Padstow: Routledge.

Salaman, C., van Oyen, D., Wharton, W. D. *The Way of Hermes: New Translations of The Corpus Hermeticum and The Definitions of Hermes Trismegistus to Asclepius.* (1999). (J.P. Mah, Übers.). London: Duckworth.

Schofield, M. (1999). *The Stoic Idea of the City.* Cambridge: Cambridge University Press.

Seddon, K. (2006). *Stoic Serenity: A Practical Course on Finding Inner Peace.* Lulu.

Sedley, D. (2003). The School, from Zeno to Arius Didymus. In: B. Inwood (Hrsg.), *The Cambridge Companion to the Stoics* (S. 7–31). Cambridge: Cambridge University Press.

Seligman, M. E. (2002). *Authentic Happiness: Using the New Positive Psychology to Realize your Potential for Lasting Fulfilment.* New York: Simon & Schuster.

Seligman, M. E. (2011). *Flourish: A New Understanding of Happiness and Well-being.* London: Nicholas Brealey.

Sellars, J. (2003). *The Art of Living: The Stoics on the Nature and Function of Philosophy.* Burlington, VT: Ashgate.

Seneca, *Dialogues and Essays* (übers. John Davie, 2007) Oxford: Oxford University Press. [Enthält Auszüge aus On Anger, On Clemency/Mercy, Consolations to Marcia and Helvia und On Earthquakes, etc.]

Seneca, *Selected Letters* (übers. Elaine Fantham, 2010). Oxford: Oxford University Press.

Seneca. (2004). *Letters from a Stoic.* (R. Campbell, Übers.) Middlesex: Penguin.

Seneca. (2009). *On Benefits.* (A. Stewart, Übers.) BiblioLife.

Shaftesbury, A. A. (2005). *The Life, Unpublished Letters, and Philosophical Regimen of Antony, Earl of Shaftesbury.* (B. Rand, Hrsg.) Elibron Classics.

Sherman, N. (2005). *Stoic Warriors: The Ancient Philosophy behind the Military Mind.* New York: Oxford University Press.

Sorabji, R. (2004). Stoic First Movements in Christianity. In: Strange, & Zupko (Hrsg.), *Stoicism: Traditions & Transformations.* Cambridge: Cambridge University Press.

Stephens, W. O. (1996, Dezember). *Epictetus on How the Stoic Sage Loves. Oxford Studies in Ancient Philosophy,* S. 193–210.

Still, A., & Dryden, W. (1999). The Place of Rationality in Stoicism and REBT. *Journal of Rational-Emotive & Cognitive-Behavior Therapy,* 17(3), S. 143–164.

Stockdale, J. (1995). *Thoughts of a Philosophical Fighter Pilot.* Stanford, CA: Hoover Institute Press.

Taylor, T. (2012). *Political Fragments of Archytas, Charondas, Zaleucus, and Other Ancient Pythagoreans.* Forgotten Books.

The Hellenistic Philosophers (Band 1): Translations of the Principal Sources with Philosophical Commentary. (1987). (A.A. Long & D.N. Seldey, Übers.). Cambridge: Cambridge University Press.

The Pythagorean Sourcebook. (1988). (K. S. Guthrie, Übers.). MI: Phanes.

The Stoics Reader: *Selected Writings and Testimonia.* (2008). (B. Inwood, & L. P. Gerson, Übers.) Cambridge: Hackett.

Ussher, P. (2012). *Stoicism and Western Buddhism: A Comparative Study of Two Philosophical Ways of Life* (Unveröffentlichte Dissertation). Exeter: University of Exeter.

Wolfe, T. (1998). *A Man in Full.* New York: Farrar, Straus and Giroux.

STICHWORTVERZEICHNIS

ÜBER DEN AUTOR

Donald Robertson befasst sich als Psychotherapeut mit der kognitiven Verhaltenstherapie. Seine Spezialgebiete sind evidenzbasierte Ansätze zur Behandlung von Angststörungen sowie die Beziehung zwischen antiker Philosophie und moderner Psychotherapie, insbesondere Stoizismus und kognitiver Verhaltenstherapie (KVT). Auf Deutsch ist neben *Stoizismus und die Kunst, glücklich zu sein* das Werk *Denke wie ein römischer Herrscher: Die stoische Philosophie des Mark Aurel* erschienen, ebenfalls im FinanzBuch Verlag. Robertson wurde in Schottland geboren und lebt heute in Kanada.

Denke wie ein römischer Herrscher

Donald Robertson

Mark Aurel ist als »Philosoph auf dem Kaiserthron« in die Geschichte eingegangen, als der letzte Stoiker der Alten Welt. Den Großteil seiner neunzehn Jahre währenden Herrschaft verbrachte er damit, Barbarenstürme abzuwehren, die das Römische Reich bedrohten. Die Philosophie der Stoa half ihm dabei, Ruhe und inneren Frieden zu bewahren. Denke wie ein römischer Herrscher zeigt, wie dieser große Herrscher die Prinzipien und psychologischen Konzepte der Stoa im täglichen Leben anwandte. Jedes Kapitel fokussiert einen anderen Abschnitt aus seinem Leben und damit jeweils ein Thema aus dem Feld der persönlichen Entwicklung, das heute so relevant ist wie damals.
Der Autor greift auf seine eigene Expertise als Psychotherapeut zurück, um zu zeigen, wie sich die immer noch hochaktuellen Lehren der Stoa auf das eigene Leben anwenden lassen und Schicksalsschläge und Herausforderungen gemeistert werden können.

304 Seiten | Hardcover | 24,99 € (D) | 25,70 € (A) | ISBN 978-3-95972-251-3

Das kleine Handbuch des Stoizismus

Jonas Salzgeber

Die stoische Philosophie war schon in der Antike eine der erfolgreichsten lebensphilosophischen Schulen. Um 300 vor Christus von Zenon von Kition gegründet und von großen Denkern wie Seneca, Marc Aurel und Epiktet vertreten, ist sie bis heute unschlagbar in ihrer stringenten Art, Gelassenheit und Gleichmut gegenüber den Untiefen des Lebens zu vermitteln. Das kleine Handbuch des Stoizismus stellt die wesentlichen Lehrsätze der maßgeblichen Philosophen vor und gibt einen Einblick in den historischen Hintergrund. Der Autor Jonas Salzgeber zeigt, wie sich diese Grundsätze auf das eigene Leben übertragen lassen, um Kraft, Selbstvertrauen und innere Balance zu erlangen.

304 Seiten | Softcover | 16,99 € (D) | ISBN 978-3-95972-270-4

Der praktizierende Stoiker

Ward Farnsworth

Stoizismus bedeutet zu wissen, was wir kontrollieren können und was nicht, und Letzteres zu akzeptieren. Die Ratschläge der Stoiker sind unübertroffen in ihrer Weisheit und heute so aktuell wie vor 2000 Jahren. Sie stammen aus einer großen Anzahl antiker Quellen. Ward Farnsworth bringt sie alle in einen Zusammenhang, der dem Leser vor Augen führt, was die verschiedenen Philosophen zu den wichtigsten Themen wie Emotionen, Leid oder Trauer zu sagen hatten, ergänzt durch eigene eloquente Kommentare. Das Ergebnis ist ein Set philosophischer Lektionen für jeden, wertvolle Weisheiten aus dem Altertum praktizierbar gemacht für unser Zeitalter.

480 Seiten | Hardcover | 18,99 € (D) | 19,60 € (A) | ISBN 978-3-95972-394-7